教育政策與學校行政

吳清基　主編

吳清基　張國保　白雲霞　楊淑妃
饒邦安　倪靜貴　郭清榮　謝念慈
林逸青　曹學仁　梁金盛　黃棋楓
劉秀汶　許泰益　蕭鴻光　王滿馨
羅清水　馬榕曼　李克難　鄭杏玲
合著

五南圖書出版公司 印行

序

教育新視野—前瞻優質、創新卓越

　　「追求卓越，提昇品質」是當前教育發展的共同目標。事實上，從1980年代以來，國際教育發展之重心，不外在追求「三E教育」的實現。亦即追求「卓越」（excellence）、「績效」（efficiency）和「公平」（equity）。本人在1987年全國教育學術團體聯合年會，首先揭櫫「精緻教育的理念」，發表國內第一篇有關提昇教育品質的學術論文，「我國教育精緻化發展的主要取向」，1990年「精緻教育的理念」專書出版，對國內中小學教育發展，提出了全方位概念架構，供全國中小學校長辦學參據。2002年本人接掌臺北市政府教育局長，為進一步落實「精緻教育」的理念，在現任教育部政務次長陳益興博士（時任北市教育局副局長）之協助，發展「臺北市優質學校經營手冊」，提出九個專業發展向度，作為北市中小學校追求精緻優質教育理想目標之發展的依據。

　　事實上，臺北市推動中小學優質學校之選拔，均是在落實「精緻教育理念」之實現，未料成為國內各縣市及海峽兩岸四地共同追求品質提昇之作法典範。今天，無論教育部「標竿學校」、「教學卓越學校」、「校長卓越領導獎」之頒給，或新北市最近推出「卓越學校」之選拔，均是在打造平臺，鼓勵各級學校教育同仁，在專業理念與熱忱理想之投入下，促進教育品質的全面提昇。

教育發展，一向是止於至善。好，還要更好，本書之出版，是由一群年輕教育學者和行政人員，在教育理想之共同追求下，在自己教學及行政服務之崗位上，全心投入，除創造出自己教學及行政服務之卓越績效外，也願意將心得分享給國內其他教育同仁。因此，年輕菁英們一年相約相聚一次，以文會友，將自己之研究和服務心得出版共饗教育同好，令人激賞。

本書分三部分，壹、學制與課程；貳、行政與管理；參、輔導與特教。第一部分，有關學制與課程方面，包括：高等教育之學術治理、技職教育的務實致用、高職學生之自我價值建構、十二年國教的教學輔導策略、十二年國教的適性輔導策略、高中課程特色建構、高中職資源班學生之安置與輔導……等等。

第二部分，有關行政與管理方面，包括：學校評鑑的省思與應用、學校合併、校園危機管理、健康促進無菸校園、教師權益與學校行政權衡、校長遴選及學校建築蛻變……等等。

第三部分，有關輔導與特教方面，包括：特殊教育發展框架與視野、性別主流化教育政策、全人教育理念、和全民均等教育……等等。

教育新議題叢書2——《教育政策與學校行政》之出版，顯示國內年輕教育學者及行政人員的活力和朝氣，他們有理念、有理想、想做事、能做事，去年出版第一輯《教育政策與行政新議題》，教育界同仁反應良好，建立了他們的信心，更激起了他們的使命感，希望一年一輯集體創作新著，能帶動國內教育工作同仁對「教育行政和政策議題」之進一步關注，希望這股教育專業的創新力量，能帶給國人嶄新的教育觀感，並永遠延續發揚光大。

本書能付梓問世，特別感謝新北市立明德高中黃棋楓校長及圖書館黃志傑主任之辛勞編輯，並代邀稿作有系統性之呈現，特此致上最高謝忱。

吳清基謹誌

2012.12.12於臺灣教育大學系統總校長辦公室

目 錄

PART/

學制與課程

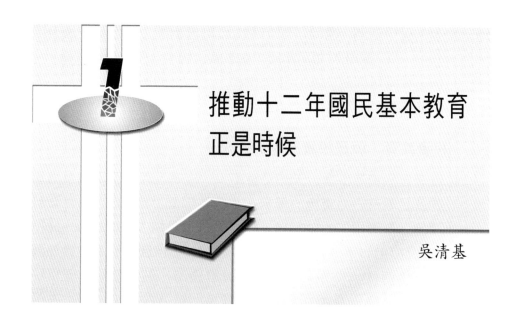

推動十二年國民基本教育正是時候

吳清基

　　延長國民教育年限，始自1983年開始倡議，歷經十三任教育部長近三十年之努力，不分政黨，不分官方和民間，均寄盼藉由延長國民基本教育年限，減少國中生基測升學壓力，提昇中小學教學品質，成就每一個孩子，厚植國家競爭力。十二年國民基本教育的實施，希望能改變過去「以考試引導教學」之積習，找到每一個孩子生命中的亮點，適性揚才，啟發創新教學，讓我們的下一代，個個都是最有競爭力的一群。

一　前言：從那一刻談起——人民的心聲被聽見了

1. 2010年8月28日上午，第八次全國教育會議在國家圖書館召開的時候，隔著臺北市中山南路，二百多名老師、家長帶著孩子，站在中正紀念堂自由廣場牌樓前，對著馬總統、行政院吳院長喊話：「我們要實施十二年國民基本教育，沒有實施十二年國教，我們不敢結婚，結婚也不敢生小孩⋯⋯。」這一幕，相當感人，人民的心聲被聽到了。

2. 因為國中基測，帶給了國中生太大的升學壓力，影響了家有國三生一家人的正常生活起居，也影響了國中正常教學的實施。

3. 國家教育研究院的2010年民調顯示，82%的國人支持十二年國民基本教育之實施，18%的國人則持反對看法。

二　投資教育：就是投資國家的未來

1. 臺灣自然資源不多，天然災害不少，能有今天的國際競爭力靠的就是教育人力資源的優勢。依內政部統計處2012年8月資料顯示，臺灣人口2,327萬6,441人，占世界總人口0.33%，面積約3萬6191.5平方公里，占世界0.024%，但卻能成為世界外匯存底第四位，世界第十四大經濟體國家。瑞士國際管理學院（IMD）之國際競爭力評比2011年世界第六，2012年世界第七；世界經濟論壇（WEF）之國際競爭力評比為世界第十三（其中八項指標為世界第一）。

2. 1968年8月，政府實施延長九年國民教育的時候，實施的準備期只有一年，的確太過匆促，人民抱怨不少。但今天看來，延長九年國民教育，提昇了國人生活素質和國家競爭力，也才有今天國家的榮譽。當年實施九年國民教育的國家不到20個國家。今天全世界實施十年以上的國民教育之國家地區已超過87個以上。如：泰國實施3到18歲免費義務教育，馬來西亞也實施十二年國民教育，歐洲更多十二年國民教育實施的國家。

三　延長十二年國民基本教育是政府長期的準備

1. 1968年8月實施九年國民教育，十五年後國人開始有延長國民教育年限之倡議。從1983年起，歷任十三任教育部長朱匯森、李煥、毛高文、郭為藩、吳京、林清江、楊朝祥、曾志朗、黃榮村、杜正勝、鄭瑞城、吳清基、蔣偉寧等部長，均在為延長實施國民教育努力。不分政黨，不管政權輪替，大家都一同在為

延年國民教育實施而努力。

2. 其中，朱匯森、李煥、郭為藩部長較偏重以延長職業教育為主的國民教育實施。毛高文、林清江部長則以國中志願升學方案為主，採計國中學習成績，免試升學高中職及五專而受人重視。

3. 事實上，1999年以前，主要聚焦在以職業教育為主的延長國教實施，如：1983年延教班開辦，1989年積極研議實用技能班，1997年擴大推動十年技藝教育。

4. 1999年開始進行高中職社區化方案規劃，積極規劃研擬推動十二年國教，2000年連戰、宋楚瑜、陳水扁三位總統候選人皆有延長十二年國民教育的政見主張。

5. 2001年，進行「延伸國民基本受教年限規劃研究」。

6. (1) 2003年，正式推動「高中職社區化方案」，委託進行「實施十二年國民教育理論基礎比較研究」等相關研究。

   (2) 同年全國教育發展會議，將規劃十二年國民教育列為討論議題，並達成「階段性推動十二年國民教育」之結論與共識。

7. 2004年，籌組「推動十二年國民教育工作圈」，積極進行推動十二年國民教育規劃工作。

8. 2005年，籌組專案小組研擬十二年國民基本教育前置配套措施事項。

9. 2006年，完成十二年國民基本教育規劃方案，並擬訂經濟弱勢私立高中職學生學費補助計畫。

10. 2007年2月27日，行政院宣布開始推動十二年國民基本教育實施計畫，包括13個子計畫，22個實施方案。

11. (1) 2008年6月，成立中小學永續發展委員會及升學制度審議委員會，針對升學制度等進行討論研議。決議調高高中職申請入學比率及確立地方自辦入學測驗之原則。

   (2) 11月，另為避免社會大眾對十二年國民基本教育實施與否產生質疑，遂將「十二年國民基本教育實施計畫」之名

稱，修正為「十二年國民基本教育先導計畫」，各方案內容未改變。

12. (1) 2009年4月，發布「高中職適性學習社區教育資源均質化實施方案」，爰將「十二年國民基本教育先導計畫」修正為13項子計畫、23個方案，增加一個方案。

(2) 2009年9月，發布「擴大高中職及五專免試入學實施方案」，自2010學年度起實施，原擬議之「國中基測轉型暨申請入學實施方案」由本方案取代。

13. (1) 2010年6月，發布「齊一公私立高中職（含五專前三年）學費方案」並自2010學年起高一至高三全面實施。（加額補助經濟弱勢私立高中職學生學費方案，則予以廢止。）

(2) 2010年9月，行政院跨部會成立十二年國民基本教育推動小組，教育部也跨部會成立十二年國民基本教育工作小組。

14. (1) 2011年1月1日，馬總統於元旦文告宣示：「今年開始啟動十二年國民基本教育，分階段逐步實施，先從高職做起。預定2014年高中職學生全面免學費，大部分免試入學。」

(2) 2011年9月20日，行政院核定十二年國民基本教育實施計畫。

(3) 2011年12月9日，立法院三讀通過修訂《教育經費編列與管理法》，增加1%政府歲入預算作為延長國民基本教育年限準備經費。

由上可見，延長十二年國民基本教育之實施，是政府長年來一直在努力之教育政策實施，不分政黨、不分官方和民間，大家一起努力追求教育理想的實現。

四 十二年國民基本教育推動之願景

1. **十二年國民基本教育有三大願景**

(1) 提昇中小學教育品質

(2) 成就每一個孩子

(3) 厚植國家競爭力

2. 十二年國民基本教育有五大理念

(1) 有教無類

(2) 因材施教

(3) 適性揚才

(4) 多元進路

(5) 優質銜接

3. 十二年國民基本教育有六大目標

(1) 培養現代公民素養

(2) 引導多元適性發展

(3) 確保學生學力品質

(4) 舒緩過度升學壓力

(5) 均衡城鄉教育發展

(6) 追求社會公平正義

五　十二年國民基本教育的因應措施

為落實十二年國民基本教育的實施，將分七面向，二十九個方案來推動。

1. 面向一：全面免學費

有三方案：

(1) 5歲幼兒免學費

(2) 高中高職五專前三年免學費

(3) 財務規劃

2. 面向二：優質化、均質化

有八方案：

(4) 高中優質化

(5) 高職優質化

(6) 高中職教育資源均質化

(7) 高中職學校資源分佈調整

(8) 大學繁星、技職繁星推薦

(9) 高中評鑑

(10) 高職評鑑

(11) 高中職發展轉型及退場輔導

3. **面向三：課程與教學**

有五方案：

(12) 建置十二年一貫課程體系

(13) 國中教學正常化，適性輔導及品質提昇

(14) 國中小補救教學

(15) 高中高職教師教學品質提昇

(16) 國中小學生輟學預防與復學輔導

4. **面向四：適性輔導國民素養**

有六方案：

(17) 國中與高中職學生生涯輔導

(18) 高中職學生學習扶助

(19) 產學攜手合作

(20) 技職教育宣導

(21) 國中畢業生未升學未就業青少年職能培訓輔導

(22) 提昇國民素養

5. **面向五：法制**

有一方案：

(23) 制定高級中等教育法並微調專科學校法

6. **面向六：宣導**

有二方案：

(24) 家長參與推動十二年國民基本教育

(25) 十二年國民基本教育政策宣導

7. **面向七：入學方式**

有四方案：

(26) 規劃免試就學區

(27) 免試入學

(28) 特色招生

(29) 身心障礙學生就學輔導

六 結語：創新教學，培育更有競爭力的下一代

九年國民教育實施四十四年餘，我們看到了國民人力素質的提昇，肯定教育是一個國家最有利的投資。但九年國教的升學壓力，揮之不去，國中基測考試影響了正常教學，限制了學生創意的有效學習。希望未來十二年國民基本教育的實施，沒有國中基測的考試壓力，國中教師找到了學生個人性向、興趣和能力的學習亮點，用創新教學帶領學生創意學習，讓我們的青年學生能見證知識經濟社會中「創意力等於競爭力」的優勢，讓我們的下一代能不再為準備考試而讀書，而是為自己興趣去作主動創意的快樂學習。讓我們的教育，能培養更有競爭力的下一代，去創造國家社會更美好的未來。

問題與討論

一、十二年國民基本教育，大多數學生可免試入學，教育品質如何才能維持不降低？

二、如何適性揚才，找到學生性向、興趣或能力之亮點，以提昇中小學教育品質？

三、高中職免學費後，如何維持技職教育之教育定位和永續發展？

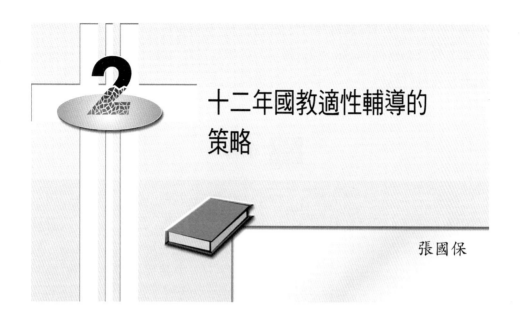

十二年國教適性輔導的
策略

張國保

一枝草，一點露

魚吃溪水，人吃嘴水

茬茬馬，也有一步踢，大隻雞慢啼

靠山山會崩，靠水水會焦；家己栽一欉，卡贏看別人

嚴官府，出厚賊；嚴父母，出阿里不達

有狀元學生，無狀元先生，行行出狀元

～臺語諺語～

　　教育提供人民向上流動的機會。知識經濟時代，優質的人才具有國際移動的競爭力，各國政府莫不大力投資教育建設，積極提高教育品質。政府提出十二年國民基本教育的政策，在於因應少子女化優質人力提昇的需求，符應資訊科技成長的需要，更能落實臺灣多元文化社會與成為科技島理想的實現，在教育史上自有其定位與貢獻價值。然，十二年國民基本教育強調高中高職及五專免試入學的變革，衝擊考試領導教學的傳統，家長、教師及社會各界對於適性輔導的概念，若乏明確的理

念與作法，勢難發揮適性楊才、行行出狀元的理想。本文分析十二年國民基本教育與適性輔導的相關意涵，提出適性輔導的具體策略，呼籲各級主管教育行政機關、國中小、高中職、大專校院、家長及社會各界共同關切，以協助個人追求自我實現目標之達成。

壹 前言

　　教育提供社會流動的機會，增進人民知識成長，維繫人類生存與永續發展，輔導人民適性發展，達成適性揚才為目標。因此，各國政府莫不藉教育的實施，用以啟迪民智、培養專才、研發新知、創新產品，促進產業升級、提高國家在全球的重要地位。《中華民國憲法》第7條明定「中華民國人民，無分男女、宗教、種族、階級、黨派，在法律上一律平等。」第159條「國民受教育之機會，一律平等。」第21條「人民有受國民教育之權利與義務。」因而政府有提供人民選擇接受教育的機會，保障人民應有的權利，同時設定應有的義務門檻，讓人民接受基本的教育，以盡應有的義務責任。故《憲法》第160條「六歲至十二歲之學齡兒童，一律受基本教育，免納學費。其貧苦者，由政府供給書籍。已逾學齡未受基本教育之國民，一律受補習教育，免納學費，其書籍亦由政府供給。」《教育基本法》第11條第1項「國民基本教育應視社會發展需要延長其年限；其實施另以法律定之。」《國民教育法》第2條明定「凡六歲至十五歲之國民，應受國民教育；已逾齡未受國民教育之國民，應受國民補習教育。六歲至十五歲國民之強迫入學，另以法律定之。」《強迫入學條例》第6條「適齡國民之父母或監護人有督促子女或受監護人入學之義務，並配合學校實施家庭教育。」

　　由上可知，我國當前的法律規範，已就國民受教育之機會、國民教育之權利與義務、強迫入學、國民基本教育之年齡、免納學費、國民教育之經費等項，明訂得相當清楚。而我國自1968年推動九年國民義務教育以來，已超過四十年，對整體國民素質水準的提昇，帶動臺灣經濟繁榮、社會安定以及國民所得的提高等，處處彰顯諸多具體成

效。換言之，我國已達推動延長十二年國民基本教育的天時、地利、人和時機。故2007年2月27日行政院蘇貞昌前院長於立法院施政報告宣示「政府將自2007年起逐步推動十二年國民基本教育。」（教育部，2007）。

> 「教育部稟承指示，透過縮小公私立高中職學費差距、提高在學率、提昇優質高中職學校數及加強高中職社區化，以有效降低國中升學壓力、平衡城鄉教育差距、保障國民受教權益，並提昇國民素質，增進國家競爭力。」（教育部，2007）

政府宣布逐步推動十二年國民基本教育政策之後，2007-2010年教育部歷經杜正勝、鄭瑞城、吳清基等幾任部長的持續擘劃，行政院於2010年組成「行政院十二年國民基本教育推動小組」，由陳冲副院長擔任召集人（教育部，2010a），經過長期討論及研究後，形成推動十二年國民基本教育的共識。馬英九總統正式於2011年元旦宣布啟動，自2014學年起實施，因此2011年8月進入國中一年級的新生可以適用（教育部，2011）。

十二年國民基本教育將分為兩階段，前段是九年國民教育，之後銜接三年高級中等教育。教育部訓委會（2012）指出：

> 推動十二年國民基本教育之重要關鍵在於國中學生適性輔導工作，在十二年國民基本教育實施計畫中，教育部訂頒了「落實國中教學正常化、適性輔導及品質提昇方案」和「國中及高中職學生生涯輔導實施方案」兩方案，目的在協助學生探索自我、瞭解自我、認識教育與職業環境、培養生涯規劃與決策能力，並能進行生涯準備與做好生涯發展。

十二年國民基本教育後三年，主要內涵是普及、免學費、自願非強迫入學及免試為主。由於我國家長「望子成龍、望女成鳳」心切，多年

來造成考試領導教學的不良風氣。十二年國民基本教育免學費、自願非強迫入學及免試的變革，能否因適性輔導的實施而改變，主管教行政機關、學校及家長如何因應免試入學的調整，透過適性輔導的實施，導引學生達成行行出狀元的適性揚才目標，爰為本章探討之旨要。以下分析十二年國民基本教育的政策內涵，進而探討適性輔導的相關意涵，提出推動適性輔導的具體策略，提供各級主管教育行政機關、各級學校、家長及社會各界共同關切，以協助每位學生追求自我實現目標之達成。

貳 十二年國教的政策內涵

為清楚十二年國民基本教育的相關政策，以下分政策意涵、政策形成過程、政策執行配套及未來政策方向等四部分說明如次。

一 政策意涵

我國已自1968年實施6至15歲之九年國民教育，是強迫入學、免學費、義務的教育，接受教育是國民的權利，也是義務（教育部，無日期a）。邁向十二年國民基本教育的實施，是一個相當重要的教育政策決定，在中華民國教育史上當有歷史的定位與價值。Bell和Stevenson（2006：9）認為，政策（policy）是有權力（power）決定納稅人該完成什麼利益（benefits）的歷程。國人素有「萬般皆下品，唯有讀書高」的價值觀念，因而家長對於「窮不能窮教育，苦不能苦小孩」的理念根深柢固（張國保、張燊書，2012）。十二年國民基本教育的實施未嘗不是滿足家長期盼提供小孩接受教育的夙願。世界人權宣言第26條指出「人人皆有受教育之權利。教育應當免費，至少初級及基本教育應如此。初等教育應屬義務性質。技術與職業教育應廣為設立。高等教育應根據成績對人人平等開放。」教育部長蔣偉寧指出，十二年國民基本教育是臺灣競爭力的一環，為的是提昇中小學教育品質，同時成就每個小孩（劉文珍，2012年7月24日）。十二年國民基本教育的規劃乃立

基於九年國民教育，並以五大理念推動十二年國民基本教育，其五大理念包括（教育部，無日期b）：

(一)有教無類：高級中等教育階段是以全體15歲以上的國民為對象，不分種族、性別、階級、社經條件、地區等，教育機會一律均等。

(二)因材施教：面對不同智能、性向及興趣的學生，設置不同性質與類型的學校，透過不同的課程與分組教學方式施教。

(三)適性揚才：透過適性輔導，引導學生瞭解自我的性向與興趣，以及社會職場和就業結構的基本型態。

(四)多元進路：發展學生的多元智能、性向及興趣，進而找到適合自己的進路，以便繼續升學或順利就業。

(五)優質銜接：高級中等教育一方面要與國民中學教育銜接，使其正常教學及五育均衡發展；另一方面也藉由高中職學校的均優質化，均衡城鄉教育資源，使全國都有優質的教育環境，使學生有能力繼續升學或進入職場就業，並能終身學習。

依據上開分析，筆者認為十二年國民基本教育的教育政策決定，具有以下重要意涵：

(一)延長人民接受教育的基本年限：由九年延長為十二年。

(二)提高人民接受教育的選擇機會：由政府提供非強迫、免學費、非義務的教育選擇機會，以達有教無類的理想。

(三)適性揚才提高學生學習成效：強化適性輔導，有效發揮學生的能力、性向及興趣，落實因材施教的目的。

(四)重視多元進路開發學生學習潛能：依學生個別差異提供不同進路，達成行行出狀元的目標。

(五)輔導中小學提昇品質與辦學水準：建立評鑑機制，輔導中小學

全面優質化，提昇教育品質與辦學水準。

(六)活化課程教學落實學習創新功能：在人人皆有機會選擇升學的情況下，強化課程教學的多元、活潑與創新，成就每位學生價值。

(七)整體提昇人力素質提高國家競爭力：透過教育學習，提昇人民知識水準，提高國家競爭優勢。

(八)均衡城鄉教育達成終身學習理想：優質銜接中小學教育，正常教學及五育均衡發展，達成終身學習的願景。

二　政策形成過程

我國早在1983年實施國民教育後的第15年，就已有有識之士要求延長國民教育，2003年9月全國教育發展會議達成「階段性推動十二年國民基本教育」之結論與共識，要求逐步推動國民教育，2006年經續會全體共識積極推動（行政院新聞局，2007）。教育政策要考量的是「當權者」要為教育利害關係人（stakeholders）決定需要什麼（What is education for?）、考量哪些人的需求（For whom?）以及由誰來決定？（Who decides）（Bell & Stevenson, 2006:9）。而有權決定（policy decide, or policy making）教育政策時須考量教育目的、價值觀、思考邏輯、發展層面、政策衝擊程度、社會政治環境（socio-political environment）、法制面（legitimated）及民眾觀感與共識（dominant discourse）等重要議題（Bell & Stevenson, 2006: 7-10）。

2007年，行政院蘇貞昌前院長在宣布逐步啟動十二年國民基本教育的決定指出「我們一定要迎頭趕上，所以這是早該做的事。」（行政院新聞局，2007）。教育部（2007）進一步表示：

1968年實施九年義務教育時，全世界施行義務教育超過9年者不到10個國家。但根據聯合國教科文組織（United Nations Educational, Scientific and Cultural Organization,UNESCO）2006年統計顯示，在該組織198個會員體中，實施義務教育

10至13年者共有46個，以發展程度觀察，有13個屬於一般認定之先進國家。而世界經濟論壇（World Economic Forum, WEF）公布的2006全球競爭力排行中，臺灣排名第13，而前26名正好半數已實施10年（含）以上非義務、低學費之國民基本教育。

　　行政院於2007年3月7日第3030次院會決議暨院長提示「宣示從2007年啟動，2009年全面實施，這不是一時，也不是為選舉，39年來[1]各界對於教育的重視，也是政府早該做的事，而各方的條件、籌備也日趨成熟，所以我們下定決心，從今（2007）年啟動……」（行政院新聞局，2007）。

　　2008年5月政黨輪替之前，在教育部杜正勝前部長的領導下已正式規劃完成並發布15個配套方案。政黨輪替之後，在鄭瑞城、吳清基兩位部長的接續主持推動下，各項配套規劃仍延續辦理，時程上雖未能如期於2009年全面實施，但相關配套已逐步付諸實現，其中重要的諸如2010年8月開始實施「齊一公私立高中職學費」方案的一次到位影響深遠（教育部，2010b）。

　　換言之，教育部按照目標積極推動未曾中輟，2010年8月第八次全國教育會議的召開，促使十二年國民基本教育加速進行。教育部將升學制度與12年國民基本教育列為中心議題，廣徵各界意見與建言。行政院吳敦義前院長於參加會議綜合座談時回應「將由行政院組成跨部會的推動小組，積極研商相關政策，俟規劃內容成熟再正式宣布實施期程」（教育部，2010c）。行政院於2010年10月4日成立「行政院十二年國民基本教育推動小組」，由陳沖副院長擔任召集人，並由政務委員曾志朗擔任副召集人，教育部吳清基部長擔任執行長，邀集內政部、財政部、主計處、人事行政局、經濟建設委員會、青年輔導委員會、研

1　2007年宣布時，距1968年實施九年國民教育時間為39年。

究發展考核委員會及原住民族委員會等部會局處首長共同組成（教育部，2010a）。

馬英九總統於建國百年（2011年）元旦宣示「民國103年（2014年）實施十二年國民基本教育－高中職學生全面免學費、大部分免試入學」此一重要政策，係符合國人長期以來的期待。教育部爰規劃（教育部中教司，2011，2011a）：

1. 學前教育：2011年8月實施5歲幼兒入學免學費，未來將視財政狀況，逐步將學前教育免學費延伸至4歲到3歲，以減輕父母的負擔，但學前教育不納入學制。

2. 免試入學：2014年全國國中畢業生大多數能免試入學，並保留一定比率的入學名額提供部分學生透過學科或術科考試，進入特色高中、高職、五專就讀。

3. 學費政策：十二年國民基本教育之學費政策，預定2014年高中職學生全面免學費。為提昇技職人力素質，結合產業發展需求，振興臺灣經濟建設，將分階段逐步先從高職免學費做起。以期能吸引具有技術資賦或實務性向的國中畢業生選讀高職，達成優化技職教育，落實務實致用功能。

至此，歷經20多年持續規劃、構思、研議、討論的我國推動十二年國民基本教育政策終於塵埃落定，成為政府施政的重點，也成為人民期待的重要教育願景。

三　政策執行配套

2007年政府宣布啟動十二年國民基本教育的推動之後，教育部積極提出規劃入學方式、劃分免試就學區、實施高中職免學費、推動高中職優質化及均質化、落實國中教學正常化、適性輔導及品質提昇、財務規劃及法制作業等七項工作計畫，包含高中高職及五專免試入學實施方案等10個實施方案（教育部，無日期c）。此外，十二年國民基本教育

實施計畫配套措施，包括學前教育免學費、中小學課程連貫與統整、學生生涯規劃與國民素養提昇、學校資源分布調整、精進高中職師資人力發展、高中職評鑑與輔導、技職教育與產業發展、推動大學支持高中職社區化、高中職身心障礙學生就學輔導、促進家長參與推動十二年國民基本教育及政策宣導等11項配套措施，共含五歲幼兒免學費教育計畫等19個實施方案（教育部，無日期c），經行政院於2011年9月20日核定通過（教育部中教司，2011b）。換言之，十二年國民基本教育的7大項目、11項配套措施及29個實施方案，均已積極規劃，陸續上路。

四　未來政策方向

　　教育是持續不斷傳承的歷程，因應2014年開始實施十二年國民基本教育，未來政策仍有許多尚須持續努力的方向，茲分述如下。

(一)強化「行政院十二年國民基本教育推動小組」的協調功能

　　為因應國家社會發展需求及社會各界期待，行政院已於2010年10月4日成立「行政院十二年國民基本教育推動小組」，由副院長擔任召集人。教育部也已成立「十二年國民基本教育工作小組」，並就關鍵議題成立工作圈，擬議十二年國民基本教育政策分析背景資料及相關計畫及經費、實施期程草案，再提報行政院跨部會推動小組會議審議，並於政策、方案核定後對外正式說明，期能建構優質健全的後期中等教育體系（教育部，2011）。

(二)追蹤管考十二年國民基本教育實施方案的執行成效

　　為使十二年國民基本教育的穩健的推展，教育部（無日期d）做好每天檢討、每月定期管考。而迄今家長關心的「獎懲紀錄」是否納入十二年國教免試入學超額比序項目，以及「志願序」每降一志願序就遞減幾分的規定等等，尚有諸多媒體及家長持續關心待解決（中時電子報，2012年10月16日）。有必要加以追蹤列管，使各項計畫與配套措施、方案均能臻於完美。

(三)妥適規劃免試入學與特色招生，落實適性升學目標

　　十二年國民基本教育的規劃實施中，家長仍相當關心國中畢業生的升學進路。高中職及五專多元入學方式將自2014學年度起整合為「免試入學[2]」及「特色招生」兩種管道，以免試入學為主，75%以上國中畢業生免試入學；25%學生可選擇透過考試分發入學（採學科測驗），或甄選入學（採術科測驗），進入經各主管機關核准辦理特色招生之高中職或五專就讀。實施時，先辦理免試入學，再舉行特色招生（教育部，2011）。

　　「免試入學」是指不必參加任何入學考試就有學校讀，不採計國中學生學習領域評量，在國中階段做好性向探索與適性輔導，參酌學生性向、興趣及能力，提供進路選擇的建議，讓學生適性選擇鄰近學校就讀。當參加免試入學學生之登記人數，未超過主管機關核定學校之招生名額，全額錄取；超過主管機關核定學校之招生名額，依各主管機關訂定適性輔導免試入學作業要點辦理（教育部，2011）。「特色招生」是指2014學年度各招生區內之高中職或五專招生名額有0%至25%學生可選擇經各主管機關核准辦理特色招生之高中職或五專就讀，且須提供最低免試入學名額，其實施方式為考試分發入學（採學科測驗），或甄選入學（採術科測驗）（教育部，2011）。

　　教育部（2011）表示，當75%以上學生經由免試入學後，可有效消除過度升學競爭壓力，讓國中教學正常，實行多元成績評量，培養學生主動學習的態度與能力；再配合性向探索、適性輔導，幫忙學生找出個人興趣與方向。

　　政府將研發國中學生學習成就評量標準與辦理國中教育會考，會考

---

[2] 101學年度（2012年）各免試就學區之免試入學總名額占核定總招生名額達55%以上；102學年度（2013年）各免試就學區之免試入學總名額占核定總招生名額達65%以上。至全面實施期103學年度（2014年）起各免試就學區之免試入學名額占核定總招生名額達75%以上（教育部，無日期e）。

的目的在確保國中學生學習品質，讓學生、教師、家長、主管機關暸解學生國中三年的學習成果，並為下一階段做好必要準備，更可作為高中、高職或五專心生學習輔導參據（教育部中教司，2012）。國中教育會考每科僅分為3等級，成績等級粗略化，有助降低學生間過於計較分數的競爭壓力（教育部，無日期f）。

由上可知，免試入學與特色高中如何妥適規劃，國中教育會考是否又流於考試領導教學，以及如何落實適性目標等，都尚有持續觀察、溝通與輔導協調之處。

(四)擴大大學繁星計畫，促進就近入學目標的實現

依據教育部（2011）的統計顯示，2011年有98%國中畢業生繼續升高中職，計畫2014年就學率能逐步提高至99%。未來三年高級中等教育，將是學生權利而非義務，所以採自願而不強迫入學。教育部規劃逐年增加申請入學比例，並就特殊類科辦理免試入學；自2007年起，3年內投入經費進行高中職優質化，2009年時，由於優質學校的不斷擴充，已減輕學生競相爭取進入所謂「菁英高中」的升學壓力；經過高中職優質化及學生就近入學後，預期每個高中職都有菁英學生，達成校校有菁英及各地區教育均衡發展的目標。要如何吸引國中畢業學生就近入學，首須強化高中職五專辦學成效及特色，用以取得社區家長、教師及學生的認同。其次，大學及技職校院繁星計畫的擴大辦理，將對高中職學校帶來進入大學及技職校院就讀的保障，必能發揮直接或間接的磁吸效用。

大學繁星計畫[3]除能減少學生考試負擔，有效減少大學招生缺額外，更能嘉惠更多偏鄉有潛質的學生，且能鼓勵優秀國中畢業生就近

3　大學繁星計畫，其招生作業主要是由各高中推薦在校成績前20%、且通過校系檢定標準的應屆畢業生，以高一、高二「在校學業成績全校排名百分比」與「學測」級分分發比序後，隨即公告錄取名單，不需加考第2階段指定項目甄試（教育部高教司，2010）。

入學。總之，經政府長期推動高中職優質化與均質化政策，提昇學校水準邁向優質，配合不同學生的興趣、性向與能力，未來可選擇普通高中、綜合高中、高職、五專、進修學校或特殊學校，也可進行非學校型態的實驗教育自主學習（教育部，2011）。

(五)積極辦理高中職評鑑，提昇高中職教育水準

十二年國民基本教育的「配套措施6高中職評鑑與輔導」包含「方案6-1高級中學學校評鑑實施方案」及「方案6-2高職學校評鑑實施方案」。教育部為瞭解目前高中職學校之實施與發展現況，依據《教育基本法》及《教育經費編列與管理法》之規定，進行高級中學學校評鑑實施方案。本項評鑑兼具績效責任（accountability）、改進（improvement）及啟發（enlightenment）等功能（教育部，無日期c）。高中方面，自2004學年度起規劃並辦理國立暨臺灣省私立高級中學校務評鑑工作，總計評鑑194所學校。依據2004學年度評鑑結果修正評鑑指標，於2006-2009學年度，分四年將所有國立暨臺灣省私立高級中學評鑑完竣，並辦理二次的追蹤評鑑。依據2009年7月30日發布之「私立高級中等學校評鑑及評鑑績優學校放寬辦學限制辦法」，針對評鑑項目內容、評鑑評定方式、俾符合放寬限制辦法之規定做修訂，以全國高級中學為辦理對象（教育部，無日期c）。

高職學校評鑑亦以全國公私立高級職業學校為對象，以校長治學理念為動力，行政效能為營造辦學成效之核心，績效表現為辦學成效之具體呈現，並考量高職學校專業類科之設置，乃融合學校之實習輔導、課程教學與環境設備，以建構高職學校評鑑的方向與原則（教育部，無日期c）。

(六)持續高中職均優質化政策，整體提昇教育素質

十二年國民基本教育的實施必須建立優質化、均質化的高中職教育環境。因此，教育部自2007年度起推動「高中職優質化輔助方案」，2009學年度總計補助264校（教育部中教司，2009）。2010年教育部

為提昇中等教育之品質，同時均衡城鄉教育落差，減少教育機會的不公，積極進行十二年國民基本教育奠基工作，乃提出「高中職適性學習社區教育資源均質化實施方案」，除延續2001年高中職社區化之成果外，並加強高中職學校的垂直整合工作，以弭平城鄉教育資源的差距，讓社區內的高中職在高中職社區化所建立的既有合作關係上，由水平的合作延伸至垂直的整合，以建構產業、社區機構、大專校院及國中與高中職的合作關係，達成師資、課程、設備等教育資源的共享，進而提昇各社區之高中職教育競爭力，使學生在當地高中職的就學環境中，能有適性的發展，以實踐政府對臺灣新世代的教育承諾，達成為國家培育人才之目標（教育部中部辦公室，2010）。

2012年1月教育部修正十二年國民基本教育「工作要項4推動高中職優質化及均質化方案4-1高中優質化輔助方案」指出，「升學競爭之不當壓力下，國人傳統對於少數高中之追求依然熱切，究其原因，實為各地讓社會大眾信賴之高中數量不足之故。如何調整並強化高職課程、師資、設備及教學，一方面因應未來我國經濟發展的人力需求，另方面提供普遍優質的高職吸引學生就近入學，以奠定十二年國民基本教育基礎，顯已成為當前重要的興革課題。爰此，乃擬定「高職優質化輔助方案」（教育部中部辦公室，無日期）。可知，十二年國民基本教育能否吸引國中畢業生願意就近入學，高中職均優質化扮演相當重要的任務。

(七)加速立法程序，奠定十二年國民基本教育法源

我國是一個民主法治國家，重要政策的施行，須有法源做為依據。行政院院會於2011年10月20日通過《高級中等教育法》草案與《專科學校法》修正草案（中央社，2011年10月20日）。《高級中等教育法》草案配合十二年國教的實施，訂定包括十二年國民基本教育的定義、免試入學與特色招生的定義、高級中等學校就學區的規劃程序及中央與地方的權責分工，並明定高級中等學校學生免納學費等。《專科學校法》部分條文修正草案明定五專招生方式以免試入學為主，且就讀

五專前3年的學生免納學費。未來高等中學與職業學校的入學方式以免試為主，經各該主管教育行政機關核定後，可釋出部分名額作特色招生，引導學生適性教育，讓中等教育發展具有多元特色。學生就讀高級中等學校及專科前3年可全面免學費，將有更多公平就學機會。

(八)充足教育經費，保障十二年國民基本教育的實施

為使國民教育之施行，能有充足的教育經費，《中華民國憲法增修條文》第10條第9項明定「教育、科學、文化之經費，尤其國民教育之經費應優先編列，不受憲法第一百六十四條規定之限制。」配合十二年國民基本教育將於2014年實施，立法院教育委員會於2011年11月30日初審通過《教育經費編列與管理法》[4]修正草案（陳文信，2011），修正案經總統於2011年12月28日公布，將教育經費法定下限由前3年度決算歲入淨額平均值之21.5%提高至22.5%，並明定增加之教育經費預算，應優先用於推動十二年國民基本教育，預估每年教育經費增加新臺幣200餘億元，以確保十二年國民基本教育推動經費無虞（教育部教研會，2011）。可知未來教育經費能否依法全數編列到位，無疑是考驗政府推動十二年國民基本教育的決心與毅力所在，值得國人拭目以待。

(九)落實弱勢照顧，維持社會公平正義

總統馬英九在2011年元旦文告中表示，啟動12年基本國民教育，2014年達到高中職免學費目標。教育部扎根於2010學年度開始推動免試入學、齊一公私立高中職學費規劃。經行政院核定一次到位，三個年級全都於2010學年度起實施，讓高二、高三的家長都感受到政府對

4　依據《教育經費編列與管理法》新修正第3條第2、3項規定「各級政府教育經費預算合計應不低於該年度預算籌編時之前三年度決算歲入淨額平均值之百分之二十二點五。中華民國一百零一年一月一日修正施行之前項規定所增加之教育經費預算，應優先用於推動十二年國民基本教育。」

私校辦學的用心（教育部，2010b）。「學校有公私立之別，但保障與照顧學生受教權益則無公私立之分」，透過免學費政策分階段推動，期能鼓勵學生適性就學，培育符合產業需求的基層技術人才，並能保障就學安全，營造符合社會公平正義的教育環境，進而提高國民素質，實現十二年國民基本教育全面推動的目標（教育部中部辦公室，2012）。政府秉持「分階段逐步實施」。2011至2013學年度推動有條件的「高職免學費」、「齊一公私立高中學費」，2014學年度起推動全面「高中職免學費」，期能培育符合產業需求之基層技術人才並營造符合社會公平正義之教育環境（行政院，2011）。

(十)加強十二年國民基本教育宣導，協助學生打造未來

行政院於2011年9月20日核定通過「十二年國民基本教育實施計畫」（教育部中教司，2011b）。為使各界清楚瞭解各項政策之基本理念、制度設計、具體策略之內涵，並使各主管機關教育行政人員、各級學校教師及行政人員落實辦理各項措施，積極落實宣導工作殊屬必要。雖然教育部已有宣導規劃，但如何透過各級學校與教師協助輔導學生與家長深諳十二年國民基本教育的內涵，進而協助學生適性入學，尚有努力的空間。

參 適性輔導的意涵

十二年國民基本教育的精神在提昇中小學教育品質、成就每一個孩子、厚植國家競爭力。欲成就每一個孩子，勢須強化適性輔導的實施與成效。茲探討適性輔導的意義與政策作為如下。

一 適性輔導的意義

十二年國民基本教育的免試入學、特色招生及免學費等方案，提供每位學生皆有機會進入高中、高職及五專就讀，保障就學機會的均等，以符應有教無類的基本理念。然齊一化的教育並非真正的均等，為

進一步落實因材施教的教育理想，依據學生性向、興趣及能力，提供最適性的教學環境，鼓勵學生邁向卓越，才是實質的均等，更為教育最終目標（教育部中教司，2011c）。

在英國既無「明星學校」，全國任何學校也沒有設立「資優班」或「升學班」；英國的適性教育（adaptive education）理念是「學校照顧好每一位學童」。2009年6月英國教育部（Department of Children, Schools and Families）公布教育白皮書「建立二十一世紀的學校制度」（Building a 21st Century Schools System），其中述及推動「適性學習」（adaptive learning）的目標即是：「每個孩子在學校所得到的教育方式，將會符合他們的需求，並且得到他們所需的支援和協助。」（教育部駐英國文化組，2009）。該白皮書對學生保證（Pupil Guarantee）每個孩子是作家（Every Child a Writer）、每個孩子是愛好閱讀者（Every Child a Reader），並針對進度落後的小學生，在三個月內給予20小時的一對一個別指導，讓每個孩子的價值至上（Every Child Counts）（教育部駐英國文化組，2009）。

美國「有教無類法」（No Child Left Behind Act）是在甘迺迪參議員的護航下，於2001年通過（張曉菁編譯，2008），成為布希政府最著名的教育改革象徵，當時的教育部長佩吉（Rod Paige）曾說，代表每個學生都不被放棄，每個學生都必須學習（教育部駐美國文化組，2009）。學生來自不同的遺傳，在不同家庭環境下長大，其身體和心理發展都具有個別差異存在。而弱勢學生（如智能障礙、視覺障礙、聽覺障礙、語言障礙、肢體障礙、身體病弱、嚴重情緒障礙、學習障礙、多重障礙、自閉症、發展遲緩等）的差異性更大，更需要學校或教師運用不同課程或教學方法，提供適合其能力的教學內容和方法（教育部駐英國文化組，2009）。

為落實適性學習，英國也對學生的成績紀錄提出重大改變，仿效紐約形式的成績報告單（New York-style report cards）。學校的計分等級將從A到F，而年度的成績報告單將包含學生的出席或曠課紀錄、行為表現、運動表現，以及學校是否幫助那些弱勢學生，提昇他們的學習表

現和成績（教育部駐英國文化組，2009）。

　　我國早在春秋戰國時期，孔子倡導的「有教無類」和「因材施教」，其實就是「適性教育」的最佳詮釋。所謂「有教無類」就是要真正瞭解每位學生不同的能力、性向和興趣，並依其不同的個別差異提供最適合的教育方式和教法，以提高學習效果。興趣是學習的動力，如果沒有興趣，就無法拼勁學習；「性向」是未來學習及就業的潛力，找對了性向才能激發無限潛能，使學習達到事半功倍之效；能力是學習表現的結果，透過良好的學習輔導可以提高學習效果。而「因材施教」就是針對不同學生的能力、性向和興趣提供給他最恰當的課程、教材、學習方法和考評方式（張國保，2009）。

　　綜上可知，適性教育是提供每位學生最適合其個別能力、興趣與性向學習的基礎；適性學習是學習的內容與方法要多元化，符應個別學生的不同需求；適性輔導是提供個別學生因應不同差異的有效學習策略；適性發展是追求自我理想實現的目標。適性教育、適性學習、適性輔導與適性發展關係如圖1。

　　歸納適性教育、適性輔導、適性學習及適性發展之定義如下：

　　「適性教育」係指學校和教師依據學生不同能力、性向和興趣，提供適切的教育內容和方式，以激發學生潛能和促進學生人格健全發展。

　　「適性輔導」（adaptive counseling）在協助學生探索及認識自我、認識教育與職業環境、培養生涯規劃與決策能力，進行生涯準備與生涯發展，找出適合的最佳進路（教育部，無日期e）。

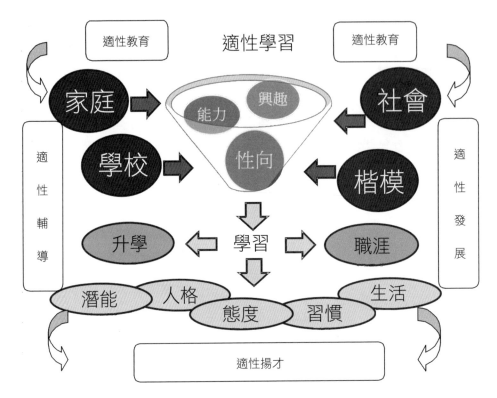

圖1　適性教育、適性學習、適性輔導與適性發展關係

資料來源：作者自製。

「適性學習」則指學生依其不同的能力、性向和興趣所進行的各種課程、教材、方法與學習活動。

「適性發展」指個人在家庭、學校、社會輔導與協助下，發揮學生的能力、興趣、性向，使其學習、升學與職涯發展均能適才適所，個人的生活、習慣、人格、態度等潛能均能適應得宜、勝任愉快，成為行行出狀元的典範。

二　適性輔導的政策作為

適性輔導工作推動的好壞，對學生具關鍵性影響力，更將牽動十二年國民基本教育政策推動的整體效益。在十二年國民基本教育啟動之

初，審慎完善規劃國中學生適性輔導工作推動機制與確切全面紮實執行，實為首要之務（教育部訓委會，2012）。為確實達成適性輔導目標，教育部更需與地方政府教育局（處）及學校端持續進行實務溝通與協調，不斷檢討與改進，讓適性輔導工作功能發揮，也讓所有的學生得以適性揚才。

國中學生適性輔導工作的落實，關係到國中學生畢業後能否依照自己的性向、興趣、能力，選擇一條如己所願的升學進路，甚而影響到學生們未來生涯藍圖的繪製。教育部的具體作為，整理如表1（教育部訓委會，2012）。

依據表1之重點項目，包括建置完善的層級化推動組織、增加專業輔導人力、強化縣市「學生輔導諮商中心」及各國中「生涯發展教育工作執行委員會」的任務與功能，舉辦宣講及研習，使導師及專任輔導人員都能參考教育部製編「國民中學推動生涯發展教育工作手冊」及「國中學生生涯輔導紀錄手冊」，以落實適性輔導工作的推動，並確實督導與考核，提高適性輔導成效。

表1　十二年國民基本教育適性輔導執行單位與職責

推動項目	負責單位	推動單位	職責與任務	目標
建置完善的層級化推動組織方面	中央－教育部	學生事務及特殊教育司、技職司、教育部國民及學前教育署等	規劃、推動、督導適性輔導政策與工作	達成適性揚才目標
	地方－直轄市及縣市政府教育局（處）	縣（市）政府學生輔導諮商中心，下設置專責單位「適性輔導組」	統籌與督考境內國中適性輔導工作推動	落實十二年國民基本教育適性輔導機制之推動、管考與實施

（續）

		學校－國民中學輔導室	國中成立「生涯發展教育工作執行委員會」，以校長為召集人，教務主任為副召集人、輔導主任擔任執行秘書，並設置行政組、教學組、活動組等組別	確實推動第一線的學生適性輔導工作	執行適性輔導並成就每一位學生
增專輔人	加業導力	教育部	各縣（市）政府	增置「專任輔導教師」與「專任專業輔導人員」	2011年8月起，國中專任輔導教師5年內增加1,288名；專任專業輔導人員在2011及2012年共增置579名
適輔工的實行	性導作落執	各縣（市）政府	學生輔導諮商中心	督導與考核各國中落實生涯發展教育、追蹤與分析各國中畢業生進路、增進教師與輔導人員專業知能；協助學校建立家長、社區團體及企業單位參與學生適性輔導管道；鼓勵學校因應在地文化與社區需求，訂定共同發展之機制，辦理生涯探索、生活關懷與輔導課程或活動	務實推動適性輔導工作，建立縣市特色
			國民中學	1.生涯發展教育工作執行委員會	參酌教育部印發「國民中學推動生涯發展教育工作手冊」，規劃辦理各年級生涯講座、協助學生建置生涯檔案、完成各年級的心理測驗（智力、性向、興趣等）、開辦抽離式及專班的技藝教育課程，提供學生多元試探機會；辦理八年級社區高職參訪，透過實地體驗活動，協助八年級學生瞭解不同職群的學習主題與職場特質	對國中學生確實執行適性輔導工作

（續）

		2.國中學生生涯輔導紀錄手冊	記錄每位學生在學習歷程中的成長故事、各項測驗實施、學習成果、特殊表現、生涯輔導紀錄等，並將撰擬生涯發展規劃書，作為每位學生日後進路選擇與免試入學時的重要參考	記錄每位學生學習歷程
宣講種子培訓研習	教育部	各縣（市）政府	辦理各縣（市）政府宣講種子培訓研習及導師研習	所有國中導師瞭解十二年國教及國中學生生涯輔導紀錄手冊等
督導與考核	教育部	各地方政府教育局（處）及各國中學校	逐月召開會議進行查核與檢討	落實適性輔導的推動成效

資料來源：作者整理及修正自教育部訓委會（2012）。

肆 推動適性輔導的具體策略

為落實適性輔導的推動與執行，以下就主管教育行政機關、各級學校、家長及用人單位在適性輔導的相關策略，提出建議如下。

一 主管教育行政機關

十二年國民基本教育之政策事項，由中央主管教育行政機關負責規劃推動，相關政策執行以及地方主管教育權責事項，則由地方主管教育行政機關負責，以下分就教育部及直轄市與縣市教育局（處）在適性輔導的政策推動策略，說明如后。

(一)教育部

1. 訂修各級學校適性輔導相關法規，落實推動適性輔導的實施、組織、資源與管考基礎。
2. 組織適性輔導諮詢指導委員會，協助、指導與評核直轄市與縣

市教育局（處）及各級學校有效推動。

3. 寬列教育經費，提高各級學校職涯輔導的組織人力與經費資源，提昇學校規劃與推動適性輔導的相關成效。

4. 舉辦適性輔導研討會或研習活動，提供適性輔導的相關策略，作為各級學校、教師、家長參考的資料。

5. 培育適性輔導的種子教師，作為宣導、輔導與推廣的人才資料庫。

6. 製編適性輔導手冊，彙整相關法規、輔導資源、成功案例、聯絡資訊等資料，提供相關人員參考的重要依據。

7. 建立適性輔導資訊平臺，有效連結直轄市與縣市教育局（處）、各級學校在適性輔導的推動資訊網絡。

8. 強化社會價值觀，適時宣導行行出狀元的理念，改變社會、家長及教師的價值思維，達成適性發展理想。

9. 將適性輔導的政策列為校務評鑑指標，督導各校積極推行，並辦理獎優機制，激勵學校、教師及教育人員努力推行。

10. 表揚適性輔導有功人員，落實政策的積極推動。

11. 輔導學校建立適性輔導檔案，並協調相關部會，建立學生質能資歷架構，使學生之學習、證照與證書等資歷，有效連結。

12. 建立人才培育的完整機制，使試探、輔導、深化、養成及進修，在不同階段都能輔導學生適性成長。

(二)直轄市與縣市教育局（處）

1. 縣（市）政府學生輔導諮商中心，下設置專責單位「適性輔導組」，協助、指導與評核各級學校有效推動。

2. 參據教育部法規，並依地方特色訂修適性輔導的相關規章。

3. 成立中小學適性輔導輔導團，邀請專家學者、督學及行政機關代表，巡迴各校諮詢、輔導與協助學校務實推動。

4. 將適性輔導執行情形，列為督學視導學校的重點事項之一。

5. 學校執行適性輔導績效，列為校長年度成績考成與續任的重要

指標。

6. 學校辦理適性輔導的機制，列為中小學校務評鑑的指標。

7. 定期舉辦中小學技藝（能）競賽，激勵特殊才藝（能）學生有機會出類拔萃。

8. 寬列中小學執行適性輔導的相關經費，補助學校認真積極執行。

9. 利用各種活動，適時宣導適性輔導的理念，改變社會、家長及教師重視學生多元發展的價值思維。

10. 舉辦直轄市與縣市適性輔導人員研習、種子教師培訓、工作坊等活動，作為直轄市與縣市宣導、輔導與推廣的人才資料庫。

11. 製編直轄市與縣市適性輔導手冊，彙整中央與地方相關法規、輔導資源、成功案例、聯絡資訊等資料，提供相關人員參考。

12. 建立直轄市與縣市適性輔導資訊平臺，有效連結教育部、其他直轄市與縣市教育局（處）、各級學校在適性輔導的推動資訊網絡。

13. 廣徵適性輔導志工，定期舉辦志工輔導活動，提昇志工專業知能，協助中小學、教師及家長落實適性輔導成效。

14. 遴選適性輔導績優學校，設立直轄市與縣市適性輔導中心學校，提供人員與經費，讓適性輔導工作有效拓展。

15. 表揚執行、輔導、協助與推動適性輔導有功的中小學校長、主任、教師、行政人員及社會志工，激勵適性輔導的積極推行。

二 各級學校

《教育基本法》第3條，各級學校對於適性教育都應盡到有教無類、因材施教之原則，以人文精神及科學方法，尊重人性價值，致力開發個人潛能，培養群性，協助個人追求自我實現。以下依各級學校共通性暨依學生就學順序分初等教育（國民小學）、中等教育（含國民中學、高級中等學校）及高等教育（大專校院）等三個階段四部分說明如後。

(一)各級學校適性輔導的共通性策略

學校是適性輔導的第一線，與學生關係最為密切，適性輔導的規劃與推動需從行政、教師、課程教學評量、家長及學生輔導等五個層面來探討。

1. 行政面

(1) 成立適性輔導委員會，積極規劃、推動與檢討適性輔導的相關事宜。

(2) 建置適性輔導的資訊平臺，提供適性輔導的參考資料，並連結其他適性教育網站，作為行政人員、教師、志工及學生參考學習。

(3) 提供適性輔導的成功故事與案例，啟發學生對適性發展的學習典範。

(4) 舉辦學生才藝（能）競賽，從中發掘具有特殊性向的學生，並予適性學習及輔導。

(5) 徵選熱心的專業志工，輔以適性輔導的相關理念與培訓，協助學校推展適性輔導的相關活動。

(6) 辦理適性輔導考核，並表揚與獎勵投入及參與適性輔導有功的教師、校友、志工及社會人士。

(7) 爭取教育經費，專款專用於適性輔導的軟硬體投入。

(8) 建構學校與社會及產業相連結的職涯發展資訊，作為教師教學、學生學習的參考。

2. 教師面

(1) 鼓勵教師參與適性輔導的相關研習活動，增進教師適性輔導的專業知能、態度與方法。

(2) 建立教師與產業互動、交流的機制，使教師有機會赴業界學習與成長。

(3) 鼓勵教師進修成長，提昇教師適性輔導的專業知能，強化專業水準的提昇。

(4) 鼓勵教師參與教師專業學習社群，激勵教師相互成長。

(5) 協助教師專業組織辦理教師成長課程，增進適性輔導的相關經驗交流與分享。

3. 課程教學評量面

(1) 營造適性輔導的多元學習環境，發揮潛在課程的影響力。

(2) 規劃正式及非正式課程，啟迪學生試探性向與興趣的潛能。

(3) 將適性發展的理念，融入相關課程，教導學生正確的職涯發展觀念。

(4) 以多元評量方法，開發學生多元潛能，並予適切的適性輔導。

(5) 充足學校教學資源，依據學生的學習能力、興趣與性向，進行分組教學。

(6) 邀請事業有成的校友或社會人士分享事業成功的努力經驗，並提供相關教材融入教學，導引學生積極努力與正向發展的鬥志。

4. 家長面

(1) 加強親師溝通，共同輔導學生適性發展，達成行行出狀元的理想。

(2) 提供家長多元及最便捷的適性輔導資訊，作為家長成長的參考。

(3) 利用親師教育日，舉辦適性輔導講座，邀請適性發展成功人士演講，改變家長唯有讀書高的社會價值觀。

(4) 協助家長充分瞭解學生能力、興趣與性向，輔導學生適性發展。

5. 學生輔導面

(1) 建置合宜的適性輔導環境， 培養學生瞭解多元化興趣學習的基礎。

(2) 養成學生動手動腦的良好習慣，激發適性學習的發展能力。

(3) 建立學生學習的檔案，記載學生適性學習成長歷程，以利未來的追蹤輔導，並做為與家長溝通輔導、協助學生適性發展的參

考。

(4) 以具有信效度的測驗工具，實施學生智力測驗、性向測驗、興趣測驗、職能測驗等，作為輔導學生適性學習的參考方向，以發展學生學習潛能。

(5) 提供學生適性學習的探索課程，培養學生建立多元學習與發展的價值觀。

(6) 尊重個別差異，針對特殊性向學生，提供合宜的個別輔導，以發揮有教無類、因材施教的理想。

(7) 肯定技藝教育學程的功能、定位與價值，激勵學生依據興趣努力學習，一樣可以成為技藝（能）達人。

(8) 有效整合與運用校內外資源，輔導特殊技藝（能）表現優異學生適性學習，落實適性揚才的目標。

(9) 強化學生社團學習與活動，充足非正式學習的多元內涵。

(二)初等教育—國民小學方面

國民小學是正規教育的基礎，對學生的學習方法、認知態度與良好習慣的養成，具有關鍵性的影響性。依據《國民教育法》第1條，國民教育以養成德、智、體、群、美五育均衡發展之健全國民為宗旨。因此，在適性輔導的扎根與啟蒙，將是未來國小階段適性學習與適性輔導的重要基礎，除了各級學校共通性策略外，國小階段適性輔導的策略，建議如下：

1. 提供適性輔導的啟蒙教育，建立適性教育發展的良好基礎。

2. 培養學生正確的職涯觀念，建立職業無尊卑的理念與價值觀。

3. 規劃多元課程，提供學生試探、探索、體驗學習及角色扮演活動，輔導學生瞭解各行職業的差異現象。

4. 鼓勵教師赴產業界觀摩、學習，或利用校外教學安排參訪業界，將職場的真實情境，融入相關課程教學。

5. 與鄰近國中、高中職、大專學校及社區維持良好關係，運用相關資源，提高適性輔導成效。

(三)中等教育—國民中學方面

　　國民中學以養成德、智、體、群、美五育均衡發展之健全國民為宗旨，理想國中發展願景是：1. 學生適性發展、五育均衡；2. 學校特色發展、品質提昇；3. 教師專業教學、多元評量；4. 家長多元參與、優質親職（教育部中教司，2011a）。國中是適性學習與輔導的重要關鍵，也是免試升學輔導最重要的輔導與執行單位，其對適性輔導的執行成果，更是十二年國民基本教育的重要指標。除了各級學校共通性策略外，國中階段之相關策略如下：

1. 成立「生涯發展教育工作執行委員會」，以校長為召集人，教務主任為副召集人、輔導主任擔任執行秘書，並設置行政組、教學組、活動組等組別確實推動第一線的學生適性輔導工作。

2. 參酌教育部印發「國民中學推動生涯發展教育工作手冊」，規劃辦理各年級生涯講座、協助學生建置生涯檔案、完成各年級的心理測驗（智力、性向、興趣等）、開辦抽離式及專班的技藝教育課程，提供學生多元試探機會；辦理八年級社區高職參訪，透過實地體驗活動，協助八年級學生瞭解不同職群的學習主題與職場特質。

3. 督促並增進教師及導師參加適性輔導研習活動，提昇對適性輔導的認知。

4. 輔導教師運用國中學生生涯輔導紀錄手冊，記錄每位學生在學習歷程中的成長故事、各項測驗實施、學習成果、特殊表現、生涯輔導紀錄等，並將撰擬生涯發展規劃書，作為每位學生日後進路選擇與免試入學時的重要參考

5. 與鄰近小學、高級中等學校、大專校院及社會教育機構策略聯盟，協助提供適性學習的相關資源，啟發學生適性學習的興趣。

6. 重視技藝教育學程的價值，優先充裕教學所需的各項軟硬體資源。

7. 活化國中課程學習，提供學生適性學習的多元機會。

8. 鼓勵才藝出眾、性向明確又有一技之長的學生，多參加各種校內外競賽。

9. 強化親師溝通的重要性，使家長充分瞭解學生的適性優勢。

10. 鼓勵教師赴產業界觀摩、學習，或利用校外教學安排參訪業界，將職場的真實情境，融入相關課程教學。

11. 加強十二年國民基本教育的宣傳，協助每位學生快樂學習成長。

(四)中等教育─高級中等學校方面

十二年國教實施之後，學生雖然免試進入高級中等學校就讀，國中學生如何選擇高級中學、綜合高級中學或高級職業學校就讀，除了國中負有輔導之責，高級中等學校更應加強宣導之責，且高級中等學校未來仍將面臨輔導學生升學大專校院或職場就業的選擇。因此，高級中等學校更負有適性輔導的必要性。高級中等學校含括高級中學（含高級中學附設職業類科）、綜合高級中學及高級職業學校等類。理想高中高職發展願景：1. 適性揚才，中等教育全民化；2. 無論就讀公立或私立高中職，人人都免繳學費；3. 就近入學，校校均是優質高中職；4. 發展多元類型學校，提供充分的高中職教育選擇機會，讓學生適性發展、學養兼具；5. 推動教師專業發展，全面提昇教學品質；6. 透過學校評鑑，確保辦學績效（教育部中教司，2011a）。以下分別說明之：

1. 高級中等學校

依據《高級中學法》第1條，高級中學以陶冶青年身心，培養健全公民，奠定研究學術或學習專門知能之預備為宗旨。第10條明定高級中學應就學生能力、性向及興趣，輔導其適性發展。其適性輔導策略：

(1) 依據《高級中學法》第15條設輔導工作委員會，置主任委員一人，由校長兼任之。其委員由校長就各處、室主任及有關專任教師聘兼之。輔導工作委員會置專任輔導教師，由校長遴選具

有專業知能之教師充任之；校長應就輔導教師中聘兼一人為主任輔導教師。輔導工作委員會得聘請具有專業知能之輔導人員及義務輔導人員為兼任委員。

(2) 加強免試入學宣導及免試入學名額比例的妥適規劃。

(3) 參考學生的能力、興趣、性向與潛能，進行合宜的適性學習與輔導。

(4) 適性輔導學生作為教學、學習、文理分組與升學的重要參考。

(5) 安排學生參訪產企業及社會教育機構，提供多元學習機會，啟發多元知能，建立學生正確價值觀。

(6) 與社區小學、國中、高級職業學校、大專校院及社會教育機構建立策略聯盟或夥伴關係，發揮資源共享效益。

(7) 高級中學附設職業類科者應重視附設職業類科的價值性，優先充裕相關學習資源。

(8) 將學生學習結果適時提供家長共同關心與輔導學生學習成長的參考。

2. 綜合高級中學

綜合高級中學指融合普通科目與職業科目為一體之課程組織，輔導學生根據能力、性向、興趣選修適性課程之學校。因此，綜合高級中學分成專門學程與學術學程兩類，採第一年試探、第二年輔導、第三年精進的方式輔導，除各級學校共通性者外，其適性輔導策略如下：

(1) 比照普通高中設輔導工作委員會，置主任委員一人，由校長兼任之。

(2) 適性輔導學生作為教學、學習與選擇專門學程與學術學程的重要參考。

(3) 參考學生的能力、興趣、性向與潛能，進行合宜的適性學習與輔導。

(4) 加強免試入學宣導及免試入學名額比例的妥適規劃。

(5) 與社區小學、國中、高級職業學校、大專校院及社會教育機構建立策略聯盟或夥伴關係，發揮資源共享效益。

(6) 安排學生參訪產企業及社會教育機構，提供多元學習機會，啟發多元知能，建立學生正確價值觀。

(7) 將學生學習結果適時提供家長共同關心與輔導學生學習成長的參考。

3. 高級職業學校方面

職業學校，依《中華民國憲法》第158條之規定，以教授青年職業智能，培養職業道德，養成健全之基層技術人員為宗旨。除各級學校共通性者外，其適性輔導策略如下：

(1) 依據《職業學校法》設輔導工作委員會，置主任委員一人，由校長兼任之；其委員，由校長就各單位主任及有關專任教師聘兼之，並得聘請具有專業知能之輔導人員及義務輔導人員擔任之。輔導工作委員會置專任輔導教師，由校長遴選具有專業知能之教師充任之；校長應就輔導教師中聘兼一人為主任輔導教師。職業學校應就學生能力、性向及興趣，輔導其適性發展。

(2) 規劃適性輔導學生作為教學、實習、證照檢定與升學、就業或創業的重要參考。

(3) 與國中保持密切關係，強化免試入學宣導。

(4) 與社區小學、國中、高級中等學校、大專校院及社會教育機構建立策略聯盟或夥伴關係，發揮資源共享效益。

(5) 針對設科資源及條件，與關係產業、技職校院緊密互動，作為學生實習、參訪的重要資源。

(6) 提供學生實習機會，並提高職場見習成效，增進畢業後留廠服務的比率。

(7) 建立產企業校友資訊網絡，作為學生實習與就業的重要資源。

(8) 將學生學習結果適時提供家長共同關心與輔導學生學習成長的參考。

(五)高等教育—大專校院方面

我國高等教育包含專科學校及大學，大學又含普通大學、技術學

院與科技大學（簡稱大學校院）。專科學校之設立依據《專科學校法》，大學校院依據《大學法》。依《中華民國憲法》第158條之規定，專科學校以教授應用科學與技術，養成實用專業人才為宗旨。大學以研究學術，培育人才，提昇文化，服務社會，促進國家發展為宗旨。雖然專科學校與大學分兩級，但在適性輔導方面沒有多大差異，除各級學校共通性策略外，綜合建議如下：

1. 招生選才應考量多元學習與才能，勿僅以紙筆測驗為主。
2. 提供適性學習的良好環境，使學生依其能力充分發展。
3. 發揮導師功能，落實適性輔導工作，有效輔導學生升學、就業與創業。
4. 建立學習預警制度，輔導學習成就低落或適應困難的學生進步發展。
5. 建立職能發展分析，使學習、選課、實習、考照、就業等加以連結。
6. 建立畢業校友追蹤調查機制，邀請傑出校友分享職場心得。
7. 落實first mile的適性輔導機制（張國保，2009）
   (1) 新生輔導：舉辦新生說明會、認識學習環境、提供學習資源及輔導措施等。
   (2) 學習診斷：瞭解學生的起點行為，並對落後者加以彌補救濟。
   (3) 銜接課程：開設橋接課程，導引學習方向，提高學習興趣。
   (4) 職能調查：深入瞭解學生學習性向與興趣，分析適合之職業類別並予輔導。
   (5) 課程學習：依職能分析結果，參考學習地圖輔導選課、參加校內外學習。
   (6) 學習檔案：建立學生的學習歷程檔案（e-portfolio），記載學習課程、表現、參加活動等過程，作為未來就業的完整履歷。
   (7) 個別輔導：相關人員與學生個別面談，並瞭解學習、住宿、

生活作息、交友及各種動靜態學習概況，記入e-portfolio。

(8) 職涯輔導：提供適性有關的職場就業資訊、基本能力、態度、活動或實習、考照等相關資料。

(9) 社團輔導：鼓勵參加與其性向及興趣有關的社團活動。

(10) 舉辦競賽：由學校、院系或社團規劃競賽，激發學習興趣與潛能。

8. 強化last mile的適性教育，建議如次（張國保，2009）：

(1) 輔導業界實習：學校應有實習指導委員會訂定實習規範及評估實習環境，讓每位學生畢業前都有機會赴業界參觀或實習。

(2) 檢視核心能力：依職能分析、選課情形，查對核心能力並個別輔導。

(3) 實施補救教學：針對學習成效及進度落後者，予以一對一的協助及輔導。

(4) 調整教學策略：依據學生就業需求，調整課程規劃、教學內容、實習方式、教學方法、教師輔導等措施，使理論與實務結合。

(5) 建立雙師制度：除學校的教師外，延聘職場有實務經驗的高階主管或專業人員擔任實習輔導教師，使學生有機會獲得真實的職場經驗、專業技術、資訊、生涯諮詢和指導，有助於就業、工作、生活和終身學習的選擇。

(6) 整合多元機構（Multi-agency）：學校與青年輔導、就業、考試（照）、訓練、用人等公民營機構策略聯盟，建立完整的資訊平臺，提供學生最佳的參考資訊。

(7) 舉辦職場講座：邀請校友或業界人士親身說明職場體驗或注意事項。

(8) 開辦創業學程：結合學校創新育成中心，輔導學生深入瞭解職場，舉辦創業競賽，鼓勵嘗試創業經驗。

(9) 服務學習：輔導參與服務學習課程或活動、接觸職場及社群

並反思成長。

(10) 就業博覽會：邀請廠家，舉辦校園就業博覽會，提供就業新知。

(11) 輔導考照：鼓勵學生於畢業前參加職場所須的職業證照考試。

(12) 推薦就業：輔導學生撰寫求職履歷、模擬面試，並幫忙學生撰寫升學、就業、出國深造所需的推薦書。

三 家長

學校、家庭與社會三者關係密切，「養兒防老」、「窮不能窮教育、苦不能苦小孩」都是家長甚為關切的議題。對於學生的輔導需家庭扮演重要角色，尤其是家長，對適性輔導方面，仍有需配合及瞭解的相關策略：

1. 營造適性學習的良好環境，陶鑄小孩正確的適性觀念。
2. 提供小孩適性學習的典範或標竿，導引小孩適性發展。
3. 以多元價值的觀念，尊重小孩的學習能力、興趣與性向。
4. 與學校充分合作，瞭解小孩的發展潛能。
5. 提供小孩適性探索的機會，協助小孩達成適性揚才目標。
6. 正向支持小孩的學習發展，以達行行出狀元的理想。
7. 加強參與親師活動，配合學校教育輔導小孩適性學習及發展。
8. 培養適性的學習習慣，建立小孩獨立自主、愛惜生命、尊重他人與遵守團隊精神的學習態度，成為具有謀生能力，又能愛家、愛社會的優秀公民。

四 用人單位

用人單位走向影響學校人才培育，用人單位若能培養適性用人的理念與價值觀，將影響學校適性輔導的實踐，用人單位的策略建議如下：

1. 打破學歷至上的價值思維，改變唯有讀書高的傳統觀念，使人人都能適性發展。
2. 以用人唯才的觀念，發揮人盡其才、才盡其用的目標。
3. 適性分工，使每項職務都由最合適的優秀人員辦理。
4. 實施人員輪調機制，從中發掘適性職務，提高效率與效能。
5. 落實終身學習理念，提供多元在職進修機會，持續開發人員潛能。
6. 適度提供軟硬體設施，作為學校人才培育與適性輔導的教育資源。
7. 與鄰近或性質相近的學校建立策略夥伴關係，相互交流職場新知。
8. 公開用人條件與遴選機制，使每位都有機會成為職場達人及社會菁英。

伍 結語

自古以來，「書中自有千鍾粟、書中自有黃金屋」向為我國家長勉勵小孩接受教育、努力讀書的期許。而「勞心者治人、勞力者治於人」、「形而上者謂之道、形而下者謂之器」的傳統思維，形塑「萬事皆下品、唯有讀書高」的價值觀念，無形中助長了升學主義的盛行，壓抑學生多元適性學習的機會，學校也因考試領導教學，適性輔導僅以升學為職志，使國中教育儼然成為升學主義的噩夢。十二年國民基本教育的實施，無疑打破傳統升學掛帥的毒瘤，對我國中等教育的改革相當深遠，對學生的多元學習勢可發揮無可限量的潛能。如何讓每一個孩子適性發展，愛其所學，學其所愛，成就每個孩子的未來，誠政府、各級學校、家庭與用人單位對適性輔導的一大考驗與挑戰。展望未來，投資教育，就是投資國家的未來。十二年國民基本教育將全面改革教育，提昇國家人才素質，整體提高國家的競爭優勢，對國家、社會、全民都是多贏。

參考文獻

中文部分

中央社（2011，10月20日）。**12年國教法源 政院通過**。

中時電子報（2012，10月16日）。**103年基北區入學比序 不列獎懲紀錄**。2012年10月18日取自http://tw.news.yahoo.com/103年基北區入學比序—不列獎懲紀錄-213000677.html

行政院（2011，3月14日）。**行政院十二年國民基本教育推動會審議通過「高中職免學費方案（草案）」及「五歲幼兒免學費教育計畫修正案（草案）」【新聞發布】**。2012年10月21日取自http://12basic.edu.tw/news_detail.php?code=02&sn=400&page1=4

行政院新聞局（2007，3月7日）。**第3030次行政院院會決議暨院長提示【新聞發布】**。2012年10月17日取自http://12basic.edu.tw/news_detail.php?code=02&sn=313&page1=9

林思宇（2011）。**家戶年所得在新臺幣114萬元以下的高職生免學費**，高中生放寬齊一學費門檻。中央社，2011年1月24日。

陳文信（2011）。初審通過教育經費增200億 推動12年國教。**中時電子報**，2011年12月1日。

教育部（無日期a）。**12年國教發展歷程：法令**。2012年10月16日取自http://12basic.edu.tw/about_019.php

教育部（無日期b）。**12年國教發展歷程：理念目標**。2012年10月16日取自http://12basic.edu.tw/about03_goal.php

教育部（無日期c）。**教育部十二年國民基本教育實施計畫**。2012年10月17日取自http://12basic.edu.tw/draft/index.html

教育部（無日期d）。**教育部十二年國民基本教育實施計畫：常見問題問與答**。2012年10月16日取自http://12basic.edu.tw/index.htm

教育部（無日期e）。**教育部中程施政計畫：102至105年度中程施政計畫**。2012年10月17日取自http://www.edu.tw/secretary/content.aspx?site_content_sn=903

教育部（無日期f）。**十二年國民基本教育：國中教育會考**。2012年10月20日取自http://12basic.edu.tw/about_015.php

教育部（無日期e）。十二年國民基本教育國中生學專區：適性輔導。2012年10月18
　　日取自http://12basic.edu.tw/about_016.php

教育部（2007）。12年國教全面啟動開創教育新里程（2007年2月27日新聞稿）。
　　2012年10月2日取自http://12basic.edu.tw/news_detail.php?code=01&sn=91&page1=
　　9

教育部（2010a，10月4日）。行政院召開十二年國民基本教育推動小組第1次會議
　　【新聞發布】。2012年10月17日取自http://12basic.edu.tw/news_detail.php?code=0
　　2&sn=390&page1=5

教育部（2010b，9月2日）。私校文教協進會與私校校長代表拜會行政院長吳敦義感
　　謝政府實施「齊一公私立高中職學費」方案【新聞發布】。2012年10月18日取自
　　http://12basic.edu.tw/news_detail.php?code=02&sn=391&page1=5

教育部（2010c，8月28日）。第八次全國教育會議中心議題壹—伍「教育重大議題及
　　創新措施」【新聞發布】。2012年10月17日取自http://12basic.edu.tw/news_detail.
　　php?code=02&sn=392&page1=5

教育部（2011）。十二年國民基本教育（說帖）。2012年9月30日取自http://12basic.
　　edu.tw/

教育部中教司（2009，7月2日）。穩健推動十二年國民基本教育【新聞發布】。2012
　　年10月17日取自http://12basic.edu.tw/news_detail.php?code=02&sn=424&page1=6

教育部中教司（2011，1月1日）。建國百年元旦馬總統宣示民國103年實施十二年國
　　民基本教育—高中職學生全面免學費、大部分免試入學【新聞發布】。2012年10
　　月17日取自http://12basic.edu.tw/news_detail.php?code=02&sn=397&page1=5

教育部中教司（2011a，8月9日）。十二年國民基本教育確定如期於103學年度實施
　　【新聞發布】。2012年10月21日取自http://12basic.edu.tw/news_detail.php?code=0
　　2&sn=415&page1=4#

教育部中教司（2011b，9月25日）。行政院核定十二年國民基本教育實施計畫—教
　　育部展開各項宣導工作【新聞發布】。2012年10月21日取自http://12basic.edu.tw/
　　news_detail.php?code=02&sn=430&page1=3

教育部中教司（2011c，10月13日）。十二年國民基本教育不論免試、特色招生均
　　提供學生適性教育【新聞發布】。2012年10月21日取自http://12basic.edu.tw/
　　news_detail.php?code=02&sn=433&page1=3

教育部中教司（2012，4月23日）。高中高職免試入學及特色招生作業要點訂定及備
　　查原則【公告】。2012年10月21日取自http://12basic.edu.tw/news_detail.php?code

=02&sn=465&page1=1

教育部中部辦公室（無日期）。**高職優質化資訊網**。2012年10月20日取自
　　http://203.71.198.10/index2.php?inpage=1

教育部中部辦公室（2010，5月21日）。**方案3-3「高中職適性學習社區教育資源
　　均質化實施方案【方案修正】」**。2012年10月20日取自http://12basic.edu.tw/
　　news_detail.php?code=02&sn=362&page1=5

教育部中部辦公室（2012，1月31日）。**教育部推動高職免學費政策，學生家長都受
　　惠【新聞發布】**。2012年10月21日取自http://12basic.edu.tw/news_detail.php?code
　　=02&sn=458&page1=2

教育部高教司（2010）。**99學年度大學繁星計畫提醒考生注意事項**。2012年10月20日
　　取自http://www.moe.gov.tw/news.aspx?news_sn=3153&pages=0&keyword=%a4j%b
　　e%c7%c1c%acP%adp%b5e

教育部訓委會（2012，2月6日）。**推動十二年國民基本教育之重要關鍵—國中學生適
　　性輔導工作【新聞發布】**。2012年10月21日取自http://12basic.edu.tw/news_detail.
　　php?code=02&sn=460&page1=2

教育部駐英國文化組（2009）。「學校照顧好每一位學童」英國推動適性學習。**教育
　　部電子報**，370期，2009年8月6日

教育部駐美國文化組（2009）。美國「有教無類法」象徵物拆了 教育改革將更名再
　　出發。**教育部電子報**，367期，2009年7月16日。

張國保（2009）。從first mile到last mile談大學適性教育。**高教技職簡訊**，34，
　　2009.10.10.

張國保、張煥書（2012）。教育公平與教育資源的議題與趨勢。**教育人力與專業發展
　　雙月刊**，29(3)，5-14。

張曉菁編譯（2008）。美國「有教無類」法案的未來。2008年6月11日「美國教育週
　　刊」（EducationWeek），**教育部電子報**，314期，2008年7月3日。

劉文珍（2012年7月24日）。**蔣偉寧：要讓12年國教實實在在上路**。國立教育廣播電
　　臺。

英文部分

Bell Les & Stevenson Howard (2006). *Education policy: Process, themes and impact*. Lon-
　　don: Routledge.

問題與討論

一、何謂國民教育、強迫教育、基本教育？十二年國民基本教育與九年國民教育有何異同？

二、十二年國民基本教育的精神理念為何？政府為何要宣布實施十二年國民基本教育？

三、何謂適性教育、適性學習、適性輔導、適性發展？這些理念各與十二年國民基本教育有何關係？

四、十二年國民基本教育的實施為何要強調適性輔導的理念？

五、何謂免試入學？特色入學？各有何重要內涵？

六、各級學校教育在十二年國民基本教育應有的適性輔導策略為何？

七、如何呼籲用人單位適性揚才，以導引學校重視適性輔導的實施？

因應十二年國教之教學與
輔導策略

白雲霞

孩子不是一個等著被填滿的瓶子，而是被點燃的火焰
~Francois Rabelais~

　　十二年國民基本教育的議題已探討二十餘年，終於在2011年元旦由總統正式宣示啟動十二年國民基本教育，並預定2014年高中職學生全面免學費、大部分學生免試入學，亦由行政院在9月核定實施計畫。

　　此方案建立在過去九年國民教育的基礎上，而從行政院的十二年國民基本教育實施計畫核定本中可以發現，十二年國民基本教育主要源自於下列五大理念（教育部，2011）：

(一)有教無類：高級中等教育階段是以全體15歲以上的國民為對象，不分種族、性別、階級、社經條件、地區等，教育機會一律均等。

(二)因材施教：面對不同智能、性向及興趣的學生，設置不同性質與類型的學校，透過不同的課程與分組教學方式施教。

(三)適性揚才：透過適性輔導，引導學生瞭解自我的性向與興趣，

以及社會職場和就業結構的基本型態。

(四)多元進路：發展學生的多元智能、性向及興趣，進而找到適合自己的進路，以便繼續升學或順利就業。

(五)優質銜接：高級中等教育一方面要與國民中學教育銜接，使其正常教學及五育均衡發展；另一方面也藉由高中職學校的均優質化，均衡城鄉教育資源，使全國都有優質的教育環境，使學生有能力繼續升學或進入職場就業，並能終身學習。

從上述的五大理念來看，該政策欲改變過去考試領導教學，與國中教學偏重智育發展的現象，並欲透過十二年國教的實施，使國中與高中教育銜接，並提倡五育均衡發展、有教無類、因材施教與適性揚才的精神。其十二年國教的政策對於6至15歲學齡之國民，主要內涵為：普及、義務、強迫入學、免學費、以政府辦理為原則、劃分學區免試入學、單一類型學校及施以普通教育。而對於高級中等教育而言則是著重：普及、自願非強迫入學、免學費、公私立學校並行、免試為主、學校類型多元及普通與職業教育兼顧。究其二者，不難發現，在國中的入學制度上並沒有太大的變革，但在高中的入學制度上則有重大的改變，換言之，未來國中的教育將因應高中入學制度的改變而產生變化，除此之外，採用自願非強迫入學與免試為主的升學方式，高中職也必然將面臨到學生興趣多元、學業程度異質化的挑戰，因此改變舊有的教學思維模式，兼採多元文化與學生本位的教學取向、加強「教學正常化」與「適性輔導」，並實施德、智、體、群、美五育兼具的學校教育將是國、高中教師未來專業發展的重要方向。

再者，除改變偏重智育的教學外，教師更應提供讓學生發揮潛能的機會，並協助學生探索其未來生涯發展的最佳進路。

有鑑於此，本文試圖提出國、高中階段在實施十二年國教後，教師在因應多樣態班級可採用的教學方式或輔導策略，以達成協助學生探索及培養多元智能、性向與興趣、因材施教與適性輔導的目的。基此目的，筆者認為國、高中在未來的教學上可有下列方向的調整：一、以合作學習取代個別競爭；二、增加學生批判思考與問題解決能力；三、

應用區別化教學的概念與策略；四、以多元評量培養學生五育均衡的能力；五、建立完善的補救教學系統與輔導策略。以下分別敘述可行的策略與方法。

一　以合作學習取代個別競爭

　　基於十二年國教的精神，教師更應該強調合作學習來協助多樣化成員的班級，透過小組成員的積極互賴和共同合作，共同為個人績效和團體成果而努力。教師應提供學生共同合作的學習環境，並鼓勵學生改變過去個別學習和競爭的習慣，使其透過多元互助的學習方式，瞭解並尊重多樣的觀點。諸多學者（黃政傑、林佩璇，1996；賴春金、李隆盛，1992；Hotkevich,1990；Johnson, Johnson & Holubec,1990；Parker, 1985）對合作學習特性皆有所闡述，歸納而言，主要有下列的方向：1. 合作學習是一種團體合作的歷程，強調每個人貢獻己力，共同達成小組的目標。2. 透過異質的分組（heterogeneous group），讓不同程度、能力與特性的學生彼此互相學習，共同成長；3. 學生彼此具有積極互賴（positive interdependence）的關係，小組內每一位成員都應該為小組的成功而共同努力；4. 個人績效（individual accountability）是小組績效的一部分，每個人對小組績效皆有責任；5. 在合作學習的過程中，小組中每個人都要運用人際/社交技巧（social skill）等，學習互相信任、接納與扶持。

　　過去在智育成績競爭激烈的情形下，學生可能懷著獨善其身，不想把別人教會的心態，然而當智育成績不再是唯一的規準時，教師反而有更多教導品德教育、團隊合作精神的機會，教師可藉由小老師或合作學習模式給予學生助人的機會，同時也可以在學期末時，給予組內教導與提昇全體成員分數貢獻值大的學生敘獎，藉以使學生學習與他人合作及習得助人的價值。

　　然則如何實施合作學習呢？首先教師應先將學生進行異質性分組，教師可在分組前，先進行成就測驗或依據其平時的學習程度完成異質性分組，在分組的過程中，教師除可參考學習成就之外，學習認知風

格、學習態度、後設認知能力與性別皆可納入分組考量的因素。

而合作學習的方式有很多種類（黃政傑、林佩璇，1996；賴春金、李隆盛，1992），如學生小組成就區分法（Student's Team Achievement Division, STAD）、小組遊戲競賽法（Team-Game-Tournament, TGT）、拼圖法第二代（Jigsaw II）、團體探究法（Group Investigation, GI）等，皆是常見且教師可方便運用的合作學習教學模式。以下簡介教師如何在多樣化成員的班級中實施合作學習。

(一)學生小組成就區分法

學生小組成就區分法的教學流程為：1. 全班授課；2. 分組學習；3. 團體歷程和測驗；4. 計算個人進步分數與小組得分；5. 表揚。

教師在學習前先將班上學生進行異質性分組，讓每組成員的能力均勻分佈。之後，教師先進行全班授課，在授課之後，讓學生開始進行組內學習，組內學習時，教師可以設計小老師制，或採用配對方式，讓學生互相學習，使已學會的學生能教導或協助尚未學會的學生，之後進行測驗，再計算學生在小組所得的個人分數與團體分數。

關於團體分數的計算，教師可先評估每位學生的平均能力，並以該分數為基本分，這個分數可以是幾次小考的平均分數，用來計算出學生的轉換進步分數及小組的整體積分。進步分數與基本分數的比較，教師可自行訂定標準，例如測驗進步10分以上得30點進步分，0-9分得20點進步分，退步0-9分得10點進步分，退步10分以上者則未獲得點數（進步分數不設負分），最後計算所有組員轉換進步分數之平均值即為小組成績（黃政傑、林佩璇，1996; Gunter, Estes & Schwab, 1990; Kagan,1994），之後再表揚進步分數較高的小組，其進步分數轉換方式可由教師自行設計，上述進步分數設定僅供教師參考。

(二)小組遊戲競賽法

小組遊戲競賽法的流程與學生小組成就區分法的流程很相似，所不同之處是以學科競賽代替小考，以能力系統調整代替進步分數。其流程

為：1. 全班授課；2. 分組學習；3. 學習競賽（能力系統調整）；4. 表揚。

　　首先教師仍然先進行全班教學，再於教學之後，讓學生分組學習，使學生對所學的知識能夠融會貫通，在此時，教師可以讓學生配對練習／複習或讓程度好的同學輔導學習情形落後的同學。在分組學習完成之後，教師開始讓學生競賽，但是競賽前教師須完成二項準備工作，其一為設計競賽中的測驗題目，並確定有足夠數量的題目，每一張題目卡的正面是題目，背面是答案；其二，教師須將各組學生的能力進行編號，各組同號碼學生的能力相當。其遊戲競賽順序如下：（Gunter, Estes & Schwab, 1990；王金國，2002）

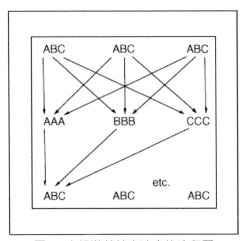

圖1　小組遊戲競賽法實施流程圖

資料來源："Beyond Monet: The Artful Science of Instructional Integration", by Barrie Bennett, Carol Rolheiser, 2001.

1. 每個競賽桌安排三位能力相當的競賽者（每一位皆來自不同小組），一位讀題者，其他兩位為挑戰者，讀題者同時擁有優先答題的機會。

2. 當讀題者回答之後，二位挑戰者可以依順位決定同意或否定該答案，若讀題者的答案正確，即可得一張卡片；若讀題者錯誤

而挑戰者答案正確，則挑戰者得到一張卡片。

3. 當一題的問題獲得正確解答後，遊戲單和答案單則向順移一位，同時三位角色（讀題者、第一位挑戰者、第二位挑戰者）也跟著更換，直到所有的題目用完為止。

4. 計分：若每一張競賽桌的配分為100分，競賽結束後，答對最多題者可得50分；第二者可得30分；最差者可得20分。回到各組後（流程請見圖1），各組將組內成員在各競賽桌上得回來的分數合，即為小組總分。

5. 成績最佳者給予表揚。

此外，當第一回合結束之後可進行能力系統轉換，即第二桌的優勝者移到第一桌參加比賽，第一桌分數最低者則移到第二桌，第三桌分數最高者則移到第二桌，第二桌分數最低者則移到第三桌，依此類推，進行第二回合比賽。最後計算各組得分並加以表揚。

(三)拼圖法第二代（Jigsaw II）

拼圖法第二代適用於概念性教學的學科，其流程為：1. 全班授課；2. 分組學習；3. 學習評鑑；4. 將個人分數化為小組得分；5. 表揚。其與STAD及TGT的不同，主要在於分組學習的方式，在拼圖法的分組學習中，教師可以提供若干個學科內容中的主題或概念，讓小組中每人皆分配一個主題，再集結各組分得同一主題或概念者共同研究與討論（若有五個主題，則會產生五個研究小組），在研究後，各個成員回到原小組，報告各自在研究小組所學習的知識或成果。

(四)團體探究法

當學生具基本的知識和技巧或是教師先讓學生瞭解課程內容的基本知識後，可進行團體探究法。黃政傑與林佩璇（1996）提出實施步驟為：1. 決定研究主題並組成研究小組；2. 小組計畫研究工作；3. 進行研究；4. 小組準備研究成果發表；5. 向全班發表研究成果；6. 師生共同評鑑。教師可在教學後，讓學生決定或師生共同討論可以於課後延伸

的主題,並讓學生以小組方式搜集相關資料與研討,最後發表並進行師生共同評鑑,在發表的方式上,筆者建議教師不一定侷限於口頭報告,學生可以戲劇表演、脫口秀、相聲、海報展示及說明與提問、拍攝DVD等方式來呈現。

二　增加學生批判思考與問題解決能力

近年來,世界各先進國家皆陸續強調批判思考教學在教育上的重要性,亦開始將「如何培養學生具備基本批判思考能力」列為教育發展重點。此外,許多學者(Calderhead, 1989; Brubacher, Case & Reagan, 1994; Clift, Houston & Pugch,1990; Zeichner & Tabachnick,1991)也一再強調反省批判教學的重要。教師除了在課堂上使用批判思考教學外,亦可以將課程內容結合省思作業、綜合性作業、實作評量、真實評量。此舉除了可以讓學生增加批判思考與問題解決能力之外,更可以結合多元評量原則,讓學生有適性發揮專才的機會。以下就培養學生批判思考與問題解決能力來敘述十二年國教系統可參考的教學途徑。

(一)批判思考教學

何謂「批判思考」呢?國內外學者對於批判思考的定義意見紛紜,以「思考的特質」為核心的定義,如Allen & Rott(1969)引用了No-vak(1960)的論述,其主張批判思考強調排除迷信與權威,並以因果關係、正確且適當的證據,小心謹慎地來歸納結論,並隨著新證據的出現修正既有的認知結論。而Walters(1986)認為學生透過批判思考的歷程,得以在各種情境中,辨識、澄清、評估及回答複雜的問題。Nor-ris & Ennis(1989)也表示批判思考是一種「理性的深思」(reason-able reflective thinking),能夠在解決問題的歷程中,決定何者可信與何者應為。國內學者陳麗華(1989)則提出批判思考是一種合理的反省性思考歷程;知識訊息或論證的真實性、有效性及價值,有賴於應用邏輯推理、科學方法的規準和價值判斷的能力,來決定何者應信或何者應為。溫明麗(1997)則是指出批判思考是一位自主性自律者為了使

人類的生活更具合理性，以質疑、反省、解放與重建的四大程序，在心靈中所進行的辯證活動。

Watson & Glaser（1980）表示批判思考混合了多種態度、知識與技能。其包含：1. 指認問題的能力及實事求是的態度；2. 各種證據的比重與精確性，取決於推論抽象與類推性質的邏輯能力；3. 具使用與應用上述知識和態度的技能。Paul（1990）指出批判思考是運用思考去辨別或分析事物，亦即以語言、邏輯等技巧去解釋事項，並依據所設定的標準去做適當的評價。

葉玉珠（1991）主張批判思考是一種高層次的思考能力，須視問題所處的脈絡，來建立一個內在的價值判斷標準，並藉由內省與邏輯推理等思考方式，審慎、合理的對問題或陳述加以澄清、評鑑，並決定何者可以相信或何者應該做，進而解決問題。而洪久賢、蔡長艷（1997）則強調批判思考是一種包含認知、情意與技能三面向的高層次認知能力和思考歷程。白雲霞（2009）則提出批判思考是一複雜歷程，是高層次的心智能力，其循著有系統的方法進行，強調分析、解釋、歸納、演繹、論證、不間斷的反思與重構，其目的在於解決問題，達到真善美的心靈層次。

既然相關文獻皆指出批判思考教學對學生學習的重要性及影響，那究竟該如何進行批判思考教學？關於如何教導批判思考，學者意見雖有雷同之處，但也不乏個人見解。

Eisner（1965）認為批判思考技巧有四，分別為：1. 探詢（questing）：表現出對知識熱愛，主動提出問題，或探討可疑、新奇的事物；2. 沉思（speculating）：意指運用想像和創新方法去尋求問題的答案或解決途徑。人的心智能力，除可經由與外物交互作用而獲得知能外，亦可經由內在想像、思考能力，超越現實環境或條件而形成概念，構思各種可能途徑以解析現象或解決問題，此即沉思的行為；3. 鑑賞（evaluation）：運用邏輯原則對言論主張進行檢視，衡量事例舉證內容的妥適性、及對其推論或其他品質的鑑定；4. 建構（constructing）：認知不同事物間關係的歷程，包括部分與全體間、個別事物彼

此間關係之瞭解（引自張玉成，1993）。

美國哲學協會（Facione & Facione，1992）認為批判思考的技能有以下六類：1. 詮釋（interpretation）、2. 分析（analysis）、3. 評鑑（evaluation）、4. 推論（inference）、5. 解釋（explanation）、6. 自我調整（self-regulation）。

Ennis（1996）則提出下列六個步驟（FRISCO）來說明批判思考技巧的培養，分別如下：

1. 關注（Focus）：瞭解情境中的主要重點、爭議、問題和困難點。

2. 理由（Reasons）：在下最後的判斷時，試著為自己找出可以被接受的理由來支持你的結論。並同時考量贊成或反對兩方的資訊以進行論點分析、判斷消息來源及觀察的可信度等。

3. 推論（Inference）：運用演譯、歸納與價值判斷的能力，來認出陳述或宣稱中所視為理所當然的隱含前提或預設立場。

4. 情境（Situation）：注意思考所發生的特定情境，包括物理環境和社會環境，例如家庭、政府、教育、宗教、職業、社團和鄰居，這些不僅會引導人們的思考，也會影響思考者的作為和判斷。

5. 澄清（Clarity）：清楚瞭解談話內容的定義或專門用語，避免觀念混淆，並清楚的表達你要說的話。

6. 總覽（Overview）：隨時（在每一個思考階段中監控的歷程中）反省你在思考中所進行的挖掘、決定、考慮、學習和推論，以瞭解整件事的來龍去脈。

筆者綜合上述學者對批判思考教學的建議，歸納整理批判思考教學步驟有五，分別為：1. 探詢與定義；2. 解釋證據與分析；3. 假設與推論；4. 鑑賞與評鑑；5. 歸納結論。接著，筆者就上述的步驟說明教師如何在課程中進行批判思考教學。此外，教師在進行下列批判思考教學步驟時，可多利用小組討論的方式，讓學生以討論與放聲思考的方式來互相學習，激盪彼此的分析能力。

1. 探詢與定義

在此階段教師可以提出與課程內容相關的問題，而其問題情境應以擴散性問題為主，避免使用閉鎖性問題，以提供學生思考空間與增進學生分析及反省的能力，如教師可針對以下問題進行思考：「作者的寫作風格為何？」、「作者為什麼舉這些例子，他的目的為何？」、「該地理現象的關鍵的問題有哪些？」、「這樣的氣候帶給當地居民什麼樣的影響？」、「中古歐洲有哪些時代特色？」等。

2. 解釋證據與分析

讓學生從與問題相關的自身經驗、準則、情境脈絡來推理，並找出可資證明的證據，且學生應能說明其所主張的依據為何？及其如何從證據中分析出結論的歷程。若以前段的問題為例，教師可針對以下問題提問：「你如何判定作者的寫作風格是寫實且充滿人文關懷的？」、「你為什麼認為作者舉這些例子是要激起國人的愛鄉情操？有哪些證據可以支持你的說法？」、「你為什麼認為地質是引發這種地理現象的關鍵問題？有哪些證據可以支持你的說法？」、「中古歐洲為何稱為「黑暗時代」？哪些歷史事實證明其為「黑暗時代」？其與上古希臘，羅馬的文化有何不同？」

3. 假設與推論

在此階段，教師可引導各組的學生，來檢視自己推論歷程的正確性與正當性如何？如「中古歐洲真的『黑暗』又『野蠻』嗎？是否有什麼不同角度的觀點？宗教扮演何種角色？中古歐洲「黑暗時代」的轉捩點是否是重要的？為什麼？該問題／現象可能會導致什麼樣的結果或效應？會有什麼樣的正面與負面效果？」，之後教師可以再引導學生思考「在推理過程中，我認為理所當然的是什麼？」、「是什麼假設帶我達到這個結論？」、「我是從什麼樣的觀點切入這個問題的？」、「有沒有什麼其他觀點是我沒有注意到的？」。

4. 鑑賞與評鑑

在各組批判思考活動進行之前，教師可輪流設定各組為另一組之評鑑／鑑賞組，讓學生評估各組的陳述或發表的內容，並判斷其主張或意

見的可靠性與正確性,且評估各組獲得的結論與問題之間的邏輯推理強度,最後提出個人看法。此時,教師可限定時間,讓各組學生討論,教師在讓各組討論時,可以搭配六六討論法,也就是以六人為一組,每人輪流發言,每人時間一分鐘,總計六分鐘,期使每位學生都有發言的機會。

討論前,教師應先提供評鑑規準,Paul & Elder(2006)曾提出的衡量批判思考品質優劣的規準,包含:清晰條理(Clarity)、正確真實(Accruracy)、精準嚴謹(Precision)、適切相關(Relevance)、深度(Depth)、廣度(Breadth)、邏輯性(Logic)、重要性(Significance)、公正性(Fairness)。教師可以此九項規準為基礎,來指導學生進行評鑑,如教師可以請學生評鑑他組提出的內容是否清晰有條理?所提出的論點、證據是否正確,其推論是否合理、嚴謹與具邏輯性?是否有哪些不合理之處?證據與推理過程是否具有一致性,或是過度推論(證據不足卻給予過度肯定的結論)?其所提出的證據或論點是否具足夠多元,其探討的深度如何?其所提出的看法是否具有重要性?其推論過程是否公正、考量多元文化觀點?

(二)結合批判思考與問題解決教學

問題解決教學強調學生能夠從瞭解問題的情境,並提出對問題的假設,思考出可能的解決方案,從而進行實驗或驗證假設,最後將其應用到適當的情境並能評鑑方案的優劣。傳統著重智育的教學方式,強調學生對知識的記憶、理解、分析、應用與綜合能力,然而對培養學生解決問題的習慣與創造解決問題方案能力的關注較少;在十二年國教適性揚才與因材施教的基礎下,教師應讓學生從不同的角度思考,並透過與同儕合作共同解決問題,一方面學習社交與人際的能力,一方面學習問題解決的步驟、方法。此外,教師可結合前述之批判思考教學,讓學生先對某主題或重要概念進行批判思考,接著教師再對該主題或概念的應用提出疑問或問題情境,讓學生討論可行的解決方案,並加以實驗或驗證,以培養學生學習思考解決方案的能力,同時提供學生多元思考的機

會。

　　該方法可以運用在各種學習領域上，如討論較好的數學解題方式並能說明合適於自己的理由、自行／分組討論設計科學實驗並驗證假設、提出某項解決社會問題的可行方案、針對某種特殊氣候設計合適的建築物、設計合適於自己的營養菜單、設計合適於自己且可行的體適能運動方案並加以執行及評鑑等。

　　在運用問題解決教學時，教師應強調以解決問題為目標的學習，在進行的過程中，教師也必須給學生充分表達想法的時間，並讓學生有實際驗證自己想法的機會，透過實驗所得的資料與結果，讓學生發表並評鑑其解決的方法的適用性。此種方式主要以學生為中心，教師居於扮演輔導者、指導者與促進者的角色，可以給予指導，並不處於主導的地位，以培養學生自行思考的能力，同時鼓勵同組學生分享彼此的看法。

三　應用差異化教學的概念與策略

　　差異化教學（Differentiated Instruction）又稱區分化教學，即是利用差異分組教學使學生能獲得不同程度的指導，並期望每個學生皆可在自我水平上得到最好的發展（Nordlund, 2003）。吳清山、林天祐（2007）曾指出差異化教學包含下列特性：1. 個別性：教學重視學生學習的主體性，而非以教師為中心的教學；2. 彈性化：學生學習內容、方式和時間，均可視學生需求、能力和興趣酌加調整；3. 層次性：依學生能力和程度分成各種組別，分別進行學習，採循序漸進方式；4. 冒險性：教師於教學過程中從事多方面嘗試，對學生學習成效而言，多少具有冒險性；5. 開放性：教師具有開放的態度，願意接受各種挑戰，而且也願意從事變革。是以，教師若能秉持差異化教學的理念來進行教學與班級經營，則將「每個孩子都帶上來」的目標將更加靠近。以下分述實施差異化教學的相關策略：

(一)視學生的準備狀態、興趣、學習狀況來研擬教學策略與安排作業

Diane（2002）指出在多樣化的班級中，差異化教學與傳統教學像是一條線的兩端，當班級學生異質性大時，教師便必須捨棄傳統教學的教學模式，趨向差異化教學，以符合學生需求。Thomlinson（1999）在差異化教學的基礎上，教師可依學生的準備狀態、興趣、學習狀況來研擬教學策略，因此，教師可視學生狀況來調整教學內容、教學方式、過程或教學評量方式。Gregory和Chapman（2007）則提到教師可從教學氣氛的建立與改變、透過對學習者的瞭解與評估來做一些調整，如安排具差異性的作業。

(二)依據學生的認知風格來設計教學方式

此外，教師亦可以依據學生的認知風格來設計教學方式。Witkin, Moore, Goodenough & Cox（1977）指出「風格」係指一個人在知覺或人格方面所表現之差異性特徵，由於涉及個人知覺與心智活動之行為，所以稱為「認知風格」（cognitive style）。而張春興（1992）則是認為認知風格是指個體在認知活動中所表現在性格上的差異。

學者在認知風格的分類不盡相同，Messick（1970）將其分為九類：審查性（scanning）、平易化與銳利型（leveling-sharpening）、控制的固著與彈性（constricted-flexible control）、不真實或矛盾經驗的容忍度（tolerance for incongruous and unrealistic experience）、場地獨立與場地依賴性（field dependence-independence）、認知的複雜度（cognitive complexity）、反省與衝動型（reflection-impulsivity）、範疇化風格（styles of categorization）及概念化風格（styles of conceptualization）。另外也有學者分為場地依賴與場地獨立型（Witkin & Goodenough, 1981; Witkin et al.,1977）、高概念層次與低概念層次型（Hunt, Greenwood, Noy & Watson,1973）、視覺處理型與語文處理型（Cronbach & Snow,1977）。

　　以下介紹對於場地依賴─場地獨立型、視覺處理型─語文處理型學生的教學方式。

　　Witkin與Goodenough（1981）將認知風格分為場地獨立及場地依賴，場地獨立型的學生有其學習的內在參照架構（internal frames of reference），可以用來決定其作業方式，該類學生較注重細節，習慣於主動學習，可藉由內在動機獲得增強，其人際關係較為獨立、主動、負責、自我依賴、個人主義觀念較強；而場地依賴的人需要依賴情境脈絡來決定如何處理其所面對的問題，其著重整體，依賴外在環境來學習，容易受到無關事項影響，習慣於被動的學習方式、需要透過外在增強，但其人際表現較為熱誠、親切、隨和與接受他人，較少表露敵意。

　　教師應瞭解班上學生的認知風格型態偏向，對於場地獨立的學生，教師可指定預習課程內容，讓其多有發表與上臺說明解釋新教材的機會。對於場地依賴的學生，教師可多透過小組討論、合作學習的方式來進行教學，讓該類學生擁有外在的鷹架支持與典範的學習。

　　當教師預備進行補救教學前，對於無須進行補救的同學，可先設計獨立作業的學習單、補充教材或是蒐集線上學習網站，則教師進行補救教學時，已完成學習的場地獨立型學生就可以自行研讀、練習或運用線上教材學習，其他已完成學習的場地依賴型學生可以採用互相討論、配對一起查閱資料的方式來完成上述作業。

　　此外，教師在教學前可以評估或探詢學生對何種教材較感興趣，一般而言，視覺能力測驗上的得分高者，歸類為視覺處理者（visual processors）；而語文能力測驗上得分高者歸類為語文處理者（verbal processors）。

　　對於視覺型學生，教師在上課時，可以將語文呈現的課文內容轉化為視覺呈現方式，如蒐集與課程內容相關的圖片、動畫、電影、短片、音效等來搭配教學的進行，而面對語文處理者，教師可給予相關的語文資料加以研讀。此外，圖表整理、概念構圖（concept mapping）也都對此二者學生有所助益。

(三)多元文化觀點的教學

此外，差異化教學亦可以從多元文化的觀點出發，Nieto和Bode（2008）曾指出多元文化教育是學校改革之重要歷程，學校與教師必須接受學生背景文化的多樣性（包含人種、族群、語言、宗教、性別等）。教師應將差異化教學的概念融入多元文化觀點，對於不同族群、宗教的文化展示尊重的態度，並秉持性別平等的觀點來進行教學，同時善用各族群或性別的學習優勢，讓學生互相學習與觀摩。

(四)濃縮課程

濃縮課程（compacting）教學策略的主要目的在於協助學習快速的學生有效運用時間。Reis與Renzulli（1992）指出教師應先確定參與濃縮課程學生對學習主題知識的掌握程度與先備知識，並瞭解學生未掌握的知識及技能，由師生共同制定學習計畫及學習內容，刪減已精熟知識的學習時間，研討學習時間之運用，配合學生本身能力的步調進行加速學習，並且提供學生時間來從事更適當的充實或加速活動。

(五)分站學習

教師可與其他班級進行協同教學，設置不同的分站，分站中有不同的教學角或自我學習角，可涵蓋不同的科目或是不同的認知程度。在進行前，教師應預先評估學生的起點行為，並安排他們應經歷的學習任務、教學角或自我學習角，教師亦可以根據單元主題，學生性質、分站學習的場地空間來調整分站的數量及學生移動方式與順序，如此，不同能力的學生可以進行適性學習，而且學習的速度、份量也可以因應學生個別差異加以調整。

(六)學習契約

師生可以共同訂定學習契約（learning contract）上的目標，由學生獨立學習，教師只須依據學生學習狀況適時地給予關心與指導，尊重

學生的選擇權，並期望此學習契約的方式來培養學生自我決定、負責與獨立的態度。

(七)學習中心

教師可於教室內特定地區設置學習中心（learning center），類似國內的學習角，放置教師欲讓學生額外學習的作業單、補充教材，挑戰題考卷讓學習速度較快的學生可以有充實活動；也可以放置課程內容的先備知識素材，讓學習速度較緩或先備知識不足的學生可以充實先備知識，教師也可以於每週的某幾節下課，輪流安排不同的駐站小老師，為學習落後同學解說。

另外，除上述常用的差異化教學策略外，其他方式例如小組合作學習、獨立研究（independent studies）、問題本位學習（problem-based learning）等皆分別在合作學習、增加學生批判思考與問題解決能力提及，此處不再贅述。

四　以多元評量培養學生五育均衡的能力

多元評量係指教師採用多元化方式來檢核學生的學習成果，多元的定義可以涵蓋評量內涵多元、評量方式多元、評量地點多元、評量人員多元、評量時機多元等概念，常見的多元評量方式有：紙筆測驗、檔案評量、實作評量、真實評量、口頭評量、遊戲評量、檢核表與軼事記錄。紙筆測驗是過去國、高中最常見的評量方式，為了基測與學測考試，並使學生精熟學習的知識，教師使用紙筆測驗的頻率明顯地高於其他評量方式。

但以教育部目前推動十二年國教入學的超額比序作法來看，其作法可以說是奠基於多元評量的概念，特別是與實作評量及真實評量密切相關，藉此機會，教師在未來其實擁有更多實施多元評量的機會。

真實評量（authentic assessment）、變通評量（authentic assessment）以及實作評量（performance assessment）的觀念自Wiggins（1989）在Phi Delta Kappan發表《真正的測驗：更真實、更公正的評

量》（A true test: Toward more authentic and equitable assessment）文章後，即成為美國教育評量改進運動的三大趨勢，其中真實評量強調教師直接測量受測者行為表現以評量學生的真正能力，例如：要求學生解答一個數學問題、寫一篇報告、做一個實驗、找出機件故障的原因等學生的實際表現的結果，一方面代表其理解的程度，另一方面代表其能夠做到的程度。實作評量（performance assessment）是指根據學生實際完成一項特定任務或工作表現所作的評量，其方式主要透過直接的觀察學生表現或間接的從學生作品去評量（吳清山、林天祐，1997a，1997b）。

　　而十二年國教的理念在強調學生的均衡學習與五育並重，因此，未來國中教學在執行面上，也應揚棄過去智育教學比重過高的現象，落實教學正常化與擺脫「獨尊智育」的失衡現象，社會需要多元化的人才，當智育不再是唯一的權衡標準時，教育現場的教學評量方式也應作適度的調整，相對地提高實作評量與真實評量的比例，並以多元、具創意的實作評量方式來評量學生學習成果。

　　在真實評量的部分，教師應該將所習得的知識讓學生運用於生活經驗之中，或是讓學生實際操作實驗並記錄結果、由家長與教師觀察記錄學生的助人行為、真正動手完成一項成品：如實際烹任等。

　　在實作評量的部分，教師可以讓學生模擬情境解決問題、實際設計實驗並運用實驗結果、應用所學的知識製成生活中可用的成品、成品展示、撰寫作文、以戲劇方式表現學習結果、角色扮演、專題報告、觀察報告、蒐集自己的學習歷程檔案。以國文課之<劉姥姥進大觀園>為例，在教學中教師可以讓學生自行編寫劇本，體驗一下古人說話的口吻與方式，並讓學生以戲劇方式演出，且在演出之後撰寫心得，而資訊課時，則可以學習如何剪接與後製所拍攝的演出影片。如此一來既可使教學更生動，引發並維持學生學習動機之外，亦提供師生另類的評量管道。

　　此外，學校與教師亦可以結合十二年國教「多元學習表現」與實作評量與真實評量的精神，就學生十二年國教超額比序內容來看，諸如學

生日常生活行為表現評量（如學生出缺席、獎懲紀錄）、體適能、服務學習、幹部、競賽、社團、技職證照與資格檢定等皆為比序的內容，因此，教師可以結合多元評量概念讓學生於學校有機會參與多樣性活動，而不是讓超額比序的內容成為學生的另一種負擔。

如以擔任幹部而言，國、高中生在學校學習的三年期間，教師可以就各縣市所規定的班級幹部名額，結合學生的專長，秉持讓學生適才適用原則，讓學生擔任幹部以服務人群，此外亦可於班級內選舉儲備幹部，讓儲備幹部有見習的機會，並在下一輪選舉中，有機會成為正式幹部，也讓更多學生學習為他人服務的作法與精神。另外，就服務學習方面，不應讓學生將「服務學習」與「比序積分」直接畫上等號，教師應該結合課程進行正確服務學習觀念的教學，使學生體會付出、助人與不求回報的利他精神，例如讓學生在服務學習之後，撰寫服務心得，並於綜合活動領域課程或班會中與同學分享。再者，教師可以多鼓勵學生搜集自己服務學習的內容、照片與心得作成個人的學習歷程檔案。

五　建立完善的補救教學系統

教師在異質化班級中，除可透過多元化教學方式，來提昇學生學習成就外，對於班上學習程度與速度落後的學生，教師應安排合適的補救教學時間與方式。但在實行前，教師須事先設計補救教學與充實教學的教材，如此一來，學生可依自己的學習情形在此時段選擇自己所需的教材來上課。教材設計方面，同一學習領域的教師可以協同設計，每人負責二到三課，如此一來，既可降低教師教學負擔也可達到適性學習的目的。

倘若學校能為同年級安排固定且統一的空白彈性時間，在實施上則更具成效，各學習領域教師可以視學生在自己教學學科上的學習情形，提出名單，詢問學生意願，安排其到不同學科的補救教學教室上課，無須補救教學的學生，則選擇自己想要深入瞭解的學科。

若學校無法安排上述時間，教師亦可在班級中利用每週的彈性時間進行補救教學，而無須進行補救教學的學生，可以輪流擔任教師教學的

助手，未輪到擔任小助手的學生可以在教師的安排下進行深度與廣度的學習。

而在補救教學與補救教材的設計上，應秉持由易至難、由簡而繁、由先備知識到新知識、應將教材簡化切割成較小單位、教材應具高度的結構性、考量學生能力、接受程度，並根據學生程度進行教學。

雖然是進行補救教學，但是教師在教學時亦須建立學生自信心，避免貶抑學生，畢竟智育不是生涯發展與成功唯一的基石，品德、人際社交能力等也都是成功重要的條件，同時學習活動宜更富有變化，教學時應循序漸進、每教完一小步驟，即可口頭評量或是以五分鐘的小測驗評量學生學習的情形，若學生學習成果良好時，教師應提供增強，並對尚未學會的內容加以回饋、校正，再進入下一階段的教學，進行時亦可輔以多媒體教學，以引起並維持學生學習動機，在評量方式上亦可以多元化。

六　加強生涯探索與輔導

升高中、大學並非唯一的學習進路，技職系統亦是學生未來重要的選擇進路，過去學生在國中畢業後，到底要選高中還是高職，主要還是以分數作為最重要的考量。國中的生涯發展教育亦常被窄化為輔導學生作升學與職業選擇，然而當學生對自我的能力、性向、興趣和價值觀都不甚瞭解時，如何作出上述的選擇，因此，許多學生都是在父母與師長的指導下，選擇自己未來生涯發展的進路。

所以，教師在協助學生做職涯選擇之前，宜先協助學生探索自我能力、性向、興趣與價值是首要之務，再協助學生認識不同的職業，瞭解各類職業的工作內容，引導學生閱讀與職涯相關的書籍，對技藝學習有興趣的學生，若性向明確者，亦可參加國三的技藝課程。

過去學生幾乎將所有時間放在拼升學上，之後，教師應落實教學正常化，導師和輔導老師一起創造學校或班級適性輔導環境，協助學生進行性向探索與職涯探索。此外，導師與輔導老師都要具備生涯輔導的技能與對職業世界的認識，以作為學生最佳的諮詢後盾。因此，導師應多

鼓勵學生參與人際互動、社團、學校活動、競賽、服務學習，讓學生從參與中對生活、職涯與生命有新視野，瞭解自己是誰？為什麼要學習？而透過這樣地生涯探索，孩子在未來的進路選擇上將會有更自主的決定，也藉此讓孩子學習肯定自己的價值，為自己的決定負責，而不是在被動、不得已，成績不佳的情形下，選擇技職學校，或在分數的取決下，決定自己未來的職涯。

~~幫助孩子看見屬於他的天空~~

十二年國教對國、高中教育確實是一大變革，然而在變革中找到轉機與成長的機會，更是教育的工作。教師是陪伴孩子一路成長的教育伙伴，他不僅僅是一位傳授知識的教書匠，如同Francois Rabelais所言：「孩子不是一個等著被填滿的瓶子，而是被點燃的火焰」，所以如何點燃孩子的火焰，使其能發光發熱，更是一位老師的重要任務。

在青少年時期，追尋自我是重要的生涯任務，教育應該提供孩子看到自己的機會，僅有智育的課程不可能讓所有孩子都發現自己興趣之所在，反之，如果學校能提供學生個別化、差異化、多元化的課程，提供不同的選修課程，各式的社團活動，讓他們從豐富的生命經驗中找到自己的天賦。現在的工作，未來可能會消失，未來的職業可能還沒有出現，職業與社會文化的進步有著密切的關係，因此，幫助孩子瞭解並發展自己性向、潛能、興趣、能力、性格特質，讓教學更多元化，把每一位孩子帶上來，在教學中重視學生個別差異，讓學生在學校教育中學會與他人合作，學習幫助需要我們幫助的人，並找到一片真正屬於他自己的天空，熱愛的職業，才是教育真正的理想目標。

參考文獻

中文部分

王金國（2002）。讓小組動起來，**國教輔導**，42(1)，38-42。

白雲霞（2009）。社會學習領域教師的批判思考素養及批判思考教學、議題中心教學與問題解決教學法整合之探究。**國教學報**，6，1-28。

吳清山、林天祐（2007）。區別化教學。**教育研究月刊**，154，172。

吳清山與林天祐（1997a）。真實評量。**教育資料與研究**，15，67。

吳清山與林天祐（1997b）。實作評量。**教育資料與研究**，15，68。

洪久賢、蔡長艷（1997）。**家政科實施批判思考教學之實踐與成效評估研究**。國科會專題研究計畫成果報告，NSC86-2745-H003-008R。

張玉成（1993）。**思考技巧與教學**。臺北：心理。

張春興（1994）：**教育心理學**。臺北：東華。

教育部（2011）。**十二年國民基本教育實施計畫核定本**。臺北：教育部。

陳麗華（1989）。國小社會科批判思考教學的省思。**現代教育**，15，121-135。

黃政傑、林佩璇（1996）。**合作學習**。臺北：五南。

溫明麗（1997）。批判思考教學。**教育研究**，55，49-54。

葉玉珠（1991）。**我國中小學生批判思考及其相關之研究**。國立政治大學教育研究所碩士論文。

賴春金、李隆盛（民81）：合作學習的教學策略。**中等教育**，43(4)，87-91。

英文部分

Allen, R. R. & Rott, K. R. (1969). The nature of critical thinking. Retrieved from ERIC database. (ED036861).

Bennett, B. & Rolheiser, C. (2001). *Beyond Monet: The artful science of instructional integration.* Toronto, ON: Bookation Inc.

Brubacher, J. W., Case, C.W., & Reagan, T. G. (1994). *Becoming a reflective educator: How to build a culture of inquiry in the schools.* California: Corwin Press.

Calderhead, J. (1989). Reflective teaching and teacher education. *Teaching and Teacher*

Education, 5(1), 43-51.

Clift, R., Houston, J. & Pugh, M. (1990). *Encouraging reflective practice in education.* London: Teachers College Press.

Cronbach, L. J. & Snow, R. E. (1977). *Aptitudes and instructional method.* New York: Irvington.

Eisner, E. W. (1965). Critical thinking: some cognitive components. *Teachers College Record, 66*(7), 624-634.

Ennis, R. H. (1996). *Critical thinking.* Upper Saddle River, NJ: Prentice Hall.

Facione, P. A., & Facione, N. C. (1992). *The California critical thinking disposition inventory.* The California Academic Press.

Gunter, M. A., Estes T. H., & Schwab J. H. (1990). *Instruction: a model approach.* Allyn & Bacon.

Hotkevich, M. N. (1990). Cooperative learning: A teaching strategy. *Technology Education Update*, 4-5.

Hunt, D. E., Greenwood, J., Noy, J. & Watson, N. (1973). *Assessment of conceptual level: Paragraph completion test method.* Toronto: Institute forStudies in Education.

Johnson, D. W., Johnson, R. T., & Holubec, E. J. (1990). *Circle of learning: Cooperation in the classroom (3rd ed.).* Edina, MN：Interaction.

Kagan, S. (1994). Cooperative Learning. CA: Kagan Cooperative Learning.

Messick, S. (1970). The criterion problem in the evaluation of instruction: assessing possible, not just intended outcomes. In M.C. Wittrock & D. E. Wiley (eds), *The Evaluation of Instruction: Issues and Problems*(183-202). New York: Holt Rinehart and Winston.

Nieto, S., & Bode, P. (2008). *Affirming diversity: The sociopolitical context of multicultural education (5th ed.).* Boston: Pearson.

Nieto, S., & Bode, P. (2008). Affirming diversity: *The sociopolitical context of multicultural education (5th ed.).* Boston: Pearson.

Norris, S. P., & Ennis, R. H. (1989). *Evaluating critical thinking.* Pacific Grove, CA: Midwest Publication.

Novak, B. J. (1960). Clarifying language in science education. *Language in Science Education, 44*(4), 321-328.

Parker, R. E. (1985). Small-group cooperative learning improving academic, social gains in the classroom. *Nassp Bulletin, 69* (479), 49-57.

Paul, R. W., & Elder, L. (2006). *Critical thinking: Tools for taking charge of your learning and your life.* Indiana: Prentice Hall.

Paul, R. W. (1990). *Critical thinking: What every person needs to survive in a rapidly changing world.* CA.: Sonoma State University.

Reis, S., & Renzulli, J. S. (1992). Using curriculum compacting to challenge the above average. *Educational Leadership 50*(2), 51-57.

Walters, K. S. (1986). Critical thinking in liberal education: A case of overkill? *Liberal Education, 72*(3), 233-244.

Watson, G., & Glasser, E. M. (1980). *Watson-Glaser critical thinking appraisal manual.* San Antonio, TX.: The Psychological Corp.

Wiggins, G. (1989). A True Test: Toward More Authentic and Equitable Assessment. *Phi Delta Kappan, 70*, 9.

Witkin, H. A., & Goodenough, D. R. (1981). *Cognitive styles, essence and origins: field dependence and field independence.* New York: International Universities Press.

Witkin, H. A., Moore, C. A., Goodenough, D. R., & Cox, P. W. (1977). Field dependent and field-independent cognitive styles and their educational implications. *Review of Educational Research, 47*, 1-64.

Zeichner, K. M., & Tabachnick, B. R. (1991). Reflections on reflective teaching. In B. R. Tabachnick & K. M. Zeichner (Eds.), *Issues and practices and in inquiry-oriented education* (pp.1-21). New York: Falmer.

問題與討論

一、當班上有科目學習的雙峰現象時，您認為教師可以如何使用差異化教學的概念來協助學習進度落後的學生呢？

二、您認為教師可以如何來幫助學生探索自己的興趣？

三、您對於成績好的學生選擇就讀高職的看法為何呢？

四、您覺得身為父母可以如何協助孩子選擇自己的未來的學習方向？

五、如何引導班上學生進行團隊學習？

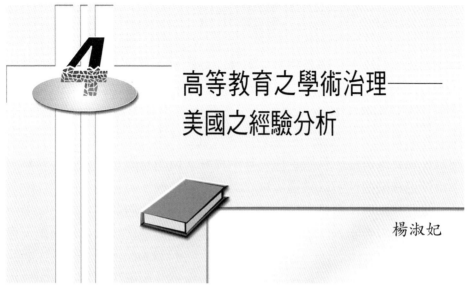

高等教育之學術治理──美國之經驗分析

楊淑妃

開放態度與實力主義
是大學保持卓越的重要因素
~ Charles M. Vest ~

美國因其分權化之特質，高等教育機構亦呈現蓬勃發展的多樣化特性。然而，高等教育機構之組織與治理在機構多樣化的特性上卻又發展出獨特於其他國家，并然有序的組織與治理體系。

美國大學治理的三大特色為法人的董事會、科層體制的行政與教師的學術治理，教師的學術治理又稱之為「分享治理」，他們共同參與機構的治理過程。本文首先回顧高等教育治理的重要理論與研究取徑，其次探討學術治理背後的價值論述、教師參議員顯著的與隱而不顯的功能及參與做決定過程的利弊得失。最後就目前美國學術治理的發展趨勢與其他各國的情形進行檢討、比較。

壹 前言

當世界各國受全球化趨勢之影響而在政治、經濟、科技與文化各層面產生的變革方興未艾之際，大學處此內、外在環境之變革也產生許多變化，相對的，社會大眾對於大學也有許多對立、衝突的情感與期待，大學既須保有傳統更須創新、既有自主權更須反映績效責任、具批判精神也具支持性、具競爭性也具同僚性、既須卓越也須公平、既具企業精神也具關懷性、既具國際性也具在地性⋯⋯。

值此複雜環境脈絡，復以人口結構之變動、政府財政資源之緊縮，世界各國高等教育為回應劇烈變化的挑戰，在治理上莫不逐漸強調大學校院的經營要採用企業化的途徑與策略，以為機構創造更多額外的財源。大學教師為知識創新之菁英，各具有專精之學識、專長，在高等教育之治理中應扮演什麼樣的角色，可以扮演什麼樣的角色，參與大學之治理應追求怎樣的價值，是本文之主要旨趣。

本文以美國之經驗為主軸，探討高等教育之學術治理內涵。首先簡要回顧高等教育治理之理論與研究取徑，其次探討美國學術治理背後的價值論述、學術治理在不同層級的運作情形，接著就目前美國學術治理的發展趨勢與其他各國的情形進行檢討、比較，最後提出本文之建議。

貳 學術治理的範圍與價值論述

美國因其分權化之特質，高等教育機構亦呈現蓬勃發展的多樣化特性。然而，高等教育機構之組織與治理在機構多樣化的特性上卻又發展出獨特於其他國家，井然有序的組織與治理體系。

美國高等教育機構治理之三大特色為法人的董事會、科層體制的行政與教師的學術治理（academic governance），教師的學術治理從治理主體者的角度視之，又稱之為「分享治理」（shared governance），

和臺灣在1980年代引起熱烈迴響，至今各校之治理仍深受其影響的「教授治校」理念其實是有差距的，文後將陸續探討。回顧大學治理之相關文獻雖然可以綜合歸納出如「結構取徑」、「開放系統取徑」、「人類關係理論」、「文化理論」及「社會認知理論」等研究取徑（Kezar & Eckel, 2004），但教師之學術治理、分享治理並無相關理論支撐，主要援引一般管理領域之策略計畫、增權賦能等概念。

一　學術治理的範圍

美國大學教授協會（American Association of University Professors, AAUP）在1966年，與美國教育協會（American Council on Education）及美國大學與學院董事會協會（Association of Governing Boards of Universities and Colleges）共同發表的大學校院之治理宣言，已成為美國探討學術治理、分享治理經常引用到的傳統，該宣言對於大學教師之主要職責曾做過明確的界定，強調大學教師在課程、教學、研究、教師地位及與學生教育有關之領域負有主要職責（AAUP, 1966）。

Bowen和Schuster（1986）則將大學教師的工作內容概分為「教學、研究、公共服務與機構治理」等四項功能，並指出各校因其發展特色及規模大小的不同，在這四項功能上各有不同程度的強調。

Burgan（2004）則指出傳統分享治理與教師、課程、學生學習相關之事項，不會包括在教師工會集體談判之事項中；而教師之長聘制及同僚審核制度則建立了高等教育獨特的人事管理制度。

高希均以其任教美國威斯康辛大學之經驗，指出美國大學教師之學術治理事項包括對系主任、院長等學術主管遴選之投票互推，對副校長、校長等領導主管遴選之推薦（引自陳舜芬，1999）。

高等教育機構以其鬆散連結及雙重系統組織之特色，在校園中同時存在著教師社群的專業系統及行政人員的科層體制系統。有關教師參與大學校院治理的範圍，依教師之專長背景，以「學術相關議題」之決定為範疇，已在美國大學校園內形成共識。其他諸如學校之宗旨、預算、策略計畫、硬體資源、新系所設立、學院院長、校長之選擇與評估

等相關決定，則由董事會、校長及行政團隊總其責。

綜合各相關學者論述，美國大學教師學術治理之事項可條列如次：

1. 院、系、所課程（curricular）之擬定與修改。

2. 各科課程（courses）之內容。

3. 學術或領導主管遴選之建議權。

4. 教師之延聘、停聘與升等審核。

5. 學生之入學標準。

6. 學生之學習評量。

二 學術治理背後的價值論述

(一)學術自由

大學最獨特的宗旨在教導學生抱持不同意見、批判探究、追求真理、創造知識，因而教師參與學術治理的最高價值在於「學術自由」。在學術治理過程中，理論上，對特定議題的決定需要由教師們透過各種不同意見、想法、觀點的相互激盪，以理性對話、論述、討論、辯論等互動方式，消除歧見，達成共識。然而，實際上，對於異己意見的包容並不容易，這是當初教師長聘制（tenure）制定的主要目的，無非期望教師在治理過程中的發聲獲得保障，未經正當程序不會被專斷解聘，學術自由得以被保護。相對地，缺乏長聘制的學校，教師在分享治理過程中的聲音、權力和利益必然較受限（AAUP, 1958; O' Neil, 2004）。

當然，長聘制在各大學校院實施多年後也陸續有納稅義務人的批評聲音出現，批評長聘制只是終身工作的承諾與保障、長聘教授因此保障得免除績效責任與創作力之審核、長聘制降低了學術品質、長聘教授會減少機構回應財政低迷與學生多變需求之彈性等等。然而，支持長聘制者如全國教育會（NEA），針對上述批評亦曾提出數字證據反駁，指出接受長聘後的教授不管在教學的品質或研究發表的數量上，都沒有退步的現象（Burgan & Milton, 1995; Burgan & Ralph, 1996; Hutcheson,

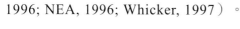

1996; NEA, 1996; Whicker, 1997）。

(二)多元主義

民主社會尊重多元價值而非要求標準化，隨著美國大學校院的區分化與多樣化，大學校與小學校、公立學校或私立宗教性學校、四年制大學或二年制學院、研究型大學或教學型大學、人文學院或理工學院，因機構之規模、類型、特色與文化之差異，教師學術治理之重點與行政之運作模式也應不同。然而，教師之分享治理並非在所有機構環境都適合，在規模大的大學，教師的分享治理須耗費相當多時間建立共識。某些大學董事會成員、州立法人員及高等教育協會就認為，教師的分享治理限制了機構的輕快效率與彈性、行事緩慢、妨礙議事、會蘊釀傾向現狀的氛圍（引自Kezar和Eckel, 2004: 372）。

(三)增權賦能

從高等教育治理之相關理論發展趨勢可知，自1960年代的結構研究取徑至1970年代開始注意到人際關係對治理過程的影響，許多學者發現，成功的校園治理與人性面向有著密切關係，亦即人類動力學（human dynamics）會影響治理的過程與結果。教師的分享治理對教師而言是一種集體的或個別的教師對於專業價值的一種承諾，是一種讓教師在參與的過程增權賦能的機制，因為參議員（faculty senate）能在董事會、行政與教師之間扮演一種緩衝的功能。

參 學術治理在不同層級的運作

美國高等教育機構不論是公立或私立，機構的主要決策人員是董事會、校長及其所帶領的學術行政主管，教師在機構或該州大學系統層級的角色、功能都只是提供建言或學術相關議題之專業意見諮詢。以下描述並討論教師在機構層級與系統層級參與學術治理之實際運作情形：

一　機構層級的學術治理

(一)教師參議員的功能

　　美國大學教師在前述學術治理的事項中，在機構內的系、所、院層級事項是由全體教師共同參與或由推選出來的教師代表參與討論決定的，但在全校機構層級的重要學術事項上，多數大學校院會由教授中推選出教師參議員（faculty senate），或組成學術參議會（academic senate）來代表教師社群向治理主政單位提出建議，教師參議員人數各校不一，有些大學校院則是設有教師議會（faculty council）。在行政運作上，通常是由系、所委員會提出相關建議後，將建議送交教師參議員，再由參議員代表向大學部（或研究所）的總長、校長建議。

　　有關教師參議員在大學校院的治理中是否發揮了應有的作用，多數學者的評價是負面的，他們認為教師參與治理的發言經常過於冗長，有時變相為個人演說的平臺，阻礙了會議效率與決策的效能，但因為這個制度提供了教師參議員其他附加的功能，以致迄今仍在大學分享治理中占有一席之地。

　　Birnbaum（1989）對於教師參議員角色功能的分析，至今仍是此研究領域的經典文獻。他分析以科層體制模式看待教師參議員的角色等於是要他們處理校內所有學術的與行政的事宜，就同僚模式而言，參議會應是一個可以達到共識動力學的論壇，而政治模式則認為教師參議員代表利益的表達，經由妥協、談判或共組聯合會等方式來達成政策與目標的決定；但教師參議員在這三種治理模式下應有的顯著性功能都未能達成，這些教師代表之所以能持續存在是因為他們具有象徵性、地位的提供、注意事件的線索、人事篩選的機制……等隱而不顯的功能。

　　Keller（2004）認為系、所層級的學術治理應該高度民主化，因為在這個層級，行政的可能干預最少、學術的目的最能聚焦。他曾批判某些教師參議員實質上只是其所屬學系、研究所或意識型態的遊說者。很明顯地，Keller是以政治模式的角度來解析教師參議員，教師參議員參

與機構的分享治理過程事實上是一種政治過程，他們本身有時也是大學主要治理者必須平衡的各種競爭性利益中的一支代表。

Tierney（2004）曾提出四種模式以解釋大學校院的學術治理，法令規定的模式強調給予教師一個做決定的正式結構；象徵的模式強調那些法令規定是如何被組織中不同的人所詮釋；諮詢的模式認為教師參議員的任務是在提供建言，而非正式做決定；溝通的模式則認為分享治理的成功有賴成員之間達成協議與廣泛的理解。這四種模式在某種程度上也深入淺出地描繪了教師參議員的工作型式、內涵，著重以機構文化、人際互動的脈絡關係來看待教師參議員在機構治理中的角色、功能。

(二)教師參議員與教師工會之間的關係

此外值得探討的是教師參議員與教師工會之間的關係。教師參議員最主要的任務之一是代表教師與治理董事會及行政人員之間進行溝通協調，在某些州教師因為薪資、聘用的時數、條件或合約等相關權益的不滿足，因而有教師工會（union）的組成與介入，以集體談判（collective bargaining）的方式尋求利益的滿足。華盛頓州下議會曾在2003年3月通過了大學教師集體談判法案（bill），要求公立大學校院內的教師談判應通過成為州法律（state law）的一環，未久又發表了一項修正指出，教師集體談判只有在機構內的教師同意免去教師參議員制度，並另訂有有效的教師代表形式代替的情況下才被允許，亦即在公立大學校院領域，教師們得自行決定在教師參議員或教師工會之間二選一（O'Neil, 2004: 191）。

然而，大多數大學教師對於其職業認同於其所屬之專業，並不認同自己屬於勞工階級，因而主張教師工會不應在大學治理中扮演任何角色，也不認為教師工會可以取代教師參議員的功能。不過，仍有些州在同類型大學組成的大學系統層級有由教師組成的教師工會。

二 系統層級的學術治理

我國《大學法》第6條規定，大學得跨校組成「大學系統」或成立研究中心，同樣地，美國早於二十世紀即有大學跨校系統的組成。例如，加州即因大學及學院之間任務宗旨的同質性或異質性而分別有「加州大學系統」、「加州州立大學及學院系統」及「加州社區學院系統」的組成。此外，各州之間因為大學系統的多樣化，以至於有關系統層級的分享治理如何運作、教師如何參與系統層級之學術治理，沒有典型的或標準的模式，這也是美國高等教育迥異於其他各國，獨一無二之處。

對於在系統層級是否應有「教師參議員」或「教師代表大會」（faculty assembly），各州情況不一，即使有推選教師參議員參與系統層級的治理董事會議，有些系統給予教師投票權，有些則只是參與諮詢，沒有投票權。Kaplan在2001年所做的美國高等教育治理情形調查結果發現：屬於大型系統的受調查機構，有29%在系統層級有參議會，由教師代表組成；有3%在系統層級有參議會，由教師、學生及職員代表組成；有68%沒有系統層級的參議會（引自Hamilton, 2004: 78）。

有關教師參議員在各州大學系統之實際運作情形，僅列舉加州之系統組織及運作情形做簡要介紹，詳如圖1：圖中顯示加州共有三個大學系統，系統之上有一個「加州後中等教育委員會」（California Postsecondary Education Commission），它是州級的協調委員會，屬諮詢性質，共有16個委員，三個系統沒有任何教師代表參與，但其中有二個系統的教師參議員會指派觀察員觀摩會議進行。圖左，「加州大學系統」之下有一個由各校教師參議員組成的「教師代表大會」，共有40位教師代表，與大會主席、副主席、各校校長及16位各校參議會主席等代表共同組成，一年召開三、四次會議，並有2位教師代表參加「加州大學系統董事會」（Board of Regents of the University of California），但沒有投票權，也沒有組織教師工會。圖中間，「加州州立大學及學院系統」有一位教師代表參加「加州州立大學及學院董事會」（Board of Trustees of the California state Universities and

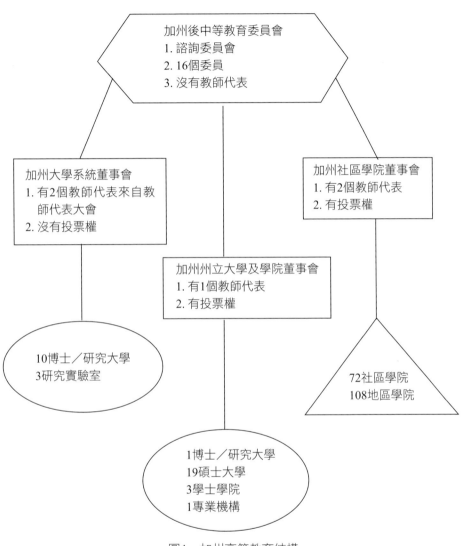

圖1　加州高等教育結構

資料來源：出自Hamilton（2004, 80）。

Colleges），並有投票權，系統有學術參議會也有教師工會，兩者有時
會為了彼此的利益在關鍵議題上合作。圖右，「加州社區學院系統」有
學術參議會，一年開會二次，並選出執行委員會以指導教師的活動，

有二位教師代表參加「加州社區學院董事會」（Board of Governors of the California Community Colleges），有投票權，並有三個主要的教師工會及一些獨立的小工會（Hamilton, 2004）。

以加州的例子來看，在同一州但不同系統的教師，參與大學系統分享治理的權力也不盡相同，然而不論在那一州的那一個大學系統，教師終究沒有最後做決定的權力。

肆 學術治理的相關省思

當世界各國大學都同樣面臨全球化時代科技、環境的劇烈快速變化衝擊，對於怎樣的大學治理模式才是最好的治理模式，各有不同的觀念主張，甚至於認為大學應積極向企業化經營方向發展之倡議甚囂塵上時，大學教師參與機構內有關課程、教學、研究與學生教育有關之學術治理，對於機構本身、董事會及行政人員而言，究竟是好是壞？有幫助沒幫助？還有那些期待或爭議呢？以下將探討教師參與學術治理的相關爭議與省思。

一 大學的本質與學術治理

學者對於大學之治理曾提出許多不同的替代模式與取徑，但事實上，沒有任何一種治理模式可以適用於所有的高等教育機構，也就是說，高等教育機構的治理沒有一個放諸四海而皆準的通則模式。目前各大學校院在所處的內外在環境變化與挑戰脈絡下，治理董事會與行政單位之間有增加運用企業管理模式的趨勢，期望大學在某種程度上要管理得像一個企業，為機構創造收入。然而，誠如Birnbaum（2004）提示的，大學治理與機構的目的息息相關，機構的類型會影響機構治理的重點，治理模式的不同，通常是機構的目的與機構類型背後的信念系統的不同。一所學術型的（對照於市場型）、柔性治理（soft governance，對照於硬性治理，hard governance）的大學，更易影響校園內的個人或

團體社會順服於組織的價值。他相信大學的決定在社會系統裏進行會更易被接受，而給與成員更多人際互動的機會會累積更多的社會資本，相對地會增加成員之間信任與合作的機會，進而促進組織的效能。

　　Fish（2007）也認為將大學視同企業治理，會造成諸如行政人員施壓教師降低學術標準，以維持學生顧客入學率的不良後果；而將大學視同民主治理，會讓教師們以自我為中心，認為校長及行政主管是為他們服務的，教師的分享治理只有在為某種學術目標進行回應時才是完美的。

　　教師的學術治理、分享治理概念是基於一個無法改變的事實，亦即高等教育機構是一個同時需要行政與學術專業的獨特組織。

二　學術治理有待提昇的相關議題

　　大學治理是一個過程，其目的在協助機構促進良好的決定，協助機構宗旨、目的的達成，學術品質的提昇。有關教師、董事會與行政人員三者之間，誰擁有主要權力，是一個很困難回答的問題。Birnbaum（2004）認為大學教師們希望在治理過程扮演重要的角色，如果減弱他們的角色，會降低組織的效能。教師提供校長諮詢、建議，校長與教師之間的人際互動、教師與行政之間的相互性，都會影響到治理的成敗。雖然如此，Martin Trow曾言簡意賅地指出，教師參議員不能成為領導者（引自Keller, 2004: 173）。

　　此外，有能力的教師為了升遷，參與學術治理的意願不高，高等教育機構如何建立有效的獎賞制度，以提高教師參與治理的效能與效率，同時激勵新進教師的參與熱情，是一個未來可以嘗試採行的措施。

　　大學在學術專業部分借重的科技內涵、行政的核心內涵及外部環境的改變，都會影響學生的學習及教師知識創新的能力，Morphew（1999）強調小型學院對於治理方式的改變所造成的影響應保持警覺，以免影響學生及教師領域的產出及學院對於自我的概念。

　　至有關教師參與學術治理效率與效能的改進，Tierney（2004）強

調將組織視為一種動態的文化來看待，對於組織如何以文化的觀點採取行動來改進治理、提昇組織的效能表現，他提出四個參考的概念：展現信任、發展共同的語言、行我所言、集中心力於發展並維持組織的核心認同。

伍 其他各國教師學術治理概況

英國和美國一樣擁有良好的學術自治傳統，大學的學術事項授權由學術人員管理，所有學術事項主要由大學學術評議會（Senate）決定，其成員除了副校長、代理副校長、學院院長、系所主管、圖書館等當然成員外，還包括人數不一、選舉出來的代表，這類成員多半以學術人員（教師）為主，另外還有互選的成員。對英國來說，大學與政府之間的關係才是影響學術自治的最主要關鍵（詹火生和楊瑩，1995：193；Brown, 2005: 10）。

德國高等教育也是以學術自治為主要特色，大學教授每四年集會一次，選擇校長並做重要決定，是為「大評議會」（Der Gro β e Senat）。大學除重視教學研究外，學術治理與行政工作是分離的，大學校長和教授僅負責學術性工作，不參與行政庶務的決定，但行政人員必須接受校長的領導，依法行政，並直接向各邦教育部負責。對德國而言，過份地強調學術自由，未對大學教師進行評鑑，是造成高等教育效率低落，國際競爭力逐漸下滑的主要原因，值得欣慰的是近年已有教師評鑑的相關改進措施（梁福鎮，1998）。

俄羅斯在蘇聯瓦解後嘗試建立市場經濟制度，但市場經濟不僅產生許多經濟衝突，高等教育也因為與勞力市場的衝突而產生許多破壞現象。今日的俄羅斯高等教育已從過去統一的系統轉變為較分化的系統，但幾無學術治理與教育品質可言，因原始勞力市場剝奪了年輕人力，導致教育與知識被視為無用、大學教師的課程為取悅稀少的學生、課程內容貧乏、學生的學習評量不公正、大學裏的學術行政主管經常有非該專業之教授充任、教師員額短缺、圖書館書籍購買與流通有缺

陷、民眾對於大學的印象空泛,甚至認為大學只是一座硬體建築等匪夷所思之現象叢生(Balatskii, 2006;Stomquist, Manuel, Iztapala, Colatrella, Mabokela, Smolentseva & Balbachevsky, 2007)。

　　同樣的,在企圖成為成功的社會主義市場經濟國家的過程中,越南的高等教育機構正奮力於追求大學自主與自我治理的實現,學術自主在這個國家還待長時間的努力(Hayden & Lam, 2007)。

　　丹麥的高等教育機全部是公立的,大學校長是派任的,教師的職責亦是教學、研究與服務,特殊的是,教師的薪資是依工會設定的等級發送的。而教學與研究的自由讓公立大學校院的教師對於工作的狀況尚能維持滿意的狀態(Stomquist, Manuel, Iztapala, Colatrella, Mabokela, Smolentseva & Balbachevsky, 2007)。

陸 對我國的啓示

　　從美國高等教育學術治理的過程可以看到權力分化又重視專業治理的精神,這樣的精神也落實在對機構宗旨、目的、類型與學術自由的重視,讓該治學的人治學、該領導的人領導、該行政支持的人支持,而終究能反映在教育品質的提昇與國際競爭力的強化。

　　我國高等教育治理在1986至2001年期間曾經為「教授治校」理念所引導,教師參與「校務會議」行政事項決定及「校長遴選」所產生的惡質校園選舉文化,揭開大學法再次修訂的序幕,2007年修正後之大學法再次發布。對照美國高等教育之學術治理,下列幾點是國內未來可以積極思考規劃的:

一 教授宜先治學而非治校

　　依2007年修正後之《大學法》第15條規定,校務會議之「教師代表」人數不得少於全體會議人員二分之一,具備教授或副教授資格者又不得少於教師代表人數之三分之二,依學術治理精神,則校務會議本身

應有借重專業菁英討論學術議題的功能，但依同法第十六條規定，校務會議也討論「經費」、「總務」、「專案小組決議事項」、「會議提案及校長提議事項」等可能非屬學術相關事宜，這些在美、英、德國都是行政部門的工作。

讓具有學術專業的教授群負責學術相關事項之決定，在制度上讓學術與行政分離，讓二者之角色功能有更明確之釐清，以助治理效能之增進，是未來我國高等教育可以積極去思索、規劃之要務。

二　高教機構分類宜早著手發展

學術治理與機構之宗旨、目的相關，研究型大學、教學型大學、教育大學及獨立學院之治理模式不會相同。我國目前各類型高教機構之自我類型定位並未完全確定，當治理的模式不能符應機構之宗旨、目的時，必然不會有良好的教育效能。國內各大學校院宜儘早著手發展其機構類型目的、特色，以利良好治理。

三　教師參與學術治理實務經驗研習

高等教育機構目前有「公立大學校長會議」及「私立大學校長會議」，讓性質相近的機構領導人共同討論高等教育之重要發展事項，一方面達到經驗交流的目的。未來是否也針對校務會議教師代表舉辦「學術治理」方面之實務經驗研習，讓教師間分享彼此之教學、研究治理經驗，同時邀請國外傑出校長或頂尖研究中心、學術研究機構菁英領導人與談學術治理經驗，相信對於國內學術研究風氣之提昇與高等教育品質及競爭力之促進，有一定之助力與激勵。

我國高等教育在此內外環境複雜多變、壓力多元、各方期待殷切之治理脈絡下，既要在既有的學術傳統中繼承精髓優良價值，更要思考如何在既有基礎上創新治理，增進機構效能，以精進、豐富高等教育之學習環境，讓大學培育之人才更符應社會之期待，這些都有待知識菁英教授對於學術治理之熱情參與，以邁向精進、卓越之世界百大、國際一流

之林。

一、中文部分

梁福鎮（1998）。近年來德國高等教育的發展。**教育研究**，63，12-18。

陳舜芬（1999）。教授治校的理論與運作。載於中央研究院（主編），**大學教育改革研討會論文集**（頁77-95）。臺北市：中央研究院。

詹火生、楊瑩（1995）。**英國學術自由之研究**。臺北市：教育部。

二、英文部分

American Association of University Professors (1958). 1940 Statement of principles on academic freedom and tenure. *AAUP Bulletin* ,44, 291-295.

American Association of University Professors, American Council on Education and Association of Governing Boards of Universities and Colleges (1966). Statement on government of colleges and universities. Reprinted in M.C. Brown II & J.L. Ratcliff (Eds.) (2000), *Organization and Governance in Higher Education* (pp.85-91)*.* ASHE Reader Series. Boston: Pearson Custom Publishing.

Balatskii, E. (2006). Institutional conflicts in higher education. *Russian Social Science Review*,47(5),61-81.

BirnBaun, R. (2004). The end of shared governance: Looking ahead or looking back. *New Direction for Higher Education*, 127, 5-22.

Bowen, H. M. & Schuster, J. (1986). Faculty Tasks and Talents. Reprinted in J. L. Bess (Ed.) (1991), Foundations of American Higher Education (pp.319-332). ASHE Readers Series. MA: Simon & Schuster Customer Publishing.

Brown,R. (2005). Education, education, education-but will government policies produce an excellent system? *Higher Education Review,*38(1),3-31.

Burgan, M. (2004). Why governance? Why now? In W.G. Tierney(Ed.), *Competing conceptions of academic governance*(pp.vii-xiv).

Baltimore: The John Hopkins University Press.

Burgan, M. A. & Milton, G. (1995). Considering tenure. *Educational Record*, 76(4),34-37.

Burgan, M. A. & Ralph, R (1996). Should colleges and universities abolish academic tenure. *Insight on the News*, 12(44), 24-28.

Fish, S. (2007). Shared governance-Democracy in not an educational idea. *Change*, March/April,8-13.

Hamilton, N. W. (2004). Faculty involvement in system-wide governance. In W.G. Tierney (Ed.),*Competing conceptions of academic governance* (pp.77-103). Baltimore: The John Hopkins University Press.

Hayden, M. & Lam, Q. T. (2007). Institutional autonomy for higher education in Vietnam. *Higher Education Research and Development*, 26(1), 73-85.

Hutcheson, P. A. (1996). Faculty tenure: Myth and reality 1974 to 1992.*Thought and Action*,12(1),7-22.

Keller, G. (2004). A growing quaintness: Traditional governance in the markedly new realm of U.S. higher education. In W.G. Tierney (Ed.), *Competing conceptions of academic governance* (pp.158-176).Baltimore: The John Hopkins University Press.

Kezar, A. & Eckel, P. D. (2004). Meeting today's governance challenge: A synthesis of the literature and examination of a future agenda for scholarship. *The Journal of Higher Education*,75(4), 371-397.

Morphew, C. C. (1999). Challenges facing shared governance within the college. *New Direction for Higher Education*, 105, 71-79.

National Education Association. (1996). *The truth about tenure in higher education.* D.C.: National Education Association.

O'Neil, R. (2004). University governance and academic freedom. In W.G. Tierney(Ed.), *Competing conceptions of academic governance* (pp.177-201). Baltimore: The John Hopkins University Press.

Stomquist, N. P., Manuel, G. A., Iztapala, M., Colatrella, C., Mabokela, R. O., Smolentseva, A. & Balbachevsky, E. (2007). The contemporary professoriate: Toward a diversified or segmented profession? *Higher Education Quarterly*, 61(2), 114-135.

Tierney, W. G. (2004). Improving academic governance. In W. G. Tierney (Ed.), *Competing conceptions of academic governance* (pp. 202-215). Baltimore: The John Hopkins University Press.

Whicker, M. L. (1997). An economic perspective of academic tenure. *Political Science and Politics*, 30(1),21-26.

問題與討論

一、我國大學教師之聘任,分為初聘、續聘及長期聘任三種,各校長期聘任之規定如何?對於教師權益之保障情形如何?私立大學校院之實施情形如何?

二、接受長聘後之教授不管在教學的品質或研究發表的數量上,表現如何?

三、大學治理(university governance)與學術治理(academic governance)、大學自評(self-evaluation)及高等教育人才培育之間應建立怎樣的連結關係?

　　本文曾於中華民國比較教育學會舉辦之「2007高等教育治理與發展之各國經驗分析與比較」國際學術研討會發表。

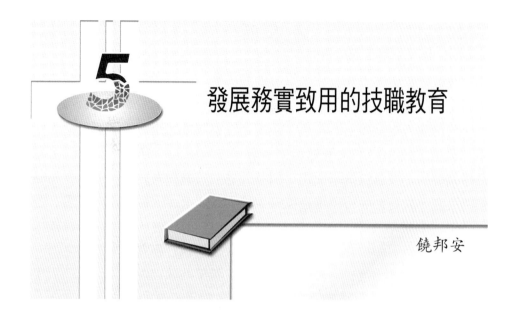

發展務實致用的技職教育

饒邦安

「一人之身，而百工之所為備。」—孟子（滕文公）

　　社會之運作緊密相連，各行各業皆有其功能，勞心、勞力，都有貢獻。職業教育與普通教育亦然，不應有孰輕孰重、孰高孰低之分。

「夫物之不齊，物之情也。」—孟子（滕文公）

　　依個別條件選擇重學術的普通教育或重實作的技職教育，先求「適性」才能「揚才」。

　　近來，外界對技職教育「學用落差」問題甚為關切。教育部除持續促進產業與學界人才交流、擴展校外實習、強化產學合作、落實證照制度外，並於2012年度試辦「發展典範科技大學計畫」，期引領技專校院朝向以產學人才培育、務實教學為主之方向發展，突顯與一般大學之不同。

壹 前言

技職教育與經濟建設和未來發展關係密切，過去培養了不少技術人才，造就了臺灣的經濟奇蹟。我國技職教育在國家經濟發展的每個階段，均扮演著相當重要的角色，且體系完整制度建全、學制類科適性多元（吳清基，2012）；惟近年來技職學校大量改制升格，高職學生以升學為導向，技專校院學術化，引發外界對技職教育定位不明、學用落差的批評。教育部除持續促進產業與學界人才交流、擴展校外實習、強化產學合作、落實證照制度外，並於2012年度試辦「發展典範科技大學計畫」，期引領技專校院朝向以產學人才培育、務實教學為主之方向發展，最近並推出第二期技職再造方案，希望凸顯技職校院與一般大學之不同。本文即針對技職學生從早期學習實用專業技能之就業導向，轉變為目前兼顧升學與就業導向之情形，提供具體數據、分析背景因素，探討技職先進國家作法，並研析我國當前因應之道。

貳 技職教育的現況分析－從「就業導向」轉變為「兼顧升學與就業導向」

臺灣光復初期，設有三、三制的初級及高級職業學校（教育部，2011），其宗旨即在「培養青年生活知識與生產之技能」，係以就業為導向。1968年九年國民義務教育實後，停辦初級職業學校；另配合產業升級，大量增設專科學校，並於1974年成立國立臺灣技術學院，1979年成立研究所，1996年開始將辦學績優的專科學校改制為技術學院，滿足學生及家長升學的期盼，1999年公布的教育基本法更強調人民受教育的權利，一路暢通的技職學制已兼顧升學與就業導向。

一　就業導向的中等技職教育

(一)國中技藝教育

　　雖然「延緩分化」是民主時代的教育原則，但「職涯探索」亦需注重。國中技藝教育是目前在國民教育階段，對國中三年級學生具有技藝學習性向、興趣者所開設的職業試探課程，提供其對生涯認識。每週可選修最高14節的職業試探課程，每學期以試探一至兩個職群為原則。上課方式區分為「技藝教育專班」或「抽離式課程」，其選課人數由97學年度的45,145人，逐年增加至100學年度為57,289人（教育部，2012a）。顯示學生及家長漸能接受「職業試探」之措施，對即將實施的十二年國民教育是一正面訊息。

(二)後期中等教育職業類科

1. 實用技能學程

　　此學程延續國中技藝教育學程，為具有技藝傾向、就業意願和想學習一技之長的學生所設計的學習環境，以修習過國中技藝教育學程的學生為優先招收對象。課程採年段式，以技能導向課程為主，理論課程為輔，學生可隨進隨出，學得年段式技能，隨時進入就業市場，提供適性發展機會。本學程近年修習學生數如表1，99學年度繼續升學者占49.33%；直接就業者占36.63%；未升學未就業者占11.8%（教育部，2012a）。另外本學程人數學生人數自100學年度起逐年下降，究其原因，可能是本學程自96學年度由一年級起免學費，至98學年度全面免學費，對家庭經濟狀況不佳者是一大誘因；但自100學年度起，高職生家庭年收入在114萬元以下者即可免學費，103學年度起將全面免學費，故誘因不再，將來可考量是否以增加免雜費，或免實習費、實驗費等措施，提高誘因。

表1　實用技能學程學生人數統計表

學年度	總計		已升學		已就業		未升學未就業		其他	
	人數	%	人數	%	人數	%	人數	%	人數	%
96	11,257	100	4,840	43.00	4,663	41.42	1,477	13.12	277	2.46
97	12,171	100	5,372	44.14	4,821	39.61	1,694	13.92	284	2.33
98	13,681	100	6,483	47.39	5,359	39.17	1,582	11.56	257	1.88
99	15,751	100	7,770	49.33	5,769	36.63	1,858	11.80	354	2.25

資料來源：教育部，2012a。

2. 建教合作班

　　自1969年開始辦理，透過學校與產業間之合作安排，學生一方面在校進修，一方面到相關行業接受實務訓練，除培育產業需求技術人才外，同時使學生具備就業及升學能力。目前各校辦理的高職建教合作班，以輪調式、階梯式及實習式3種型態為主，其中以輪調式推行層面最廣。自98學年度起，就讀學生三年免繳學費，其畢業生就業率包含「升學並就業者」為66%（表2），提供業界基層人力需求。然其學生人數自99學年度開使卻逐年下降；除前述免學費之誘因不再外，家長受媒體報導影響，擔心學生變相成為廉價勞工，以致影響就讀意願，亦為因素之一，教育部研訂「高級中等學校建教合作實施及建教生權益保障法」，已於2012年12月14日經立法院三讀通過，待總統公布施行，將有效提昇建教生權益保障，增加學生就讀意願。

表2　建教合作班學生人數統計表

學年度	畢業生人數	已升學		已就業		升學並就業		未升學未就業	
		人數	%	人數	%	人數	%	人數	%
96	6,352	1,275	20	3,077	48	1,235	19	765	12
97	6,565	1,371	21	3,007	46	1,327	20	860	13
98	8,704	2,439	28	3,707	43	1,662	19	896	10
99	8,273	2,099	25	3,572	43	1,880	23	722	9

資料來源：教育部，2012a。

3. 產業特殊需求類科

配合經濟建設發展，連結產業界人力需求，培育基礎之產業特殊需求類科人力，目前高級職業學校開設科別中，包括模具科、鑄造科、板金科、紡織科、染整科、航海科、輪機科、漁業科……等共20科，此類科自96學年度起開辦，係高職一般職業類科，經界定為產業特殊需求類科，提供免試入學，在學三年免學費，101學年度起另增免繳學雜費之誘因，期能彌補業界所需之基層人力，惟其畢業生就業率不高，約為一成（如表3）。

表3 產業特殊需求類科畢業生升學及就業情形

學年度	畢業生人數	升學		就業		未升學未就業	
		人數	百分比	人數	百分比	人數	百分比
98	3848	3146	81.76%	454	11.80%	248	6.44%
99	3979	3361	84.47%	355	8.92%	263	6.61%
合計	7827	6507	83.14%	809	10.34%	511	6.53%

資料來源：教育部，2012b。

二 兼顧升學與就業導向的中等技職教育

就業導向的中等技職教育畢業生，提供了產業所需的人力。臺灣的經濟奇蹟為世界各國所欽羨，技職教育的貢獻是重要因素之一，尤其臺灣由勞力密集產業轉向技術密集的經濟型態時，高職培育產業所需的「量多、質精」人力更是功不可沒（楊朝祥，2012）。但近年來中等技職教育的發展已兼顧升學及就業導向，以下敘述之：

1. 高級職業學校及普通高中附設職業類科

招收國中畢（結）業或具有同等學力者入學，修業三年，以取得高級職業學校畢業證書。

隨著科技的進步，產業結構與生產技術產生了相當大的變化，在知識經濟時代，技術人才的培養也需要更多知識為基礎。而高職畢業生具備的職業知識及技能與產業需求也出現落差，致使高職畢業生不易

覓得較具長期發展性的工作；再由於生育率的降低與國民生活所得的提高，大部分家長不願意讓小孩高職畢業就提早就業；加上技職體系的高等教育就學機會增加，使高職教育的定位產生變化。高職畢業生的升學率因此由89學年度的42.72%，提高至99學年度的81.91%（如表4）。

表4　高中職職業類科畢業生升學及就業情形統計表

學年度	總計		已升學		已就業		未升學未就業		其他	
	人數	%	人數	%	人數	%	人數	%	人數	%
89	143,901	100.00	61,481	42.72	44,261	30.76	33,865	23.53	4,294	2.98
90	133,816	100.00	62,326	46.58	37,138	27.75	29,847	22.30	4,505	3.37
91	113,869	100.00	63,784	56.02	28,427	24.96	18,738	16.46	2,920	2.56
92	99,109	100.00	62,158	62.72	22,376	22.58	11,944	12.05	2,631	2.65
93	96,557	100.00	64,317	66.61	20,624	21.36	9,908	10.26	1,708	1.77
94	97,274	100.00	67,889	69.79	18,037	18.54	9,964	10.24	1,384	1.42
95	99,176	100.00	72,357	72.96	16,747	16.89	8,344	8.41	1,728	1.74
96	102,190	100.00	78,142	76.47	15,040	14.72	7,898	7.73	1,110	1.09
97	103,064	100.00	79,267	76.91	14,732	14.29	7,933	7.70	1,132	1.10
98	104,927	100.00	83,560	79.64	13,825	13.18	6,669	6.36	873	0.83
99	109,837	100.00	89,966	81.91	13,369	12.17	5,668	5.16	834	0.76

資料來源：教育部，2012b。

　　在多元升學進路的原則下，高職生除升讀技職校院外，亦有相當比率的學生升讀一般大學。據大考中心統計，公私立高職生報考大學學科能力測驗者，99學年度共13,303人，100學年度14,419人，101學年度15,883人；報考大學指定考科者，99學年度共3,967人，100學年度4,271人，101學年度3,952人，兩者皆有逐年增加之趨勢。

　　另有一部分學生透過高教、技職兩管道之間的交流而修讀一般大學。高教、技職間自99學年度正式啟動交流機制，但98學年度以前，就有部分一般大學招收高職生，有些大學原本是技職校院改制的，如：國立宜蘭大學、國立聯合大學、世新大學等等；有些大學原本就有二技學制招收技職生，但2007年之後一般大學停止二技招生，將其名

額改招四技學生。

　　表5係98學年度高教技職沒有正式管道交流前，一般大學招收高職生的名額；自99學年度起，係一般大學透過交流管道招收高職生的人數統計。

表5　高職生升讀一般大學人數統計表

年度	升讀國立大學	升讀私立大學	合計人數
98	301	1,497	1,798
99	360	1,631	1,991
100	405	1,845	2,250
101	461	1,796	2,257

資料來源：教育部統計資料。

2. 綜合高中（專門學程）

　　綜合高中招收國中畢業生或同等學力者。高二階段設有學術學程（準備升讀大學）或專門學程（準備就業或升讀四技二專）。課程採學年學分制，其中約三分之二學分由學校自行規劃，以發展學校特色。以100學年度來看，綜合高中總共83,674人，其中選讀專門學程者約占65%，其餘35%選讀學術學程。選讀學術學程者原本就準備升學，加上選讀專門學程者其近年升學率已達九成以上，就業率則逐年下降至3.84%（如附表6）。

表6　綜合高中畢業生升學及就業情形統計表

學年度	總計		已升學		已就業		未升學未就業		其他	
	人數	%	人數	%	人數	%	人數	%	人數	%
89	14,386	100.00	9,030	62.77	1,852	12.87	3,172	22.05	332	2.31
90	15,785	100.00	10,409	65.94	1,905	12.07	3,106	19.68	365	2.31
91	27,911	100.00	20,058	71.86	2,956	10.59	4,333	15.52	564	2.02
92	26,016	100.00	19,858	76.33	2,891	11.11	2,852	10.96	415	1.60
93	29,154	100.00	23,585	80.90	2,903	9.96	2,372	8.14	294	1.01
94	33,037	100.00	27,794	84.13	2,492	7.54	2,510	7.60	241	0.73

（續）

95	35,432	100.00	30,682	86.59	2,588	7.30	1,874	5.29	288	0.81
96	36,746	100.00	33,347	90.75	1,783	4.85	1,421	3.87	195	0.53
97	34,748	100.00	31,628	91.02	1,576	4.54	1,315	3.78	229	0.66
98	33,319	100.00	30,620	91.90	1,396	4.19	1,125	3.38	178	0.53
99	31,022	100.00	28,543	92.01	1,192	3.84	1,144	3.69	143	0.46

資料來源：教育部，2012b。

三　高等技職教育

　　表7顯示目前高等技職教育四技生最多，占69.58%；其次為五專生，占12.9%；再次為二技生，占5.59%；第四則為碩士生，占5.01%，以上合計已占93.08%。專科畢業生原是業界人力的重要來源，在高等技職教育體系比重卻從1991年占98.19%，至2011年急速萎縮至14.37%，大學及碩士生則大幅增加，除了專科學校大量升格改制外，在科技發達的知識經濟時代，產業對技術、研發人才的升級需求也是重要的因素之一。儘管如此，高等技職教育仍以實用技術研發與運用為導向，101學年度在53所科技大學中，僅16校設有博士班，核定811名博士生，102學年度則降為780人；在77所科技大學及技術學院中，101學年度有70校設有碩士班，核定17,898人，102學年度則為18,180人；高等教育總共約134萬學生中，技職體系博士生總人數約為一般大學的1成，碩士生人數則為一般大學的四分之一。

表7　高等技職教育學生人數統計表

學制	80學年度學生數	比率%	90學年度學生數	比率%	100學年度學生數	比率%
博士	221	0.06	808	0.15	2,957	0.45
碩士	934	0.27	8,003	1.44	33,250	5.01
四技（大學部）	5,120	1.48	108,960	19.58	462,090	69.58
二技	---	---	114,301	20.54	37,142	5.59
五專	186,222	53.83	145,667	26.17	85,667	12.90
二專	141,373	40.87	125,381	22.53	9,789	1.47

（續）

三專	12,078	3.49	---	---	---	---
學位學程	---	---	--	--	172	0.03
二專進修專校	---	---	45,559	8.19	18,753	2.82
進修學院（二技）	---	---	7,923	1.42	14,315	2.16
總計	345,948	---	556,602	--	664,135	--

資料來源：教育部，2012c。

(一)就業導向的高等技職教育

在高等技職教育中，就業導向的計畫、學程、專班，大致如下（表8）：

1. 產業碩士專班

為供應國內產業發展所需人力，有效支援國內科技產業投入研發創新，提昇國內科技產業競爭力，93年由經濟部與教育部共同推動大學校院設置「產業研發碩士專班」。自100年度起轉由教育部持續推動，名稱改為「產業碩士專班」，培育對象由科技研發擴大至一般產業碩士人才，此專班學生畢業後企業雇用率達72%以上，若加上投入相關產業者，則其就業率達90%以上。

2. 產業二技專班

為填補業界人力缺口，提昇產業競爭力，以新興產業、缺工嚴重類科為主，其招生名額有六成以上為產業界或公會所推薦，自95學年度開始累積核定5,400人，惟計畫自99學年起結束而停辦。

3. 學士後第二專長學士學位學程

於99年起針對已取得學士以上學位者，提供符合產業需求之課程，修畢48學分，最快一年，即可取得另一學位，藉以培養第二專長及提供跨領域學習機會，強化其職場就業能力。例如：以文史科系畢業生來說，選讀國立雲林科技大學的「數位典藏應用加值系」，或國立高雄餐旅大學的「渡假管理系」等等，皆能有效加強職場轉換能力。

4. 產學攜手合作計畫

透過技專校院與高職的合作銜接機制，協調廠商提供學生就學期間工作機會或津貼補助或設施分享，其實施方式以3合1（高職+技專校院+合作廠商）或4合1（高職+技專校院+合作廠商+職訓局）的合作方式，發展3+2（高職3年加二專2年）、3+2+2（高職3年加二專2年加二技2年）、3+4（高職3年加四技4年）或5+2（五專5年加二技2年）之縱向彈性銜接學制，兼顧工作經驗及學習升級，是值得推廣的計畫。據統計透過此計畫的技職畢業生其就業率（包括留任原職及在相似領域就職者）約為63%。

5. 雙軌訓練旗艦計畫

整合業界及技職體系資源，由高職、技專與廠商共同攜手培育人才。學生每週分別在業界實習至少3日，學校上課2-3日，同時學習理論課程並增加實務經驗，訓練期滿可同時獲得文憑及勞委會與事業單位共同核發之證書。

表8 高等技職教育就業導向計畫、學程、專班學生人數統計表

	94學年度	95學年度	96學年度	97學年度	98學年度	99學年度	100學年度	合計
產業碩士專班	2,928	922	1,457	1,413	851	915	1,186	9,672
產業二技專班	0	500	1,405	2,155	1,340	停辦	停辦	5,400
學士後第二專長學士學位學程	-	-	-	-	-	1,070	661	1,721
產學攜手合作計畫	0	596	3,500	5,200	3,083	2,500	2,340	17,219
雙軌訓練旗艦	1,272	758	1,446	1,628	1,611	1,872	1,857	10,444

資料來源：教育部，2012f。

(二)兼顧升學與就業導向的高等技職教育

高等技職教育旨在培養畢業後投入職場的專業技術人才，依表9，近年來畢業生就業率接近五成，若加上兵役完成及「其他」原因消失後

投入職場的比率,則高等技職畢業生就業比率尚符合預期。

表9 高等技職教育96至100年畢業生升學就業概況

學年度	升學		就業		服兵役		留學		其他		總人數
	人數	%	人數	%	人數	%	人數	%	人數	%	
96	25,291	14.72	80,121	46.64	31,997	18.63	518	0.30	33,860	19.71	171,787
97	22,527	13.43	80,588	48.03	33,444	19.93	460	0.27	30,756	18.33	167,775
98	20,895	12.99	76,862	47.80	34,937	21.73	406	0.25	27,694	17.22	160,794
99	19,087	12.48	73,099	47.79	36,148	23.63	418	0.27	24,191	15.82	152,943
100	18,808	12.29	68,160	44.55	35,036	22.90	558	0.36	30,437	19.89	152,999

資料來源:技專校院校務基本資料庫,擷取日期:2012年11月30日。

參 技職教育的國際比較

　　德國、奧地利、澳大利亞、及日本等先進國家,均注重技職教育,並成功培養國家所需各行各業的就業人才,雖其國情與臺灣不同,相關措施無法全面移植,但社會重視技職教育、企業參與設計課程、提供學生實習機會,教師須具備業界經驗、一定年限回企業學習、學生畢業前至企業實習、及證能合一等制度,皆值得臺灣技職教育參考。以下分述之:

一 德國的技職教育

　　德國全國高等院校共409所,其中普通大學計177所,專業大學(應用科大)232所(江文鉅、張美瑤,2012)。其職業專科學院(類似我國技術學院)分布全國各地,規模和專業性常和地方產業相配合,以帶動發展當地的產業。為考量城鄉之間的產業性質與規模,學校規模和教學重點也不盡相同,例如賓士(Mercedes-Benz)汽車公司因為要發展車輛工業,便在司徒佳(Stuttgart)設立一所專司培養車輛專

業人才的專科學院（教育部，2012d）。

歐洲各國中，德國最徹底落實「職業教育與訓練」（Vocational Education and Training, VET）。其大學在學率不到臺灣一半，2012年10月青年失業率6.9%，為歐盟最低。根據「聯邦德國基本法」規定，18歲以下德國青年，除非選讀以升大學為主的文理中學，否則都必須接受職業教育。接受職業教育的青年中，除少數進入全天制職業教育學校，約六成選擇「雙軌制職業教育」（陶允芳，2012a）。

德國的雙軌制（dual system）教育模式，是企業與學校合作，共同培育學生專業之教育模式，主要特性為：

(一)由企業進行學生之實際操作技能的訓練，而學校進行理論知識的傳授。

(二)學生在校為學生身分，在企業則為學徒（apprentice）身分，學徒雖具學生身分，但在接受企業培訓期間，其與企業為就業關係，須由企業為其辦理相關社會保險投保事宜，並提供培訓津貼。

(三)企業係根據聯邦制定的職業教育法，進行學徒的實務專業訓練，學校則根據各州制定的學校教育法規，進行教學。企業界舉辦學徒訓練，必須通過由政府、產業總公會及學校等三方面組成的委員會之審查才能正式開班授徒。

(四)聯邦政府主管企業的職業培訓，各州文教部則主管學校教學（教育部，2012d）。

德國企業把訓練的學生視為未來員工，負擔設備及訓練費用，結訓合格後即優先錄用。學生所學與企業需求相符，畢業即就業（陶允芳，2012a）。德國企業之充分參與，與其歷史傳統有關，中古時期的歐洲於城市形成、商業活動興起後，為了避免被領主的勒索，各行業需團結自衛於是形成行會（Guild），行會組織又分「商人行會」（The Merchant Guild）與「工人行會」（The Craft Guild）。行會是手工藝業者的自主、自律同業組合，主要目的在透過工藝水準的提昇，提高業者的社會地位及維護同業的權益，協助學徒的收授是當時行會的任務之

一。因此，德國技職教育在其歷史發展中，國民具有崇尚工藝與技術的傳統，成為技職教育發展的動力。德國的師徒制即源自此歐洲中世紀盛行的行會制度。

德國政府規定每個國民必須學習就業技能，做為成年謀職的準備，擁有技能證照者表示受過專業訓練，才能在德國就業、謀生。否則只能當無技術的工人，無法出人頭地。所以人人重視技職教育，父母親在孩子還小的時已經開始為他們未來的職業做準備，學生及家長廣泛參與，社會高度重視技職教育，其嚴謹的職業證照制度使德國工藝技術得以精益求精代代相傳，建立獨特的科技工藝技術，另外職業教育與就業體制相互銜接，使得德國的職業教育與訓練成就斐然（教育部，2012d）。

二 奧地利的技職教育

根據奧地利職業教育法，如欲擔任餐飲業負責人、廚師、旅館及餐廳助理、旅行社助理或是其他商業等需要學徒訓練學歷之行業時，只要修畢相關學校學程，皆可視為已完成必要之專業訓練，其學歷與證照是合一的。而依照商業管理法規，學校畢業生如果完成相關課程，即可完全取代商業資格考試；倘能提出至少2年之實習證明，即可具備相關經營管理資格，不需再參加資格考試。

奧地利的技職雙學制（Dual education system），畢業後的學生不只可以申請進入大學，通過畢業考試取得文憑；亦可同時於業界完成職業訓練，學生畢業後即可於業界行政部門取得資深職位。奧國的學生在14歲就要選擇學術道路或技術型人才，約有80%以上的14-19歲年輕人選擇技職教育，提早作進入職場的準備。因此奧地利年輕人失業率是歐盟最低的國家（教育部，2012d）。

奧地利的學生樂於及早進入技職教育體系，因為學習與職場密切結合，社會亦能確保中階技術人才的來源，人才教育與企業需求緊密結合，政府投入中級技職教育的資源與方案豐富，吸引學生選擇技職教育，而企業亦願意配合，給予年輕學生機會實習或成為學徒，共同參與

及分擔培育人才之責任，共識相當高。

奧地利實習制度與德國相同，亦是源於中世紀時代的傳統，所以學生的實習分派分並非難事。對於學生多元化學習，以及一學期的校外實習，政府各部會全力配合，接受實習的廠商，政府有約三分之一經費補助，且各廠商接受學生實習意願高，學生亦認真實習，成效良好。

在奧國中等教育體系中，技職教育體系學生占80%，普通教育體系學生僅占20%；其中在企業學習的時間占80%，而在職業學校學習的時間占20%。懸殊比例凸顯出技職教育在奧國整體教育體系的重要性。而技職畢業生的失業率（未就業比例）只有普通教育畢業二分之一（教育部，2012d）。

三 澳大利亞的技職教育

澳洲政府的技職教育體系以「職能教育」為本，根據澳洲國家職訓教育研究中心統計，2011年，澳洲15至19歲的學生中有三分之一選擇接受技職教育。其技職教育因應職場需求，吸引學子主要原因為：

(一)打造全國一致的「職訓模組」

由澳洲企業界組成的產業技能委員會（ISC）主導，根據不同產業與職位，發展出個人在職場應具備的知識與能力組合，經國家品質委員會核可後公布。共開發出83個訓練模組，規定每三年修訂一次。全國專科學校或私立職訓中心等技職教育提供者，依法必須以訓練模組為綱領，發展出適合的教學與評量策略。技職教育內容也將密切隨產業變遷而調整，即時呼應職場需求。

(二)制定「澳洲職訓品質架構」（AQTF）

由國家品質委員會發展出一套標準，用來評鑑技職教育提供者的教學與營運品質。無論公私立辦學機構，都必須通過此種評鑑，方能成為合法的註冊培訓機構，每5年必須重新評鑑註冊，以確保高品質的技職教育。

(三)建立全國統一的「澳洲學歷資格架構」（AFQ）

1995年起，澳洲政府花費五年時間，將接受教育與訓練後學生獲得的能力資格，整合成全國公認的AFQ，其資歷不僅為澳洲教育界公認，同時也成為企業界僱用與核薪的重要指標。統一的學歷資格，著重學生的能力，而不在意何種學府、何時學習。因此，專科、大學與職訓中心授與的學分，能相互承認。因此，以專科文憑申請到大學就讀，或者從大學轉讀技職學校，是現代澳洲青年增進職場職能的學習常態（陳慧婷，2012）。

澳大利亞的教育政策主要在建立和國家發展政策一致的職業教育訓練系，其國家訓練局與政府各部門共同制定技職教育發展策略，發展學歷資格架構（AFQ），統整技職教育資格與其他教育系統學歷，學生透過技能認證，可以以具備同等學歷的資格，轉銜到不同階段的教育體系繼續學習，課程及學生資格的保留都相當彈性。高中畢業生約有五成會在畢業後一、兩年內接受技職教育與訓練，社會非常重視技職教育，皆可為我國參考（教育部，2012d）。

四　日本的技職教育

近年來，日本經濟高度成長期結束，社會產生具大的變動。產業結構改變、大學升學率的提昇和少子化現象的加溫，致職業學校面臨招生困難窘境、畢業生就業率下降以及新世代年輕人價值觀改變等等問題。為瞭解決這些問題，日本文部科學省於2009年提出教育改革，希望透過各階段學制，藉由課程改革，推動職業生涯教育，培養學生具備勞動觀、職業觀、技術與技能的人格特質，且能獨立自主地對社會有貢獻的青年（施秀青、張素惠、饒達欽，2009）。

如前述，日本今年大學畢業生，每5人就有1人失業，或沒有固定工作。文部科學省因應產業結構變化及新學習的需求，持續充實高等教育中的職涯教育。例如：神戶市流通科學大學，讓學生向企業提企劃案，經由與老師、業者及政府部門層層討論，磨練策劃、溝通協商和執

行能力。由豐田汽車成立的豐田工業大學，規定學生必須住校和長期實習，以磨練實作技能、培養溝通能力，其畢業生連續十八年就業率達100%，連競爭對手的日產、本田也樂於錄用（陶允芳，2012b）。

日本教育政策最大特色，即是各項行政措施都以「法律主義」為主，因此各項改革以修法為必要條件，才著手進行政策的推動。故其建教生基本工時及工資均有法令明文規定，工時各地一致，工資則因地制宜（教育部，2012e）。

日本技職教育法規「產業教育振興法」明訂職業教育的範圍，涵蓋各級教育階段，並規定國家應獎勵發展各項技職教育以促進產業教育。其教育改革透過產學連結，培育高度專門之職業人才，尤其引進德國的「雙軌制度」推動學生在學校與職場輪流讀書與實習，增加學生職場技能的熟練度及培養良好工作態度。為適應社會及企業的新需求，日本職業高中彈性更新課程教材和設備，且課程的專業化係根據學校所在地的企業界需求，以及周圍地區的經濟需求而配合調整。在經過一連串改革之後，使得技職生已成為基層人力供給的主要來源（教育部，2012e）。

五　德國、奧地利、澳大利亞、日本技職教育特色

綜合歸納以上德國、奧地利、澳大利亞及日本等國技職教育的趨勢及特色如下：

(一)整合職業教育與職業訓練

我國職業教育由教育部負責，職業訓練則由勞委會（職訓局）負責。而上述各國如：奧地利自1995學年度開始設置的應用科技大學，提供大學層次具理論和實務技術的職業教育與訓練，以符合人才需求（莊謙本、紀薏緯，2011）。德國企業提供職場實務訓練，職業學校提供每週1-2天通識和理論教育，企業主、工作者和政府共同培育技職人才。日本短期大學及專修學校培養很多實務人才，發揮職業訓練功能（教育部，2012e）。澳洲職業教育與訓練主要由專業技術學院提供，

其職業教育與職業訓練是整合的。

(二)產業扮演培育技職人才的主導角色

德國、奧地利由於傳統的「行會」傳統，企業均提供充份的經費與資源支持職業教育，亦願意配合給予年輕學生機會實習或成為學徒，共同參與及分擔培育人才之責任。德國在政府訂定的規範下，企業自辦學徒訓練，以培育本身企業所需用之人才為導向，因此企業除積極參與，提早覓才、選才之外，莫不傾囊相授，提供最好的師資及設備以吸引學生，而二至三年養成教育結束後留用的學徒，不但認同該企業的制度與文化，更因環境之良好適應而有工作效率（教育部，2012d）。日本規定國家應獎勵發展各項技職教育以促進產業教育，由提供就業的企業主實施新進員工及在職員工訓練，並著重長期僱用員工（教育部，2012e）。

(三)學制課程彈性多元

各國技職教育課程彈性化，皆提供與職場相關的技術與技巧。例如：澳洲的學歷資格認定架構，學生透過技能認證，可以同等學歷資格，轉銜到不同階段的教育繼續學習，課程及學生資格保留都相當有彈性（教育部，2012e）。德國學校注重實習與實驗，不僅自然及工程技術科學的學生須參加實習，有些人文及社會科學的學生也須參加實習，有些專業甚至要求學生在入學前已在企業或行政機關實習過，具有該專業的基本實務經驗（教育部，2012d）。

(四)技職師資具有豐富業界經驗

各國技職學校多要求教師需具備業界實務經驗，以求理論教學與實務應用能完整於課程教育中呈現。日本採用「雙師」制度，其教師被稱為「職業訓練指導員」，是集理論課程講授與實際操作訓練於一身的師資，持有教師資格証書者必須先至企業工作，方能進入學校教學。德國科技大學的教師亦須具備五年在產業服務之實務工作經驗，並引進許多

學有專長之工商界人士擔任兼任教師。澳洲擔任專業技術學院的教師必須具有大學學歷，受過教育專業和相關專業的培訓，一般至少有三至五年的實際工作經歷（教育部，2012d）。

(五)社會尊重各種職業技術人才

技職教育的前進與蓬勃，並非一蹴可幾，除了需要在制度面改弦更張，亦需在文化層面作觀念與態度的調整；除藉由法制的改變外，更需要改變社會價值觀念，使學子以接受技職教育為榮。前述各國之社會價值觀念皆重視技職教育（教育部，2012e），例如奧地利與德國，技職教育得以受到高度的重視，背後有其長久所建立的價值觀與歷史，因此技職教育的推動較易落實並獲得相當成果。

我國長久以來受儒家士大夫的觀念影響—「勞心者治人、勞力者治於人」、「萬般皆下品、唯有讀書高」等觀念長久以來深植人心。而目前四技二專招生名額以100學年度來看，核定總量共145,303人，加上前述升讀一般大學之名額，100學年度後期中等技職教育畢業生（包括高職、高中附設職業類科、綜合高中專門學程）共164,883人，扣除就業人數及未升學未就業人數後，名額已相差無幾，學生及家長自然傾向升學。雖說學業結束終究仍得投入職場，但已影響業界基層、中層的技術人力之供需，為今之計，除提供誘因鼓勵具職場工作經驗的學生升學，以「三明治」課程及升學加分、入學考重視實作能力等制度配合外，亦應在如今工作難尋的外在環境之下，趁機因勢利導，以「萬貫家財不如一技在身」的思考角度重視技職教育，改變社會價值觀念，為即將實施的十二年國教做好扎根工作。以德國來看，德國人不認為每個人都要唸大學，他們會覺得經過技職教育，將來到工廠去做事，不一定比大學畢業生差。他們沒有職業貴賤的想法。技職教育的發展，需要學校、企業、社會價值文化的整體配套（陳沖，2012）。

教育部即將推出的的第二期技職教育再造方案即針對前述各項問題，提出完整的解決策略，以下詳述之。

肆 技職教育政策的因應與發展—技職教育再造方案

(一)技職再造第一期方案

　　為回應外界對技職教育的批評與期待，教育部從2008年10月28日起至2009年4月6日止，共召開7次專家諮詢會議，研擬「技職教育再造方案」，以「強化務實致用特色發展」及「落實培育技術人力角色」為定位，提出以下10項策略：

1. 強化教師實務教學能力：鼓勵技專校院教師至企業進行短、中、長期研習，以提昇實務教學及研發品質。

2. 引進產業資源協同教學：推動「雙師制度」，請業界專家協同教學。

3. 落實學生校外實習課程：鼓勵學生提早體驗職場，建立正確工作態度，增進學生未來就業競爭力。

4. 改善高職設備提昇品質：充實高職課綱所需一般實習設備，建立區域技術教學中心並充實區域產業教學設備。

5. 建立技專特色發展領域：協助學校既有優勢領域為發展基礎，選擇國家產業政策或區域重點產業為學校特色項目，補助學校發展專長領域，建立特色。

6. 建立符合技專特色評鑑機制：考量各校資源與願景不同，規劃技專校院之評鑑由等第制改為認可制，以利各校發展特色。

7. 擴展產學緊密結合培育模式：推動實用技能學程、高職建教合作、產業特殊需求類科班、產學攜手合作、產業碩士專班、最後一哩學程等各種專班及學程，以緊密之產學合作培育方式，提供產業所需人才。

8. 強化實務能力選才機制：鼓勵學生以競賽、證照、實務專題等方式適性升學，透過招生方式引導學校重視實務教學。

9. 試辦五專菁英班紮實人力：培養業界所需之中級領導幹部。

10. 落實專業證照制度：研訂獎補助措施，鼓勵技專及高職學生取得丙級及乙級技術士證。

「技職教育再造方案」辦理期程為2010至2012年，10項策略約需經費235億元。經2009年4月2日教育部部務會議通過，於2009年5月14日提行政院第3144次院會報告，院會決議：准予備查。教育部乃於2009年7月22日正式函報行政院爭取專案外加不足之經費共95億元，惟行政院於2009年8月28日函復：中央政府總預算之籌編，歲出已無成長空間，請教育部評估執行之優先順序，並自行於額度內調整容納。教育部乃於自有預算內，每年以3至4億元經費推動「教師赴公民營機構研習服務」、「遴聘業師共同教學」、及「落實學生校外實習」等3個措施。3年執行結果，約有6千餘位教師參與企業實習，遴聘超過1萬9千位業界專家協同教學，帶動11萬多名學生參與校外實習，合作企業約3萬多家，並衍生企業與學校產學合作計畫、捐贈設備、提供教師及學生實習名額，及僱用學生就業等效益（教育部，2012e）。其餘如建立技專特色發展領域、建立符合技專特色評鑑機制、擴展產學緊密結合培育模式、強化實務能力選才機制、試辦五專菁英班紮實人力、落實專業證照制度等措施，則在原本預算及規劃內逐步推動。

如今外界持續關注技職教育，教育部檢視第一期既有的成果，檢討未達成之目標，接續推出技職再造第二期方案，希望擷取各先進國家實施技職教育的優點，改善技職學術化現象，減少學用落差，讓學生能適性選讀技職，培養出專業技術人才，提昇國家競爭力。

(二)技職再造第二期方案

第一期技職教育再造方案已建立技職校院與產業界連結與合作之機制，為緊密連結產業需求，培育各層級所需技術人力，結合政府相關資源，並內化企業參與人才培育的主動性，接續2010-2012年已有的基礎與成果，教育部規劃自2013至2017年，以200億元的經費，從「制度調整」、「課程活化」、「就業促進」等三個面向九個策略，擬訂第二期技職教育再造方案，來強化產學合作、提昇技職師生實務教學與學習能

力、促進學生生涯發展提昇就業競爭力、建立技職校院務實致用的特色，培育國家所需就業人才（教育部，2012e）。略述如下：

1. 制度調整面向

(1) 政策統整：因應產業變遷，滿足業界人才需求，提昇學生就業力，結合政府部門、產業及學校資源，建立教考訓用政策一致的技職教育發展策略及產學訓培育機制，並訂定技職教育相關專法，統整高職與技專校院政策。

(2) 系科調整：由於近年來高職學生漸以升學為導向，且學校漸往設科成本較低之新科系傾斜，連帶影響技專校院之設系規劃，也使得產業人力結構產生傾斜。期透過技專校院與高職學校系科之盤點、學生變動與產業人力需求分析及獎補助機制引導等，使所培育之人力，更緊密鏈結與貼近產業所需人力。

(3) 實務選才：高職生升學日增，教學內容受傳統「筆試選才」影響，偏重一般考科，而忽略實務能力之培養。強化「實務選才」入學方式，如：鼓勵增加甄選入學採非書面甄試名額及比例，並逐年修正技藝、技能競賽及技能檢定證照採計之項目及加分比例，能引導師生重視實務教學與實作能力，以貼近產業所需人力。

2. 課程活化面向

(4) 課程彈性：依產業需求為導向，建置技職課程及教材銜接產業需求之彈性機制，並由高職、技專及業界共同規劃；另鼓勵學校調整課程，依各院系發展目標，強化技專校院學生基礎學科能力與人文素養；亦鼓勵系科自我定位，與業界建立策略聯盟，並共構職能導向課程。以對焦職場需求，培育學生畢業即就業之能力。

(5) 設備更新：因國內產業快速轉型發展，致學校教學實習設備產生嚴重落差，影響實務教學及學生實作能力之學習。配合技職課程銜接產業需求，將優先更新製造業或重點產業類科等成本高且基層技術人力缺乏之相關科班設備；另為使有限經費能充

分運用，除整合區域教學設備中心外，將結合職業訓練單位或業界設備資源，降低設備落差。此外，透過跨部會協商及審查，研訂鼓勵產業捐贈學校教學設備方案，以拉近產學設備落差。

(6) 實務增能：持續提昇教師及學生實務經驗與教學能力，以培育學生實作技術。

① 在教師面：鼓勵學校聘任具業界經驗之新進專業科目教師，鼓勵業師協同教學共構課程並予e化，及建立業師人力資料庫，同時鼓勵教師赴公民營機構研習服務，鼓勵技專教師以技術報告或產學研發成果升等及納入教師評鑑指標等。

② 在學生面：建立實習廠商篩選機制，持續落實學生校外實習，另透過教師至業界服務及所遴聘之業界專家，擴增實習職缺，同時建立產企業公會交流平臺，鼓勵業界與學校合作並提供實習職缺；另針對實習職缺不易提供之產業別，設立區域模擬實習公司。

3. 就業促進面向

(7) 就業接軌：落實技職教育宣導，改變國人對技職教育是次等選擇的社會觀念，強化學生職涯規劃及適性發展的能力，開設各類契合式人才培育專班，讓學生具備就業能力。建置學生職涯探索歷程檔案；引導高職開設就業導向專班，技專校院則辦理「產業學院」對業界需求開設各類型產學合作學程，其課程、學制、學習時段、和教學模式彈性多元，以培育業界所需各式人才；另學生就業率將納入高職、技專校院評鑑及私校獎補助之指標；亦將擴大辦理區域校園徵才活動，協助大專畢業生至職場就業。

(8) 創新創業：推動校園創業文化，辦理各項推廣活動、競賽、及創業補助計畫等，訓練學生創業技能，鼓勵學生在地創業；遴選6-8所科技大學建立技專校院創新創業平臺，結合地方政府、學校、周邊產業及社區資源，協助區域經濟發展，及媒合區域

產業所需各層級就業人力；另協助國際發明展得獎作品產業化；以擴散校園研發成果加乘效應，貢獻社會經濟，並提昇學生創新及就業力

(9) 證能合一：目前政府及民間證照種類繁多，惟未能對應產業實際需求，致學生取得之證照無法為業界所用，課程亦無法配合調整。未來配合勞委會盤整技術士證及技能職類測驗能力認證作業，鼓勵學生取得就讀系科與產業相對應之證照；另結合教考訓用，獎助高職及技專校院，依據各目的事業主管機關所建置之職能基準，與產企業界共同規劃課程，並協助學生取得勞委會核發之職能課程結業證書，以提昇學生就業力。

總結來說，技職再造第二期方案推動之目的，希望達到「無論高職、專科、技術校院、科技大學畢業生都具有立即就業的能力」、「充分提供產業發展所需的優質技術人力」、及「改變社會對技職教育的觀點」，以提昇技職教育整體競爭力。

伍 結語

技職校院以培養務實致用的專業技術人才為目標，課程應與職場需求緊密結合，以就業為導向。教育部2012年試辦、2013年將正式實施的「發展典範科技大學計畫」便在於凸顯技職校院與一般大學不同之實務特色，建立技職教育之品牌形象，其於人才培育制度方面，強調對準產業需求；於產學研發方面，重視具體化的產學研發及將成果商品化等面向。擴大而言，一般大學畢業生除極少數投入學術研究工作外，絕大部分終究要投入職場；因此「技職教育」其實並非「技職校院」所獨具，各階段的教育應該都具有「職業準備」之觀念（日本產業教育振興法即明訂職業教育的範圍涵概各級教育階段），從國民教育階段「職業尊重」人格的養成、「職涯探索」課程的安排等等皆屬廣義的職業教育。最近教育部正在辦理的一般大學第三期教學卓越計畫，亦將大學教育中的職業準備、學生就業率等納入評分項目，便是此種精神的

體現。技職教育的再造也希望使社會大眾及企業界瞭解技職教育之轉變，肯定技職學生在「務實致用」目標下所培養的實作能力，增加企業參與人才培訓、提供實習及就業機會之誘因。更希望透過社會對技職價值觀念的重塑與重視，從而根本解決學生盲目追求所謂的明星高中、大學，而一昧升學的現象，讓家長及學生能適性選擇在職場上更有競爭力的技職教育。

參考文獻

中文部分

中華民國駐奧地利代表處，奧地利教育改革政策報告述要http://www.taipei.at/culture/system/reform.htm

江文鉅、張美瑤（2012）。德國高等技職教育新貌。**教育資料集刊**，55，129-146。

吳清基（主編）（2012）。**開創教育新境界—教育政策與願景**。臺北：師友月刊社。

吳靖國、林騰蛟（2010）。臺灣高等技職教育發展的理論性反思。**教育資料集刊**，47，1-24。

施秀青、張素惠、饒達欽（2009）。日本高等學校技職教育課程改革。**教育資料集刊**，43，143-165。

莊謙本、紀寰緯（2011）。奧地利高等技職教育制度現況。**教育資料集刊**，51，125-146。

陶允芳（2012a）。德國產學合體，畢業即就業。**天下雜誌**，511，100-101。

陶允芳（2012b）。日本高教革命，掃除尼特族。**天下雜誌**，511，112-114。

陳沖（2012）。培養中堅企業的三個方法。**天下雜誌**，512，98-100。

陳慧婷（2012）。三大支柱，澳洲打造彈性技職。**天下雜誌**，511，108-110。

教育部（2011）。**建國百年技職教育專刊**。臺北：教育部。

教育部（2012a）。**青年促進就業措施及成果**。行政院促進就業專案小組第5次會議報告。臺北：教育部。

教育部（2012b）。**高職在十二年國民基本教育的精進與永續發展措施**。教育部十二

年國教研討會會議報告。臺北：教育部。

教育部（2012c）。**技職教育政策與發展**。教育部會議報告。臺北：教育部。

教育部（2012d）。**奧德技職教育合作暨實務交流參訪報告**。臺北：教育部。

教育部（2012e）。**第二期技職再造方案**。行政院政務會談報告。臺北：教育部。

教育部（2012f）。**大專校院產學合作辦理情形報告**。行政院院會報告。臺北：教育部。

楊朝祥（2012）。**高職何去何從？人間福報**。2012年11月13日。5版。

英文部分

Adams, E. (2010). A framework for the preparation of accomplished career and technical education teachers.Journal of Career and Technical Education,25(1), 21-34.

Pavlova (2009). Technology and vocational education for sustainable development. Queensland. Springer.

VET in Europa-Country Report Austria http://libserver.cedefop.europa.eu/vetelib/eu/pub/cedefop/vetreport/2009

問題與討論

一、「技職教育」應如何定義？我國技職教育所涵蓋的範圍如何？

二、高中與高職，科技大學與普通大學，其定位與走向應如何發展，方符合理想？

三、技職先進國家有那些？有何借鏡之處？

四、我國當前技職教育有那些問題？應如何改善？

五、即將實施的十二年國教對技職教育有何影響？

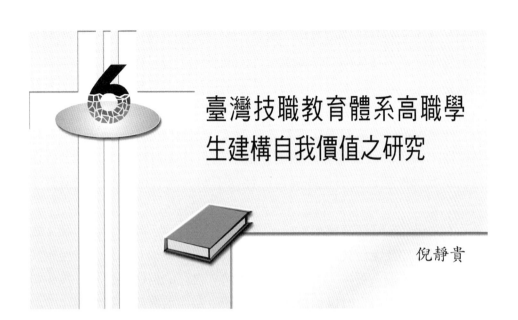

臺灣技職教育體系高職學生建構自我價值之研究

倪靜貴

「要營造一個沒有失敗的學校。學生在學校裡放棄了學習，比一個失敗的家庭帶來的傷害更大。要讓學生學習愛與被愛、擁有隸屬感及成為有價值的人」

～心理學家威廉‧格拉塞（William Glasser）～

國內技職體系從高職學校的職業教育開始，學校的課程依照2010年公布的正式課程綱要實施，此外，學校可發展出學校本位課程。近年來，行政院特別預算及教育部優質化、均質化等競爭型方案，均投入大量經費用於補助高職學校增購大量的實習機具，如電腦、CNC自動化機具等，以縮短高職學校與業界設備的距離。行政院勞工委員會為推動證照社會，多年來積極辦理技術士技能檢定。本文研究者綜合了高職教職同仁對學生的看法，整體來說，高職學生個性純樸、態度認真，但在自我認同自我概念較弱，自我行動力不足。大多數的高職學生對自己缺乏自信、缺乏自我價值感。

社會上大多數的家長對子女普遍抱持擁有高學歷的心理期待，支持

子女在高中、職階段選擇高中，接續到普通大學就讀以取得大學學歷文憑為生涯路徑。在公私立學費齊一的制度下，父母多願將子女送往就讀公私立高中，此心理確實造成國中端畢業生選讀高職學校的意願，多數的高職學校成了讀不成高中後的替代選擇。

社會大眾歧視高職學校技職教育價值的意識型態，實無法僅依高職學校辦出特色或優質的教學效能，就能消弭社會對技職教育的消極看待。高職學校甚難吸引這些對自己性向不明、無心選讀高職的優質學生。

本文研究在呼籲高職學校校長及教育行政單位，除積極參與國中端師生及家長的技職教育宣導，就積極面來看，高職校長必須在發展學校技職特色時，投入更多力量在輔導學生建立自己的自信及自尊，接納自己、學習技能讓自己有價值感，並以技術生產價值來服務社會。

建構學生對自己正面積極的評價，發揮多元智能、擁有技術技能，在社會中擁有隸屬感、價值感，現階段的高職學校必須以技職教育效能及學生的正向價值獲得社會大眾的青睞與信任。

壹　前言

國內各高職學校實施的技職教育，其辦學目標在啟發學生的潛能，學習的精熟的技術，成為業界所需的技術人員，達成「務實致用」的目標，實習課程多以動手操作的「實做」為教學模式。

近來工商業界抱怨人才難尋、生產線「缺工」，已運用各種發聲機會向媒體、學校表示高職及科技院校的技職已失價值。我們身在高職學校服務的教育工作者，應針對學校教育實際現場設計實施的課程作檢視與檢討，尤其需反省學生在自我概念上，是否已產生偏離。是重在升學？或重在窄化的校內簡易工場實習？造成目前技職教育培育的人才，與業界所需的核心能力，已產生不合用或缺工的問題，此現象將延伸在實施十二年國教，出現在家長與學生選讀高職學校時的效應。若不能匡正社會大眾對高職技職教育目標的疑慮，將傷及技職人才與國際間

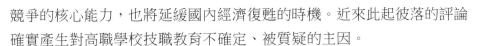

競爭的核心能力，也將延緩國內經濟復甦的時機。近來此起彼落的評論確實產生對高職學校技職教育不確定、被質疑的主因。

本文研究者曾服務於國立高中學校校長七年，目前轉任國立高職學校校長四年，長期在高中職學校服務歷程，發現高中、職二種性質不同的學校，在辦學目標及倚重的教育原理原則上，不僅會有效能及結果的差異，同時發現學生在自我接納、自我認同及自我行動力層面，確實出現了差異。

本文希冀在分析高職學校發展目標及其不利發展的因素探討後，將歸納德國、美國、日本等國家高職學校教育理想與實際的作法，提出結論與建議，提供國內高職學校校長及教育行政當局，在擬定輔導學生建構自我價值策略時的參考。

一　高職學校應重視技職教育的價值性

(一)重建沒有失敗的學校價值

格拉塞（Glasser）認為，人在社會中會出現精神病、精神官能症、犯罪行為或胃潰瘍等適應不良的原因，是個體對自己的期望太高，無法獲得心理滿足，將自己置於否定現實世界，而選擇生活在一個自己虛構的世界裡，終至與社會孤離，引發適應不良的諸多症狀（張娟鳳等譯，1988）。

格拉塞在其「現實治療理論」，提出「沒有失敗的學校」（School without failure），目的在幫助小孩得到心理需求的滿足。指出到二十世紀末期，人們至少需受高中以上的教育才有能力滿足心理需求。格拉塞主張學校必須教導學生接受現實世界，並在真實的責任付出過程，獲得自己是「有價值的」生命個體。也警告世人，一個讓學生體認到強烈挫敗、放棄學習的學校，這樣挫敗的經驗，比一個失敗的家庭對青少年來說，更不利於個體的生命發展。

Smaii（1977）的一項類似研究也說明，任何人不分年齡老少或各行各業、階層，每個人在心理需求的屬性都一樣，指出心理需求的三個

元素即是：「愛」與「被愛」、「隸屬感」及「價值感」。認為人的發展或在學校系統，人的思考及感情發展，的確受環境中被支持的元素所激勵（張娟鳳等譯，1988）。

(二)重建自我探索的生命價值

個體的生命都是獨特、寶貴的。個人自我形象的滿意程度，反映在自我接納的程度。自我認同較高時，獲得自我行動的能力則愈強。過高的標準和期望在行動上若得到的是一個失敗的結果，有可能對自己抱持負面的看法，對未來前景抱持宿命或表現出自我防衛的行為。

學者提出重建自我生命價值的方法如下：

1. 自我接納

幫助個體注意生活中愉快的事件，或看到自己的優點，以加強自我的接納度。鼓勵個人建立自我價值感的心像（Imagery of worthiness），接受重要他人的正向回饋；若有負面挫敗經驗，要學習原諒自己，進一步從錯誤中學習。讓個人在團體中彼此給予和接受正向的回饋，以增進自我概念。

2. 設定目標

個人完成目標後通常能體驗到喜悅的滿足感。鼓勵學生在愉快和熱情的情境下去追求目標。

心理學家愛瑞克（Erik）也認為個體的成長呈現階段性發展，高職學校教育是青年的後期階段，教育任務必須達成學生自我探索、建立人生發展重要目標，鼓勵學生設定夢想，作為熱情、意志可以專注的目標。張春興（1991）也指出，個體在關鍵期階段如失去或學習的機會，以後該行為即甚難建立，甚至是一生也無法彌補的（張春興，1991）。

(三)重建發展學生優勢能力的價值

迦納（Howard Gardner）於1983年提出多元智能理論，認為人的學習能力具有多元智能的學習能力，包括語文、自然科學、邏輯數

理、空間、音樂、肢體運作、人際及內省等多元智能（Gardner, H., 1983）。

　　高職學校重視動手操作、實習技術技能的技職教育特色，強化空間智能在色彩、線條、形狀、形式、空間的能力。高職學校可以培育出需要形象的空間智能的人才，如機械、製圖、模具、板金、建築等工程師、設計。由做中學（learning by doing）的學習模式，不僅能啟發學生在邏輯數理及空間智能天賦，也發展學生的優勢能力，提供學生成為一個有價值的技術人才。

二　不利於高職學校學生學習的因素

(一)搖擺的教育方針及錯誤的教育投資

　　各個國家的教育政策都會受到資源有限及當代教育哲學、教育心理學顯學思潮的影響，投資在各層級教育資源，就像一個向左、右搖擺移動的鐘擺，在社會急遽變遷的速度來看，鐘擺從自由分立、移動到另一端的集中統一，有時也會停在中間較中肯的灰色區域。國內也受教育改革的不確定性，影響了學生自我探索的知覺體驗，也對高職學校辦學的基本任務及目標有所衝擊。

(二)父母期待子女高學位的迷思

　　1996年教育改革訴求興起了一股人人想求高學位的浪潮。民眾走上街頭，要求政府廣設公立高中、廣設大學，以提昇就讀的機會，許多科技大學也從中興建起來。幾乎每一個家庭，父母都預備迎接子女未來擁有高學位，即使是已經就讀高職學校了，父母也寄望畢業後繼續升學到科技大學深造。國內廣設高中的迷思，確實影響高職學生的有效學習，輕忽了技術技能學習的重要。

(三)高職學校淪為高中的替代選擇

　　全民拼高學位的社會氛圍，讓多數家庭國中畢業生，公立高中成為

第一個首選。忽略了以自己的潛能、興趣為基礎，選讀一所適合自己學習方式、強化自己優勢能力的學校。高中、職階段，是人生可以建立夢想的重要時機，鼓勵學生勇於為自己建立一個夢想以做為一生努力的方向。這如此重大的教育使命，往往成為國中基本學力測驗後的戰利品。大多數的高職學校，淪為學生在國中學生基測失利後的下一個志願學校。這類型學生缺乏主動學習、積極行動的興趣，來到重視實做、種視技術養成的高職，學校與學生雙雙都蒙不利。

(四)高職學生缺乏自信的主因

帶著迷思而來的學生進入了高職學校，往往輕忽了自己學校技術養成的價值性及辦學特色，也懷疑自己可以成功的學習技能、成功的進行生涯規劃、成功的計畫創業。學生本體缺乏對技術細節的專注，均造成影響學習成效的主因、缺乏自我價值，成為一個失敗的教育經驗（嚴長壽，2011）。

三　高職學校應重視學生的自我行動力

(一)高職學生應強化自我概念

高職學生在個人自信心的不足，依據田納西自我概念量表（Tennessee Self-Concept Scale TSCS:2），自我概念是自己對自己的看法和定義。自我概念有六個層面包含生理自我概念、道德倫理自我概念、心理自我概念、家庭自我概念、社會自我概念、學業/工作自我概念等。高職學校師長及父母可以運用自我概念工具，幫助學生認識自己人格的各種面向，並建立積極的自我認同，發展積極的自我行動力（張春興，1991）。

1. 高自我總分者傾向於認為自己有能力、喜歡自己，感覺自己有價值、對自己有信心，同時根據這些感覺來從事各種行動。這樣的人對自己有一個清楚而正向的看法，同時可能在心理自我和自我認同上也得到高分。

2. 自我總分高者通常認為自己有許多正向的特質，當自我形象受到威脅或傷害時，可以有所補償，重視自己可勝任的領域甚於無法勝任的領域。這樣的人清楚哪些事件會傷害到自我或造成傷害，因為肯承擔預期的失敗，所以能冒險，也願意面對自己行為的不一致，而不需在態度上採取補償的改變。

3. 自我總分極高的人，會花相當大的經歷維持自我觀點，這些人在社交和工作場合中，當別人無法贊同他的看法時，可能會變得非常多疑。也許表現過於自信，過度關注生活的各個層面，會盡力達到重要他人對成功的超高要求。當無法符合時，也無力承擔打擊。因為這些人傾向於看輕他人，以維持自己的高自我，所以當最需要支持時，通常不太能獲得幫助。

4. 自我總分較低者，對自我價值感到懷疑，認為自己不受人喜愛，對自我的描述及長處，因缺乏自信而常感覺焦慮、憂鬱；自我概念容易受到與外在線索影響。可能無法正確評估自己的能力，降低了處理日常事務的效率。不願意冒險，避免承擔責任、表現自己、或任何可能經驗失敗及被拒絕的情況，切斷了別人給予支持、正向回饋和表達正面情感的機會，也妨礙自我肯定，無法建立適當的個人界限。

5. 自我總分低者對與自己有關的負面訊息很敏感，很難察覺他人話中的善意，無法從正向、支持性的溝通中受益，進一步肯定自己。設定不具挑戰性的目標，成就低於自己的能力，常扮演照顧者的角色以避免他人給予負向反應。

(二)高職學生應建立自己的理想圖像

人類學研究中指出，人類具有可教性、可塑性，人具有教育自己的能力，尤其可貴的是人可以開發自己的理想圖像，並達成自己的理想境界（詹棟樑，1989）。世界各國莫不提供大量的資源興建學校、辦理全民教育，甚至將個體的受教權，在憲法人權篇中予以保護，即在維護每一個個體能擁有完整的受教經驗，獲得自我提昇、自我創造出有利於

生存條的件與環境。

　　高職學生若能建立自己的理想圖像，讓遠端的理想圖像引導自己朝向積極學習，願意克服困境，以達成自我現實與自我理想的一致。

(三)高職學校應強化學生的情緒智能

　　Elksnin & Elksnin（2003）指出相較於智力商數，情緒智能受到遺傳基因的影響較少，故較能藉由後天教育獲得改善（張春興，1991）。

　　高職學生除了專業理論的學習外，最重要的技術養成，過程中特別倚重工廠個別化技術能力的實習。一般生產線上的工廠充滿了機械切割聲、電腦鍵盤運作、人際說話等雜音，此起彼落的雜音，是一個非常不舒服的客觀環境。要個體維持高注意力的專注態度，是相當辛苦的。

　　高職學校教師應側重培養學生認識工廠現實環境的能力，增進學生適應業界實務上的包容能力。業界製程對零件精密度、極小誤差的品質管理，高職教師在工廠技術教學時，需對學生發展製程管控能力的要求，以減少工廠內人與人、人與機器的衝突。

(四)高職學校應發展學生積極學習的動力

　　教育的目的在提供個體完整的生命動力，個體生命需要發展的能力，包含：1. 謀生技術、知識的能力、2. 遵守法紀思考判斷的能力、3. 健康保健體能的能力、4. 娛樂社團參與的能力、5. 家庭幸福正確交友的能力及6. 人際關懷與志工的能力。

　　高職學校教育是全人格的教育，需要激勵學生積極學習，以建構自我生存、幸福的自信與價值感。

貳 國內高職學校技職教育課程檢討

一 校內設置實習工場實施技術實習

　　國內不論公私立高職學校，課程實施係依照教育部2010年正式所頒布的課程綱要，並由各校統整發展出學校本位課程進行之。在技術技能方面採取分組實習，此一模式確實能兼顧學生學習速度快慢差異的教學，確實在機械操作、自動化機械及各式軟體之間，慢工出細活般的磨練學生的技能。

　　實習技術在實做細節上存在著安全性及技術操作的複雜性，需要具有經驗的教師逐步教導學生，學生也有必要依步驟拾階而上。此實習教學原則，說明了技職教育重視動手學習（learning by doing）的教育原則，如在工科課程，對機械科、板金科、模具科、製圖科、汽車修護科等更為重要。工科學生分組上課，5、6人一組，不僅自己熟悉自己的問題，同時可以清楚其他同學的進度，技術純熟時可集體創造一個專題製作成品，作為發表或展演，工科的同學公開展示集體創作的作品，可以激勵學生建構自我價值感。商科學生多倚賴電腦或邏輯數字推論的學習，在設計領域側重個人操作的學習方式，但是一樣可以在作品設計及發表或展演的時機，建立自我價值感。

二 積極推動學生挑戰技術士技能檢定

　　國內各高職學校實習處均積極推動丙、乙級技術士技能檢定作。以鼓勵學生報考國內各職種的證照考試。

(一)行政院勞工委員會定期辦理各項技術士檢定

　　行政院勞工委員會（以下簡稱勞委會）每年會委託地方職業訓練局及高職學校，配合辦理技術士技能檢定，一年共辦理三個梯次，種類繁多、不論丙級、乙級技能檢定，必須通過學科與術科考。應考年齡大概

始自高職學生滿15歲歲開始，包含有興趣、有需要的社會人士都可以報名參加各職種的檢定。

因為乙級檢定多以勞委會辦理的職種為主，學校單位大多數只辦理丙級技術技能檢定，而辦理單位的職訓局，在各個重要城市未普遍，因此也會造成學生通勤考試的困難。

(二)高職學校配合勞委會辦理「即測即評」技術士檢定

高職學校均設置有工場，且多爭取成為「丙級技術士證照檢定」場所，校內擁有專業證照的教師，也多具備監評資格參與勞委辦理的「乙、丙級技術士技能檢定」。惟當新職種名稱的變遷，立即對學校產生負面效應，師生覺得題型陌生，不易立即完成彙整工作，無法及時提供學生熟練，通過率極低。在被封殺50%至70%驟降效應下，丙、乙級的證照檢定對學習較慢速的學生更為困難，導致學生卻步不前。

由此可知，技職教育在技術層面的訓練與養成，是必須經過累積與激勵，值得勞委會當局推出新職種技能檢定時，需要審慎及儘速全面提供題型，建立學生的技術自信。

肆 現代國家發展技職教育的理想與實際

一 德國高職職業學校的技職教育理想重在技術養成

德國百年來的職業教育成功，在建教合作系統是由高職學校與業界共同辦理的模式。其師徒制強化學生技術的精熟能力，職業建教合作的實施方法，在取用業界的工具操作及生產流程之價值，提昇學生在技術的實習效能，也建立高職學校與業界基層人員教育的成果。提早讓學生在職場爭取到可長久的工作機會（歐維玲，2003）。

德國業界職場培育師傅證照，高階技術人員幾乎人人均擁有證照，而每一位擁有證照的師傅，可以向外招收職業預校畢業的學生，近20人左右作為學徒，師傅為學徒的技術把關，學徒隨著師傅學習，可以獲

得技術精進的機會。

　　一般建教合作的廠商,其培養「技術工人」目的極為明確、具體,因此大多願意提供合作職業學校大部分與工場一樣的實習機器,讓每一名職業學校的學生,擁有業界所需要技術與能力。學徒在業界實習3天,2天回到學校專攻專業理論及德文、公民課程,三年下來所所累積的技術,足以解決職場上的大小問題,是一種無軌接縫、技術精進的技職教育模式。學生三年畢業後,約有90%的學徒獲得留任,業界對學徒的證照及技術都持以正面的肯定,學徒也因年資待遇都能獲得接續也選擇留下。

　　德國業界積極培育領有師傅證照的師傅得以招收學徒,並因此可獲得政府減稅優惠措施,實質上建立了德國具高效能建教合作的典範。業界師傅願意為學徒三年的技術做認證工作,嚴格循序漸進、逐階而上,這樣的技術學習,應該是培育技職學生對技術能力本位,強烈自信的來源。

二　美國高職學校技職教育理想重在生涯自我探索能力

(一)美國技職教育在中等教育階段為生涯及技術教育。課程分三大類,包括學術、生涯及技術教育及其他,學術課程指基礎學科,如英文、數學等;生涯及技術教育課程係將課程範圍擴充到生活實際經驗,如家庭與消費科學教育、一般性勞動市場準備及職業教育;其他課程則包括獲得身體、心靈和精神的再造,強化增長人格,如一般技能、宗教與神學等。

大多數技職教育學校體制是以學程的型式存在於綜合高中、全時生涯及技術教育中學(full-time CTE high schools)以及地區性生涯及技術教育中心。

(二)美國技職教育不再只是為了提供探索職涯的機會及職業準備而形成的教育,還能培養學生領導能力,並鼓勵個人和社會的發展,積極參與改善社區,開發方面的工作和終身學習,培養團隊的技能和發展。強調職業教育與普通教育之間的交流及銜

接，提高學生的學術、職業與技術能力，將中學與高等教育予以連貫。

(三)美國教育是屬於單軌制，公私立學校至少提供一類以上技職教育課程。而高中畢業生至少選修1門技職教育科目，約有近21%的畢業生可以完成一個職業類科的選修。

三 日本高職學校的技職教育理想重在技術創新能力

日本在國際經濟上的地位歷久不衰，主要仰賴其重視技職教育，在工廠實習課程，非常重視安全教育、在課程的設計以人權為出發點，強調學生的創新能力，因此在課程的設計，也多採取彈性，以便因應工業設計、設計產品在市場上極短速的的半衰期。職業教育的特色，介紹如下：

導入「第三者評鑑機制」，並將結果全面公開予學生、家長、企業等社會大眾面前。國家依據這些學校的辦學績效予以適度經費補助，此即為「特色GPru計畫」。實施此一制度，確實提昇了各級學校教育品質的提昇，過程中強化了學校教育與產業界的合作與策略聯盟的機制，為職業教育帶來生機。適度的吸引了學子的選讀意願。

日本的職業教育有二個特點：1.提供學生理解做的涵義，2.學會專業知識與技能及工作的態度。尤其在推動證照社會、課程實用化及連鎖加盟經營人才的培訓，提高了經濟的產出，激勵技職體系學生的高度學習意願。

(一)推動證照社會

日本工商社會各行業，培養證照達人，業界以證照為用人之優先原則，年年辦理與職業有關的證照技能考試，不斷創造許多新工作職種的證照，鼓勵高職學校學生習得技術並取得證照。

(二)工業技職教育的趨勢

鼓勵年輕人積極學習工業技能，強調研發的技術及產品，需注重對

環境的保護，工學基礎，以配合資訊科技技術的發展與創新，如重視資訊、感性、生活文化構面的設計，即是強調以人為本、環境保護的設計。

(三)課程設計採取實用化

日本仰賴工業設計及製造家電用產品，創造了經濟的奇蹟。為了追求經濟效益，從移植技術、模仿到創新品牌，課程重視技術專業化及技能的傳承。在民生家電如電視、照相機的材料及設計，多符合以消費者對品質要求的客製化。

(四)進行人才的培養

為了因應連鎖或加盟之經營人才的需求，在商管群高階財務管理進行人才的培養，特別重視學生的語詞溝通及工作態度。

伍 問題與討論

一 高職學校技職教育的價值性為何？如何吸引社會大眾的正面支持？

國內業界普遍感覺「缺工」，原因來自本國的職業學校，先為學生培養了為教育部頒訂課程規定的技術及證照，但是業界所需的技術能力及現場操作的流程，一般畢業學生的確缺乏工場生產線上流程的熟悉與無軌接縫的現象。部分原因也來自高職學生畢業後，學校無法有效引介至業界工作。尤其是高職學生多數亦選擇四技二專或科技大學繼續深造。

從德國國小四年級結束後即進行職業預校、實科中學及文法中學業的分流，在技職教育體系，即強調實務性與動手操作的實用價值。德國在職業學校預校，確實也產生一些問題及來自民間的批評，因為有的職業預校只有少部的學生有實際上學，但他們絕大部分都有著較弱勢的社

會背景，或因德語並非其母語等語言適應不利學習的諸多問題；又如在鄉村，職業預校學生的比例遠高於城市。故，為因應這樣的情況，教育委員會決議，開放實科中學與職業預校的轉學制度，即職業預校畢業學生，發現其具有想深化職業學習，則可以轉入實科中學繼續學習，提供職業預校學生有再深化學習職業的機會與能力。

國內教育系統學習美國教育為多，教育學者主張學生應延緩分流，目的是讓學生有機會獲得完整的教育啟發，個體在充分探索、清楚自己能力的傾向後，再進行興趣的選擇。

二　如何建構高職學生的自我價值？與其技術發展的定位為何？

國內自1996年來的教育改革廣社高中、廣設大學、廣設科技大學中，的確依民意積極陸續在各個城市興建起許多高中、科技大學，即使討論多年於今年要實施的十二年國教，其所有基礎亦來自社區化、優質化、均職化、學校評鑑等方案的推動績效。

高職學生屬於青年階段，需要父母、師長及學校文化朝正向的引導。學生的心理需求「愛」、「被愛」、「隸屬感」與「價值感」，當這些需求得以滿足時，學生自然能夠建立健康、積極的自我，在團體中覺得自己有一個別人無法替代的位置，是具有價值的。當學生未能獲得這些心理的滿足時，父母、師長及同學都應該予以支持，團體學習技術技能，互相支援技術困難問題解決，讓學習技術速度較緩慢的同學，不要陷入自我失敗、封閉自己、舉步不前的危機感。

高職學校到處充滿了可以學習技術技能的工場，同學間一起鍛鍊各種技術，很容易具備挑戰技術士技能檢定，順利取得技術士證照，就可以創造成功挑戰自己、跨越技術困境的能力。在自我策進邁向科技學院或大學的深造之路，高職校園充滿太可以讓學生成功的機會。

讓學生獲得溫暖的心理支持，勇於挑戰自我，袪除疏離、遠離團體的孤獨，高職學校應該發展讓學生有隸屬團體的支持感，建立充滿愛與被愛的高職學校環境，時常公開表揚技術績優學生，運用技術發展爭取

技術技能證書、挑戰升科技大學深造等策略，建構學生的自我價值。

陸 建議

一、高職學校需積極營造「讓每個學生都成功」、一個「沒有失敗的學校」。時時關心學生、愛護學生，給予學生支持向上的力量，建立學生正確的自我概念，建構學生成為一個有價值的技術人。

二、高職學校需提供學生適合自己學習速度快慢、操作模式的學習經驗，教師以實用、操作等原則進行技術能力本位的教學，培養學生以積極的自我行動力，自我監督完成專題製作、小組作品展演、集體智慧學習等模式，運用精熟的技術技能達成隸屬感、價值感。

三、高職學校師長應多鼓勵高職學生認識自己、探索自己，建構自己清楚而正向擁有自信、自尊的感覺。當學生擁有較高的自尊，在遭遇困難或挫折時，有較強的能力可以解決問題，讓學生達成自己的現實與夢想一致的人生目標。

四、高職學校應發展建教合作學習，與業界結盟到校辦理教師技術研習，提供學生熟悉業界生產線上的流程及品質管理的精準要求，促進學生習得謀生技術技能，建立學生自我的價值感。

五、高職學校宜與附近業界建立技術學習生活圈，有利於學生節省往返學校與業界實習工場的交通時間，解決高職學生困於經費、購買交通工具負擔的問題。

六、高職學校部分實用技能班學生，可學習德國職業學校學生的畢業門檻，學生三年的實習成績，由職訓局或業界師傅負責部分比例的考評，校內教師負責專業理論及通識部分，雙雙合併通過後，經由國家教育體系授予職業證照才予以畢業。

七、高職學校可與德國、美國、日本等工商業發達的國家高職學校進行校務經營經驗分享平臺，藉電腦設施進行國際視訊溝通，或於暑假進行雙方學校的校務經營及技職發展等交流活動。

八、高職學校可建立國外職業學校進行交換學生住宿家庭接待，也可運

用扶輪社家庭接待，進行雙方技職技術交流，培植學生自我認知強化語言溝通及技術交流的精進。

九、高職學校可與勞工局及業界代表發展「師傅證照制度」。由業界規劃師傅技術需求領域，連結高職學校及職訓局，合作培育領有師傅證照的師傅。由教育部認可其對外招收社區中畢業生作為學徒，提供固定的學徒薪資以吸引業界設廠附近的國中學生，學習將來想要就業的技術。

參考文獻

中文部分

丁凡譯（1998）。**因材施教**。臺北市：遠流。

毛國楠、盧雪梅（2003）。**中學多元性向測驗**。臺北市：心理。

李平譯（1998）**經營多元智慧—開以學生為中心的教學**（Multiple Intelligences in the Claddroom）。臺北市：遠流。

林美珍、黃世、柯華葳著（2007）。**人類發展**。臺北市：心理。

黃政傑、李隆盛（1996）。**技職教育概論**。臺北市：師大書苑。

賀力行、林淑萍、蔡明春（2003）。**統計學：觀念、方法、應用**。新北市：前程企管管理。

張娟鳳等譯（1988）。**治療心理學**。臺北市：天馬文化。

張春興（1991）。**普通心理學**。臺北市：心理。

詹棟樑著（1989）。**教育人類心理學**。臺北市：五南。

齊思賢譯（2000）。**知識經濟時代**。臺北市：時報文化。

歐維玲（2003）。**歐洲聯盟職業訓練正確發展之研究**。淡江大學歐洲研究所碩士論文。未出版。

謝光雄譯（1984）。**人類工程學**。臺北市：桂冠。

嚴長壽（2011）。**教育應該不一樣**。臺北市：天下文化。

英文部分

Blank, W.E. (1982). Handbook for developing competency-based training programs. New Jersey: Prentice-Hall.

Evans, R. N. (1971). Foundations of vocational education. Columbus. OH: Merril.

Gardner, H. (1983). Frames of mind : The theory of multiple intelligences. New York: Basic Books.

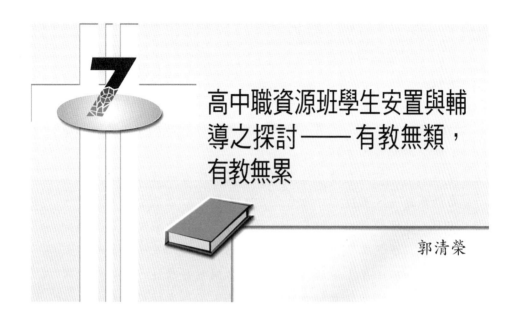

高中職資源班學生安置與輔導之探討 ── 有教無類，有教無累

郭清榮

「教育之道無他，惟愛與榜樣而已。」
「落實有教無類，惟用心而已。」

　　當高級中學中被安置的特殊生變多了之後，就要常常去處理特殊生與同儕之間產生的摩擦與衍生的問題，還要擔心他們不在班上時的安全問題，還要擔心他們與任課老師的互動是否和諧，要擔憂的問題真是太多了，更甭說他們的課業成績如何站在公平原則上去考核了。當我們很有愛心甚至給了這些特殊生很多「方便」的時候，這些孩子就「以為」老師們都會給他們令人滿意的分數，造成師生的認知範圍上有很大的落差。但是對於班上認真努力卻成績不起眼的孩子來說，誰又能給他們另一個機會呢？

一　前言

　　學期中接到一封老師寄來的信，這是校內一位相當負責認真，班級經營相當成功的導師，足堪為全校的楷模，服務教職已十餘年。信的內

容如下：

校長：

您好，很冒昧寫這封信給您，因為我怕直接講，會有辭不達意的情況，所以想了又想，還是決定用寫信的方式，希望校長您不要覺得太突兀才好。

這兩年來，不論是當專任或導師，我深深有一種感覺，學生問題愈來愈多，老師責任愈來愈重，工作壓力愈來愈大。或許，這是大環境的問題，但是，隨著本校所招收的特殊生日漸增加之後，我感覺在第一線上教學的我們，實在是花了太多心力在教育這些孩子了！不論是他們的情緒問題要疏導，連他們的課業問題我們老師都責無旁貸，但日子久了，老師們也都心力交瘁了，我捫心自問，這種日子我還能撐多久？其他老師呢？有沒有跟我一樣的想法呢？還是已經沒有心力去處理了？

當學校的特殊生變多了之後，就要常常去處理特殊生與同儕之間產生的摩擦與衍生的問題，還要擔心他們不在班上時的安全問題，還要擔心他們與任課老師的互動是否和諧，要擔憂的問題真是太多了，更甭說他們的課業成績如何站在公平原則上去考核了。當我們很有愛心甚至給了這些特殊生很多「方便」的時候，這些孩子就「以為」老師們都會給他們令人滿意的分數，造成師生的認知範圍上有很大的落差。但是對於班上認真努力卻成績不起眼的孩子來說，誰又能給他們另一個機會呢？當學校廣開「方便」之門，卻又造成許多老師「不方便」的時候，這問題又該如何去解決呢？當老師花了太多心力去照顧這些特殊生的時候，班上其他的一般生是否相對地被老師給忽略了？因為在學校的時間就是這麼多，瓜分一大半的時間給特殊生的時候，還剩下多少給真正需要老師輔導的同學呢？

更遑論全校各處室有多少特殊生正沉浸在自己的世界中，不受上下課時間鐘聲的限制，在各地遊走？趴趴走？導師有辦法知

道他們在哪裡嗎？教官有辦法知道他們在哪裡嗎？這會不會是另一種不定時炸彈？校園安全的紅燈是否已經亮了？

在此懇請校長，幫我們在第一線努力的老師想想，什麼是我們可以走下去的路？不要讓工作的重擔壓在真正想做事的老師身上，這樣，我真怕有一天，老師的愛心會很快消耗殆盡，老師對學校的向心力也會消耗殆盡，有能力的老師都會想逃走，那，學校還剩下什麼？

校長，您認為什麼是優質校園呢？優質校園是不是學生素質好、態度好、成績好；老師用心教、認真講；學校設備佳、向心力強？那學校是否可以往這個目標邁進？而不要為了少數特殊生，消耗掉老師的人力資源。

省思這個存在高中職多年校園的問題，的確是有進一步去探討的必要性；在既有的法令規定下，如何接納安置這些學生？如何輔導幫助他們適性的發展和生涯的學習規劃！個人在高中職服務10年來，願不揣淺陋提供管見，就教諸位教育先進。

二 問題之探討

(一)資源班的性質

資源教室方案，國內向以資源教室稱之，近年則定名為資源班（以下簡稱資源班），是介於普通班與特殊班之間的特殊教育服務型態，服務對象以輕度障礙學生及資賦優異學生為主。資源班在臺灣地區開辦已有相當時日，早年以啟聰資源班、資優資源班居多，後又陸續設立語言障礙資源班、學習障礙資源班，但班級數增加緩慢，設立學校亦不普及。近年來，由於受到「回歸主流」、「最少限制環境」等理念的影響，有愈來愈多的父母將其輕、中度身心障礙子女安置在普通班，對資源班的需求因而相對提高，增設資源班的呼聲日益上升，資源班的設立始如雨後春筍般的驟增。

資源班主要是為就讀普通班而在學習上、適應上有明顯困難而需要特殊教育服務的學生而設置。資源班教師同時為就讀普通班的特殊學生與普通班教師提供必要的服務與諮詢。特殊學生學籍設在普通班，主要學習地點也在普通班，只有部分時間到資源班接受資源教師的指導。資源班具有相當彈性的服務模式，不但能提供有特殊需求學生的個別化服務，又能提供與普通班學生最大可能的共同學習與互動、交流的機會，且能降低標記作用，因此可說是目前隔離最少又能自特殊教育中獲益的一種方式。

(二)安置學生之來源

1. 基於共同生活圈的擴大與交通的便捷，法令全銜「臺灣省及金馬地區」，實際上已無約束性和地域性的實質意義，近幾年來基於資源共享和師資人力的分配考量，在「因材施教」和「有教無類」的教育目標下，只要是透過安置的機制，學生幾乎都能完成就近就學的心願。如北北基三市的安置學生是可以相互支援、接納的。

   由各縣市政府，統計各國中資源班（資源教室）的學生數，依照各種特殊的身分類別，送交縣市薦輔會作為安置高中職的需求依據；再由教育部指定的安置作業區承辦學校召集區內公私立高中職學校進行分發協調作業。

   基於「零拒絕的安置」原則，區內的公私立高中職就分配到的名額，做協商安置，有人稱之為「公德安置」。區內召集的學校經常要概括承受無法協調被安置去向的學生。

2. 另外一種安置在資源班或資源教室的學生，則是透過入學招生方式如：免試、申請、登記分發入學的學生，領有殘障手冊，申請需要學習和生活輔導的。

3. 學期中發現特殊異常的學生，如情緒困擾、學習障礙、適應欠佳等，經過特教組IEP的會議後，提交校內「特教推行委員會」的討論決定後，進入資源班安置的學生。

(三)資源班的設置

　　依據資源班成立的相關規定是：當經鑑輔會通過安置的學生，在校內超過20名以上時，得向上級主管教育行政機關申請成立資源班，經核准後始撥給經費並核定師資編制員額。未超過20名學生的學校，只能成立資源班，隸屬於教務處的特教組或輔導室。

(四)資源班的種類

　　資源班的種類，主要以服務對象與所在處之不同而有不同的分類。

　　依服務對象分類：依服務對象分類時，主要有單類、跨類與不分類三種類型的班級。

　　單類，指的是資源班只招收某一單一類型的特殊學生，如只收聽覺障礙學生的資源班，就稱為「聽障資源班」、只收語言障礙學生的資源班，就稱為「語障資源班」，國內到目前為止設班最多的就是單一類型的資源班。

　　跨類，指的是資源班招收一類以上的特殊學生（通常是二類），如招收學習障礙與智障學生或語障與聽障學生等之資源班皆是。

　　不分類，指的是資源班不限定招收學生的特定類型，只要是有特殊需求，需要特殊教育教師之服務者，均可經由招生程序接受資源班的服務。

　　單類資源班的優點，是教師具有該類障礙的專業知識，且學生的問題性質相近，不論課程設計、教學均較容易，輔導起來也較得心應手。缺點是服務對象窄化，若校內有其他特殊兒童，則往往進不了班必須轉介至他校或尋求巡迴資源教師的協助，若二者皆無時，則只好在無資源協助下在普通班就讀。

　　跨類與不分類的優點是同時能服務較多類的特殊學生，尤其是不分類的資源班，只要校內有特殊需求的學生均有機會接受服務，這對出現率較低的特殊兒童，如自閉症兒童而言，較能保障接受服務的機會。但其缺點是學生類別不同時，課程設計、教材教法、行為輔導等之難度也

相對加大，教師必須受過良好之專業訓練，否則將難以提供符合每一類型學生所需之服務，因此跨類與不分類的資源班，對教師而言，負擔較重、挑戰性也較大，此外行政配合也較需要。目前跨類與不分類的資源班在國內有日漸增加的趨勢。

依所在處分類：依所在處分類，指的是資源班設置的地點是在校內或校外而言。

若資源班設在校內且以服務本校特殊學生為主，則為固定式（駐校式）資源班，若資源班設在他校，資源教師在一定期間內到校內輔導特殊學生或提供教師建議與協助，此種資源班即為巡迴式資源班。巡迴式資源班的資源教師需到學區（或責任區）有特殊學生的學校巡迴輔導，並視需要提供該校教師或行政人員必要的協助，對出現率少、無法單獨設資源班的特殊學生而言，巡迴式的資源班服務不失為一好的方法。但其缺點是教師往往花費相當的時間在車程上、每一位學生每週所分配到的輔導時間也較少，且提供的服務在及時性、符合性、合作性及協調性上均較不如理想。

三　待決問題

(一)學生方面

受安置的學生，個別情況特殊，有腦麻、肢障、情障、學障、聽障、視障等，必須事前做好性向試探與輔導，再安置於相關的高中職，才能實施適性的教育。

(二)師資方面

資源班的教師須具備有特殊教育師資資格，而在一般普通高中職的師資，較少有同時具備特教師資及專業學科師資資格者，又受限於每週基本授課時數的規定，師資較難聘請。

(三)設備方面

改善及充實無障礙教學環境設施，是十二年國教安置的先決問題，必須先有相關的無障礙設施才能安置學生，否則類似腦麻或肢障的學生，如何安置在沒有電梯設備的學校就讀？又如果學校沒有空餘的教室，如何成立資源教室或資源班？

(四)班級安置方面

公私立高中職每班班級人數均有規定,又依據安置辦法中復有說明,班級內若安置有特殊學生者,每班學生數可酌減3名；在各年級核定總班數不變情況下,勢必造成各班級的學生人數分配不均,間接影響班級導師的負擔和意願,行政上的困擾層出不窮。

四　建議

1. 國中資源班的學生，各國中的輔導室要落實性向輔導與學習輔導的功能，以便做進路（升高中職或特殊學校）的選擇，不合適的進路就學，對學生、家長老師或學校來說都是一種壓力與負擔。
2. 各高中職資源班的設置，能協調在區域內採單類成立資源班的方式，不要跨類。
3. 資源班的核定要把握時效性，否則會有空窗期，增加了行政的困擾也添加了教師的負擔與壓力。教師的員額班制要符合規定每班3人，否則設置資源班的功能將大打折扣。

五　結語

資源班，簡單而言，具有支持性、個別性、暫時性、統整性四項特質。

支持性：資源班主要目的在協助特殊學生適應在普通班的學習與適應，進一步在未來適應社區生活。因此資源班所提供的是一種支持性的

服務，服務對象包括特殊學生及普通班老師。有時，資源教師並不直接對特殊學生提供教導，而只是提供原班教師一些有關特殊學生學習上的建議或有關資訊、諮詢、在職訓練等，以協助普通班老師增進輔導特殊學生的智能而已。

個別性：資源班所提供的服務是針對個別學生的需要而定，因此每個學生所接受的資源班教學內容、時數、期間、方式可能互異也可能相同。為因應個人需要，資源班的教學便有個別指導、小組學習等方式。

暫時性：如前所述，資源班主要目的在協助特殊學生適應在普通班的學習與適應，因此只是暫時性的，當特殊學生的學習狀況好轉、行為問題改善、情緒趨於穩定而達於預期標準時，便可減少在資源班的上課時數或直接回到原班（普通）上課。換言之，資源班因有需求而存在，當情況改善、需求消失時，學生便應回歸原班。

統整性：統整性係指資源班所提供的服務，是針對特殊學生的整體需要而設計，並非只考慮障礙狀況或資源班之原初目標而已，統整性也意味著資源班教師、普通班教師、相關專業人員及家長間共同決定接受資源班服務時的內容、期間、回歸標準等有關事項。

針對資源班的特性與性質，如何妥適的安置與輔導，是目前在推動十二年國教政策時不容忽視的課題。我們樂見在「有教無類」的教育基本理念下，更要讓高中職的行政與教師們，在執行這個政策時「有教無累」。

問題與討論

一、必須事前做好學生性向試探與輔導相關事項，再安置於相關的高中職，才能實施適性的教育。

二、資源班的教師須具備有特殊教育師資資格，而在一般普通高中職的師資，較

少有同時具備特教師資及專業學科師資資格者，又受限於每週基本授課時數的規定，師資較難聘請。

三、設備方面

改善及充實無障礙教學環境設施，是十二年國教安置的先決問題，必須先有相關的無障礙設施才能安置學生，否則類似腦麻或肢障的學生，如何安置在沒有電梯設備的學校就讀？又如果學校沒有空餘的教室，如何成立資源教室或資源班？

四、班級安置方面

公私立高中職每班班級人數均有規定，又依據安置辦法中復有說明，班級內若安置有特殊學生者，每班學生數可酌減3名；在各年級核定總班數不變情況下，勢必造成各班級的學生人數分配不均，間接影響班級導師的負擔和意願，行政上的困擾層出不窮。

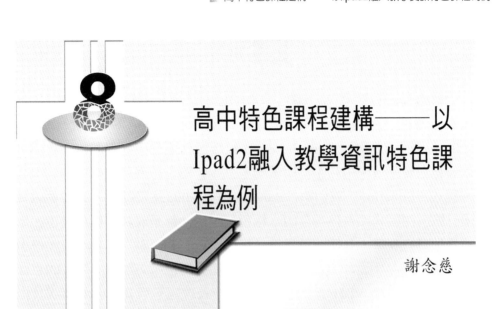

高中特色課程建構——以Ipad2融入教學資訊特色課程為例

謝念慈

讀萬卷書很重要，行萬里路更有必要。

　　國內外公私部門為永續化、卓越化、品牌化經營、行銷組織，都強調自身的「特色」，目的是讓自身產品擁有核心關鍵的技術能力、生態圈、後端服務能力與品牌的行銷出口，以強化在競爭環境中的生存與優勢地位，「特色」就是組織成功的核心方程式或函數。課程實為學校教育的靈魂，學校編織的「特色課程」更是學校教育的魂魄，它讓學校有特色、有差異，符合教育提供學生多元性、滿足性的需求與選擇，更是學校品牌的行銷的主產品之一。本文旨在探討高中特色課程建構。先提出特色課程的意涵、學理依據、建構的原則與內涵、設計類型配套措施與規劃、發展與設計方法論及評量；繼之以建構中崙特色課程及中崙高中資訊特色課程（Ipad2融入教學在中崙）的建構過程，最後提出特色課程發展與省思。

壹 前言

　　國內外公私部門為永續化、卓越化、品牌化經營、行銷組織，都強調自身的「特色」，目的是讓自身產品擁有核心關鍵的技術能力（Skills）、生態圈（Ecosphere）、後端服務能力與品牌的行銷出口，以強化在競爭環境中的生存與優勢地位，「特色」就是組織成功的核心方程式（Equation）或函數（Function）。2008北京奧運、2012倫敦奧運的開、閉幕式都展現各自的「特色」，因此都是成功的奧運賽事。學校是教育的身體，其靈魂是課程，展現學校亮點，吸引學生培養競爭力的是特色課程，豐富、彩色、實踐與多元的特色，方能產出學校的生存優勢與品牌定位。101學年度全國高中校長會議，教育部陳益興次長提到：「十二年國民基本教育，須具有平等、正義、『特色』、適性四個向度的教育視野」，「特色」視野是光亮點，理解特色創新人才是國家菁英教育的標的，要弭除特色招生等同明星學校的迷思，會中也明示：校長在十二年國民基本教育的職掌任務中應辦理多元特色課程，因為未來學校的競爭，不能只靠一種特色，需要的是多元的特色。國內推行的優質學校、校本課程、教育部（2008）「補助國中小活化空間利用暨發展特色學校計畫」、教育部（2010）「100年度推動國民中小學整合空間資源暨發展特學校計畫」、高中職優質化、教育111標竿學校認證等，都曾敘及有關「特色課程」一詞。但是關於「特色課程」並未有計畫性與積極性的強調與作為。近來，2012年教育部有計畫的積極推陳與宣導2014年將實施的「十二年國民基本教育」，其中七大面向中的「入學方式」面向之28方案—「特色招生」，就具體明確學校發展特色課程後，依特色課程計畫，作考試招生。更加速學校研議推陳「特色課程」的積極性、速率性、差異性優質招生的競爭計畫。以臺北市為例：2012年5月22日臺北市政府宣布五年要花6億元推動「高中職領先計畫」，補助高中職發展特色課程，該計畫是屬於競爭型計畫，6億元不是平均分配給各校，而是希望鼓勵、引導公私立高中職各校，主

動提出計畫案，送教育局審查小組審查，強調未來要推動特色招生一定要先發展特色課程，「沒有特色課程，就沒有特色招生。」臺北市高中職領先計畫即是協助學校推動特色課程，讓高中職添購設備、購買教材和研發教材。學校教育以學生為中心，課程為經、教學為緯，編織學校教育的內涵與歷程，而課程實為學校教育的靈魂，學校編織的「特色課程」更是學校教育的魂魄，它讓學校有特色、有差異，符合教育提供學生多元性、滿足性的需求與選擇，更是學校品牌的行銷的主產品之一，當然學校設計特色課程，未必是為特色招生，因此校校都應該積極發展特色課程，成為特色學校。準此，沉浮在學校的「特色課程」冰山，在理念與現實層面暖化下，催化學校產出「特色課程」的認知與實踐渴望，可預見的未來會在學校一一浮現。

貳 特色課程的意涵

特色課程（Feature Curriculum）字面上來看，是指課程的內涵具有特色，亦即有特色的課程。「特色」一詞教育部國語辭典解釋為：「事物所表現出獨特優異的地方」。「特色」是優質（quality）、獨特（uniqueness）、創新（creativity）、榮譽（honor）、效益（effectiveness）與品牌（brand）（吳清明，2012）。林天佑（2009）：這樣的事物不僅稀少（具有獨特性）而且勝人一籌（具有優異性）。競爭策略中最基本的原則是「人無我有、人有我優、人優我廉、人廉我質」，特色是競爭的核心關鍵，特色是別人沒有我有；別人有我卻做得最好，是「人無我有、人有我優、人優我特」，特色課程是在地性、草根性及自主性的校本課程發展出來的（林志成，2011）。鄭淵全（2003）認為，特色課程是差異於學校一般性課程，或講到某種特色就連想到某校所實施的特色課程。曾坤輝（2007）認為，學校依據課程法令面、未來預期、社區狀況、家長期許、學生需求、學校現有軟、硬體資源，透過SWOT分析，經由教師凝聚共識，再透過校長課程領導，所產出的課程即稱為特色課程。王垠（2012）認為，特色課程

是指學校能夠以創新思維，在十二年國民基本教育與課程綱要之架構下，考量其校史、內外部優勢條件、願景目標及社會需求，為全體學生所規劃有助於提昇學習成效之課程內容或實施方式。高中優質化目標，「特色課程」係落實校校有特色亮點。從招生觀點，特色課程係學校辦理特色招生時課程與教學方面的規劃與實施之實質內涵；從學校品牌觀點，特色課程是為建置特色學校的主髓。因此，特色課程可區分為學校特色的特色課程；以及特色招生的特色課程。就有關特色招生的特色課程，需瞭解「特色招生」的理念，依據教育部的規定，教育主管機關及學校規劃辦理特色招生的理念有四：發展學校特色與人才培育，符應國際中等教育之趨勢、校校皆應發展特色，但非校校均要特色招生、選擇特色招生或免試入學，只是方式不同，沒有價值高低，親師生及教育單位應以學生為主體，協力落實適性揚才之理念。綜效（Synergy）言之，特色課程係指學校依據本身內外軟、硬體條件特質，依據SWOT分析，由下而上分析法（bottom-up）與由上而下分析法（top-down）交替循環，採適切的方法論，發展出來獨樹一幟的課程，課程兼顧學校教育目標（課綱、法令、願景、校訓等）、兼具藍海與紅海策略的未來競爭力、兼備學校性、區域性及本土性、國際性的兩端，而發展出來的「特色課程」，能夠在學校競爭市場上，有高優質卓越品牌、特有的學生生源需求，並且學生經特色課程洗禮後有競爭力，讓學校在不確定的教育氛圍下，擁有自己的優勢「生態圈」。

參　特色課程學理依據

課程即學生的學習機會，學者陳美如（2002）：「課程是展現教育理念的主要機制，課程背後所持的理論視野，影響課程的選擇與運作。」傳統課程是採設計取向，著重課程內容、目標、計畫、組織以及評鑑等內涵，屬於物理靜態式的課程觀。而後現代課程是採發展取向，著重課程生物性特質觀，屬於生物動態式的課程觀。而特色課程是屬於現代與後現代的綜合型課程，因此，特色課程理論觀兼採現代與後

現代課程觀，作為其課程立論根基與哲學基礎，茲摘要簡敘如後：

一　實用主義教育論（Pragmatism）

實用主義教育代表學者，首推杜威（Dewey），他提出：教育即生長；是生活，學校就是社會，教育是以學生為中心；是做中學；經驗中學；解決問題中學。課程設計以學生為中心，課程要以符應學生經驗為課程的主體學習，讓學生體驗做中學。實用主義課程觀給予特色課程的啟示：

(一)特色課程內容應接近學生的生活經驗

為達學生學習之最大效益，特色課程應與學生的生活經驗相關、感興趣的環境相連。

(二)特色課程應重視統整

特色課程如拼圖，學生取得零散的各細分圖塊學習，但是最終學習完成，是要獲得完整的拼圖，才是習得真正的完整知識。學生生活經驗的知識是完整的，所以特色課程需要歸類統整，以便讓學生學習的知識完整。

(三)特色課程內容應與時俱進「轉型」

實用主義者強調變動觀念，數位資訊科技時代，以數倍的速率引領時代快速變動，在不確定的時代、不確定的世界，為了適應這種變化，特色課程需要隨時做轉型（Transformation）。

(四)特色課程發展要在地化

實用主義者認為，地方教育對學生知識取得較實際，教育應該因地制宜，方能顧及各地方學生的真實需求，特色課程才會有彈性。特色課程更需要配合地方的資源與需求，發展合適的特色課程。

二 建構主義（Constructivism）

建構主義主張知識是個人主觀建構外在世界的經驗後，從自我體驗中抽象出來的，存在個人的腦中，不能從個人獨立出來。教師是知識的引導者與促進者（Guide and Facilitator），因此特色課程設計需讓學生從自身的經驗中主動建構出來，而非外加被動式的接受，讓學生透過特色課程主動建構出知識的獲得。

建構主義的課程觀給予特色課程的啟示：

(一)特色課程知識是學生主動的建構，不是被動的接受或吸收。

(二)特色課程學生認知功能是適應、組織經驗的社會學習。

(三)特色課程的知識是學生與學生間互動後的社會建構。

三 多文化主義（multiculturalism）

多元文化的觀念植基於自由與平等，重視多樣性、公平正義、關懷等，因此，課程精神需促進教育機會均等、社會公平正義、性別平等與弱勢關懷等。課程內涵重視多樣化與差異性、本土化與在地性、公平化與正義性兼容並蓄的多元互融與互尊的人性尊嚴多樣化課程。多元文化主義的課程觀給予特色課程的啟示：

(一)特色課程發展應該掌握多元文化課程內涵之核心觀點——「理解」。

(二)特色課程應是多元取向。

(三)特色課程內容要能使學生對於全球知識覺醒。

(四)特色課程要考慮學生學習機會的平等。

(五)特色課程要學生理解種族平等和多樣差異。

四 批判理論（Critical Theory）

課程是解構，建構，再解構，再建構的循環歷程，是可被質疑的一種反思性歷程，是對霸權文化的鬆綁，課程需以學生為主所發展出來的課程，所以他是「由下而上」（bottom-up）為主的課程發展；而不是

「由上而下」（top-down）為主的課程發展，讓教師發出課程建構的聲音。批判理論的課程觀給予特色課程的啟示：

(一)特色課程設計不受文化意識形態左右。

(二)特色課程特別專注文化面項研究。

(三)特色課程兼顧理論與實踐，學生是學習主體，是貫穿二者的中介者。

(四)特色課程中工具理性與科技理性應進行強烈批判與反思。

(五)特色課程之社會學科與自然學科的課程研究方法有差異性。

五 課程意識（Curriculum Consciousness）

「課程意識」是課程的後設（meta）概念，是教師對於課程的深刻反思。課程有兩個歷程，分別是宏觀的「動態歷程」，是教師在進行教學活動的紀錄；是微觀的「靜態歷程」，是教師個人內在反思的修行。經由這兩個歷程的轉型與再思（Re-thinking），輔以教師個人的教育哲學觀，參透後的沉澱稱為「課程意識」。課程意識就是對於課程意義的覺知性和參透性的向量大小程度。學者甄曉蘭（2000）認為課程意識，是過程（process）而非「成品」（product），是一種「實踐」（praxis）的過程，在教師心裡產生化學變化，進而形成課程意識。課程意識的課程觀給予特色課程的啟示：

(一)特色課程的設計，必須融入教師的課程意識。

(二)特色課程隨著課程意識的轉替而轉換。

(三)特色課程設計，教師需具教育哲學基礎與持續反思的能力。

肆 特色課程建構的原則與內涵

國家教育研究院（2012）指出：學校發展特色課程原則需符應適法性原則、合理性原則、可行性原則、學習權維護原則、支持系統完善原則及品質精進原則。

特色課程建構的原則與內涵是展現特色課程的形體關鍵，其建構基本原則內涵如後：

一　特色課程目標符合教育本質

課程是教育的靈魂，靈魂不能脫離本質，特色課程的內容必須符應「培養品德、發展才能」之教育本質，學校特色課程的目標需具有正向的學習價值，能兼顧全體學生的利益，照顧弱勢學生的學習機會，激發學生發揮學習潛能，並能納入學校短、中、長程發展計畫，永續經營發展。

二　特色課程規劃以學生為主體

學生是學習的主體，特色課程的內容需與學生學習結合，課程設計要考量學生的學習興趣與需要，以學生的學習生活為中心，重視學生的學習歷程，以實務體驗深化學習內容，拓展學習視野，以達成教育目標。

三　特色課程內涵需具獨特、創新性

特色課程是以「特色」冠以頭銜，特色的概念是獨特、創新、別樹一幟、與他者區隔化的表現，因此內涵需具獨特與創新。特色課程的內涵是以學校在地的自然、人文環境資源為基礎，整合眾創新理論概念，兼具開創、延續的原則，發揮各類資源的最大效益，打造學校教育新價值，塑立優質學校品牌。

四　特色課程學習由教室到社區

特色課程教師的教與學生的學，不必侷限於傳統教室，任何場域都是教室。特色課程的學習是以教科書為基礎，結合生活素材，讓學習從平面到立體，從書本到生活空間，透過體驗將知識與生活經驗相互驗證，建立學校與社區間的連結，培養學生愛家愛鄉的情懷，從自我認同的提昇創造最佳學習效能。

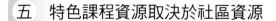

五　特色課程資源取決於社區資源

　　特色課程應考量與評估社區現有資源，藉以發展特色。學校特色課程的實施需由教師善用多元資源利基發展課程設計，並透過不斷地對話、思考、價值澄清等策略精進課程設計，將社區資源有效轉化為特色課程精彩成果。

六　特色課程活動重視學生體驗學習

　　特色課程設計的教學活動，應該讓學生藉體驗，增強其生命教育，透過感官經驗的學習更能深刻地留下記憶。特色課程活動以教育家杜威「Learning by Doing」為核心概念，以體驗學習結合知識傳授，藉活動探索進行技能知識轉化，讓學生從認知理解到學以致用，透過探索體驗而獲致的學習成長，正是特色課程的精要價值~「讀萬卷書很重要；行萬里路更有必要。」

七　特色課程實踐需能分享推廣

　　教育是公共財，具有共享和無排他性，教育成效更應該制入「教育平臺」。是故，特色課程的發展成果應透過互動交流分享，不同學校發展背景因素、條件、資源不盡相同，都市與偏鄉所發展的特色課程必大相逕庭，各有所長，唯有透過分享推廣，交流互惠，方能使更多學生獲得更多元、更寬廣的學習經驗。

八　特色課程發展需具有綜觀性、宏觀性與微觀性

　　特色課程的發展與設計，是有課程計畫、永續與完整的，因此在思維上需採綜觀性、宏觀性與微觀性的思考面向。

九　特色課程需與高中課程綱要掛勾

　　課程綱要為課程上位主宰，特色課程設計不可偏離課程綱要，透過相關重要內容的檢視，找出具體可落實的方向，於特色課程的規劃中納

入設計架構，並落實執行。

十　特色課程需與學校願景（Vision）、校訓（Motto）、使命（Mission）、校史、發展條件、社會需求等掛勾

　　願景乃一個國家、組織、學校或個人，衡酌本身內外條件和屬性，為其未來發展所勾勒的可達成前景、願望或較長遠目標。它是引導組織行動的方針，型塑組織形象的指標，凝聚組織成員力量的催化劑，更是組織追求進步並賴以永續發展的憑藉。學校的課程發展亦應建構學校的課程願景，以作為學校課程規劃、設計、實施和評鑑的指針，並作為凝聚親師生力量的催化劑（黃嘉雄，2002）。特色課程的發展需轉化學校願景、校訓、使命為具體可行的課程目標，並據以設計優質的課程方案以實現之。例如美國麻塞諸塞州（Massachusetts）安多佛利普斯中學（Philips Academy Andover）校訓「Non sibi, Not for self」意即不求私利，為大眾無私奉獻，以此校訓為學校辦學之核心價值，希望同學在校內課程與活動，從協助同學互相課業討論、分享外，也期望校友與學生發揮「Non sibi」的精神，在日後工作與社區服務上，皆能發揚此生活價值與方式。

十一　學校教師需增權賦能（Empowerment）

　　特色課程是校本課程，由教師群發展設計，因此需適時給予教師增權賦能，否則巧婦難為無米之炊。

十二　特色課程要能對學生學習改變

　　特色課程是正式課程，任何形式的特色課程均需能對學生學習產生正向改變，才能發揮其課程綜效。

十三　服務學習為主軸的特色課程

　　透過特色課程的學習，展現學生的成長，而特色課程透過「服務學

習」，才能讓「生命喚起生命」。

十四　特色課程不能與中華文化脫鉤

特色課程是課程的亮點，學生透過特色課程，習得能力亮點，在國際競爭中，將中華文化融入的特色課程，更能展現我國特色的世界競爭力。

十五　特色課程需與十二年國民基本教育掛勾

2014年十二年國民基本教育將實施，特色課程發展與設計需符應三大願景：「提昇中小學教育品質、成就每一個孩子、厚植國家競爭力」。

十六　特色課程以協同學習為基礎

傳統教學模式下，教師教學與學生學習的模式是單向、欠缺對話與合作的，學校特色課程的發展，除了學科知識的精進，在學習模式方面也要破除既有藩籬，鼓勵對話、聆聽，學習接受不同的思考方式，透過消化、省思內化為自己的思考，讓學生在學習過程中展現自主、主動的特質，教師扮演「直升機式教師」時時盤旋於學生上方適度的引導與價值澄清，讓學習不再「勉強」，以「信賴」和「團體」為基礎的協同學習所發展的特色課程，必然會是新世代課程學習的典範。

伍　特色課程設計類型配套措施與規劃

特色課程的設計類型，不是單一的，可依學科或領域之異質性、多樣性、統整性等分類。國家教育研究院（2012）提出「高中高職實施特色課程具體方案」，指出高中、職及五專辦理特色招生規劃特色課程的兩類方案：第一類方案依循現行課程綱要；第二類方案依據《高級中等學校實驗教育辦法》，及參考的模式與示例。其中有關特色課程發

展模式，張敬川（2012）：學術／知識中心課程取向，運用教學活化取向模式，並採取與大學合作之協作模式；張荊壢（2012）：採取學科／知識中心取向，以跨學科／領域課程統整模式設計課程，建立大學合作之協作模式；江惠真（2012）：採取社會／實用中心課程取向，以教學活化、跨學科／領域課程統整模式設計課程，建立大學合作之協作模式；曾騰瀧、黃尚煜及陳國泰（2012）：結合學術／知識中心與社會／實用中心課程取向，以教學活化、單一學科／領域深化、以及學習者／歷程中心原則設計課程，建立大學及產學合作協作模式；洪嘉皇（2012）：採取學術／知識中心及社會／實用中心課程取向，以教學活化為課程設計模式，建立產學合作協作模式；張素嫻（2012）：採取社會／實用中心課程取向，以學習者／歷程中心原則設計課程，建立大學及產學合作協作模式。另有學者提出：

一、特色課程設計的可行方向，依必、選修課程歸類為（吳榕峰，2012）：

    (一)單一學科設計類型

    (二)跨學科設計類型

    (三)跨領域設計類型

二、依非必、選修課程可歸類為：

    (一)社會重大議題或新興科技問題為內容類型（吳榕峰，2012）

    (二)政府人才培育方向型

    (三)社區特色資源類型

    (四)世界流行重大議題

三、特色課程的設計與落實需有適切的配套措施，方能收其綜效，特色課程設計的配套措施：

    (一)「由下而上」與「由上而下」循環式的模式

    (二)學校配、排課及師資遴聘需更加鬆綁與彈性

    (三)公、私部門（含學術單位）的協力投入支援

    (四)其他協力單位的支援

四、特色課程規劃方面（教育部，2012）

(一)需符合特色課程內涵，如發展語文、人文學科、社會學科、數學自然學科藝術技能或與社區文化結合等。

(二)具可行性，含師資、設備、教學資源、與大專校院、學術機構、國中小、社區及企業等合作成效，如國科會高瞻計畫、產學攜手合作計畫。

(三)需具計畫性、系統性、連貫性、統整性、創新性、創意性與教育性。

陸 特色課程的發展與設計方法論

學校校長課程領導與學習領導，在教師設計與發展特色課程的開始、過程與反思歷程中扮演重要角色，而教師課程設計與發展也需一些方法支持其傑作，因此特色課程發展與設計，應有其脈絡與方法，方能畢其一功。茲列舉研發學校特色課程時成員需具備及採用的一些方法：

一 Senge學習型組織理論

Senge學習型組織理論的核心要素——「五項修練」，其主要內涵如下：

(一)自我超越（Personal Mastery）

「自我超越」是學習不斷釐清並加深個人的真正願望，它是組織學習的精神基礎，使我們不斷實現內心深處最想實現的願望，促使個人學習的意願與能力提昇，進而提昇了組織的學習意願與能力。教師應學習如何創造自己真正想要的特色課程，在學校或領域（學科）中精進與期許能具體實踐特色課程的能力。

(二)心智模式（Mental Model）

「心智模式」是根深蒂固於心中的思維方式，影響我們如何瞭解這個世界，以及採取行動背後的假設、定見，學習發掘內心世界的圖像，有效的表達這些想法，並以開放的心靈容納別人的想法。藉由改變心智模式的深層內斂，教師應學習發掘內心特色課程的圖像，並檢視內在特色課程圖像，如何影響自身的特色課程發展與設計行為及決策。

(三)共同願景（Shared Vision）

校長描述學校願景，讓教師理解，教師進而能將特色課程願景與學校願景結合，整合為學校特色課程共同願景的引導原則，藉特色課程願景，激發全體教師建立共同願景的允諾與付出。

(四)系統思考（System Thinking）

學校是一個小系統，外在包含了這個系統，教師設計特色課程必須系統思考，藉助思考理解系統之間相互關係，進而助益教師清楚整體課程系統氛圍，作有效的改變系統。「系統思考」是五項技術中的關鍵技術，它可整合其他四項技術，發揮整體的綜效（Synergy），使原本各不相干的部分互相結合，產生完美的整體動態式的搭配，協助我們找到問題的根本解決之道。

(五)團隊學習（Team Learning）

「團隊學習」是使一個團隊所有成員，攤出心中的假設，而進入真正一起思考，共同創造的能力。特色課程的發展與設計，不可能是教師個人單打獨鬥的結果，必須透過有關教師團隊，經過專業的對話，一起思考、共同發揮創意的能力，讓1+1+1+1+、、、>10的群聚效應（collective effect），方能譜出智慧結晶的優質特色課程。

二　SWOT分析

　　SWOT分析是由美國Albert Humphrey教授所提出來的一種企業組織內、外競爭條件的總體檢的一種綜合分析法；是一種企業組織競爭態勢分析方法；是市場營銷的基礎分析方法。過程透過質性與量化的剖析組織內部的優勢（Strengths）、內部的劣勢（Weaknesses）、組織外部競爭的機會（Opportunities）和組織外部競爭的威脅（Threats），列載於矩陣表格，以對組織進行深入全面的分析以及競爭優勢的定位，據以擬定組織的競爭發展策略。特色課程的研發，經由學校SWOT分析後，所產出的系列特色課程，才具穩固且具競爭特色。

三　策略地圖（Strategy Maps）

　　SWOT分析出四個構面，將四構面的項目找出其間的因果關係，並且繪製成圖形，稱為「策略地圖」。教師不同思維，會導致不同策略地圖。但是當教師完成策略地圖之後，就建立了一個基本的模型，可用來做為特色課程研發設計的起始點。有了策略地圖以後，事實上特色課程設計尚未完成，教師必須經過團體不斷的批判對話，確認此特色課程策略地圖是否適切。

　　經由SWOT分析後，採取策略以具化特色課程模體，可採「策略地圖」協助分析思考（兩者的次序是「圓形式思維，不必強調孰先孰後」），讓腦海中抽象的概念，透過描繪策略地圖，將其圖像化，有助特色課程的實質產出。所謂策略行動系統就是具體化的用邏輯關係把策略一步一步的執行下去，每一個執行的步驟就是在策略行動系統裡面的一個點。

四　重理解的課程設計（Understanding by Design, UbD）

　　特色課程具後現代課程的特質，設計思維邏輯在大框架之下，可非線性思考，課程設計可從任何面向切入。Grant Wiggins & Jay McTighe在1998年倡導該課程設計，採「逆向設計」的原理，提出六個理解層

面（說明、詮釋、應用、觀點、同理心、自我認識）的課程焦點，UbD
重視「理解」，理解不同於知識，理解是重要的教學目標，嚴謹又吸引
的課程，焦點著重在理解，特色課程是重理解的課程，因此採UbD方法
可視為特色課程的產出函數公式，此函數公式UbD：逆向設計課程分成
三階段（賴麗珍譯，2008）：

Step1：確認期望的學習結果，考慮的是教學目標。

　　　這個階段要考慮教學目標、既有的課程標準、以及所有學習參與者
對課程實施的期望。通常課程內容會遠超乎課程時間可容許的量，所以
同時必須做價值澄清，排定優先順序。

Step2：決定可接受的學習結果，考慮的是學習的結果。

　　　根據所蒐集的評量結果來設計單元或課程，這些評量結果用以記錄
和證實學習結果達到期望，而不單只是考慮學習內容，這樣的方式是鼓
勵教師或課程設計者在設計規劃時能以評量者的角度思考，確定學生是
否能有效學習。

Step3：設計學習經驗及教學活動，確定最後的學習活動設計
　　　（WIIERETO要素視為準則：考慮到課程目標及所需的證據，
　　　我們如何使學習活動既有效又吸引學生）。

　　　教學是達到目的的手段，明確的目標可以聚焦教學計畫，並引導有
目的的行動以達到教學結果。逆向設計要求在開始計畫課程單元時，根
據期望的評量結果編寫具體的教學目標或課程標準。

　　　以上三個階段雖分成三個步驟，但是設計歷程可採非線性步驟設
計，因為課程設計主體是教師，在五項修練與學生學習成效交替互動
下，步驟變成後現代式邏輯。

五　圖解設計思考（Graphic Design Thinking, GDT）

　　　教師如何進行「特色課程」思考？教師想去思考如何設計特色課
程，教師瞧著特色課程；特色課程也相對的瞧著教師，就雙方各自互別
苗頭，課程設計的時光一去不回，但是留下的是仍摸不著頭緒該如何著
手設計課程的教師，如何培養教師特色課程設計的創意情緒？如何創造

特色課程形式？如何進行特色課程編輯？必須有創意的思考方法。學校藝術領域教師，背景是美術系所畢業，具設計專長，頗能在其課程設計中，強烈感受到藝術設計的濃濃韻味，因此創意的特色課程設計，可參酌設計思考的許多方法論，將其運用在特色課程設計上。例如，如何定義「學校特色課程」？如何獲得「學校特色課程」靈感？如何創造「學校特色課程」的具體形式？茲舉一些方法供參考：

(一)如何定義「特色課程」？

腦力激盪法（Brainstorming）、心智圖法（Mind Mapping）、訪談法（Interviewing）、焦點團體法（Focus Group）、視覺研究法（Visual Research）、品牌矩陣法（Brand Matrix）、品牌手冊法（Brand Books）、實地研究法（Site Research）、創意簡報法（Creative Brief）。

(二)如何獲得「特色課程」靈感？

視覺清腦法（Visual Brain Dumping）、強迫連結法（Forced Connections）、動態動詞法（Action Verbs）、廣納百川法（Everything from Everywhere）、修辭格法（Rhetorical Figures）、圖象；標誌；象徵圖案法（Icon Index Symbol）、團隊合作法（Collaboration）、共同設計法（Co-dsign）、視覺日誌法（Visual Diary）、語譯檢視法（Lost in Translation）、概念簡報法（Concept Presentations）。

(三)如何創造「特色課程」的具體形式？

短跑衝刺法（Sprinting）、另類網格法（Alternative Grids）、零件工具法（Kit of Parts）、品牌語言法（Brand Language）、實物模型法（Mock-Ups）、物理思考法（Physical Thinking）、戶外演示法（Take the Matter Outside）、非常規工具法（Unconventional Tools）、反芻法（Regurgitation）、重新建構法（Reconstruction）。

六 教師專業學習社群（Profession Learning Community, PLC）

教師專業學習社群（PLC），是一群教師組成的學習與成長社群，基於對專業的共同信念、願景或目標，積極、主動與熱情的精進專業素養，以提昇專業品質與卓越。過程是教師由下而上營造學校結構與文化之轉型。教師專業學習社群透過對話與協商，建構教師專業學習社群的價值觀，分享實務經驗。教師專業學習社群的推動與落實，是特色課程成功與否的關鍵。

柒 特色課程的評量

課程的規劃設計與發展實施，必須經過評量，才能鑒定課程的效益。特色課程的評量應採多元評量方式，應有評量標準或評鑑指標（rubric），是質性與量化共同兼具的，拜資訊科技的先進技術，評量亦可採線上評量方式，其優點是即時、互動。多元評量具有六項特徵：多元智能、多元作業、多元階段、多元評量者、多元計分、多元情境。特色招生評量指標，將測驗學生的「閱讀能力」、「思考能力」、「邏輯推理」、「歸納演繹」、「推論分析」與「科學探究能力」等，對於課程實施後所產生的學習結果與影響，進行系統性、全面性的評估，重視問題解決與創意，並兼顧情意、技能等學習成果，期能促進學生內在智能與品格的正向發展。

捌 建構中崙特色課程

中崙高中特色課程建構內容要豐富明確、教育意義、學習效果、獨特、創新、精緻、周詳規劃、普遍參與、融入學校總體課程與永續性。

一 課程即學生的學習機會

學校課程的主要功能在於提供學生完整的學習機會與學習方向，課程設計除了要符應課程綱要，對應能力指標，更要讓學生的學習成為有意義、富價值的學習。簡而言之，教師充實課程發展與設計的知能，提昇學生學習品質，創造最佳學習機會，而學校應該積極經營課程特色，吸引認同學校的特色課程學生就學。

二 融入學校願景（vision）與校訓（Motto）

中崙高中的學校願景是「讓顧客感動的未來學校（School of the future touch your heart）~Soft Youth」，而校訓是「誠正、自律、創新、卓越」。中崙的特色課程設計要融入願景與校訓，並將其轉化為特色課程的核心信念。

三 由下而上與由上而下循環式、由點到面與面到體具體式的課程規劃

(一)高中課程發展委員會

透過由各科教學研究會檢視及討論各科所發展和適宜發展的特色課程方向，再由學科召集人提交課程發展委員會討論，經會議共識決定本校特色課程的方向與內容，期以吸引認同學校課程的國中優秀學生報考本校。並編印「中崙高中特色課程手冊」，未來學校三年開設的課程必須依照「中崙高中特色課程手冊」為依歸，形塑學校本位的特色課程，具體的原則有：

1. 特色課程為全體學生進行或自由選修之課程（以學生為核心、大家動起來、團隊合作）；特色招生則以系統性課程，以專班或選修編班為單位進行招生。
2. 從學校願景（資訊科技、人文藝術、創新永續；語文、資訊、媒體素養）、既有特色課程或活動（線上學習及測驗、崙流

玩藝術、金融基礎課程、校外參訪體驗活動、奧瑞岡辯論賽
等）、硬體設備（數位攝影棚、電子白板、ipad電子書包）、擬
發展特色（可藉由網路搜尋或標竿學校參訪）思考。

3. 規劃課程包含：目標→架構→過程→評量→回饋；課程→地圖
→方向（目標、能力）；上課學年／班級、教學計畫及進度、
學生習得能力等。紐約市「學童優先」計畫曾提到，確立改革
目標就是將學生培養成有能力的公民，讓所有學生都能為大學
和職場做好準備。

(二)推展「教學輔導教師」制度

教學輔導教師（mentor teacher，簡稱為教學導師）制度的產生乃
是為了因應促進教師專業發展，與提昇教師專業自主的訴求而產生，目
標在於藉由同儕間的互相學習，以達到提昇教學效能的目標，並能促進
集體合作，教師因此得以獲得友伴關係與肯定、接觸各種教學模式、調
整自我教學、及從事教學思考等正面助益。學校特色課程發展與運作的
過程中，透過教師同儕間的互助、合作學習是提昇課程品質的重要關
鍵。因此，特色課程與教學輔導教師制度的結合，猶如企業申請ISO品
質認證一般，讓學校的特色課程成為學校的金字招牌。

(三)成立「教師專業發展評鑑推動小組」

吳清基等學者（2007）認為高級中等教師專業應包括：教師專業
基本素養、敬業精神與態度、課程設計與教學、班級經營與輔導、研究
發展與進修等五大向度和三十五個項目；至於高級職業教師之專業與高
中教師向度相同，但其標準細項則包括四十五項。透過教師評鑑可以協
助教師專業成長，增進教師專業素養，提昇教學品質。教育部自2006
年制定「教育部補助試辦教師專業發展評鑑計畫」並接受學校申請開始
試辦，透過補助，其試辦精神包括：以教師專業發展為主軸、鼓勵學校
申請、教師自願參加、引導學校行政走向教學領導以及學校本位視導
與評鑑、鼓勵教師以自我省思及同儕專業互動為成長手段、以教學和班

級經營為主要成長內涵，以及期待學生的學習表現和成效能獲得有效提昇。學校辦理教師專業發展評鑑，首先應建構推動小組，成員包括校長、教務主任、教師會代表、家長會代表等，其人數及選出方式由校務會議決定；評鑑範疇包括課程、教學、班級經營與輔導、研究發展與進修、敬業精神及態度等，規準由學校參照主管教育行政機關訂定之評鑑規準，透過溝通、民主參與訂定之。評鑑方法包括：教師自我評鑑、評鑑人員評鑑等，資料蒐集亦包括教學觀察、教學檔案、教師、學生、家長訪談等。有關評鑑結果之處理，學校應對個別受評教師之評鑑結果以書面個別通知教師，並予以保密，非經教師本人同意，不得公開個人資料。同時應根據評鑑結果對教師專業表現給予肯定和回饋；對於個別教師成長需求，提供適當協助；對於整體性教師成長需求，提供校內外在職進修機會。

(四)成立「學校特色課程推動小組」

成立「學校特色課程推動小組」，除了教學輔導教師制度的協助，也進一步地配合教師專業發展評鑑制度，提昇整體教師專業與課程發展的效能，因此，本校規劃成立推動小組，由校長擔任召集人，教務主任擔任執行秘書，總幹事由國民教育中心發展部主任擔任，並由教師代表、家長代表、行政代表等擔任推動委員，在推展學校特色課程的同時，也一併為學校教師專業成長建立品保方向。

玖 中崙高中資訊特色課程（Ipad2融入教學在中崙）的建構過程

一 緣起

在臺北市政府教育局的指導下，雲端技術的創新及自由互享的教育內容的逐日倍增，平板電腦的技術純熟，擁有眾多實用功能且輕薄方便，雲端資料庫的建置與共享資源的豐富，讓行動學習已儼然成為流

行，不再只是早期資訊融入教育的理想目標或創新的典範，電子書包時代已經來臨，中崙高中回顧過去幾年來的發展軌跡，進而開始考慮如何有效結合實際教學場域、雲端共享資源及雲端資料庫的即時評量，運用平板電腦流暢觸控性與輕薄攜帶等功能，讓電子書包的學習成為新世代教與學的專屬風格，讓學習多了趣味性及便利性，讓學習的廣度深度因為雲端而變得無遠弗屆，這將是中崙高中下階段推動資訊教育努力的方向。

雖自2011年4月底中崙高中確定參與臺北市電子書包高中職六校實驗計畫，各項準備工作便緊鑼密鼓地展開。然而，這個計劃隨著ipad2統一採購標案一再流標，造成後續設備及進度的嚴重落後，我們日夜盼望的ipad2直到2012年4月才到達中崙高中，古語有云：『有志者，事竟成』，一切在資訊組夥伴與中崙老師們一起努力打拼之下，築夢踏實，我們在校內密集舉行每周2-3次的ipad2相關介紹及研習活動，並邀請相關專家學者蒞臨指導，同時，大家無私地分享自己的體驗心得與課程的想法，彼此激發出更多元的想法，希望能透過ipad2產出許多對學生學習有正向幫助且有意義的教學活動。經歷了4、5月份的奔波忙碌，看到學生們使用ipad2學習時澎湃激昂、求知若渴的神情，學習單上的正面回饋如滔滔江水般湧現，自己內心的興奮與感動自不待言，再次體認到中崙教師團隊的精進與創新。

二 活動時程

本次實驗計是由臺北市六所實驗學校（建國中學、中山女中、中崙高中、士林高商、景美女中、麗山高中）一同參與，各校執行方式及選擇的載具系統皆不相同，以中崙來說，本校選擇採用IOS系統，搭配ipad2載具，有別於以往老師們慣用的WinPC，初期為降低老師因ipad2的不熟悉感而產生排斥感，資訊組安排一系列IOS熟成研習計畫，自100學年度上學期起研習重點先落在「介紹國外使用ipad2教學等經驗與實例」、「介紹ipad2的應用程式」與「介面簡易介紹」。引起教師對於ipad2的操作興趣，進而於下學期推廣重點放在「分享課程想法」、

「介面操作」與「相關作業軟體使用」等進階研習活動,此階段研習的內容,主要是由愛i工作坊教師成員提出來,蘋果公司推薦講師,並由校內資訊組負責安排,目的是在協助教師團隊在極短時間內熟悉ipad2的各項功能操作及應用,2011/11-2012/06總共舉辦多場研習及聚會,列舉如下:

時間		主要活動與工作	
100學年度上學期	2011/08-2011/10	籌備高中職六校實驗計畫	
	2011/11-2011/12	相關教師研習三場 電子書包簡介 Ipad2介面操作與國外教學經驗 Ipad2應用程式在教學上的應用	
	2012/01	提供3臺ipad2供教師短期借用體驗 採購多本ipad2攻略雜誌與書籍供教師借用參考	
	2012/01	廣招愛i工作坊成長營之教師團隊成員	
100學年度下學期	2012/01-2012/05	愛i工作坊成長營聚會共5次	
	2012/03-2012/04	相關資訊人員研習 共3場 itunes 同步 app派送到多臺ipad2 apple configurator操作	相關教師研習 共7場 介面操作等說明 Pages Keynote Numbers iBook author eclicker eclass app
	2012/04-2012/06	Ipad2各科課程實施進行中	
	2012/05底	愛i工作坊校內成果分享會	
	2012/06/15	承辦臺北市100學年度高中職六校行動學習實驗計畫成果發表會	

三 五味雜陳的愛工作坊(I-WorkShop)成長營

體認到多年來教師成長社群氛圍在中崙已經成形,期盼能以此為基

礎，開創新一波中崙在資訊融入教學上的創新風潮，我們在校內成立了愛i工作坊（iworkshop），廣招校內富有教學創新熱忱的教師，一同來學習、激盪、創新。

因參與教師高達35人，任教科目跨年級（國、高中）且跨科目，大家實在難有共同空閒時間，因此，我們選擇中午午休時間的一小時作為聚會時間，老師們交流研習，在午餐聚會中，互通有無，分享創意及心得，進而涵育教學教案，付諸於實際課程之中，產出課程遍及各領域且豐富多元，茲分類如下：

	科目	教師	課程名稱	設計理念
1	高三歷史	陳雪芳	行動學習裝置（ipad2）在高中歷史教學的應用：近代華僑的漂移、奮鬥與認同專題	主題式學習
2	高中地理	張淑瑜	i地理，愛地理-APP在高三地理課程的應用分享	悅趣式學習
		吳婉嫚	ipad2創意教學：旋轉吧地球	
		郭顯文	ipad2創意教學：your world	
3	高中音樂	林芹怡	走秀音樂編曲	任務導向學習 問題導向學習 協同式學習
			iBand大合奏	
4	高三數學	陳明娟	Ipad2創意教學：多項式的圖形	悅趣式學習
5	高三公民	葉家馨	資產市場：股票的基本入門	問題導向學習
6	高中電腦	周懿謙	Ipad2操作入門、app簡介、協助各科教學	問題導向學習
7	國九數學	呂虹毅 王規樺	活化教學iPad來一為統計單元注入源泉活水	主題式學習
8	國九理化	賴俊文 陳秋萍	ipad2創意教學：溫度與化學反應速率、認識星空	任務導向學習
9	國七英文	霍淑湄 鄒純菁 陳俐君	ipad2創意教學：神奇小廚(Amazing Cooks)	悅趣式學習 主題式學習
10	國九地理	朱尉良	與都市的美麗交遇-認識虎山的自然生態與保育	主題式學習 協同式學習

四　創新中崙、永續發展

　　中崙教師專業成長社群已行之有年，校內教學成長氛圍正向、積極，自2012/04-2012/06三個月來，愛i工作坊成果豐碩，從生澀艱辛到美味甘甜的愛i工作坊，總計吃掉了300個便當、奉獻了無數個夜晚與ipad2培養感情、從指間不聽話地卡住到流暢地滑動ipad2螢幕的美妙畫面，與同事討論時激發出的共鳴與創意，內心的澎湃是心靈最大的成就，一路走來我們共產出10個課程，10篇行動研究，這一切成就將歸功於中崙教師專業與熱忱，並在101學年度期初校務會議上分享，讓更多人投入，使中崙在資訊融入教學永續與創新上再添扉頁。

拾　特色課程發展與省思

　　特色課程的發展是一段艱辛的歷程，是一種頗具現代教育意義的課程發展，是學校發展重要的新能量，但是在發展的過程中，確有需多值得提出共思：

一、教育法令、課程綱要應適時地鬆綁，賦予學校更大特色發展空間課程發展是注重歷程效應，型態發展只是一種手段，課程發展成熟後就應納入課程例行發展。因此，釋放學校更大的課程法令、綱要是特色課程發展成效重要的關鍵因素。

二、加強組織成員互動溝通，建立學校團隊特色轉型共識
課程是動態調整的歷程，學校團體文化是保守的，特色課程發展需要時間性，如何兼具領導者的理念經營、教師的專長、社區資源與學生學習需求發展的平衡非常重要。因此，學校發展特色課程時，要積極引進創新的觀念文化，將教師的觀念活化，並建立轉型共識，讓教師由被動的申請發展到更願意主動為特色課程付出。

三、精進教師專業知能，有效協助學校特色課程推展
學生是特色課程的學習者，教師是特色課程的工程師，家長是學校教育的合夥人，因此，強化教師的創新教學能力，家長觀念的轉型

著實重要，讓家長願意積極投入，協助學校推展特色課程發展。

四、教育主管機關應整合資源，激勵更多學校特色發展

特色課程發展與落實需要被引導和協助，教育主管機關應適時整合產業學界之相關資源，引進專家學者的協助，提供學校必要的資源以激勵更多特色課程之推展。

五、審慎規劃特色課程活動，以提高學生學習的正面效益

學校不應為特色課程發展而發展特色課程，特色課程不能無限上綱，以免影響學生現有基礎課程的學習。

六、教育主管機關應挹注學校特色課程發展經費

工欲善其事，必先利其器。巧婦難為無米之炊，教育主管機關宜持續挹注發展經費，擴大學校特色課程經營成效。

七、立足特色課程發展基礎，以加深加廣自主精進的學習

課程教學是由近而遠、由具體而抽象，學校特色課程的學習必須從瞭解自己生存的土地開始，由近而遠認識自己的生長環境，面對曾經的過去、真實的現在與無限的未來，並且找到穩固的發展立足點。在不斷的對話中，學習並擴展視野，將特色課程加深。

八、特色課程目標要能達成適性教育，賦予學校更大的課程設計與教學方法上的彈性與自由適性揚才的教育，是帶起每一個孩子的方法，特色課程是學校的校本課程，發展符應學生學習的需求，學生從學校的特色課程中，發展潛能，增加學習樂趣。因此，教育主管機關應在課程設計與教學方法上，給予學校更多彈性與自由。

九、特色課程目實施，學校需負更大的績效責任

特色課程是學校自導自演的課程，學校有其相當的自主性，教育主管機關將課程的發展權交還給學校，相對學校也有相當的義務，實施課程績效評鑑，透過評量將特色課程的績效展現。

十、建立夥伴關係（partnership），共同進行教師專業發展

特色課程發展與教學，是教師專業社群共同凝聚的智慧結晶，建立夥伴關係目的在建立學習社群（Learning Community, LC），促進協助合聘師資，共創跨領域的特色實踐。

十一、教育主管機關應從旁指導各校發展特色課程，特色課程不是為明星學校招生而作的課程設計，它是十二年國民基本教育為培育人才、適性發展與適性揚才所設計的課程，因此教育主關機關應負起監督指導特色課程設計的正確性及其教育意義。

十二、教育主管機關應針對特課程實施學校，進行輔導訪視，以確實瞭解執行成效

教育主管機關除每年審查學校報備審查的特色課程計畫外，每年需針對特色課程實施成效進行專家學者的輔導訪視，以管控學校實施品質。

十三、學校應每學年度編印「特色課程手冊」

課程猶如餐廳菜色，應該提供精緻、實在的菜單，供饕客選擇。因此，學校應編制「特色課程」手冊，提供新生人手一冊，讓學生清楚知悉三年特色課程架構、內容。

十四、各高中學校需辦理特色課程宣導

參酌綜合高中宣導，辦理特色課程宣導，宣導方式可採招生區聯合宣導方式及至各國中宣導等方式進行。

十五、吳榕峰（2012）提出：特色課程是否能提供學生足夠豐富的學習環境、是否可自由選擇參加特色課程、特色課程適合全校性或局部性的迷失、參與教師與未參與教師所面臨的困境。

十六、校長應善用「特色課程預測市場平臺」機制，「預測市場」所展現的教師群眾智慧，可顯著提昇決策品質，在許多方面都有增進特色課程發展的潛力，好比中國人常說的「三個臭皮匠勝過一個諸葛亮」的道理。也朝向特色課程發展由「教師專業社群價值」昇華為「全體教師專業價值」。

十七、發展特色課程就是課程的一種的創新，校長可藉由教學領導，透過五個技巧；聯想（associating）、疑問（questioning）、觀察（observing）、社交（networking）與實驗（experimenting）（李芳齡譯，2012）讓教師簡單學創新，以賦能教師創新能力。

十八、特色課程是一種學校促轉課程的具體實踐

陳德懷（2012）：促轉課程是指促進學校的學與教的典範轉移。學生經由學校特色課程的學習，能讓學生培養興趣的學習、自我進度與自我追求學習、合作問題解決及學科成就明顯提昇。

十九、透過特色課程學習能增進學生二十一世紀能力素養

學生除了語文、數學及科學等基礎能力外，二十一世紀的學習者更需培養加強世界接軌的L4C關鍵能力素養：終身學習習慣（Lifelong learning habit）複雜問題解決（Complex problem solving）合作與溝通（Collaboration & Communication）批判性思考（Critical thinking）創造力與想像力（Creativity & Imagination）。

二十、特色課程需協成十二年國民基本教育願景的實踐

學校特色課程的學與教需與十年國民基本教育願景：提昇中小學教育品質、成就每一個孩子及厚植國家競爭力牽連引動。

拾壹 結語

教育部前部長吳清基博士：「面對未來大挑戰，學校一定要辦出『特色』」，特色課程就是學校特色的「核心眼」。學生是學習主體，任何學校教育課程活動，必須與學生學習掛勾，發生正向學習效益，特色課程設計當不例外，讓學校有亮點是手段，目的是要滿足學生學習，並產生成就感。特色課程是學校校長暨全體教師，共衍生的專業學習組織生態圈，共思共享的專業成就，發展與設計特色課程歷程中，生態圈內充滿著有批判的聲音；又有支持的行動，正符應杜威（Dewey）所謂最好的學校。Clayton M. Christensen 在其新著作 *"How will you measure your life?"* 提及「Schools that have designed their curriculum so that students feel success every day see rates of dropping out and absenteeism fall to nearly zero. When structured to do the job of success, students eagerly master difficult material-because in doing so,they are geeting the job done.」（Christensen, 2012）。「特色課程」不只是為特色而特色，也不能僅單一特色，更重要能呼應教育學習者的成就感──能滿足學生所需，讓學生每天學習都有成就感，否則亮點遲早會熄滅。

參考文獻

中文部分

方德隆譯（2004）。**課程基礎理論**（原作者：Allan C.Ornstein&Francis P. Hunkins）。臺北：高等教育。

王如哲（2012）。**十二年國民基本教育高中職學校實施特色課程規劃方案研究**。新北市：國家教育研究院。

王珢（2012）。**教育部101學年度全國高中校長會議**。南投：國立暨南大學。

王紅宇譯（1997）。**後現代課程觀**（原作者：William E. Doll）。臺北：桂冠。

王恭志，黃月美，楊俊鴻譯（2006）。**課程願景**（原作者：William E. Doll, Jr. &Noel Gough）。臺北：高等教育。

王曉輝（2007）。**教育決策──國際比較的視野**。臺北：高等教育。

李芳齡譯（2012）。**5個技巧簡單學創新**（原作者：Clayton M. Christensen,Jeff Dyer& Hal Gregersen）。臺北：天下雜誌。

吳明清（2012）。**行家看show：臺北教育111標竿學校認證之評審**。臺北：臺北市教師研習中心。

吳清山、賴協志（2009）。**知識領導理論與研究**。臺北：高等教育。

吳清基（1998）。**精緻教育的理念**。臺北：師大書苑。

吳清基主編（2011）。**教育政策與行政新議題**。臺北：五南。

吳清基口述（2011）。**站在教育高峰上**。臺北：師友月刊。

吳榕峰（2012）。**特色課程的規劃**。教育部101學年度全國高中校長會議。南投：國立暨南大學。

吳權威、韓長澤、王緒溢、吳宗哲、張奕華（2011）。**教學科技與創新教學**。臺北：網奕資訊科技。

林天佑（2009）。**學校特色發展的概念與理論**。臺北教育111學校經營研討會，臺北。

林永豐（2009）。英國學科重點中學政策之發展與爭議。**教育資料集刊，42**，203-222。

林宏濤譯（2011）。**與改變對話**（原作者：Neale Donald Walsch）。臺北市：商周。

林志成、林仁煥、田耐青、郭雄軍、蔡淑玲、田育昆（2011）。**特色學校理論、實務與案例**。臺北：高等教育。

林育如譯（2012）。**圖解設計思考：好設計，原來是這樣「想」出來的！**（原作者：Ellen Lupton）。臺北市：商周。

林素卿等譯（2008）。**課程發展**（原作者：Peter F. Oliva）。臺北：五南。

柳雅梅譯（2006）。**學校是專業的學習社群**（原作者：Sylvia M. Roberts & Eunice Z.Pruitt）。臺北市：心理。

張佳樺（2012）。**國際學校課綱與教學分享：IB課綱下的教學分享與新加坡課綱介紹與教學分享**。銘傳大學2012年國際學校課綱與教學分享研討會，桃園。

教育部（2012）。**高中職特色招生核定作業要點手冊**。臺北：教育部。

教育部（2012）。**高中高職特色招生核定作業要點訂定及報備查原則**。臺北：教育部。

郭俊賢、陳淑惠譯（2006）。**如何培育學生的創造力**（原作者：Robert J. Stemberg and Wendy Williams）。臺北：心理。

郭菀琪（2006）。**邏輯思考的技術**（原作者：照屋華子、岡田惠子）。臺北：經濟新潮社。

郭進隆譯（1998）。**第五項修練——學習型組織的藝術與實務**（原作者：Peter M. Senge）。臺北：天下遠見。

陳正平譯（2004）。**策略地圖**（原作者：Robert S. Kaplan&David P. Norton）。臺北：臉譜。

陳麗華、吳麗君、黃永和、詹惠雪、葉興華譯（2011）。**課程發展實務導引**（原作者：Jon Wiles/Joseph Bondi）。臺北：雙葉。

曾坤輝（2007）。**臺北縣「特色學校」課程發展之研究：偏遠小學的危機或轉機**。國立臺北教育大學課程與教學研究所碩士論文，未出版，臺北。

黃乃熒（2000）。**後現代教育行政哲學**。臺北：師大書苑。

黃怡甄譯（2011）。**所有教師都應該知道的事媒體與科技**（原作者：Donna Walker Tileston）。臺北：心理。

溫明麗（2008）。**教育哲學**。臺北：三民。

廖月娟譯（2012）。**你要如何衡量你的人生？**（原作者：Clayton M. Christensen, James Allworth& Karen Dillon）。臺北市：天下文化。

褚耐安譯（2006）。**創意的管理**（原作者：Gerhard H. Gus Gaynor）。臺北市：商周。

齊若蘭譯（1998）。**第五項修練實踐篇──共創學習新經驗**（原作者：Peter M. Senge 等）。臺北：天下遠見。

劉曉樺譯（2011）。**教育大未來──我們需要的關鍵能力**（原作者：Bernie Trilling & Charles Fadel）。臺北市：大雁。

蔡清田（2008）。**課程學**。臺北：五南。

蔡清田（2001）。**課程改革實驗**。臺北：五南。

蔡清田主譯（2004）。**課程行動研究**（原作者：James McKerman）。高雄：麗文。

鄭淵全（2003）。**課程發展與教學創新**。臺北：五南。

賴麗珍譯（2008）。**重理解的課程設計**（原作者：Jay Mc Tighe &Grant Wiggins）。臺北：心理。

賴麗珍譯（2008）。**教師素質指標**（原作者：James H. Stronge & Jennifer L. Hindman）。臺北：心理。

謝傳崇譯（2011）。**校長教學領導**（原作者：Matthew Militello, Sharon F. Rallis, Ellen B. Goldring）。臺北市：心理。

鍾啟泉（2005）。**現代課程論**。臺北：高等教育。

藍雲、陳世佳譯（2009）。**教學的勇氣**（原作者：Parker J. Palmer）。臺北市：心理。

英文部分

Clayton M. Christensen,James Allworth& Karen Dillon (2012). *How will you measure your life?* N. Y., Harper Collins.

問題與討論

一、十二年國民基本教育的實施，學校發展特色課程的重要性為何？

二、在現有課程綱要與教育實驗辦法前提下，學校如何發展特色課程？

三、特色課程學習目標如何讓學生培養二十一世紀關鍵能力的素養？

四、特色課程在學校實施採專班方式或選課融入式授課，其理念與實際為何？

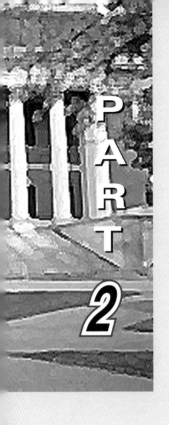

PART

2

行政與管理

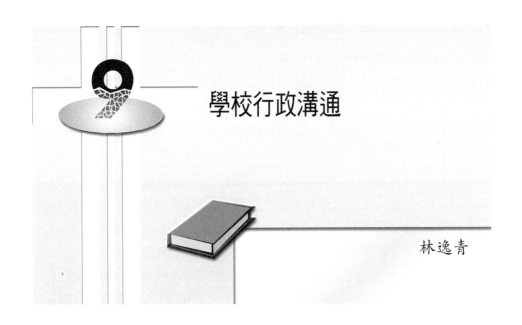

學校行政溝通

林逸青

溝通如不存在，組織即不存在。

~ Simon ~

學校是教育場所，是培育人才的園地，透過學校中的各項教育活動，學子能不斷成長茁壯厚植競爭力。然而學校要達成此目標，則須將學校建構成一個活水般源源不斷生生不息的有機組織方可克竟其功。而學校要成為一個活水般源源不斷生生不息的有機組織，則其良好溝通和效能管理乃是不可或缺之要素。

學校行政就實際內容而言，包含了硬體和軟體兩部分，硬體部分含蓋學校建築諸如教室、辦公室、操場、活動中心……等等設備設施；軟體部分則包括人與人之間的互動諸如教與學的活動、人際關係、課程教材之運用……等等。軟硬體兼顧並重才能使學校行政運作良好以提昇學校教育之品質。

人體因有血液不斷巡環流通促進新陳代謝而得以生生不息正常運作；大禹治水也是順著疏通溝渠而流才得以成功，同樣道理，學校行政

良好溝通和效能管理之於學校辦學之優劣猶如血液之於人體之重要，也須如同大禹治水般順勢而為。因此，從事學校行政工作須瞭解並善加運用此道理，方能發揮功能，建構學校成為有效能的優質學校。

壹　前言

學校是教育場所，是培育人才的園地，透過學校中的各項教育活動，學子能不斷成長茁壯厚植競爭力。然而學校要達成此目標，則須將學校建構成一個活水般源源不斷生生不息的有機組織方可克竟其功。而學校要成為一個活水般源源不斷生生不息的有機組織，則其良好溝通和效能管理乃是不可或缺之要素。學者賽蒙（Simon, 1976, p.154）曾說「溝通如不存在，組織即不存在」。巴納德（Barnard, 1968, pp.89-91）也主張行政的基本功能首在建立一套溝通的體系。可見溝通對於組織之重要性，學校組織也不例外。

此外，吾人知人體因有血液不斷巡環流通促進新陳代謝而得以生生不息正常運作；大禹治水也是順著疏通溝渠而流才得以成功，同樣道理，學校行政良好溝通和效能管理之於學校辦學之優劣猶如血液之於人體之重要，也如同大禹治水般需順勢而為。因此，從事學校行政工作須瞭解並善加運用此道理，透過良好的學校行政溝通，方能發揮功能，建構學校成為有效能的優質學校。

貳　學校行政溝通的意義

溝通一詞的英文字是Communication，係由拉丁字「Communis」蛻變而來，意指「共同」（Common），含有「分享」（To Share）或「建立共識」（To Make Common）的意思；根據辭海的解釋，溝通則為「疏通意見使之融合」之意；根據大英百科全書對溝通的解釋為「用任何方法，彼此交換消息。」國內外學者也對溝通的意義有所詮釋，茲分述如下：

吳清基（1999, p.274）認為溝通這一名詞在最早古希臘人心目中，是把你的觀念看法或創意，拿來介紹給別人知道，來和別人一起分享你的心得或看法。進一步的看法，溝通本意更在要求 to make common（建立共識），也就是說，溝通的行為並不只是將一個觀念或一個看法提出來讓別人知道或分享而已，溝通的行為目的，更在要求別人能瞭解他的意思之後，也能接受他的看法或意見，達到建立共識的目標。

謝文全（1987, p.249）認為溝通乃是個人或團體相互間交換訊息的歷程，藉以建立共識協調行動、集思廣益或滿足需求，進而達成預定的目標。

吳清山（1991, p.198）認為溝通是個人或團體傳達情感、訊息、意見或事實到其他的個人或團體，彼此能夠產生相互瞭解的一種歷程。

林新發（1999, p.79）認為教育行政溝通是教育行政組織人員或團體相互間交換訊息、表達情感的歷程，藉以表現出所期望的行為、建立共識、協調行動，維持組織運作、集思廣益或滿足成員需求，進而達成預定的教育目標。

史克拉蒙（Schramm, 1971, pp.3-4）認為溝通即是經由分享消息、事件或想法，試圖與他人或團體建立共識的過程。

羅賓斯（Robbins, 1991）認為溝通是傳達與瞭解訊息意義的一種過程。

巴納德（Barnard, 1968, pp.89-91）認為溝通是個人與個人間傳遞有意義符號的歷程。

塞蒙（Simon, 1976, p.154）認為溝通是組織中的某一個體，將其作決定前提傳遞給另一個體的歷程。

綜合上述，筆者認為溝通是現在組織中很重要的，學校組織亦不例外。學校行政溝通的意義是指學校中的人、事、時、地、物等彼此之間的交互作用行為，經由人與人或人與團體或團體與團體之間，透過文字口語書面等媒介傳遞訊息，表達彼此的觀念意見情感，使彼此間能交換意見觀念分享消息而產生聯結，建立共識的一種歷程，透過良好而順暢的溝通，建立共識，以使學校行政運作順暢，促進學校組織優質化的一

種歷程。

參 溝通的基本模式

溝通是多樣性、變動性且極為複雜的一種歷程,在實際的溝通歷程中,有賴予以歸納出溝通的主要因素及進行方式,才能使溝通順利進行、克竟其功。以下列舉並說明五種溝通模式:

溝通模式一

Hoy & Miskel之溝通模式圖,圖中顯示溝通包括送訊者送出訊息給收訊者,形成一個溝通進行的方式。

資料來源:Educational administration: Theory, research, and practice,1996, p.344.by Hoy & Miskel.

溝通模式二

謝文全之溝通模式圖,圖中可知構成溝通的要素有六項,包括:發訊者、訊息、收訊者、管道、媒介、環境及回饋等等,這些構成溝通的要素彼此交互作用達到溝通的目的。

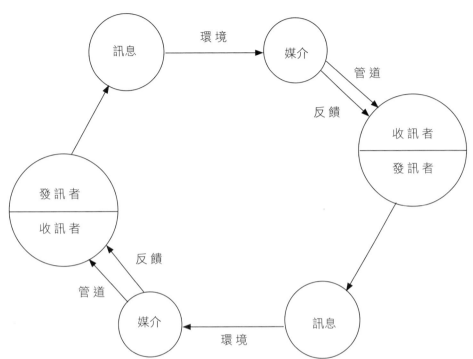

資料來源：教育行政─理論與實務（頁252），謝文全（1998）。臺北市：文景。

溝通模式三

在Devito之溝通模式圖中可知，溝通的歷程主要因素包括：溝通的情境、傳送者、接收者、訊息、溝通管道、噪音等等。

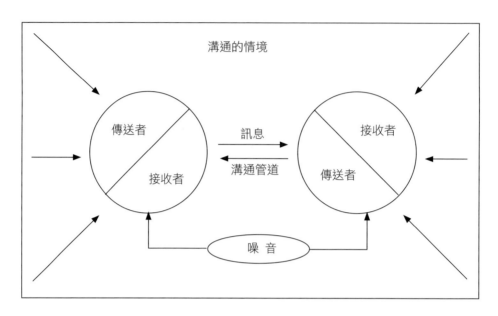

資料來源：Human Communication: The Basic Course, 1994, p.9. by J.A. Devito.College
　　　　　Publishers. 轉引學校行政—理論與實務（頁305）。鄭彩鳳（2002）。高雄：
　　　　　麗文文化。

溝通模式四

　　在Huseman等人之溝通模式圖中可知，溝通的歷程及因素包括：發
訊者及編碼者，以溝通技巧、態度和經驗及心理能力等等進行編碼並透
過口頭及非口頭方式傳遞訊息；之後由收訊者及編碼者予以解碼並接收
訊息再透過口頭及非口頭方式進行回饋，以求達到溝通之目的。

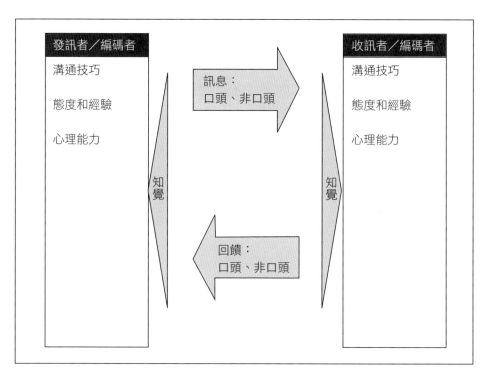

發訊者／編碼者		收訊者／編碼者
溝通技巧	訊息： 口頭、非口頭	溝通技巧
態度和經驗		態度和經驗
心理能力		心理能力
知覺	回饋： 口頭、非口頭	知覺

資料來源：Business communication: Strategies and skill. 1985, p.33. by Huseman, R. C., Lahiff, J. M., Pence Jr. J. M. & Hatfield, J. D. Colledge Publishing.

溝通模式五

在呂林伯格與歐林斯丁（F.C.Lunenburg & A.C.Ornstein, 2000）的溝通模式中，溝通的歷程主要因素包括：發訊者、發展概念、編碼概念轉化後傳送、溝通管道、收訊者、訊息接受、訊息解碼、付諸行動等等。溝通歷程是發訊者與收訊者之間彼此交換訊息，由發訊者將其概念想法先予以編碼，形成訊息再傳送給收訊者，收訊者收訊後會進行解碼，將之化為實際行動。

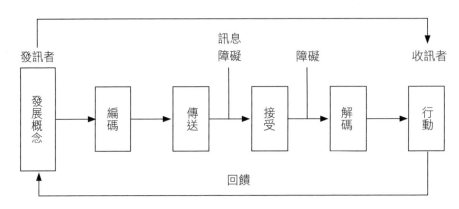

資料來源：Educational administration-concepts. 2000, p.182.by Lunenburg & Ornstein.

綜合上述，可知各種溝通模式主要元素包括有人的部分：諸如發訊者及收訊者；訊息的部分：即溝通的內容；媒介的部分：包括口頭及非口頭；管道的部分：溝通的傳遞方式，可分為正式管道和非正式管道。學校行政組織在進行溝通時，須將這些溝通模式的主要元素加以配合時間地點環境的因素，彼此交互作用反覆回饋進行溝通，以求達到目標建立績效。

肆 學校行政溝通的類型

溝通依不同的分類標準而有不同的類型（吳清基，1999；吳清山等，2003；黃昆輝，1988；張慶勳，1996；繆敏志，1991；Hoy & Miskel, 1996；Lunenburg & Drnstein, 2000；Miskel, 2001）。以下分別從溝通的形式、溝通的方式、溝通的方向、溝通進行的方向動態及溝通的媒介等等，分別說明之。

一 依形式可分正式溝通和非正式溝通二類

1. 正式溝通

正式溝通（formal communication）乃指溝通的進行，是依據組織的法令編制形式來進行的意見傳遞或共識建立，其溝通的管道是依法建

立，是存在於正式組織活動中，是透過權威的階層體系的，是經大家所認可且經常例行性在進行的溝通行為。例如學校的校務會議、主管會議等所進行的溝通行為即屬之。

2. 非正式溝通

非正式溝通（informal communication）係指溝通活動之進行，在透過非正式組織之運作而進行的溝通方式。非正式溝通活動的進行，可透過學校組織內的小團體運作或次級團體的傳達方式來進行。在時間上不限於上下班時間，可隨機進行；在地點上，亦不限於學校內，可在學校內外之場所，甚至餐會、旅遊活動……等等皆可自然地進行，不需特意安排的。

非正式溝通之進行，可彌補正式溝通之缺失，可掌握靈活機動之優點，隨時隨地可作溝通。另外，非正式溝通可減少對方防衛心理，有助於溝通目的的有效達成。非正式溝通對學校校務推展有莫大之影響，一位優質的學校領導者或行政人員，須巧妙運用得當，不可一味壓制或不予理會注意，以免造成相反或不利的結果。

二　依方式可分直接溝通和間接溝通二類

1. 直接溝通

直接溝通（directed communication）係指溝通活動的進行，採面對面方式進行。正常行政組織中使用比較多，對一般性意見之溝通，或簡單性問題及例行性問題，可以利用會議方式大家坐下來討論建立共識，或利用書面寄發分佈，讓有關同仁閱讀，來傳遞共同看法。或利用個別晤談方式，彼此傳達意見看法。直接溝通之進行，較易把握機先，可靈活有效傳遞意見看法，立即解決問題，減少溝通過程中間接轉述之障礙或誤解。

2. 間接溝通

間接溝通（indirected communication）係指溝通活動之進行，要假手第三者作媒介體來傳達，不直接進行溝通的接觸，間接溝通的好處，是可避免不必要的尷尬，或遭遇當面被拒絕的難堪。然而畢竟是間

接的方式，終究無法像直接溝通有其迅捷簡明的效果。基本上二者應予互用互補，方為最有效之溝通方式。

三 依方向可分單向溝通和雙向溝通二類

1. 單向溝通

單向溝通（One-wayCommunication）係指送訊者將訊息傳送給收訊者，送訊者沒有追蹤的行動，收訊者也沒有給予回饋的機會。所以，單向溝通只是單向的傳達訊息。例如，軍隊中的命令下達就是最典型的單向溝通。

2. 雙向溝通

雙向溝通（Two-way Communication）係指組織成員進行溝通時，雙方彼此互發訊息，送訊者將訊息傳給收訊者，收訊者收到訊息後對它做反應，這種反應叫作回饋，此時雙方角色互換，有時「你說我聽」，有時「我說你聽」，彼此之間有較多的訊息交流機會，以便雙方獲致共同的瞭解。

四 依進行的方向動態可分上行溝通、平行溝通、下行溝通及斜行溝通四類

1. 上行溝通

上行溝通（upwardcommunication）是指組織階層體系中，下層行政人員將有關的訊息意見或行政看法，向上層行政人員傳遞，期盼能獲得上層主管人員之認可與支持，上行溝通可包括有關學校教職員工的需求、對學校措施的知覺與態度、教職員工的工作情況及個人對學校發展的建議等等。

2. 平行溝通

平行溝通（horizontalcommunication）係指在組織階層體系中，職級相當，業務相關的行政人員，基於工作配合需要，相互傳遞有關意見和訊息，以期使組織工作得以順利推展。一般來說，組織內部氣氛和諧

的機構，在平行溝通上表現較為順暢，而平行溝通較不暢達之組織，同事間意見常感紛歧，主管在工作推展上常增困擾，績效亦易打折扣。良好的平行溝通可培養員工間之情誼，達成互利、培養團隊精神，提昇工作績效。

3. 下行溝通

下行溝通（downwardcommunication），乃指組織中訊息之傳遞歷程，是由上往下，由高層往基層傳達。一般來說，向下溝通之效果常較佳，受排斥打折扣之情形亦較少。例如：工作指派及職責、上級重要教育政策與指示、學校的發展願景及計畫、重點工作等等，皆較常採取下行溝通的方式。

4. 斜行溝通

斜行溝通（Diagonal Communication）係指組織內不同層級的單位或人員之間的溝通，亦即不同單位不同職位的人員溝通，例如：學校的教務主任與學務處訓育組長之間的溝通。這種溝通形式可以減少溝通的時間，也可以減少訊息被誤解的可能。

五 依媒介可分書面溝通、語言溝通、身體語言溝通及資訊網路溝通四類

1. 書面溝通

書面溝通係指發訊者與收訊者雙方之間，以文字的書面資料，表達自身或機關的想法或立場，而進行意見交換互相瞭解建立共識的方式。是行政機關或個人傳達訊息、溝通意見極為重要的方式，包含公文、信函、簽呈、傳真、通告、公告、通知、公報、報告、備忘錄、報刊、圖表、工作手冊等方式，行政機關可依溝通的對象與目的，採用不同的書面溝通方式。書面溝通係透過文字表達進行溝通，因此用字應儘量口語化，少用專有名詞，力求簡潔、具體、確實、精要，這樣才能使收訊者瞭解而達到溝通的目的。

2. 語言溝通

語言溝通係指發訊者與收訊者雙方之間，以口語溝通的方式，如透

過面對面、電話或是通訊媒體等等，來表達自身或機關的想法立場，使彼此相互瞭解的方式。例如：各種會議、座談會、研討會、個別面談、口頭報告、演講、請示、研商、電話交談、視訊、臉書等等均屬之；其優點是具有親切感，雙方有彼此討論、對話的機會，可以提供立即回饋與澄清、快速、省時、方便。

3. 身體語言溝通

身體語言溝通係指透過肢體語言、動作、表情、語調、手勢等，傳遞訊息建立共識的方式。身體語言溝通是屬於非語文的溝通，如果能夠配合語言溝通適切地加以運用，將可以增強溝通的效果。例如，當校長對一位學校行政人員說：「我對你有信心，我相信你能夠把工作做得很好。」如果校長同時趨前並緊握其手，則該位學校行政人員必能感受校長的誠心與信任。相反地，如果肢體語言與語言溝通所表達的訊息相互矛盾，則可能扭曲溝通的訊息。例如：校長開會時鼓勵教師多發言，但卻不停地察看手錶，此時他的身體語言所傳達的訊息，會讓人感覺他並不是真心誠意地鼓勵教師多發言，而是趕時間或是希望會議快結束。

4. 資訊網路溝通

隨著資訊科技的進步與發展，資訊網路溝通已經成為現代人生活中重要的一部分。行政機關透過資訊網路可以快速地傳遞與溝通訊息。使得行政效率更高。例如：某縣政府教育局要將十二年國民基本教育的教育政策讓學校師生家長及民眾在第一時間知悉，以能因瞭解而獲得支持。則可將十二年國民基本教育的教育政策已經定案部分的辦法做法，透過資訊網路傳遞此訊息，以收時效。又如學校師生有各種優良表現或重大活動，皆可透過校門口設置的電子跑馬燈宣導，師生家長及時獲得訊息，是一種掌握時效又有效的溝通方式。

伍　學校行政溝通的有效原則

綜合上述，可知學校行政組織如能透過良好的溝通運作，將可提昇學校組織效能，為了有效增進學校行政溝通之效率，提出學校行政溝通

的有效原則，並分述如下：

一　平時建立良好人際關係奠定溝通基礎的原則

　　就平時建立良好的溝通基礎而言，可從四方面著手。一是藉平易近人及關懷他人等方法，與成員建立良好的人際關係；二是平時多聽取並尊重成員的意見，以逐漸建立共識，減少歧見；三是平時就努力進德修業，以累積公信力及臨場應變能力；四是平時就提供成員在職教育，以隨時更新其觀念。有了上述基礎，臨事溝通才易成功，而這些基礎都必須靠平時建立（謝文全，1989，頁10-13）。有句話說「帶人要帶心」，因此，學校行政領導者平日若能真心待人、設身處地處處為人著想，必能建立良好的人際關係。有了良好的人際關係，當學校需要推展校務進行溝通時，自然較易溝通無礙水到渠成了。

二　溝通的管道宜多元化且雙向暢通的原則

　　學校是由許多單位構成的，而每個單位包括不同的人，形成了正式組織和非正式組織。因此在進學校行政溝通時，除了利用正式溝通的方式外，也應善加運用非正式的溝通方式，以求上情能下達、下情能上達。一般而言，善用各種溝通管道使其普及暢通，諸如座談會、聯誼會、聊天、喝咖啡、聚餐……等等，皆可使所欲傳達的訊息快速流通達到溝通效果。可行的方式有：1. 善用成員之間的傳言，作為探測真正意見的工具；2. 發現非正式組織的領袖，並以其做非正式溝通，俾蒐集重要的訊息，達成正確的決策；3. 明辨讒言，及時予以制止，免得彼此猜忌，而且害及無辜；4. 明察謠言，正確闢謠，以免混淆視聽；5. 透過非正式溝通，放出氣球，以測試大家反應，作為決策或修正的參考；6. 正式宣達命令之前，先經由非正式通路，使大家心理上有所準備，並適當消滅抗拒或抱怨。（林新發，1999，頁321）

　　此外，溝通是一種影響發訊者及收訊者雙方之歷程，因此，發訊者不可只有一味考慮自己，卻忽略了收訊者的反應；也勿只運用正式的

溝通管道，造成官僚作風或僵化的情形。因此，在進行學校行政溝通時，需雙向溝通才能讓彼此暢所欲言、透過民主對話較易達成共識，達到溝通的效果。

三 溝通媒介多樣且明確的原則

進行學校行政溝通時所運用的媒介需多樣化且需明確易懂。學校行政人員在推動各項工作時要積極主動從中溝通，以寬容的態度面對一切。並善用各種不同的媒介，一般說來，兼用語文和非語文媒介，其效果要比單用語文或單用非語文媒介來得高。同理，兼用語言和文字，比單用語言或單用文字的效果好。利用多種媒介溝通，可以提供多種刺激，例如語言或書面再適度配合肢體動作、手勢、眼神及表情等等，使收訊者接受訊息，印象深刻，記憶保留必較多。例如宣導毒品防範的學校校務工作，若能用文字介紹毒品的害處，又能用口頭說明，並用圖片或影片顯示毒品對身體造成的病變和傷害，則更能有效宣導毒品防範。其次談到明確易懂的原則，那就是媒介一出現，即能讓收訊者明確暸解其代表的訊息內容。要達到明確易懂，則使用的媒介要符合對方的教育及經驗水準才能說服對方（謝文全，1997，頁459）。

四 溝通的內容宜兼顧雙方利益的原則

溝通的內容越符合收訊者的利益，並滿足其需要時，收訊者就越願意接受，其訊息越具有說服力，使得溝通效果越佳。因此，溝通的終結目的不管如何，都應從收訊者現有的需要及利益著手，來引導他們朝向目標的方向走，這稱為「因勢利導」的原則（principle of canalization）（徐佳士，1979，頁182-183）。所謂的「因勢利導」（canalization），即是在強調溝通時，要儘可能掌握著對方的動機與態度，漸次加以引導，則當可有效達成溝通目標；如果溝通者只是一時站在自己立場說話，而忽視對方之動機需求，則其溝通效果將是有限，且易招致反感抵制。在溝通過程中，需設身處地站在收訊者立場為其著想，以讓

收訊者感覺受尊重，因而願意接受訊息。換句話說，「投人所好」，對方必會有好的回應。在瞭解對方動機之所趨時，若能積極誘導其動機發展，並設法提供可能的協助，幫助其解決問題，則常能贏得對方之感激與支持（吳清基，1999，頁281）。

五　同理心及維護對方尊嚴的原則

溝通者在進行溝通時，應表現親切和藹的態度及同理心，降低對方對你的排斥，以避免引起對方的防衛心，造成溝通的阻礙。一顆同理心加上一個親切的笑容、適當的肢體語言如拍肩握手⋯⋯等等，都會帶給人良好印象、帶給人溫馨的感受及溫暖的感覺，溝通較易成功。

此外人人都有尊榮感的需要，希望受到別人的尊重，以維持自己的價值與尊嚴感。因此在溝通進行當中，應隨時留意對方的人格和感受，絕不可輕易傷害到對方的尊嚴，否則雙方的臉或面子（尊榮感的代名詞）被撕破後，溝通就無法持續下去，不少溝通即因此而流於「面子之爭」，而非「內容之爭」了。在溝通進行時，最易傷害到對方尊榮感的時候，是在批評對方意見或提出異議的那一刻，因此在批評或提出異議時，應特別小心，並運用一些小技巧，以避免傷及對方的自尊心，這些小技巧如：1. 先誇獎對方正確的論點，或肯定對方有價值的意見；2. 主動為對方找個下臺階；3. 將對方的錯誤，歸罪係因自己缺失造成的，當然這種歸罪自己的方式，要以不會傷害到自己為限；4. 以對方曾表示過的有利論點，作為批評對方的依據；5. 論事不論人，而且所論（或批評）之事（或對方缺失），範圍應愈小愈好，不要故意擴大範圍，因批評範圍愈大，傷害對方也就愈大；6. 引用有權威性的名人論點，來批評對方；7. 規過於私室，儘可能不要在眾目睽睽之下，批評對方，故必要時可透過非正式途徑，提出批評或異議；8. 透過德高望重之士，來提出批評或異議（謝文全，1997，頁460）。

六 溝通時機須掌握時效的原則

進行溝通要善於把握時效原則，要適時適地，抓住最佳時機點。一般人常說，「打鐵趁熱」，即是有利的把握時間因素來達成溝通之目標。因為能善用輿論之關心話題，所進行之對談，常易掀起注意的焦點。通常在時機成熟情況下所進行的溝通，較易成功，在時機未成熟之情況下所進行的溝通則難成。特別在溝通前，審慎把握對方之心情與勞逸，再選擇溝通策略，較易成功，在時間匆促，或心情不好，或工作繁忙之時，任何溝通活動之進行，只有事倍而功半。從事行政溝通時亦然，若能把握溝通的時機，在大家皆致力改革或有心做好之時，「先入為主」，能夠善用時機，則其效果奇佳。學記上說「時過而後學，則勤苦而難成」，同理，「時過而再溝通，則興緻乏然不易有成」，可見時效的把握，是溝通的要件之一（吳清基，1999，頁279-280）。例如學校希望老師們能每個人至少一學期辦理一次教學觀摩，以使同事間彼此能相互切磋觀摩學習增進教學技巧及效果。立意良好的措施，但因平日並未辦理，如要推動，也許會遭到反對。某一天，剛好有一位老師因教學觀摩成效良好而得到縣政府表揚嘉獎，這時學校行政單位可把握此時機點，激勵出大家的榮譽感和自我實現的心，且及時以兩面俱陳的方式、透過各種溝通管道及善用各種溝通技巧……等等，讓老師們能感受到此政策的必要性和優點，如此才能降低反彈並得到支持，順利推動是項校務，也提昇了學校的教學品質。

參考文獻

中文部分

李聰明（1978）。現代學校行政——開發教育型的學校經營。臺北市：幼獅文化。

吳清基（1999）。教育與行政。臺北：師大書苑。

吳清山（1991）。學校行政。臺北：心理。

林新發（1999）。教育與學校行政研究——原理和應用。臺北市：師大書苑。

秦夢群（2000）。教育行政——實務部分。臺北市：五南。

徐佳士（1979）。大眾傳播理論。臺北市：臺北市新聞記者公會。

張慶勳（1996）。學校組織行為。臺北：五南。

鄭彩鳳（1999）。學校行政——理論與實務。高雄：麗文文化。

繆敏志（1991）。領導、作決定與溝通。載於蔡保田主編，學校行政（3版）。頁
71-138。高雄市：復文。

謝文全（1987）。教育行政——理論與實務。臺北：文景。

謝文全（1997）。教育行政——理論與實務（12版）。臺北市：文景。

英文部分

Barnard, C. I. (1968). The functions of the executive (30th). Massachusetts: Harvard University Press.

Hoy, W. K., & Miskel, C. G. (1996). Educational administration: Theory, research, and practice (5th ed.). New York: McGraw-Hill.

Huseman, R. C., Lahiff, J. M. Pence Jr. J. M. & Hatfield, J. D. (1985). Business communication: Strategies and skill. CBS ColledgePublishing.p.33.

Lunenburg, F. C., & Ornstein, A. C. (2000). Educational administration-concepts.

Mazjarella, Jo Ann, (1985). "The Effective high School Principal: Sketches for a portrait,"R & D Perspectives, CEPM, University of Oregon, Eugene, Winter.p.1.

Robbins, S. P. (1991). Management. New Jersey: Englewood-Cliffs.

Schramm, W. & Roberts, D.F. (1971). The process and effects of mass communication. Illinois: The Board of Trustees, University of Illinois.

Simon, H.A. (1976). Administrative behavior. New York: The Free Press.

問題與討論

一、如果你是一個國中校長，上級指示要推動十二年國民基本教育，只是你聽聞許多正反面的聲音，你要如何去溝通使師生家長們能接納十二年國民基本教育呢？

二、如果你是一個剛上任的國小校長，你學校的家長會長在前任校長時已經連續當了四年的會長，他逢年過節常買禮物送師生及志工，在校內人緣甚佳，依據教育局的規定學校家長會長連選得連任一次，亦即任期最多僅能二年，你想依教育局規定做，希望改由其他人擔任以符合規定，但是這位家長會長卻表達他仍想繼續當的意願，那你該如何進行溝通呢？

學校評鑑的省思與應用── 以抗詰導向評鑑取徑為例

曹學仁

> 人生就像垃圾桶，您永遠不知道下一刻會丟進甚麼東西來，所以隨時要把自己準備好。
>
> 學習就像降落傘，心不打開是沒有用的。
>
> ～曹學仁～

本文旨在析論傳統評鑑取徑對於學校評鑑的影響，以其理論基礎出發，探究傳統評鑑理論對於學校校務發展的價值引導，繼而以評鑑取徑發展的歷程，來說明各個評鑑階段的重要理念與內涵。其次，本文試以抗詰導向評鑑取徑為例，說明其意涵及其實施步驟，並闡述該取徑之優缺點與其限制。

最後，從而說明抗詰導向評鑑對於學校評鑑的意涵，包括：抗詰導向評鑑取徑主要是邀集利害關係人針對校務、政策、理念等進行正反雙方的論辯，進而達成共識及取得精進發展的重要方法，特別有利於「教育價值澄清」及「政策對話」。抗詰的歷程同時也要兼顧程序的正義與資料蒐集、脈絡的理解，並有助於達成共識或是形成主流價值。抗

詰評鑑取徑對於價值形塑的確有其正向功能。

壹 前言

　　傳統評鑑的目標主要是針對評鑑的主要面向，訂定主要目標，主目標下分列次目標：設定標準（standard）、指標（indicator）、項目（item）以及細項，並瞭解目標完成度有多少。而評鑑人員是由外部的人員來進行內部評鑑。主要的歷程包括：訂定目標、收集資料、判斷資料、形成評鑑報告。

　　時至今日，隨著教育脈絡的變遷，評鑑的意義也隨之不同，主要有以下四點：

1. 對象描述：新式評鑑採取「描述性導向」的方式，描述對象的運作情形及狀態，取代傳統無法瞭解對象特色的評鑑方式。
2. 目標確認：要進行適合學校需要的評鑑。
3. 專業判斷：透過評鑑反思相關政策、計畫、領導方式，而提出改變，形成新的計畫、政策、經營模式。
4. 溝通協商：強調溝通協調，不只停在「改進」原計畫，更要產生新計畫與新策略。

此外，就評鑑的目的觀之，也有以下四點，分別：

1. 績效目的：重視績效是「評鑑」概念實施最原始的目的，也是所有評鑑的基礎。

   改進式評鑑也是站在「績效」的基礎上來進行，新近的評鑑強調「改進」比「績效」多，故產生不同於以往的評鑑方式。
2. 改進目的：「以績效為基礎，以改進為核心」是現代評鑑的主流。
3. 比較目的：(1) 橫向比較：可以提供學校與學校之間的比較。

   (2) 縱向比較：可以提供單一學校過去與現在的不同，或提供現在與將來發展的規劃方向。
4. 決策目的：評鑑導引組織進行決策。

就評鑑發展的歷程來看,主要有五個階段,分述如下:

1. 傳統教育評鑑期:傳統教育評鑑期:1900年代以前。

2. 教育測驗盛行期:1930年代以前,著名代表人物Thorndike和Hagen。「凡存在的東西必可測量」,此為該時期對「測驗」的基本定義,即測驗可以取代評鑑,而學生的學習是評鑑的最終指標。

3. 目標導向評鑑期:1930-1960年代進入科學時期,此類型的評鑑盛行於30、40年代,Tyler提出有系統、有步驟、有方法的方式進行評鑑,目的在於審核目標完成度高低。

4. 評鑑概念擴充期:1960-1990年代。由於對目標導向式評鑑不滿,因而進行概念擴充,希望從計畫開始就參與其中,對過程、結果都能有效被納入評鑑的考量要素之一。如:CIPP評鑑、Stake評鑑(全貌評鑑)、消費者導向評鑑等。

5. 專業評鑑發展期:1990年代以後由於重視「建構效度」,因此有新興的方案理論評鑑的出現,檢視所評方案是否有根據?是否合理?是否適合被實行?

綜觀以上的論述可得知,評鑑有多種的方法與目標,其歷程也會因為目的形式而有所不同,學校係屬教育行政機關的一環,校務發展的良窳也有必要透過評鑑的歷程來加以檢視,並據以改進及提出新計畫方案,追求卓越績效。

承上,學校經營的品質是校務發展良窳的關鍵因素,而要瞭解品質好壞就要透過評鑑指標的訂定、評鑑實施、及成果報告等歷程,來理解與論述學校辦學的績效。因此,學校評鑑的目的就是要瞭解辦學品質的現況,發展學校特色,落實績效責任理念,讓學校整體發展有其檢核機制及省思的平臺。未來推動十二年國教以後,學校整體性的方案評鑑、人事評鑑、機構評鑑所扮演的角色會日益加重,「績效」與「責任」兩者之間的平衡也會受到重視。

瞭解校務發展的評鑑取徑有非常多種,包括消費者導向、參與者導向、目標導向、抗詰導向、專家導向等,不一而足。一般言及評鑑

取徑的應用多是以「權力」、「專業」的基準來進行，而較少從「平等」、「對話」、「溝通」的基準來進行。因此，本文謹以司法抗詰導向為例，說明學校評鑑的省思與應用。

貳 抗詰導向評鑑取徑的意涵

抗詰導向評鑑取徑（adversary-oriented evaluation approach）又稱為司法的評鑑（judicial evaluation），其主要意涵旨在將司法體系中的組織、程序及精神應用與教育評鑑的情境脈絡中。就司法的審判來說，通常有對立的兩造,如原告與被告；且兩者都有為其辯護的代表人員。同樣地，在教育評鑑的脈絡中，也可以就單一方案或問題，提出正反對立的意見，呈現不同的主張，讓真理愈辯愈明，並讓決策者得以獲得決策所需要的資訊。其主要的思維與意涵為：

(一)評鑑應立求客觀中立

大多數方案評鑑的基本前提是評鑑者對於評鑑的標的必須公正無私。換言之，評鑑者必須堅持這個觀點以防止個人產生偏見，避免影響其發現與判斷。然而，任何具有內省見識能力的評鑑者都瞭解，在進行評鑑實務的歷程中並無法完全排除本身的偏見對於結果影響的可能性，評鑑者無法將自己從評鑑中獨立抽離出來，以維中立客觀。簡而言之，評鑑者的偏見是無法避免的，最佳的解決之道就是控制偏見，而不要讓其影響或改變結果。

(二)平衡偏見的作法

大部分的評鑑取徑都想要降低偏見，而抗詰取徑（adversary-oriented approach）則極力想要平衡偏見，以確保正反雙方的意見都可以納入評鑑之中，並維護其公平性（Worthen,B.R. et al.）。例如：當我們為論述的議題有所爭辯時，一方應就贊成意見提出陳述（advocate），而另一方則就其反對原因提出質疑（adversary）。雙方都可以

蒐集不同形式的資料，並適當引用以支持本身的論點。藉由鼓勵抱持不同意見的雙方表達多元意見，以發展並建立一個有關該方案蒐集資料的平衡方法。

(三)抗詰導向評鑑取徑的意義

抗詰導向評鑑是一種有關運用辯證及法律程序進行評鑑的方法。該取徑試著公開地呈現一個主張的正反意見，主要目的是澄清問題，透過完成既定程序，敘明受評方案的各個層面，決策者便有足夠周詳的證據以作合理的決定（潘慧玲譯，1989）。簡言之，抗詰導向評鑑取徑是透過類似司法訴訟程序，公開辯證正反雙方的主要爭論點，其最終的目的是提供決策者足夠的證據，以便能產生更為合理的教育決定。

參 抗詰導向評鑑取徑的實施步驟

抗詰評鑑的實施並沒有一定的程序，但若以宏觀的角度加以區分，則可以分為計畫與聽證兩個階段。

(一)計畫階段

計畫可以分為三個項目，分別是：產生問題，選擇問題，準備辯論。

1. 產生問題：由方案的參與者、觀眾及利害關係人提供，這些問題都與其密切相關，因此不必受限於原來教育方案的目標。
2. 選擇問題：問題選擇的目的在於限制討論的題目，以方便聽證會處理。
3. 準備辯論：根據所提問題，準備辯論資料。正反雙方都可以提出所需要資料的範圍，共同設計取得的方法及程序。同時，也要研究相關的研究報告或文件，訪問專家學者，邀請作證人選。

(二)聽證階段

對於雙方所提出的實證資料與意見,加以檢核,並透過論辯的過程將所持觀點及實例呈現出來,進而由陪審團及法官加以判決。

肆 抗詰導向評鑑取徑的優缺點及限制

抗詰導向評鑑取徑的優點及限制來自於它本身的特質,例如,大部分的觀察家都同意說在評鑑引進相反觀點將有助於說明方案的優缺點,並可與其他取徑相比較。以下分別說明之。

(一)抗詰導向評鑑取徑的優點

1. 提昇了所有觀眾(audiences)的興趣:抗詰導向評鑑同時也較其他評鑑取徑更為多元,且對於參與者及利害關係人的觀點都抱持著開放的態度。

2. 歡迎任何人提出批判與批評:對於特定議題採取更開放的批判態度,而不是專注於某一個特定觀點。

3. 事前周延詳細的規劃:沒有人想要在正反意見表達時輸掉,極少有其他評鑑取徑像抗詰評鑑一樣規劃周全。

4. 像其他評鑑取徑一樣也有後設評鑑(meta-evaluation):即對評鑑的評鑑,用來支持任何觀點的資料蒐集、分析、詮釋都會受到對方嚴厲地批判,這就是一種對整體研究的後設評鑑。

5. 對於證人所陳述的證詞直接且宏觀地加以運用:例如對證詞交叉驗證。這些證詞可由專家提出,與其他人交叉辯論。

6. 可以測試是存在一些隱藏性的偏見:某些司法或法律的隱喻可能特別有用。

例如英國司法制度中的「為了發現而探索(exploration for discovery)」制度就提供了一個機會給反方人士可以彼此交流並提出任何有利的證據。當抗詰的雙方同意任何資料、詮釋、結論時,就達到評鑑的

目的。

綜合以上討論可以得知，抗詰導向評鑑取徑在下列情況下是有正向功能的：(1) 評鑑的目的影響許多人，(2) 評鑑的目的引起廣泛地討論，(3) 決定是總結性的，(4) 評鑑者是組織外部的，(5) 牽涉的議題很明確，(6) 行政人員非常瞭解抗詰導向評鑑取徑，(7) 進行抗詰所需運用的資源是可以獲得的。

(二)抗詰導向評鑑取徑的缺點

1. 無法避免人為因素的影響：客觀上無法避免人為的好惡影響審判、聽證、辯論或抗詰，就如Owens（1973）所說的「法律科技的糾纏（entangle-ment in legal technicalities）」，有可形成誤判或誤解。

2. 評鑑用語與司法用語尚待釐清：抗詰導向評鑑取徑使用的詞語是「訴狀（statement of charge）」、「被告（defendant）」、「無罪（not guilty）」、「陪審團審判（trial by jury）」等等。而方案評鑑的用詞應該加以修正，因為方案評鑑的目的是在改良（improvement），而不是在決定有罪或無辜。因為司法審判和方案評鑑畢竟是不同的兩回事。

3. 受限於司法典範而失去評鑑的主體性：抗詰導向評鑑取徑會產生一個副作用就是將司法典範強行應用在解決問題或危機處理上，忽略了如何協助方案發揮最大的效能與效率。

4. 所需資訊可能有所隱瞞：利害關係人可能因為角力的結果而隱瞞某些資料，另是否可以提供決策者所有需要的資訊？

5. 重視競爭而非合作：大部分抗詰導向評鑑取徑都有一個競爭性（competitive）的因素：即任一方都想要贏對方。

6. 表達能力好壞會影響評鑑結果：Popham和Carlson（1977）曾指出：「參與者不相同的勇敢行為（disparity in proponent prow-ess）」是抗詰導向評鑑取徑一種缺失。

7. 無法完全避免產生偏見：抗詰導向評鑑取徑仍無法避免產生偏

見，偏見也不可能全然影響評鑑的結果。

8. 其他諸如正反雙方必須勢鈞力敵、耗費大量的時間與金錢、成本效益尚待提昇、裁判者未必公正等影響因素都會對此一評鑑取徑造成負面的影響。因為畢竟抗詰評鑑與司法案件處理的精神及重點不同，而且與司法案件的處理規則也不同。

伍 抗詰導向評鑑取徑對學校評鑑的意涵

臺灣自103學年度起實施十二年國民基本教育，象徵著臺灣的教育在質及量的方面將會有一番革命性的改變，除了引導國中教學正常化、提昇教學品質、落實生涯輔導之外，高中職學校的優質化、均質化、免學費等政策，一方面已經為十二年國民基本教育的先導型計畫打下基礎，二方面也為未來政策走向開展優質、永續、公義、精緻的核心理念體系，發揮價值引導的功能。

根據教育部所訂定的政策時程，預計在109學年度時將會有95%的高中職校達到優質的標準，即校務評鑑總體成就表現達到二等以上的成績，分別就校長領導、行政管理、課程教學、專業發展、學生訓輔、社群關係、績效表現等層面進行評量及檢視，此一歷程旨在保障家長的教育選擇權、學生的學習權益，以及保障教育機會均等，促進教育流動。而從優質化的角度來析論，即聚焦於教師專業成長、教學專業學習社群、環境與設施、學生多元學習、弱勢扶助等層面，透過對話平臺、多元參與、民主機制、專業成長等策略，達到「品質」與「均衡」的目標。

承上，抗詰導向評鑑取徑主要是邀集利害關係人針對校務、政策、理念等進行正反雙方的論辯，進而達成共識及取得精進發展的重要方法，特別有利於「教育價值澄清」及「政策對話」。

抗詰的歷程同時也要兼顧程序的正義與資料蒐集、脈絡的理解，雖然沒有明定的審判或仲裁單位，但事實上藉由民意的表達及觀點的論述，還是有助於達成共識或是形成主流價值。當前的學校經營或是政策

形成往往是跳過平等對話的溝通論辯過程，是故導致不符現場需求的情形。抗詰評鑑取徑雖然有其侷限性，未能通盤適用於學校經營或政策擬定，但對於價值形塑的確有其正向功能，尤其可以引導教育工作者思考know-why，而不是只停留在know-how與know-what的階層。透過抗詰評鑑模式可以補足傳統評鑑的不足，也有助於開展教育事務與學校經營的新視野。

參考文獻

中文部分

黃政傑（1987）。**課程評鑑**。臺北：師大書苑。

潘慧玲譯（1989）。**Owens與Wolf的抗詰式的評鑑取徑**。載於黃光雄主編，教育評鑑的模式，頁301-322。臺北：師大書苑。

外文部分

Auerbach, C., Garrison, L. K., Hurst, W. & Mermin, S.(1961). The adversary system. In C. Auerbach & S. Smith (Eds), *The legal process*. San Francisco: Chandler.

Braithwaite, R. L., & Thompson, R. L.(1981). Application of the judicial evaluation model within an enpolyment and training program. *Center on Evaluation, Development, and Research (CEDR) Quarterly 14*, 13-16.

Clyne,S. F. (1982). *The judicial evaluation model : A case study*. Unpublished doctoral dissertation, Boston college, Boston.

Donmoyer, R.(n.d.). *Evaluation as deliberation: Theoretical and empirical explorations* (Grant No. G810083). Ohio State University, Columbus, National Institute of Education.

Estes, G.D. & Demaline, R. E. (1982). Outcomes of the MCT clarification process. In E. R. House, S.

Mathison, J. A. Pearsol, & H. Prekill (Eds), *Evaluation studies review annual* (Vol No.7).

Beverly Hills, CA: Sage.

Frank, J. N. (1949). *Courts on trial*. Princeton, NJ: Princeton University Press.

Guba, E. G. (1965). *Evaluation in field studies*. Address in evaluation conference sponsored by the Ohio state Department of Education: Columbus.

House, E. R. (1980). *Evaluating with validity*. Beverly Hills, CA: Sage.

Kourilsky, M. (1973). An adversary model for educational evaluation. *Evaluation Comment*, 4, 3-6.

Kourilsky, M. & Baker, E. (1976). An experimental comparison of interaction advocacy, and adversary evaluation. *Center on Evaluation , Development and Research*.(CEDR) Quarterly, 9, 4-8.

Levine, M. (1974). Scientific method and the adversary model. Some preliminary thoughts. *American Psychologist*, 29, 661-677.

Levine, M., & Rosenberg, N. (1979). An adversary model of fact finding and decision making for program evaluation: Theoretical considerations. In H. C. Schulberg & F. Baker(Eds), *Program evaluation in the health field*. (Vol. 2). New York: Behavioral Publications.

Levine, M.(1982). Adversary hearing. In N. L. Smith (Ed.), Communication strategies in evaluation. Beverly Hills, CA. Sage.

Nafziger, D. H.(1977). *3 on 2 evaluation report: Vol. I. Technical repor*t. Portland, OR: Northwest Regional Educational Laboratory Owens, T.R.(1971, February). *Application of adversary proceeding for educational evaluation and decision making*. Paper presented at the annual meeting of the American Educational Research Association, New York.

Owens, T.R.(1973). Educational evaluation by adversary proceedings. In House, E.R.(ed),*School evaluation: The politics and process*. Berkeley: McCutchan.

Popham, W. J., & Carlson, D.(1977).Deep dark deficits of the adversary evaluation model. *Educational Researcher*, 6(6), 3-6.

Rice, J. M.(1915) *The people's government: Efficient, bossless, graftless*. Philadelphia: John C. Winston.

Smith, N. L. (1985). *Adversary and community hearings as evaluation methods*. (Paper and Report Series No 92). Poland, OR: Northwest Regional Educational Laboratory Research on Evaluation Program.

Stake, R. E. and Gjerde, C.(1974). An Evaluation of T-city. The Twin city Institute for Talented Youth, In R. H. P. Kraft, L. M. Smith. R. A. Pohland, C. J. Brauner, & C. Gjerde (Eds). *Four evaluation examples: Anthropological, economic, narrative, and portrayal* (AERA Monograph Series on Curriculum Evaluation No.7). Chicago: Rand McNally.

Stenzel, N. (1976). *Adversary processes and their potential use in evaluation for the Illinois Office of Education,* Springfield, IL: Illinois Department of Education.

St. John, M., (n.d.) *Committee hearing*: Their use in evaluation. (Contract No. 400-80-0105). Evaluation Guides. 8, 2-12. Poland OR: Northwest Regional Educational Laboratory Research on Evaluation Program.

Van Mondfrans, A. (1993). Personal communication.

Wolf,R.L. & Arnstein, G. (1975). Trail by jury. A new evaluation method. *Phi Delta Kappan*, 57(3),185-187.

Wolf, R. L. (1979). The use of judicial evaluation methods in the formulation of educational policy. *Educational evaluation and Policy Analysis*. 1, 19-28.

Worthen, B. R. & Rogers, W. T. (1980). Pitfalls and potential of adversary evaluation. *Educational leadership*, 37, 536-543.

Worthen,B.R.,Sanders,J.R.,Fitzpatrick,J.L.(1997).*Program Evaluation: Alternative Approaches and Practical Guildlines(2nd ed.)*. New York: Longman.

問題與討論

一、如果學校裡要推動司法抗詰的評鑑模式，有哪些校務是可以適用的？為什麼？

二、對於推動司法抗詰的評鑑模式，學校裡的教育人員應該充實哪些專業素養？

三、現行學校評鑑模式中，有沒有哪些模式是與司法抗詰的評鑑模式內涵相近的？如何整合應用？

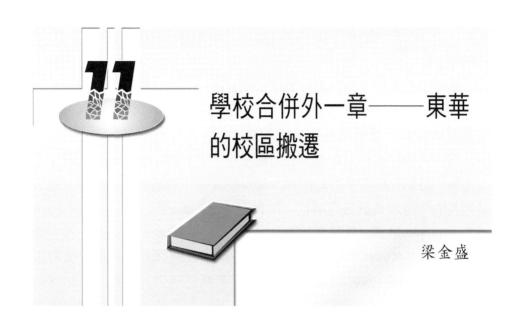

學校合併外一章──東華的校區搬遷

梁金盛

> 子夏為莒父宰，問政，子曰：「無欲速；無見小利。欲速
> 則不達；見小利，則大事不成。」
>
> ～論語子路篇～

「少子女化」（Trend of Declining Birthrate）是國內教育界近十年來的焦點話題。少子女化不但造成人口結構的變化，更使得各行各業都受其影響。國立東華大學與國立花蓮教育大學在此趨勢下於2008年5月27日經兩校校務會議通過進行合校，該案與過去的大學合併案最大的差別之一，即在長程規劃中將大學的教學任務全部移到原東華大學校區（簡稱壽豐校區），而將原花蓮教育大學校區（簡稱美崙校區）作為進修推廣教育之用。國立東華大學已於2011年11月完成所謂的「單一校區」之搬遷業務。本文即就校區搬遷的整體狀況、校區搬遷的規劃、校區搬遷的執行、校區搬遷面臨的問題檢討、及校區搬遷的省思等分別說明之。

壹 學校合併外一章——東華的校區搬遷

「少子女化」（Trend of Declining Birthrate）是國內教育界近十年來的焦點話題。少子女化不但造成人口結構的變化，更使得各行各業都受其影響。就學校而言，最為直接的效應之一，即為學生來源不足。而各級學校面對生源減少的因應措施，主要係以提高學校的競爭力為主軸，有關學校競爭力的提昇，則以提昇學校的教學研究品質、吸引高素質的學生為最重要的項目。事實上，學校最適經營規模（the optimal scale）、學術發展提昇（Rowley, 1997; Skodvin, 1999）、及資源的有效運用（Kyvik, 2002；詹盛如，2006）更是學校整體競爭力的重要因素，這就是1990年代以來，教育部為減輕學生升學壓力，加速擴充學生入學人數的過程中，除了開放大學增設之外，同時也朝向大學整併的方向而推進。如1995年的「中華民國教育報告書」（教育部，1995），即述及為使教育資源做更有效運用，主張學校規模過小、缺乏效率及競爭力之大學，可配合整體發展與其他學校整併，以提昇資源使用的效力；1996年在「教育改革總諮議報告書」提出公立高等教育機構，規模過小、資源重複而難獲得效益者，宜考慮合併，逐步調整發展至最適規模（行政院教育改革審議委員會，1996：61）；接著1999年教育部公布「地區性國立大學校院整併試辦計畫」（教育部，1999）等，因之促成國立嘉義師範學院與國立嘉義技術學院於2001年合併為國立嘉義大學。

國立嘉義大學合併成功之後，教育部仍持續推動大學整併的事項，是以第二個國立大學校院的合併案例為2008年2月1日將位於桃園龜山鄉的國立體育學院與臺中市北區的國立臺灣體育學院合併為國立臺灣體育大學，惟此二校於2009年宣告合併案失敗。國立臺灣體育大學改名為國立體育大學，國立臺灣體育學院則恢復舊名，再於2011年更名為國立臺灣體育運動大學；接連而來的是曾於2003年12月31日兩校校務會議投票結果，因未能獲得通過兩校均同意合校的國立東華大學與國

立花蓮師範學院（國立花蓮教育大學前身）合校案（梁金盛，2004：140），旋又於2008年5月27日的兩校校務會議中決定同意自2008年8月1日起合校，校名仍為國立東華大學（梁金盛、陳玉葉，2011；李欣怡，2012）。

國立東華大學與國立花蓮教育大學的合校案與過去的大學合併案最大的差別之一，即在合校計畫書中敘明兩校合校初期校務暫以壽豐及美崙二校區運作，俟壽豐校區新建教學大樓及學生宿舍完成後，再次第辦理美崙校區搬遷，完成單一校區的目標（東華大學，2008：17）。亦即在長程規劃中將大學的教學任務全部移到原東華大學校區（以下簡稱壽豐校區），而將原花蓮教育大學校區（以下簡稱美崙校區）作為進修推廣教育之用。筆者在兩校合校後的第一年起忝為行政團隊的一員，恰巧又與將教學區域合為單一校區的行政工作任務的一員，因之，自2008年7月起即擔任校務規劃委員會與校園規劃委員會的當然成員之一，其中校務規劃委員會分為四大組進行學校整合相關事宜；至於校園規劃委員會的重要工作，即是要完成教學事務單一校區的重要環境設施的規劃與落實業務，最為重要的工作項目即執行校舍興建工程與校區搬遷兩大標的任務。其中校舍興建工程需配合學校合校後的學術單位整合及美崙校區搬遷的需求，計需增建管理學院、教育學院、藝術學院、環境學院、人文二館、理工二館、相關公共設施規劃等，再加上為滿足學生住宿需求的學生宿舍等工程；有關校區搬遷部分則為將美崙校區的所有行政及教學單位全部遷至壽豐校區，完成所謂的「單一校區」，以達成合校資源整合的綜效。有感於少子女化對大學生源將於2018年起將逐年影響加劇，或許有朝一日，亦有類似需求發生，因之，願不揣淺陋，將美崙校區搬遷的規劃與執行情形，概述如后，以供有需要者參考。以下即就校區搬遷的整體狀況、校區搬遷的規劃、校區搬遷的執行、校區搬遷面臨的問題檢討、及校區搬遷的省思等分別說明之。

一　校區搬遷的整體狀況

2008年8月1日前東華大學計有一級行政單位校長室、副校長室、

秘書室、教務處、學生事務處、研究發展處、總務處、圖書館、資訊與
網路中心、心理諮商與輔導中心、人事室、會計室等單位；花蓮教育大
學計有校長室、副校長室、秘書室、教務處、學生事務處、總務處、圖
書館、師資培育中心、資訊與網路中心、心理諮商與輔導中心、進修暨
推廣部、軍訓室、通識中心、人事室、會計室等一級行政單位，合校後
行政一級單位的整併則以東華大學現狀為原則；至於學術單位部分，
東華大學計有理工、人文社會科學、管理、原住民族、海洋等五個學
院21個學系及14個獨立所，共有教師297人，職員工261人，學生6,543
人及共同科教育委員會；花蓮教育大學則有理學、人文社會科學、教
育、藝術等四個學院16個學系及7個獨立所，有教師188人，職員工132
人，學生3,741人。兩校合校後於2010年1月起學術單位整併成八個學
院，及以系為主體的34個學系與2個獨立所（即海洋學院的二個研究所
不做調整外，其餘進行學系間的整併，或以系所合一的型態運作），另
有共同科教育委員會及師資培育中心為一級學術性質之單位。

　　由於學校合併後的整體規劃為朝向單一校區運作，因此，所有美崙
校區的教職員工生均全部搬遷至壽豐校區，亦即總搬遷人數將達4,061
人，又因學校合併後實施行政單位的整合，故美崙校區所有教職員工均
需搬入壽豐校區，其辦公空間也需要做適度的調配。至於學術單位部
分，因為原東華大學屬仍在發展中的大學，系所場館尚無法明確的區
分，例如管理學院和人文與社會科學學院共用教學大樓，又部分管理學
院和人文與社會科學學院的教師研究室錯落於行政大樓、圖書館、及工
學大樓中……，為利於長遠發展及管理，最好每個學院均有專屬的大
樓，因之，展開六棟教學大樓的興建工作。至於學生宿舍部分，原東華
大學計有2,700床，合為單一校區後學生達1萬餘人，至少需增加學生宿
舍3,500床。

貳　校區搬遷的規劃

　　有關校區搬遷的規劃，首先要考慮幾項前期的作業，分別為搬遷時

程的規劃、硬體建築的配合、其他設施的整建、財產設備的調查與統計、搬遷的規劃等事項。

(一)搬遷時程的規劃

在東華大學與花蓮教育大學合併計畫書中的合校時程中並無有關校區搬遷確切時間的相關文字,然筆者在校園建築規劃的相關會議中,校長一再期望能夠在100學年度完成此項任務。對於這樣的期程確實是一項艱鉅的任務,因為要執行搬遷的作業,首要的考慮是學校的整體發展與需要,其次是學校的建築空間是否配合,最後是搬過程能否順利進行。

1. 學校整體發展的需要

學校的合併主要的目標為資源的有效整合、學校競爭力的提昇、提供師生更好的學習與研究環境、及學校現有資源的共享等,根據劉惟中（2004）的研究發現,合併後校區若維持分散狀態,產生硬體設備重複購置、行政人員配置不足、管理不易、文化融合困難等問題,因之,就學校整體發展而言,儘早完成單一校區,方能使得學校的整併產生加乘的效果。

2. 學校空間的配合

因為東華大學與花蓮教育大學的合併案,牽涉到校區的合併與學院、系所的整併。為實行單一校區,所以壽豐校區就必須能夠容納原來兩校的所有教職員工生的需求,因此,必須對於壽豐校區的現有空間進行檢討,必要時則應予以興建,以符合所需;另因為院系所的整併,對現有空間也必須要做適當的調配,以利管理及長遠的發展。經過檢討的結果學校仍需興建教學樓六棟,學生宿舍3,500床、及公共設施改善等數項工程,且尚有未合校前教育部已核定補助予原東華大學但尚未發包的活動中心工程亦需同時興建完成。

3. 搬遷過程能否順暢

整個校區的搬遷是一個相當複雜的工程,筆者雖然過去也有搬遷的經驗,然都是配合者的角色,這次的搬遷卻是主導者的重要角色之

一，所以如果有經驗的指導者或協助者是最為理想的組合。在加入合校後的新東華行政團隊後，筆者發現黃文樞校長及黃郁文主任秘書等二位對於搬遷的事項都相當熟悉，有多達七次的搬遷經驗，所以，如能在其任內完成搬遷，對於搬遷的順利進行定能大有幫助。

(二)硬體建築的配合

壽豐校區校地達251公頃，地面平整，地形完整，要將美崙校區全部教職員生計4,061人納入並沒有問題，此為東華與花教大合併的地利之處。經學校校園規劃委員會針對現有壽豐校區空間及合校後整體架構的檢討，行政空間除了仍需增建學生活動中心外，教學空間則需興建管理學院、教育學院、環境學院、藝術學院等，以容納該學院所有教職員工生，至於理工學院及人文社會學院雖已均有二棟大樓，然空間尚有不足，所以再需各增建一棟教學大樓，因此共需興建六棟教學大樓，以及學生宿舍3,500床，基地面積合計為137,157平方公尺，建築總面積為117,311平方公尺，加上公共設施等總經費達新臺幣42億餘元，若再加上學生活動中心工程費則約新臺幣44億元，要在不到三年內完成，的確是項艱鉅的任務。因此決定自2009年1月起，每二週召開一次工程督導或管制會議，如工程進度落後達10%則改為每週開會，而宿舍工程在2011年3月28日起改為每日召開管制會議，以期能夠配合總搬遷時程的要求。

(三)其他設施的整建與配置

東華大學的合併案獲得教育部25億元硬體建築與相關設備的補助款及承諾學生宿舍貸款興建的利息補助，且從2008年起連續四年均獲得教育部視整併發展需要的其他補助，著實讓東華大學的發展有一番「脫胎換骨」的新風貌之機會。我們利用整併與搬遷的機會把校舍做了全面性的檢修，諸如原有研究生宿舍的全面整修、理學大樓的整修、田徑場的翻修、新建10座網球場、原有運動場的整修、戶外游泳池整修、圖書館空間調整建置、湖畔玻璃屋整修、原有污水處理廠整修、校

園外環及中環道整修、及給水幹管漏水查修等等大項修建工程，以期能夠提供全校師生更為優質的學習環境。

新建大樓內部設備建置也是相當費心的部分，如每個空間（如教室、辦公室、研究室、廁所、茶水間等）的編號、每個空間的設備建置（如冷氣、黑板、桌椅、網路、電話、投影機、音響等）、公共空間的設備（垃圾筒、飲水機等）均需確定其配置標準（含規格及數量），以利籌辦後續相關作業。

(四)財產設備的調查與統計

財產管理的確是一件不易的業務，尤其是花蓮教育大學在合併前已有61年的歷史，在搬遷前如不能做徹底的清查與整理，恐在搬遷後會留下更多的保管責任問題，因此即從2009年起即要求保管組訂定全面性的財產盤點措施，提行政會議討論通過後公布實施之，尤其是2011年第一季的財產盤點以美崙校區為重點，並採全面性的清查，對於報廢品可勘用者，透過校內移轉、轉贈中小學或贈予公益組織後，如仍有報廢品且具殘值者則採公開標售之，使財產設備達到有效管理及有帳有物的要求。

(五)搬遷的規劃

2011年間辦理搬遷是學校既定原則，考量到搬遷實在是「牽一髮而動全身」的工程，例如必須先完成管理學院興建，方能使人文與社會科學學院的空間完整，才能將美崙校區的人文社會科學學院及分散於圖書館、工學樓等人員搬入人文與社會科學大樓，然後才能進行理工學院的搬遷，而前述搬遷後所空出之空間則仍需配合將搬入者的需求，進行必要的整修；至於教育學院與藝術學院等則與其他學院影響較少，但仍需硬體建設的配合，因此估算結果，所有的搬遷時間約需80天左右，所以搬遷的時間最好是在暑假期間進行，期對教職員工生的影響降至最低程度。

因此總務處從2010年的暑假即開始進行規劃作業，如搬遷計畫的

擬定、新建空間設備的調查與建置、原有空間的整修、校園交通系統的籌劃與調整、新興建築的進度管制等等均陸續排定時程，納入管制與追蹤，以配合整體搬遷的需要。

參 校區搬遷的執行

校區搬遷是浩大的工程，經專業人士的評價，搬遷經費約1千6百萬元左右（不含精密儀器及圖書館搬遷），又考量搬遷的事項要確認其相關的規格及數量相當不易，且在品質的要求方面也不易掌握，經過研商結果，採最有利標的招標方式決定服務廠商，並決定於暑假開始即啟動搬遷作業，讓師生能夠做較多的配合行動。

另為了使搬遷能夠順利進行，於開始搬遷之前三個月分別在行政會議及兩個校區做搬遷說明會，就學校整體的搬遷規劃、搬遷分工、搬遷時程、搬遷內容及範圍、搬遷位置、紙箱及相關物品發放原則、搬遷物品標示、裝箱注意事項、財產處理等事項做通盤性的說明，並聽取與會人員對搬遷的相關意見，做為後續搬遷服務的事項之修正，且將搬遷計畫內容公布於學校網頁供全校教職員工生參考。後於校務會議中將校區的搬遷做書面報告，再於全面啟動搬遷前二週公布全校性的搬遷作業時間（含系所及辦公室的搬遷時間），又於搬遷前一周會同搬遷服務廠商辦理第二次說明會，就搬遷前置作業、裝箱作業時應注意事項、標籤的色樣（各學院或單位的顏色）編號、施工作業流程、裝箱打包耗材規格及使用方法、作業車輛樣式及規格、搬遷標準作業流程等進行說明，因之，搬遷的執行過程相當順利。

肆 校區搬遷面臨的問題檢討

雖然東華大學2011年的搬遷在2008年已初步決定方向，而且整個搬遷計畫的亦於一年前即已積極研擬，但所牽涉的事務非常廣泛，如大批的新興建築需要推動、原有空間的再調配與整修、相關教學研究設

備的盤點與購置、現有教學與公共設施的檢討與整修等等均需次第展開，然而仍有新興工程進度無法完全配合、學生宿舍工程延宕問題產生、校內異見未能獲得有效化解、美崙校區後續使用未能即時配合等問題。

一、新興工程進度無法完全配合

由於新興工程的額度已達巨額採購的規格，而且在學校的發展上有其時間迫切的需求，因之興建之初決定採學生宿舍、教學大樓群、公共設施等三個標案，除公共設施標採行最低標，其餘二標則採最有利標，可惜的是學生宿舍及教學大樓群等二標均公告三次無人投標，經檢討招標策略均改為最低標，分別為學生宿舍土建與水電二標、環境理二土建與水電二標、管理學院、教育學院、人文與藝術合為一標、管理學院停車場等九個工程標案，經招標結果學生宿舍土建與水電二標、環境理二土建標、管理學院、教育學院、管理學院停車場等共六個標案得以順利決標、其餘三個標案經再檢討並將藝術學院樓工程中的演藝廳、藝術工坊等二工項再作成另外標案，方陸續決標展開施工，因此，在施工啟動時間方面已延後半年以上。

又因花東部地區的工人有限，在進入工程趕工的高峰期（2010年3-8月）間，每日所需土木工人約700人，水電工人約400人，而東部地區工人有限，需從西部地區調集工人，不但工人不好找又得提供其膳宿費用，這對承包廠商而言實為一大負擔，故承包商寧可就地選才，此為新興工程進入高峰期發生工地之間為爭搶工人，而造成工人游走各包商間的情事發生，使得施工進度受到相當大的影響。

實際上經過檢討結果，要能完成單一校區的搬遷，只要能將學生活動中心、管理學院、教育學院、藝術工作坊等工程於暑假期間完成，即可做暫時性的調配，經多次與工地或公司負責人確認，其中只有教育學院的完工日期為2011年9月9日較緊迫外，至於管理學院預定完工日期為2011年3月13日及藝術工坊完工日期為2011年6月30日，然因管理學院承商在完工後期雖一再保證能夠於2011年8月中旬完工並取得使用執

照，但並未能如期；而教育學院從開工起即一直相當順利，但在完工前約二個月竟發生供料廠商倒閉，致供料不及，產生工程進度延緩情形；至於學生宿舍部分，承商亦有類似情形，尤其是水電承做廠商又發生財務調度問題，而產生工資延宕事故，造成搬遷受到相當程度的受阻，因之引起校內部分教師的質疑，甚或演變成全國性新聞報導，尤其是宿舍未能如期完工，衍生更多搬遷的困擾與學生安置的問題。

二、學生宿舍工程延宕產生的問題

學生宿舍工程的進度管制雖為總務處的重要項目，唯因機電廠商資金調度及與其下游協力廠商的之間的商業糾葛，衍生工資發放問題，也使工程的進行產生極大的變數，尤其到後期尚有部分工人採取破壞現場洩憤的情事發生，加上媒體及部分人士渲染，使得問題更為棘手，又因入住時間的延宕，學校原有的排課必須做大幅的修正、學生的暫時住宿的相關配套措施處理都必須積極以對，在在均在考驗著現場的所有相關人員。

三、校內異見未能獲得有效化解

有關搬遷的計畫及說明在開始實施的三個月前即已辦理，並將相關訊息公布在網路上供校內教職員工生瞭解，但對於新興建築的相關事項，則未完全做好說明，而且在工程進度方面，管理學院的承做廠商及宿舍的水電廠商一直都未能完全按照承諾的事項確實履行，使得相關人員的質疑未能有效化解，尤其是在發放使用執照期間不斷有人質疑及到相關單位舉報，造成業務上的另一項沈重負擔，尤其是宿舍的搬遷準備過程中，甚至發生在申請使用執照的最緊要階段，有部分師生到縣政府建管單位要求不能發給使用執照的情形發生，也是值得業務單位應再行檢討的部分。

四、美崙校區後續使用未能即時配合

對原花蓮教育大學的教職員工生及校友們而言,美崙校區的繼續使用有其不容抹滅的價值,但其使用亦須從學校未來的發展有所助益方為上策,而且,如果能夠成功的做好規劃與營運,不但是對東華大學有加分作用,而且也可能成為國內大學整併的良好典範,對此,學校對有一整套的想法,也承諾不會因美崙校區的營運向教育部要任何補助,仍未能獲得中央的支持,造成一再修改相關計畫卻無法定案,這也造成質疑者另一個著力點,使得搬遷業務受到阻礙。

伍 校區搬遷的省思

東華大學美崙校區的搬遷已在2011年12月4日劃下句點,對一個承辦者而言,終於完成歷史性的任務,有一種如釋重負的輕鬆感。主要的是此任務艱鉅、干擾不少,比原訂計畫晚了85天完成,雖在短期內對學校形象有某些損傷,然就學校長期發展而言,筆者判斷絕對是利多於弊的。尤其回首來時路,充分感覺到這麼重大的業務,如果不是教育部的長官一路相挺與指導,這個搬遷任務是難以達成的。感恩教育部長官不但提供必要的經費補助,對於相關意見的處理與回應等方面都給予最大的支持與指引;在校內則有黃校長的認真指導與無條件支持、黃主任秘書的經驗指導與協助、會計室張主任及其同仁之「使命必達」相助;邱學務長及其同仁在面臨宿舍延宕造成學生住宿安排與家長的非難過程中耐心的解釋與處理,緩解許多家長與教職員工生的怨懟;楊教務長及其同仁在上課教室排課方案的一改再改,不厭其煩的處理再處理;相關學院系所主管及職員們從善解包容的心,面對第一線的問題給予一一化解;還有在宿舍搬遷前不少的教職員工及其眷屬帶著學生們加入清理現場或送湯送水行列,大家無不以提供學生有更為理想的環境而努力;而總務處的同仁們這三年多來,在不增加人力且尚需配合員額出缺不補的情形,面對這麼多的額外事項,大家一起仍能全力以赴;還有

在此過程中不斷的提出不同意見的相關人員，亦為東華人注入更多成長的動力，這些點點滴滴都讓筆者永銘於心。

　　此次的搬遷整備，天時、地利二方面都能掌握其關鍵時機，而在人和方面尚有努力的空間，套用黃校長在學生入住新宿舍的過程中，面對記者問及學生宿舍的評價時，他說雖沒有滿分，但他願給予九十分，或許整體看來不是非常的完美，卻是「瑕不掩瑜」，相信這麼多人的愛與智慧之付出，已為東華人留下永難抹滅的歷史扉頁。

參考文獻

中文部分

行政院教育改革審議委員會（1996）。行政院教育改革審議委員會總諮議報告書。

李欣怡（2012）。國立東華大學教師對學校整併意見之調查研究。國立東華大學教育行政與管理學系碩士論文（未出版）。

東華大學（2008）。國立東華大學與國立花蓮教育大學合併計畫書。

教育部（1995）。中華民國教育報告書。

教育部（1999）。地區性國立大學院校整併計畫。

梁金盛（2004）。市場化VS.教育計畫──以大學整併為例。臺北：五南。

梁金盛、陳玉葉（2011）。國立東華大學學生對學校整併意見之調查研究。國立東華大學花師教育學院主編。**教育與多元文化研究(4)**。155-188。

詹盛如（2006）。高等教育整併：嘉義大學的經驗。**教育研究月刊**，148，71-80。

劉惟中（2004）。臺海兩岸大學合併之比較研究──以嘉義大學與浙江大學為例。國立暨南國際大學比較教育學系碩士論文（未出版）。

英文部分

Kyvik, S. (2002). The merger of non-university colleges in Norway. *Higher Education*, 44(1) , 53-72.

Rowley, G. (1997). Mergers in higher education: a strategic analysis. *Higher Education*

Quarterly, 51(3) , 251-263.

Skodvin, O. J. (1999). Mergers in higher education-success or failure? *Tertiary Education and Management*, 5(1) , 65-80.

問題與討論

一、學校合併為學校發展的一種型式，試問促成大學合併的原因有哪些？

二、學校的合併實為學校發展的一大工程，在學校合併的初期有哪些重要事務必須妥為規劃辦理，以厚實學校發展的基礎？

三、請簡要敘述校區搬遷的重要事項為何，並請簡要說明之。

四、就校區的搬遷而言，可能要面對哪些問題？如果是您負責此項任務，您會如何處理？

五、請擬就一份校區搬遷的簡要計畫，做為實施校區搬遷的重要參據。

校園危機管理實務

黃棋楓

　　「天有不測風雲，人有旦夕禍福。」「屋漏偏逢連夜雨，船破又逢對頭風。」「人無遠慮，必有近憂！」

　　「不能因無鼠而養不捕之貓，不能因無奸而養不吠之狗。」（蘇東坡‧策論）「凡事豫則立，不豫則廢！」

　　「雞曬腿，做大水；雞曬翅，會出日。」「化危機為轉機，造轉機為契機！」

　　任何機構組織，乃至於個人己身，都可能發生危機事件，它是組織或個人穩定發展的破壞者。所以不幸遇其發生，必須迅速控制、謹慎處理、完美解除，俾使組織、個人恢復正常發展狀況。學校校務發展亦然。

　　學校是一複雜的社會組織，組織成員特質多元，有成熟的大人，也有不成熟的學生；有教職員工學校教育主體人員，也有學生家長學校教育客體人員；學校內部有教學專業系統，也有行政管理系統；學校事務更包含教學活動、生活教育、社群發展、親職教育、公共關係、校

園營造、環境設備……等等，實在難以羅列，學校基本上就是「小型的社會」，因此發自內部或外力侵入所引起的校園危機事件，實不能避免，且隨時隨地都會發生。

壹 校園危機事件的要素

學者唐璽惠（1997）認為校園危機係指凡是發生在校園內或與校園成員有關的事件或情境，而對其身心造成不安、壓力或傷害；而以現有的人力與資源，難以立即解決者。

張茂源（2002）認為校園危機乃是學校組織面對突如其來的事件，在極短的時間和強大的壓力之下，必須立即做出適當處理，若不立即處理，則情況將會惡化甚至影響學校聲譽，陷入無可挽回的生死存亡關頭。

馬榮助（2003）認為凡是發生在校園內或與校園成員有關的事件（events）或情境（situation），而對學校成員造成不安、壓力、傷害，而以校園現有的人力與資源，難以立即有效解決的，均稱之為校園危機。

周志明（2010）也認為校園危機是指在學校內或校園外，包括天災及人為因素所引起的突發事故，會危及學校成員生命安全或造成傷害，對師生或學校形象和聲譽產生負面影響，必須在有限時間內做出快速且有效之因應。

Hermann（1969）亦認為危機事件係指組織因內、外環境因素所引起的一種對組織生存具有立即且嚴重威脅性的情境或事件。其通常都具有三項共同要素：1. 危機乃是未曾意料而倉促爆發所造成的一種意外。2. 威脅到組織或決策單位之價值或目標。3. 在情況急遽轉變之前可供反應的時間有限。

綜合可知，校園危機事件的判定要素為：1. 突如其來意料之外的校園事件。2. 足以造成校園極不穩定狀態。3. 危及學校組織或成員嚴重傷害甚至存亡。4. 以既有人力資源難以圓滿解除。5. 急迫需要立即

有效解決，否則組織或個人將陷入惡化不復之後果。

貳　危機管理的涵義

一般對於危機事件的處理，不外乎在危機事件確認之後，運用各種方法和資源，掌控危機事件使傷害不致擴大，並進一步予以妥善解決，終將危機解除。惟「危機管理」的最高層次是不讓危機事件發生，其次才是完美解除危機，所以即使不幸發生危機事件，在危機解除之後，應予反省檢討危機事件發生原因及危機處理歷程亟需改進之處，以防止類似危機事件之發生。

因此，「危機處理」主要在於危機的確認、控制、解決和解除，而「危機管理」則重於危機意識的建立及預防，並於危機解除之後，持續追蹤危機解除後的相關發展，同時將本次危機事件整理為教育的素材，實施危機教育，杜絕後患。

參　校園危機事件發生的原因

學校校園發生危機事件，有四個主要原因：

一　危機意識缺乏

「凡事豫則立，不豫則廢」，預防重於治療的思維，可讓校園人和事永保平安。例如：學校有工程進行，就應做好工地圍籬，建構妥善的工程及工地管理機制，排除工程（地）危機發生因素，同時對於學校人員實施工程（地）危機認識。師生活動避開工地，工程相關人員掌握管理流程，按部就班，危機事件自然化解於無形；否則，只有隨時提心吊膽，靜候危機事件之發生。

二 組織運作欠佳

「工欲善其事，必先利其器」，成功的前提在於做好準備，學校組織運作失序，正是校園危機事件肆虐的禍首。學校平日校務自有各處室職掌運作，但是校務推動一般常見「分工」顯著然而「合作」不足的現象，有「分工」沒有「合作」，將陷「各立山頭」的窘境。

尤其校園危機事件的處理，學校應跨處室組織「校園危機事件處理小組」，並定期假設事件演練，使之圓熟運作，則遇危機事件，必能在關鍵時刻予以控制、處理及解除。

三 處理知能不足

「運籌帷幄，盡在先知」，凡事有專業，術業有專攻，危機事件的良好處理，首重關鍵時刻予以「對症下藥」式的處置。例如：校園安全事件處理，重在救護和支援；校園暴力事件處理，重在緩制和調鼐；校園性侵事件處理，重在保護和輔導等等，不同的校園危機事件，各有差異的重點處置，危機處理小組成員，自當具備相關處理知能，方能行事順利，完美解決。

四 危機追蹤疏忽

「死灰復燃，其害甚前」，處理危機事件，務必完整解除，更不可為解決而解決，導致產生「事件副作用」，危機處理後持續追蹤歷程不能免。一般火災事故，在消防人員完成滅火工作之後，必留下一組消防人員或消防車管制現場，一來防止死灰復燃，二來從事火場調查。

校園危機事件處理亦然，當危機解除之後，應持續追蹤，確認危機完全解決，同時啟動輔導相關措施，以撫平傷害之補救，展望安全的未來。

〈肆〉 校園危機管理原則

　　常見學校校園危機事件，有風雨爆震及工地等校園安全事件，有外力不當侵入之校園侵擾事件，有強制暴力霸凌欺侮事件，有性侵害性騷擾身心虐待事件，有師生集體食物中毒事件，有學校人員生命自我戕害事件等。面對不同的危機事件，自有差異性的處理方式，惟校園危機管理之原則，大致如下：

一、準備的預防：學校人員具有危機意識，整備危機處理組織機制，並作預防演習。

二、鎮定的情緒：危機事件處理者，首先要確保己身之安全，復能從容研判狀況，成功控制及處理危機。

三、果敢的態度：面對危機事件，切忌掩飾逃避，勇敢正視、立見行動、理性處理，是順利解除危機的關鍵。

四、正確的處置：選擇最適當的處理方法，救護第一，降壓優先，輔導撫慰，才能妥善解決危機。

五、統一的發言：危機處理過程，外界的質疑和不瞭解，常是危機擴大的主要因素，設置專人統一發言，適時對內對外說明危機發生原因、處理進度和目標，釋疑一切以控制危機。

六、確保的追蹤：危機處理忌諱潛伏性危機的暗藏，這是危機處理後的不定時炸彈，理應徹底清除，完美解除危機。

七、危機的教育：學校是教育場域，積極的危機預防教育或消極的危機事件教育，全體學校人員都該學習成長，以沈澱生涯中面對危機處理的知能。

〈伍〉 校園危機處理組織

　　學校應設置「校園危機處理小組」，俾迅速有效解決校園危機事件，積極上實施危機教育，以收危機預防之成效，營造安全和諧，穩定

發展的學校教育環境。

當學校校務發生極不穩定的狀況，且在強大時間壓力下需急迫解決時，經校長或一定簡要程序確認是否為危機事件，如是，即交由危機小組處理。其組織一般如圖1所示，小組成員職掌如下：

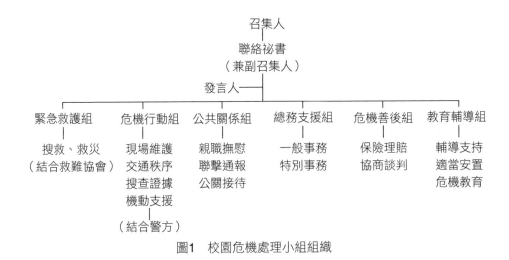

圖1　校園危機處理小組組織

一、召集人：綜合資訊確認危機事件是否成立，並綜理危機處理一切事宜。

二、聯絡祕書：協助召集人統合危機小組之運作，並兼任副召集人，協調各組之運作，支持及掌控進度。

三、發言人：代表危機小組和學校對外統一發言，適時公布真相，抑止謠言，取得信任。

四、緊急救護組：負責搜救、救災及其他救護相關事宜，可結合當地救難協會等組織。

五、危機行動組：負責現場維護、交通秩序、搜查證據、機動支援及其他現場行動有關事宜，可結合當地警方資源。

六、公共關係組：負責親職撫慰、公關接待、聯繫通報及其他公共關係有關事宜。

七、總務支援組：負責一般事務和特別事務支援及其他總務有關事

宜。

八、危機善後組：負責協商談判、保險理賠及其他善後有關事宜。

九、教育輔導組：負責輔導支持、適當安置、危機教育及其他教育輔導有關事宜。

十、其他共同注意事項：

(一)指揮中心統籌一切處理事務，團隊有機行動，對外統一發言。

(二)危機一發生，各組同時行動，主動面對問題和處理。

(三)行動過程中資料彙整予聯絡祕書，供召集人（校長）掌握全局，以及發言人瞭解。

(四)妥善保護受害者，以及陪伴扶持照顧受害家屬，給予關懷和支持。

(五)重視大眾媒體的公關、接待，並適時提供新聞稿或召開記者會。

(六)注意受害者（當事人）親友或重要他人的介入，並妥善應對。

陸 校園危機管理流程及要項

「危機管理」之要義在預防危機事件之發生，如遇危機事件發生，則能迅速正確進行危機處理，並於危機解除後實施危機教育。茲綜理其流程及要項如下：

一 危機意識，思考準備永平安

危機意識也就是「危機準備」，凡事居安思危，學校平日設置「危機處理小組」是「人」方面的準備，儲備危機處理相關設備和器具是「物」方面的準備，做好學校公共關係是「資源」方面的準備等，同時注意定期檢視、更新，維持最佳的使（運）用狀態。

二 危機預防，演習防患求鎮定

有了「危機準備」，尚需組織貫串，就得實施演習以統合。針對危

機事件處理機制系統，檢視準備的適當和周延程度、系統運作的契合及流暢情形，以及是否完全達成學校危機管理之目標等。定期模擬預演，安排情境實作演習，積極上增強危機意識，消極上如真遇危機事件，將可鎮定、果敢及正確處理。

三　危機確認，莫把馮京當馬涼

學校正常教學才是主要校務，危機事件處理是情非得已之校園偶發措施，一般校園事件能循相關處室組織人員解決者，得善以處理即可。如遇事件處理層面複雜、解決資源多元、且具迫切時間壓力等，危機事件基本條件充分，方才確認為危機事件，啟動全面性的危機處理機制。

四　危機控制，避免野火燒不盡

危機處理在初步掌握危機層面和程度後，應立見危機阻斷的作為，並釐清危機相對處理的主角或重要他人，透視處理歷程、內容的關鍵項目，尋求充分、最佳的資源投注，則必能順利進行危機處理。同時在危機處理歷程中，如有必要，理應實施統一發言流程，避免流言、疑惑加深加大危機處理的程度及層面。

五　危機解決、專業堅忍除眾厄

解決危機需要團隊合作，危機處理小組組織成員的「分工」與「合作」，不得悍格。危機處理小組的運作，首重即時管控，並依危機事件的特性，施以正確的處理知能，輔以情理優先展現誠意，加之全面觀照阻斷危機，視危機處理情勢之發展，投入適當之資源，機動調配，將可縮短危機解決歷程。

六　危機解除，周全處理臻圓滿

危機解決層面須周全，受害者權益應受到尊重和維護，不僅在傷害

理賠方面享有完全獲得之外，身心創傷之照護輔導更需持續關照。學校能以同理心相待，十足完整補救，協助受害者在最短時限內走出傷害的陰霾。

七　危機追蹤，斷箭保全莫疏漏

校園事件危機處理，常見事件危機「餘韻繚繞」，揮之不去，甚至危機復燃，此等危機之「回馬槍」或「後作力」，常是危機處理失敗的重要因素。因此，校園危機管理在解除危機之後，需持續追蹤及關注，確認該事件危機狀況不再復燃，關注的對象不單是當事人，尤須留意事件重要他人之動見。

八　危機教育，要命危機轉契機

學校肩負教育任務，校園危機管理是難得的教育素材，危機教育目標消極上不許危機再度發生，積極上同時作為學校危機準備。其實施要項包含個資保護、危機事件認識，以及發生原因、處理歷程等全面情境的檢視反省，重新學習，重新整備，以臻校園和諧安全友善學習環境營造之目標。

柒　校園危機管理實例

茲以校園食物中毒危機事件為例，其危機管理流程統整為計畫要點，略述如附。從食物中毒預防積極面著手，教育相關學校人員使之瞭解食物中毒之分類及防止食物中毒之原則，進而充實各類型食物中毒預防的知能。然後消極面遇集體食物中毒時，學校同仁如何啟動危機處理機制？整合學校可迅速運用的救護資源，俾有效實施師生之救護，並因妥善分散救護人數，使中毒師生立即受到周全照護，同時技巧地避開媒體關注，適當的控制危機。

【範例】 ○○學校校園集體食物中毒危機管理計畫要點

民國○年○月○日訂定

民國○年○月○日第一次修訂

一、目的：學校為維護師生健康，減低因食物中毒所受之傷害，同時因應校園集體食物中毒發生時，能迅速有效的緊急應變進行最佳之醫療處理為目的，期使傷害減至最輕，儘速恢復學校校務之正常運作。

二、「食物中毒」之涵義：本要點所謂「食物中毒」，乃指師生2人或2人以上因攝食學校提供之食物而發病，並可自患者糞便、嘔吐物、血液等檢體中分離出相同類型的致病素，或經流行病學調查推論為攝食自學校食品所造成者。

三、「集體」之定義：乃指短時間內發現師生5人以上有食物中毒的症狀。

四、食物中毒之分類

(一)細菌性食物中毒

1. 感染型—沙門氏菌、腸炎弧菌等。

2. 毒素型—肉毒桿菌、金黃色葡萄球菌等。

3. 中間型—仙人掌桿菌、病原性大腸桿菌等。

(二)天然毒素食物中毒

1. 植物性—毒扁豆、樹薯、棉仔、毒菇、發芽的馬鈴薯及藻類等。

2. 動物性—河豚、毒魚、貝類等。

(三)化學性食物中毒

1. 添加物—亞硝酸、防腐劑、漂白劑、色素等。

2. 加工產品—油脂氧化物、抗生素、致癌物等。

3. 污染—農藥、有害金屬化合物、多氯聯苯等。

(四)類過敏食物中毒：不新鮮或腐敗的魚、肉類等。

(五)黴菌毒素食物中毒：黃麴毒素等。

(六)其他：如諾羅病毒等各類型傳染病毒。

五、預防食物中毒之原則

(一)清潔：防止食物調理過程中受到菌毒的污染，如：原料、調理、設備、器材、容器、貯存場所及廚房人員的清潔等。

(二)迅速：不讓細菌有足夠的時間繁殖滋長，買回來的食物要儘快處理，烹調供食及做好的食物也應儘快食用。

(三)加熱與冷藏：即為消滅細菌，破壞毒素抑制細菌生長之最佳方法。一般最適宜細菌生長的溫度在10℃-60℃，70℃以上可將一般細菌殺滅，7℃以下則能使其生長迅速減慢，如果溫度低於5℃以下或高於100℃以上，則為安全的溫度處理。

六、食物中毒之預防

(一)細菌性食物中毒之預防

　　1. 避免食物受到污染

　　　(1) 勿採購不新鮮貨品及食物原料。採購原則：

　　　　① 選購附有政府檢驗標章，品質良好且標示清楚公司之產品。

　　　　② 向商譽好、重視衛生的商店或經銷商選購。

　　　(2) 定期檢驗水質，注意水源是否有受到污染的可能。

　　　(3) 注意個人衛生

　　　　① 調理食物前徹底洗淨雙手，依規定穿戴衣物。如廁或接觸到生類食品後，需再次清洗雙手。

　　　　② 不可在調理場所吸菸、噴嚏、咳嗽等。

　　　　③ 手上有傷口時應包紮妥當後，戴上無菌手套，才可調理食物。

　　　　④ 定期接受健康檢查。

　　　(4) 注意器皿及環境衛生

　　　　① 徹底清洗器皿。

　　　　② 餐具及食用器皿清洗後，應高溫烘乾殺菌。

　　　　③ 分別處理生食與熟食的器皿，如砧板、菜刀等要區別使用。

④ 加工、調理場所要每天徹底清洗，必要時加以消毒。

⑤ 廢棄物要迅速清除。

⑥ 定期與不定期消滅病媒，如：昆蟲及鼠類等。

2. 避免病源微生物繁殖或產生毒素：採用正確安全的冷卻、冷藏方法，確保食物的新鮮。

3. 除去或消滅病原，烹煮食物的溫度，要徹底達到殺菌的效果。

(二)天然毒素食物中毒之預防：有毒的動物或植物，或整個都有毒，或部分組織器官（例如：卵巢、唾液腺等）有毒，或因季節變化而變成有毒，或產地不同而有毒，或微生物、藻類寄生而變成有毒，種類繁多，應正確鑑別使用，或乾脆免除採用，以便預防。

(三)化學性食物中毒之預防

1. 勿購買來源不明及成分標示不清楚的食品原料。

2. 調理食品的區域，不可放置有毒化學物質（如：殺蟲劑等），以免誤摻誤食。

3. 正確選用安全的器皿。

(四)黴菌毒素食物中毒之預防：發黴的食品即有產生黴菌毒素的可能，因此購買時要注意原料的選擇，拒購長黴的原料。切勿一次購買過多的原料，並注意貯存場所之衛生，尤其梅雨潮溼季節，應特別注意食品貯存之溼度以防生黴。已生黴的食品，切忌食用。

七、集體食物中毒危機處理程序

如發現有人飲食後發生嘔吐、腹瀉、噁心或發燒、腹部痙攣、言語困難等症狀之狀況時：

1. 發現者（含當事人）應迅速通知學務主任、總務主任、衛生組長、事務組長、營養師及護理師到場處理，並協助該等人員左側臥，吐出所食之物品，並用容器盛裝，俾以採集樣本檢驗，

而後注意該等人員症狀之發展。

2. 通報地區衛生所派員到場協助檢視，如發現該等人員症狀情況未除，即刻啟動緊急救護網絡送醫，相關檢體或嘔吐物隨車送達醫院。

3. 啟動本校校園危機處理小組，進行危機控制、解決、解除、追蹤及教育等流程。

4. 暢通通報系統，並視實際需要尋求協助。

※以上處理程序簡易圖示如下：

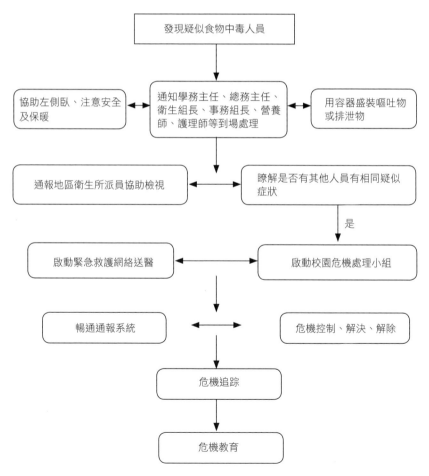

圖2　校園集體食物中毒危機處理流程圖

八、緊急救護網絡

　　視實際需要狀況，啟動優先次序如下：

　　1. 地區衛生所、消防隊救護車（4輛，救護16人，另每輛陪同照護教職員1人。）

　　2. 全校教職員工車輛（30輛，救護90人，另每輛陪同照護教職員1人。）

　　3. 學校鄰近家長志工車輛（12輛，救護36人，另每輛陪同照護教職員1人。）

　　4. 鄰近鄉鎮救護車（6輛，救護24人，另每輛陪同照護教職員1人。）

　　5. 特約無線電叫乘計程車（每輛救護3人，另每輛陪同照護教職員1人。）

　　6. 特約交通車（備用，每輛救護36人，另每輛陪同照護教職員4人。）

※緊急救護網絡調度一覽表

編號	救護車序	救護人數	陪同照護同仁	送達醫療處所		
				院名	地址	電話
01	地區衛生所救護車1	4	○○○	A醫院	○○○	○○○
02	地區衛生所救護車2	4	○○○	B醫院	○○○	○○○
03	地區消防隊救護車1	4	○○○	C醫院	○○○	○○○
04	地區消防隊救護車2	4	○○○	D醫院	○○○	○○○
05	王吉祥老師	3	○○○	V_1醫院	○○○	○○○
…………						
34	李如意老師	3	○○○	V_n醫院	○○○	○○○
35	林來順先生	3	○○○	W_1醫院	○○○	○○○
…………						
46	張寶全先生	3	○○○	W_n醫院	○○○	○○○
47	○區救護車1	4	○○○	X_1醫院	○○○	○○○
…………						
52	○區救護車6	4	○○○	X_n醫院	○○○	○○○

（續）

53	計程車1	3	○○○	Y₁醫院	○○○	○○○
………						
N₁	計程車n	3	○○○	Yₙ醫院	○○○	○○○
N₂	交通車1	36	○○○ 等4人	Z₁~ₙ 醫院	○○○	○○○
………						

備註：
1. 平日掌握各醫療處所最大急診人數，以6折量計為送達醫療人數。
2. 上述救護車序、陪同照護同仁等，依實際運作狀況按序遞補。
3. 安全送達地點後，請陪同照護同仁回報危機處理小組（含就醫學生名單、醫院、人數、病況……等相關事宜。）

九、為便於聯絡、探視、相互支援及考量醫院救護能力和路程之因素，中毒師生送醫以上述醫療診所為原則，如遇家長另有要求，則依家長之意願轉送指定醫院。

十、如另有狀況發生，概由校園危機處理小組統一指揮處理。

十一、本計畫提校務會議通過並經校長核定公布後實施，修正時亦同。

參 考 文 獻

中文部分

行政院衛生署食品藥物管理局（2009）。食品中毒防治與手冊。

周志明（2010）。**臺北縣高中職校園危機管理之研究**。國立臺灣師範大學教育學系研究所碩士論文，未出版，臺北市。

馬榮助（2003）。**校園危機處理之探討**。心理輔導資訊網。

唐璽惠（1997）。校園危機處理。**學生輔導通訊**，58，44-57。

翁家瑞（2004）。加工食品衛生與安全的維護。**食品加工**，3，328-354。

張茂源（2002）。危機管理與學校行政領導。**學校行政雙月刊**，**18**，29-37。

英文部分

Hermann, C. F. (1969). Some consequences of crisis which limit the viability of organizations. *Administrative Sciences Quarterly, 8*, 61-82.

問題與討論

一、校園危機事件的判定要素為何？試舉例說明校園常見的危機事件有那些？

二、「危機處理」與「危機管理」有何不同？試評述之。

三、校園危機事件發生的原因？學校如何做好危機管理工作？

四、試擬定一份校園意外事件（如：地震、水災、火災、工地……等造成之傷亡事件）危機管理計畫。

13 健康促進的無菸校園——以積穗國中為例

劉秀汶

不聞不若聞之，聞之不若見之，見之不若知之，知之不若行之。

～戰國·荀子～

　　積穗國中於93學年度起加入健康促進學校行列，並以「菸害防制」、「檳榔防制」、「健康體位」、「健康飲食」等為健康促進的主要議題，是「菸害防制」的示範學校，企求在原有的學校衛生工作模式中，融入健康促進學校的理念，配合學校本位課程發展方向，創新校園菸害防制工作的價值，營造全人健康的積穗「無菸校園」。

　　透過需求的評估，瞭解「無菸校園」工作推動的經驗，進而清楚優勢機會點及劣勢威脅點；透過「學生菸害防制教育」問卷調查，收集學生吸菸行為的樣態以及參與菸害防制教育情況等；更重要的是建立學校教師團隊的共識與充能。

　　本校菸害防制教育計畫的工作內涵：政策組織、健康活動、健康服務、社區關係、學校物質與社會環境等六大範疇的持續推動外，透過學校本位課程發展模式，因應「健康促進學校」教學活動所強調之「個人

健康生活技能」，發展融入生活技能教學，將有系統與深化的課堂教學，與學校推動之無菸校園工作整合，讓學生的學習能從課室、延伸到校園活動，落實到生活每個環境中。經過無菸校園工作的發展與實踐的歷程，我們看到孩子面對菸害問題的成長與學習，也看到學校團對的合作與投入，更看到家長的肯定與支持，同時也讓我們更有能量持續研發與推動創新性、在地化的學校菸害防制教育計畫工作，朝向更優質的健康促進學校邁進。

壹 前言

　　世界衛生組織對健康促進學校的定義：「學校社區的全體成員共同合作，為學生提供整體性與積極性的經驗和組織，以促進並維護學生的健康（A health-promoting school is where all members of the school community work together to provide students with integrated and positive experiences and structures which promote and protect their health）」（WHO Regional Office for the Western Pacific, 1996）。並於1995年起，積極推動「健康促進學校計畫」，並將健康促進學校定義為「一所學校能持續的增強它的能力，成為一個有益於生活、學習與工作的健康場所」（A school that is constantly strengthening its capacity as a healthy setting for living, learning and working）。學校是兒童與青少年除了家庭以外，所花時間與精力是最多的地方。系統性的學習過程，提供健康促進者各種機會，有系統地教導學生各項健康主題。透過密切的師生互動，使教師得以對學生的健康問題與需求有較深入的瞭解，增加促進學生健康的可能性。同時兒童與青少年正值認知與社會心理快速發展的時期，若能把握這學習的關鍵時期，培養他們正確的健康觀念與技能，更能影響他們是否可以建立良好的健康習慣？當然也就決定往後的生活品質了。

　　學校是學習與工作的場域，所以要如何整合人力、物力的資源，建構支持性的友善環境，提供完善的健康服務，以及實施統整的健康教育

課程活動，是推動健康促進學校的主要內涵，同時也是提昇校園健康素養的重要策略。積穗國中於93學年度起就加入健康促進學校行列，並以「菸害防制」、「檳榔防制」、「健康體位」、「健康飲食」等為健康促進的主要議題，也成為「菸害防制」的示範學校，這也開展健康促進學校－無菸校園工作的新契機，持續推動校園菸害防治教育工作中，不斷尋找新的思維、新的方向與新的視野，企能在原有的學校衛生工作模式中，融入健康促進學校的理念，配合學校本位課程發展方向，以及秉持行動研究的精神，創新校園菸害防制工作的價值，營造全人健康的積穗「無菸校園」。

貳 需求的評估－健康診斷與分析

一、依據健康促進學校六大面向進行學校「菸害防治教育」SWOT分析與探討，評估「無菸校園」工作推動的經驗、績效，瞭解優勢機會點及劣勢威脅點：

　　1. 本校行政資源整合與配合機制健全，透過健康促進學校、友善校園等跨處室工作推動的經驗，建立良好的模式，展現極佳的效能。

　　2. 教師們具教學熱誠具專業，關心學生的身心發展問題，並能展現行動力進行教學研究、創新與精進，且健康教育專業師資充實，菸害防制課程與教學受到肯定。

　　3. 學區為老舊、傳統社區，學生面對吸菸的誘惑多，家長忙於工作生計，但家長會組織運作健全且發揮功能，積極參與、協助校務發展工作，且學校與社區關係互動良好。

　　4. 校園硬體建設與設備較為老舊，持續爭取經費逐年修建改善建設死角等。

二、學年初進行「學生菸害防制教育」問卷調查，隨機抽樣每個年級，可蒐集：

　　1. 瞭解學生吸菸行為的樣態以及參與菸害防制教育的情況。

2. 調查學生對菸害防制教育認知、態度與自我效能的情形。

參 共識的建立－團隊組織與充能

一、成立健康促進學校計畫推動小組：結合學校衛生委員會，成立健康
　　促進學校－「菸害防制教育」推動小組，組成跨處室團隊，結合社
　　區及相關團體，發揮「決策訂定」與「規劃執行」兩個層次的功
　　能，落實無菸校園計畫。（參看圖1）

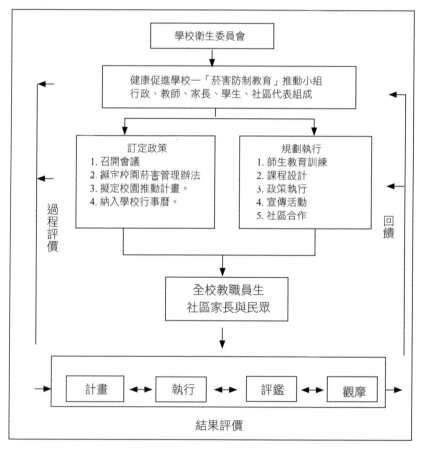

圖1　積穗國中健康促進學校—菸害防制教育推動小組組織與運作

二、為了增能對校園菸害預防教育的瞭解，營造無菸校園的支持氛圍以及強化親師生對菸害防制教育的意識：

1. 倡導凝聚共識：引入外部資源邀請專家學者到校進行宣導、演講，以及本校校長為推動小組的召集人，亦利用校務會議向全體教職員工說明健康促進學校的政策與精神內涵。
2. 教師專業對話：利用各領域課程小組會議，推動小組（教務主任、衛生組長等）帶領教師探討菸害防制健康議題及「生活技巧」融入教學，並發展學校本位研害防制課程。
3. 家長宣導：利用家長代表大會、志工團成立大會、班親會、親職講座及拾穗校刊等，宣導健康促進學校的政策。
4. 社區互動：利用參與社區辦理活動以及與社區互動機會（如校慶日、家長日等），宣傳促健康學促進學校實施成果。

肆 有效的策略－計畫與執行

本校菸害防制教育計畫的工作內涵：政策組織、健康活動、健康服務、社區關係、學校物質與社會環境等六大範疇的持續、全面推動外，於本學年度特別重視健康課程教學之落實，期待透過學校本位課程發展模式，並因應「健康促進學校」教學活動所強調之「個人健康生活技能」，發展融入生活技能教學，將有系統與深化的課堂教學，與學校推動之無菸校園工作整合，讓學生的學習能從課室、延伸到校園活動，落實到生活每個環境中。

一　具體行動內容

範疇	工作項目	具體行動內容	
學校衛生政策與組織	1. 成立健康促進學校計畫推動小組	1-1 結合學校衛生工作的推展，成立健康促進學校計畫推動小組作小組並落實執行。 1-2 進行校內推動組織與人力配置，有效運用專長協助健康促進規劃內容之落實。 1-3 於期初先確認行事，並列入學校行事曆，推動以班級學生能參與的優先規劃事項。	
	2. 訂定菸害防制校園管理辦法	2-1 工作小組於開會時，先共同訂定菸害防制、健康體位相關辦法，並提供修訂與疑難回應與支援角色。 2-2 運用衛生單位或機構之菸害防制、健康體位宣導單張作為活動或課程之補充教材並分送宣導。	
健康服務	菸害防制	1. 辦理胸腔、口腔健康檢查。	1-1 新生健康檢查時特別要求辦理胸腔、口腔檢查，並提供數據分析與運用。 1-2 每年校慶或家長日安排醫療院所設立健康攤位與保健服務，進行教職員工及社區之健康諮詢或檢查。
		2. 提供教職員工、學生、家長戒除檳榔與菸之輔導諮詢	2-1 健康中心根據新生體檢結果、學生基本資料、教職員工調查等，蒐集吸菸及嚼食檳榔教職員工生與家長，造冊以供分析介入。 2-2 於衛生組、健康中心成立菸害防制輔導站與專線分機及志工，提供衛教資料與諮詢。 2-3 輔導處、衛生組、健康中心合作，針對教職員工、學生、家長檳榔成癮者進行輔導諮詢服務。

（續）

健康教學及活動	菸害防制	1. 菸害防制課程融入領域教學	1-1 實施反菸課程,以融入校本課程方式推動,分別於健康與體育領域、藝術與人文、綜合共三領域進行。 1-2 以生活技巧教學為主的教學,運用活潑多樣的教學策略,實施反菸課程。 1-3 採多元評量方式進行課程教學之回饋。
		2. 辦理菸害防制校園活動	2-1 舉辦菸害防制活動一如:拒菸大聲公、無菸三對三籃球賽。 2-2 舉辦菸害防制講座:每年均規劃並結合戲劇、相聲,依需求而安排。 2-3 舉辦反菸美術競賽:結合領域教師之指導進行海報設計、四格漫畫等。 2-4 舉辦無菸達人社區路跑活動。
學校物質環境	1. 設置健康主題學習專欄區		1-1 規劃「綠色走廊」、「健康生活館」一反菸、健康體位資訊專欄,為衛教及體育訊息宣導。 1-2 反菸害防制美術比賽優勝作品之發表與公開展示。 1-3 「菸害防制法新法上路」等各項校園暨社區宣導。
	2. 建立健康環境		2-1 辦理「無菸廁所」健康環境布置競賽。 2-2 建置「健康走廊」、「健康櫥窗」。
學校社會環境	1. 建立學校良好互動關係		1-1 建置本校健康促進學校網路資訊服務,連接於學校網站首頁,並委請學校資訊中心提供技術服務。 1-2 辦理教師、家長「健康促進學校」宣導講座以凝聚共識。 1-3 加強校園巡視,建立安全、友善校園一校園安全走廊規劃。
	2. 營造彼此尊重的環境		2-1 友善校園的落實,開辦健康性社團,創造健康校園氛圍。 2-2 招募培訓學生及家長成為校園衛生小尖兵及健康志工。 2-3 積穗健康家一親子共學魔法書的寒暑假作業。

(續)

社區關係	1. 家庭的聯繫與合作	1-1 學期初發送「給家長的一封信」，宣導反菸、健康體位的理念。
		1-2 相關反菸宣導、校園反菸活動、健康體位的資訊加入校刊「拾穗」行銷，倡導健康促進學校行銷反菸活動。
		1-3 結合校慶、家長日等辦理社區簡易體檢及健康諮詢服務。
	2. 社區的聯繫與合作	2-1 徵求社區無菸、無檳商店的結盟，並有導護商店的支援協助。
		2-2 邁向積穗無菸社區，學生進行社區學習服務之社區清潔活動。

二　校本課程－「無菸正青春」設計與教學

1. 延續前一學年度課程進行研修、討論，由藝術與人文、綜合、健康與體育等三領域教師發展主題統整大單元教學，確認課程發展的方向與原則，包括呼應學校本位課程、強調生

   活技能融入、符合課程統整與教學協同理念、配合健康促進學校的推動等，設計出符合積穗國中學生、積穗社區的菸害防制課程。

2. 課程強調個人健康技能的培養，因此教師們採用多元教學方法，屬於知識部分採多媒體教學，不論是相關圖片亦或是影片，皆剪輯編撰成教學內容；教學主題若包含態度或價值澄清部分，則設計小組討論、角色扮演等；或是透過小遊戲或戲劇演出激發學生創意與多元想法。

3. 強化課程與其他無菸校園活動的結合，讓學生課堂學習經驗得以延續與實踐。

伍 成效的評估－評價與回饋

一 學生學習成果

實施菸害防制教育計畫後，透過問卷調查結果：

1. 學生相關正確認知率提昇。

2. 學生反菸態度均維持正向提昇，其中83%以上學生能表示「菸品廣告刻意忽略吸菸有害健康的事實」態度，最為顯著。

3. 增加為63%以上學生對於反菸行為有高度自我效能（八成以上的信心）。

4. 學生吸菸率下降0.9%，購買菸品比率下降4%。

5. 學生參與校園反菸活動比率提昇：課堂教學結合校園反菸活動，提昇學生的反菸意識，各年級參與校內各項菸害防制活動人數提高，以菸害防制美術競賽參加共331件作品，數量與踴躍程度為歷年之冠。

二 學生學習過程的回饋

1. 學生認為菸害防制課程—「無菸正青春」對其健康生活的重要性以及助益，六成以上表示肯定。

2. 學生積極參與且認真學習，以下學習心得摘錄：

   (1) 這次的小組活動效率跟之前差很多，以前都要用 超久的，而且不配合，但這次每人都很用心參與。下次有機會表演的話，聲音要再大一點！（911第四組）

並且到不同班級宣導無菸校園方案

分享無菸校園行動

(2) 反菸的宣導，可以讓更多人知道不吸菸的好處，而且這次活動中我們集結了創意與知識，也學到了反菸的意義，更體驗到上臺表演的感覺（害怕＋興奮），最重要的是我們的默契與團結合作的精神！（903第一組）

3. 參與校本課程—「無菸正青春」設計與教學教師省思，增進菸害防制教育的知能：

(1) 「菸害防制的課程，本來就是健康領域中重要的教學內容，在教學上特別的收穫是發現學生的創意，放手讓學生去嘗試，可以看到學生的潛力展現！」（健康教育老師）

(2) 「在設計精神下加入了一點自己較熟悉的活動，更確實達成教學目標，……看似宣導的課程中，其實也可以因為角度、方法的不同，學生願意思考菸害對其生活乃至於生命的負面影響而有所警覺。」（輔導老師）

(3) 「我設計教案的過程，蒐集了很多國內外的反菸標誌、海報、影片，更積極瞭解菸對健康的傷害。在教學的過程中，有嚴肅的法條、健康知識教學，配合趣味的海報、影片讓學生瞭解反菸的意義。加深學生的印象，也增加製作海報的靈感。」（美術老師）

4. 透過多元管道的行銷與分享與推廣，獲得校內同仁、社區、家長的更多的認同支持，成為其他學校觀摩學習典範，工作團隊也更加自我肯定，包括：

(1) 接受教育廣播電臺「校園健康筆記」專訪—無菸校園、健康促進學校推動經驗（2009/08/15、2010/06/20）

(2) 民視新聞臺、自由時報採訪—推動校園菸害防制課程歷程

    (3)「愛與生命的觸動—健康促進學校心情故事集」介紹—積穗國中—夢想起飛菸害防治教育校本課程（教育部、國民健康局2010.01）

    (4) 校本課程「夢想起飛、菸害防制教育—無菸正青春」創新課程發表

    (5) 校刊「拾穗」—無菸校園學習成果彙編

陸 成功的關鍵－檢討與改進

    經過無菸校園工作的發展與實踐的歷程，我們看到孩子面對菸害問題的成長與學習，也看到學校團對的合作與投入，更看到家長的肯定與支持，同時也讓我們更有能量持續研發與推動創新性、在地化的學校菸害防制教育計畫工作，朝向更優質的健康促進學校邁進。這成功的關鍵來自：

1. 符合學校本位課程的核心概念－「全人健康」與健康促進學校的理念，爭取行政與全校師生的認同與支持。

2. 強調主題統整、領域協同與生活技能導向的教學活動，回應學生學習需求與生活經驗，增進學生拒菸能力。

3. 鼓勵家長參與課程，重視家庭教育的功能，以親子共學的學習模式，提昇菸害防制課程的教學成效。

4. 強化課程與其他無菸校園活動的結合，讓學生課堂學習經驗得以延續與實踐。

5. 建立教學回饋與省思機制，持續修正改善，永續發展與推廣校園菸害防制課程。

參考資料：取自於新北市積穗國中健康促進推動計畫及成果報告（96-100學年度）。

問題與討論

一、推動健康促進的校園，建立共識為首要工作，當有共識之後再進行專業對話
  及行動，試想您要如何倡導凝聚共識，以符應需求？

二、校園的師長們需要進行課程統整，以便照顧全人發展的學生，然而課程統整
  有其困難的，試想您要如何進行課程統整呢？

三、健康被認知是重要的，但常缺少執行力，試想您要如何成為一位健康行動家
  呢？

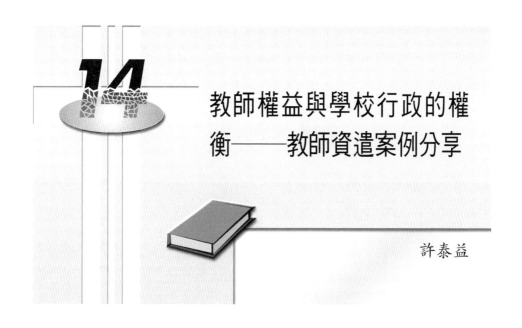

教師權益與學校行政的權
衡──教師資遣案例分享

許泰益

成功有一百個父母，
失敗就成為孤兒。
~義大利諺語~

　　《教師法》第29條第1項明定「教師對於主管教育行政機關或學校
有關其個人之措施，認為違法或不當，致損害其權益者，得向各級教師
申訴評議委員會提出申訴。」依據前揭規定，只要教師個人主觀上認為
其權益之損害係因主管教育行政機關或學校之措施所引起，即可提起
申訴，並不須如訴願案要有客觀之行政處分存在始得為之。從學校功
能言，學校係藉由教育文化、社會價值觀和行為規範以促進成員的社
會化，維持社會的持續性。為達此目的並促進校務發展，須藉由法令規
章以維持內部秩序。惟在規範的過程中，往往會與教師的主張產生扞
格，尤其大學校院教師學術自由的主張。於是在顧及教師權益與學校行
政的維持間如何權衡往往是學校當局的兩難。當教師覺得其權益受到損
害便可能依法提出申訴或訴願，與學校爭個是非公理，而有勞權責機關

裁奪。本文就筆者協助某校被資遣當事人所提的再申訴案，由教育部中央教師申訴評議委員會所作的再申訴決定書，分析學校的行政作為及事件當事人所提出的主張之是非曲直，供諸位教育先進參考。

壹 案例與說明

　　學校資遣事件違法不當，再申訴人不服學校教師申訴評議委員會評議之決定，爰於法定期間內提起再申訴，請求依法救濟。

　　背景說明：

　　當事人原任教之師資培育中心奉教育部核定自○○學年度起停招，○○學年度起裁撤。學校為順勢資遣當事人等，突然於○○年9月17日以公函通知當事人等須於隔年2月28日前，不到半年之短期間內，要往前回溯提出近三年與教授「生命倫理教育」課程專業相符並公開發表之論文或著作三篇以上，俾供遷調審查之依據，並暫予遷調通識教育中心，但應於99學年度符合學校專任教師資遣實施要點第○條之條件，否則應予資遣。當事人不服學校以其符合《教師法》第15條暨《學校法人及其所屬私立學校教職員退休撫卹資遣條例》第22條規定為由，於○○年○月○日函報請教育部核准資遣案，認為學校之措施違法不當，致損害其工作權，爰依《教師法》第29條第1項之規定，提出申訴。案經學校申評會評議決定：申訴駁回。該當事人以學校認事用法顯有違誤，乃向教育部中央教師申訴評議委員會提出再申訴，經評議決定：再申訴有理由。原措施及評議決定均不予維持，學校應依本評議書之意旨，另為適法之決定。

　　綜覽教育部中央申評會評議決定書明確指出學校有下列之違失（摘述）：

1. 學校各級教評會決議之確定紀錄未通知申訴人，程序有明顯違反學校規定之瑕疵。
2. 學校於教評會開會前未將再申訴人著作外審結果資料通知再申訴人有程序上之嚴重瑕疵。

3. 通識教育中心教評會委員與學校教評會委員有三位相同委員應迴避卻未迴避，審議程序違反正當法律程序，難謂合法。

4. 《學校資遣要點》第2條與《教師法》第15條及《學校法人及其所屬私立學校教職員退休撫卹離職資遣條例》（以下簡稱資遣條例）第22條牴觸，難謂適法。

5. 學校「生命倫理教育」課程尚有22個班級教師待聘，該課程是否尚有可由再申訴人教授，容有疑問。

6. 再申訴人是否確屬「現職已無工作又無其他工作可以調任」？容有疑問。

7. 學校就再申訴人之處置有不公平對待而違反平等原則之情形，均值可議。

8. 學校認定再申訴人為非「生命倫理教育」課程之合格教師與安排再申訴人教授該課程連續4學期之理由及作為實屬前後矛盾，亦未符合誠信原則。

9. 規定再申訴人必須經過著作外審程序始得據以認定「生命倫理教育」課程係屬可以調任再申訴人之適當工作，其法令規定為何？容有疑義。

10. 是否增加法律規定、學校章則所無之限制。

11. 獨對再申訴人之論文及著作外審，其處置是否即屬對再申訴人之不公平對待？亦值審究。

12. 學校應綜合考量以上諸項，並衡酌其曾參與學校「生命倫理教育」課程之師資進修，領有結業證明書，及其實際在學校通識教育中心任教「生命倫理教育」已連續4學期之教學經驗等事實，再為客觀審斷，方為正辦。

貳 法制面分析

　　中央申評會衡酌學校之答辯書及再申訴人之再申訴書內容做出上述之評議決定，符合了再申訴人原先之預期。筆者協助當事人在再申訴書

中所持的事實及理由甚多，限於篇幅，僅就法制面摘述如下，供大家參考：

(1) 資遣教師行為涉及憲法工作權的保障，亦屬學校與教師間外部基本關係的改變，應有法律保留之適用，亦即資遣的法定要件均須於法律及教師聘約中明定，故須依據《學校法人及其所屬私立學校教職員退休撫卹離職資遣條例》第22條及《教師法》第15條等及聘約規定，以保障教師之工作權益，不得僅憑學校內部自訂之資遣實施要點，由單方基於意思優越之地位，即改變雙方基本關係而剝奪教師的工作權。茲查《○○大學專任教師資遣實施要點》已嚴重違反《學校法人及其所屬私立學校教職員退休撫卹離職資遣條例》第22條之規定，亦違反《教師法》第15條之立法意旨。

① 違反《學校法人及其所屬私立學校教職員退休撫卹離職資遣條例》第22條之規定

民國99年1月1日起施行之《學校法人及其所屬私立學校教職員退休撫卹離職資遣條例》為私校資遣教師的特別法，私校資遣教師應優先適用本法，依本法第22條第1款規定：學校「因系、所、科、組、課程調整或學校減班、停辦、解散，現職已無工作且無其他適當工作可擔任」，且未符合退休條件者，得由學校依相關法令規定程序予以資遣。是以，專任教師被資遣的前提要件是「現職已無工作且無適當工作可以調任」。故上開條例施行後，學校必須重新檢視其相關辦法規定中所訂資遣條款而為必要之配合修訂，以符合該條例之規定。然徵諸本校○○年○月○○日所訂之《專任教師資遣實施要點》第○條、第○條規定，是以附加嚴苛不合情理之條件對待減招、停招或裁併系、所之教師，除非當事人同時符合前開五項條件，始得由學校安排遷調至其他系、所，否則一律資遣，已明顯違反上開條例第22條第1款之法律規定，及期待可能性原則。

② 違反《教師法》第15條之立法意旨

經查《○○大學專任教師資遣實施要點》第○條明載:「為因應高等教育環境變遷,……,依據教師法第15條……,訂定本要點」。是以,前開要點不能悖離《教師法》第15條之立法意旨。揆諸《教師法》第15條前段明定:「因系、所、科、組、課程調整或學校減班、停辦、解散時,學校或主管教育行政機關對仍願繼續任教且有其他適當工作可以調任之合格教師,應優先輔導遷調或介聘。」則學校對前揭教師負有優先輔導遷調或介聘之責,即前揭法律要件該當後,學校才能裁量資遣處分。

然觀之本校於○○年○月○○日所發布之《專任教師資遣要點》中,竟然將《教師法》第15條及《學校法人及其所屬私立學校教職員退休撫卹離職資遣條例》第22條之法律要件予以割裂使用,且於第○條規定對減招、停招或裁併系、所之教師應同時符合五項條件,始得由學校安排遷調至其他系、所,否則一律資遣。此種附加嚴苛條件之規定,完全違背了《教師法》第15條規定對願繼續任教且有其他適當工作可以調任之合格教師應優先輔導遷調之意旨。對前揭教師,學校已預設了被資遣之命運,違反了期待可能性原則。

學校將師資培育中心停招、裁撤,乃為學校政策考量,對於無辜受牽連之再申訴人係非因個人因素,學校依《教師法》應優先輔導遷調,而非要達到資遣再申訴人之目的,以違反《教師法》立法意旨之《○○大學專任教師資遣要點》作為資遣再申訴人之依據。

綜上所述,《○○大學專任教師資遣實施要點》並無法律的授權,是本校單方基於意思優越之地位而訂定的內規,除已違反上位階之《學校法人及其所屬私立學校教職員退休撫卹離職資遣條例》第22條第1款之規定,同時也違反《教師法》第15條應優先輔導遷調或介聘之立法意旨,本校教評會

依《專任教師資遣實施要點》對再申訴人所為之資遣決議應屬無效。

(2) 本校師資培育中心係97學年度起停招，再申訴人並無《專任教師資遣實施要點》第11條第2項規定之適用。

縱令本校專任教師資遣實施要點第○○條第○項規定：「九十八學年度停止招生系所暫予遷調者，應於九十九學年度符合本辦法第○條之條件。」經查再申訴人原任教之師資培育中心係97學年度停止招生，並經教育部核定自○○學年度起裁撤。是以，再申訴人原任教之師資培育中心係97學年度停止招生，與前開《專任教師資遣實施要點》之規定條款係「98學年度停招系所」之教師有間，校方擅予違法擴張回溯適用範圍對象，違法濫權，可見一斑。

(3) 學校依《專任教師資遣實施要點》處置再申訴人，違反「法規不溯及既往原則」、違反再申訴人既得權利和工作權的保護；亦有違訂頒增修法規應設過渡條款之精神。

「法規不溯及既往原則」係法治國家的基本原則之一，依此原則法律僅能於制定後往未來生效，亦即以「公告」為意思表示後發生規範效力，而不得溯及既往對已發生之事實發生規範作用。

另者，法令之訂定或任何行政行為必須要使利害關係人有預期之可能，因此，若涉及當事人權益之修法，在訂定之法規中，設有過渡條款。用意乃在使主管機關得有充分之準備及過渡時期為必要措施，亦使人民有為必要因應之準備，俾使新舊規定的變革不致對社會造成太大的衝擊，本校所訂之《專任教師資遣實施要點》並無顧及此。姑不論上一段所述，學校錯誤引用、擴張適用法規而予再申訴人資遣為不法之行政處分，即以該要點於○○年○月○○日經校務會議審議通過，校方於○○年9月17日將再申訴人暫遷調通識教育中心時，始通知要求再申訴人於隔年2月28日前提出近三年三篇以上有關「生命倫理

教育」公開發表之論文或著作，全然未予足夠之準備時間。所幸再申訴人於師資培育中心期間，積極公開發表論文，否則要求於不到半年之短期間內，又往前回溯三年，要提出三篇以上經公開發表屬於「生命倫理教育」之論文或著作，絕對是強人所難，違反期待可能性原則！即以一篇嚴謹、具學術價值之論文發表，從確定主題、蒐集資料、撰述、投稿、審查通過至刊出或發表，絕非短期間所能及，更何況需要三篇；況且尚需通過審查，審查時日亦非再申訴人所能掌握控制。此種強人所難，極不合理之對待，敢問！相同時間內，本校其他系所及通識教育中心擔任生命倫理教育課程之教師，究有那些人有此能耐？同時，此一函示也違背平等原則，否則，校方應將本項一體適用於所有現任教師或目前任教「生命倫理教育」之教師，以示公允。校方以這種普遍預期不可能之函示，實有違一般法令應設過渡規定之意旨，亦有違回溯適用法規應有明文條款予以規範始足之法理。

另者，社會關係良性的開展，是建立在一定的法律秩序下的。若需要新的法令秩序來代替，就否定原有的法令秩序，將使法令缺乏安定性，勢必引起利害關係人之極大反彈。為避免上述情形發生，保護人民的信賴利益，乃設法令訂頒增修應設過渡規定，以保護利害關係人的信賴利益。此亦為司法院大法官會議釋字第525號解釋文之要旨。而本校對再申訴人之行政處置，顯然與此相違。

由上述之分析，本校違法之處，包括違反「法規不溯及既往原則」、違反「既得權利和地位的保護」，及相關規章「未設過渡條款」。

(4) 違反《學校法人及其所屬私立學校教職員退休撫卹離職資遣條例》第22條之規定。

2010年1月1日起施行之《學校法人及其所屬私立學校教職員退休撫卹離職資遣條例》第22條列舉有關資遣條件。明訂教職員

有下列情形之一，且未符合退休條件者，得由私立學校依相關法令規定程序予以資遣。第1款：「因系、所、科、組、課程調整或學校減班、停辦、解散，現職已無工作且無其他適當工作可擔任。」準此，裁併系所之教師被資遣的前提要件為現職已無工作且無其他適當工作可擔任。

經查本校師資培育中心自97學年度起停招，再申訴人已自97學年度第1學期起擔任通識教育中心「生命倫理教育」課程之教學，98學年度起又增「心理衛生與生活適應」一門，且符合校方規定之每週基本授課時數。再申訴人於98學年度已遷調至通識中心，以再申訴人專任副教授之現職並非「無工作」，亦非「無其他適當工作可擔任」，因為「生命倫理教育」是本校大一共同必修，該科目專任教師不足；99學年度本校日間學制及進修學制當時尚有22個班級生命倫理教育課程之授課教師待聘，何來「無其他適當工作可擔任」之情形。

至於其他各款，如身心障礙、教學質量未達基準及禁治產宣告等，再申訴人亦無相類似情況。

是以，校方以本條例第22條之規定將再申訴人資遣，明顯違反前開之規定。

綜上，校方將再申訴人資遣，顯然違反教師法第15條之規定。

綜合前開再申訴人從實質面、程序面及法制面所提出有利之事證論據，原評議決定書未予採信者，竟未提出合理說明，顯有決定不適用法規、決定不備理由及理由矛盾之情事，令人難以折服。

參　結語

私立學校與教師間所定之聘任契約，雖屬私法契約，惟有關教師法所保障教師權益事項，該法既有特別規定，應優先適用《教師法》之相關規定（最高行政法院99年度裁字第2913號裁定參照），證之《教師

法》第1條「為明定教師權利義務，保障教師工作與生活，以提昇教師專業地位，特制定本法。」訂有明文。《教師法》第15條規定：「因系、所、科、組、課程調整或學校減班、停辦、解散時，學校或主管教育行政機關對仍願繼續任教且有其他適當工作可以調任之合格教師，應優先輔導遷調或介聘；現職工作不適任或現職已無工作又無其他適當工作可以調任者或經公立醫院證明身體衰弱不能勝任工作者，報經主管教育行政機關核准後予以資遣。」上述有關教師之資遣須報經主管機關核准之規定，揆諸法條文義及規範意旨，應屬強制規定。至於學校教評會係由學校內部組成之單位，其所為教師資遣之決議，依《教師法》第15條之規定，仍須報經主管教育行政機關之核准，始可對教師予以資遣，以貫徹立法之規範目的。此「核准」即係主管教育行政機關之法定監督權，教師之資遣未經主管教育行政機關核准，其資遣自不發生效力。（最高法院民事判決98年度臺上字第338號參照）。

參考文獻

李惠宗（2003）。**行政程序法要義**。臺北市：五南。
周志宏（2010）。**教育文化法規**。臺北市：元照。
黃俊杰（2010）。**行政程序法**。臺北市：元照。
司法院大法官會議釋字第525號解釋文。
教育部中央教師申訴評議委員會100年4月11日再申訴評議書。

問題討論

一、本資遣案是否有法律保留原則之適用？

二、學校教學單位間教師遷調如係跨越不同專長領域者，是否須依「專科以上學

　　校教師資格審定辦法」之規定送外審查？

三、就本資遣案，當事人向學校提出申訴遭駁回，可否不提再申訴，而向教育部
　　提出訴願？

國民中小學校長遴選辦法中
遴選委員會爭議性之探討

蕭鴻光

「議會民主」（deliberative democracy）所作之決策至少
應具備三大特色：(1) 政策的決定必須考慮參與對象是否具代
表性與普遍性意義；(2) 民主的決定必需具備理性價值，而非
利益或情緒的決定 (3) 決定過程必須參與者間進行公平合理的
互動，而且彼此的意見應能自由表達，不受制於任何權威。

~溫明麗~

《國民教育法》第9條（校長遴選）條文於1999年2月3日總統令修
正公布後，國民中小學校長之任用即開始改為各縣市遴選聘任制，實施
至今已邁入第14個年頭。期間各縣市雖不斷的檢討、修定校長遴選辦
法（因各縣市名稱不同，有稱辦法者、自治條例者、要點者，為行文方
便，本文一律以「辦法」稱之，並以全國22個地方縣市政府為研究範
圍。），但無論遴選辦法、遴選方式、遴選過程或遴選結果，都不斷的
遭受質疑，產生爭議，在網路資訊、報章媒體、期刊或論文上，均有刊
載評論過。

　　法之立意，本為良善，但成效未必皆如預期。立法者認為一切人、事、物皆應屬正常的認知下，訂定了最理想的法令規章，交予相關單位執行。但在實施過程中，卻因個人認知的扭曲或基於某些意圖，機巧運作，成果都不見理想。每年各縣市國民中小學校長遴選結束後，皆可在各媒體上看到不平之鳴的報導：或質疑遴選委員代表性的不足、專業的欠缺；或批評各類遴選委員名額分配的不合理、遴選過程不公平、對遴選結果有意見。研究者擔任校長十數年，期間常聽聞此類批評，而參加遴選之時亦經歷過此現象，深覺主導者操控權力之不宜。

　　實施校長遴選的目的在於透過民主開放、多元參與的程序，為學校選出專業適任的校長，以提昇校長積極辦學態度，促進教師專業成長，增進學校辦學績效。但人是影響遴選制度成敗之最大因素，有研究即發現人是校長遴選問題的根源（蘇進源，2004：15）。故本文之研究採文獻分析法，擬就國民中小學校長遴選所產生的爭議性問題，針對「遴選委員會」部分，探討遴選辦法在權力主導下，所產生之遴選委員會籌組單位的爭議、遴選委員會組織成員的爭議及遴選結果聘任的爭議。並從實施校長遴選制度之背景分析，研究遴選制度的目的與精神，據之以探討國民中小學校長遴選委員會所產生的爭議性問題並提出研究建議四部分作論述。

壹　國民中小學校長遴選制度產生的背景分析

　　國內校長遴選的風潮起於大學校長任用制度的改變。教改人士基於對既有不良制度的反彈、意見領袖的倡導、政治情勢的改觀，使得大學校長派任制改為遴選制度（陳舜芬，1994：44-49），隨後1996年行政院「教育改革總諮議報告書」即提到校長遴選的未來規劃問題（行政院，1996：8）。此風潮之產生，可從教育思潮、政治改革及教改運動等三方面之影響作探討。

一　教育思潮發展趨勢的影響

(一)後現代主義的興起

　　隨著後現代主義的興起，強調自我主體理性的反省，主張多元融合，尊重邊緣性與個體性（陳明德，2000：19）。家長及學生對所要接受的教育，應有自由選擇的權利，因此教育的多樣化隨之產生，學校自然希望有位適宜之校長經營校務。

(二)學校本位管理的需求

　　由於社會運動蓬勃發展，中央權力下放，教育制度的鬆綁及學校本位管理的改革因而出現（謝義鄉，2001：12）。增加了學校自主、自治、自律的權利，激起教師與家長參與校務發展的期望。

(三)全面品質管理的引進

　　全面品質管理的主要理念是「透過所有人員集體的參與，不斷的改進，藉由滿足或符合顧客的需求，以達成組織的目標。」（吳清山，1996：8）。學校推動全面品質管理，學校的經營校長必須負成敗責任，因此，校長遴選必為各界所關切。

二　政治民主改革風潮的驅策

(一)政治的解嚴

　　政府於1987年7月15日正式解除戒嚴令，政治禁忌解除，社會風氣開放，教育界打破萬年校長，改為遴選方式的議題，已然成為各界討論的焦點。

(二)政府再造的推動

　　行政院長蕭萬長於1997年的施政報告中，即主張積極推動政府改

造。1998年元月行政院會通過「政府再造綱領」，強調「引進企業管理精神，建立一個創新彈性有應變能力的政府。」（陳明照，2001：2）。因此，改造運動隨之進入教育界，帶動了教育改革的風潮。

(三)民主訴求的蔓延

教育部於1995年提出「邁向多元民主是社會變遷下，未來教育改革的原則」，主張「自由是尊重市場調節機能，減少不必要的干預。多元是提供多種不同的方式以供選擇，自由與民主是現代教育的趨勢。」（教育部，1995）。校園因而吹起了民主風潮，教師與學生家長主動積極參與學校事務，表達個人訴求，改變了學校行政主導一切的校園生態。

三　教改運動革新求變的催逼

隨著戒嚴令的解除，改革風潮蔓延到教育界。1994年四一〇教育改造聯盟成立，提出小班小校、廣設高中大學、教育現代化、制定教育基本法等四大訴求，促使政府加速教育改革的步伐。行政院於1994年成立「教育改革審議委員會」，規劃教改藍圖，1996年發表了「教育改革總諮議報告書」。接著於1999年2月3日公布《國民教育法增修條文》第9條（校長遴選）規定，直轄市、各縣市或大學院校設有附屬國民中小學者，校長之遴選聘任，由各該直轄市、縣（市）或大學院校組織遴選委員會辦理。至此，國民中小學校長之任用，由1968年以前由縣市長指派，1968至1999年2月3日之改採甄試、儲訓、派任制，而改為甄試、儲訓、遴聘制。

隨著時代思潮的發展，社會背景的變遷，法令政策必隨之修訂。國民中小學校長之任用由派任到甄選、儲訓、派任而到目前之甄選、儲訓、遴聘，其演變自是受到時代思潮與社會變動的影響，期望透過修法，藉由公正、公開的過程，發揮多元參與、公平客觀的精神，遴選出最適當的人選，以落實校長遴選制度的目的與精神。

實施國民中小學校長遴選制度的目的與精神

從前述校長遴選的背景分析知，校長遴選的目的與精神，即在透過民主參與、公開公正的過程，選出最適宜之校長。

一 實施國民中小學校長遴選的目的

所謂「遴選」即謹慎的選擇，選擇的方式可採用「普選」或「委員會選舉」等方式，它與政府直接指派（即官派）相對（陳舜芬，1994：4）。既是謹慎的選擇，則遴選的目的應在選出具有專業知能的人才。基於教育機會均等的原則，只要有學識的人才，不需人事背景或鑽營請託，皆能被拔擢出來，達到公平客觀的原則，同時也完成組織目標與個人的自我實現。因此校長遴選可是唯一連續的過程，鼓勵具有教育理念與遠景之校長候選人，根據學校、教師、學生與社區需求而設定之標準，透過遴選委員會對其知能品格與經歷的評選，替學校選出最佳人選，並獲任用（詹佩芬，2004：15）。因此，其最後的目標即是要遴選出最適宜之校長。

實施校長遴選制度的目的，依據多位專家學者的研究（王秀玲，2000；李慈純，2000；馮丰儀，2000；楊銘雄，2001；黃乃熒，1999），可歸納如下：

(一)藉由市場機制，消除「萬年校長」的現象與心態，減少教育行政惰性的發生，以提昇經營績效。

(二)延攬優秀人才參與校長遴選，提昇遴選素質，選出適當人選，投入學校 事務，增進學校效能與學生品質。

(三)改革舊缺失，以符合民主多元參與的機制。

二 實施國民中小學校長遴選的精神

由校長遴選的目的可知，校長遴選的精神在於：(一)過程要民主開放，公平、公正、客觀；(二)遴選要多元參與、建立共識決；(三)用人

唯才，適才適所。以消除不當的人為干預。

(一)過程要民主開放，公平、公正、客觀

溫明麗（1997：20-21）依據哈伯瑪斯「合理民主」的四個要素，認為「議會民主」（deliberative democracy）所作之決策至少應具備三大特色：1. 政策的決定必須考慮參與對象是否具代表性與普遍性意義；2. 民主的決定必須具備理性價值，而非利益或情緒的決定；3. 決定過程必須參與者間進行公平合理的互動，而且彼此的意見應能自由表達，不受制於任何權威。據此，則校長遴選委員會之成員應具多元類別與具該類別之代表性人士，而委員會遴選之運作應公平、公正、公開，合理的互動。當然遴選的結果更應具有理性價值，而非蔽於利益或情緒性的決定。

(二)遴選要多元參與、建立共識決

在後現代的社會裡，任何制度都應開放多元，方符合人文化。多元的內涵在於強調自由、平等、正義和尊重，期待不同族群間能透過充分的理解，消除偏見，而能相互欣賞，共存共榮（蕭鴻光，2009：205）。遴選辦法之訂定，多元參與，廣開言路，集思廣益；各類別遴選委員間取得平衡、尊重、民主。如此方能建立共識，做出最好的決定，而避免最後的決定權掌握在極少數人手裡。

(三)用人唯才，適才適所

校長遴選的最終目的就是遴選出最適於出缺學校的校長，因此，校長的遴選應是本著「用人唯才，適才適所」原則，透過遴選委員的多元參與，擁有同等的機會發表與瞭解對政策的看法，在公平、公正、公開的情境下進行理性的論辯，而做出最具理性價值的客觀決定，選出最適宜之校長，才能符合出缺學校的需求，獲得學生、家長、教師及社區的信賴與肯定。以規劃學校再造藍圖，實施全面品質管理，實現學校願景。

實施校長遴選制其目的不外是要選出最佳人選，惟只有經由公平、公正、公開、民主參與的精神始能實現，否則目的未達成爭議卻一堆。

參 國民中小學校長遴選制度之爭議性

　　校長遴選政策的推行有其時代背景，法令的制定亦在追求最大理想，但現況的執行卻有明顯落差。究其原因，不外是法令規章的不周延、運作過程的人為干擾、遴選結果與聘任的爭議。一言以蔽之，即校長遴選主導權之爭議。以目前各縣市之國中小校長遴選辦法、籌組遴選委員會及組織運作方式，均由縣市政府訂定，主導權自是掌握在縣市政府手中。以下分別從校長遴選委員會設置不符民主多元參與之爭議、遴選委員會委員是否具專業素養之爭議及外力介入遴選欠缺公平公正之爭議等三個面向作論述：

一 校長遴選委員會設置不符民主多元參與之爭議

　　校長遴選本在追求民主多元、過程透明、方式公正公平之精神，但考諸各縣市遴選辦法，卻成為遴選爭議的根源。

(一)遴選委員會籌組機關之爭議

　　《國民教育法》第9條（校長遴選）第2項規定「縣（市）立國民中、小學校長，由縣（市）政府組織遴選委員會……」及第三項「直轄市立國民中、小學校長，由直轄市政府教育局組織遴選委員會……」公開甄選、儲訓、遴選後聘用之。可見縣（市）政府及直轄市政府教育局已被賦予組織遴選委員會訂定遴選辦法之權力，但要如何訂定，學校、教師、家長、社區人士全無參與的權利，以致易因立場不同而產生對遴選辦法條文觀點不認同的爭議。

　　《國民教育法》第9條第5項條文之不明確亦成為爭議之焦點。第9條第5項規定「前三項（指縣市政府、直轄市及師資培育大學附設有實

驗中小學之學校）遴選委員會之組織及運作方式，分別由組織遴選委員會之機關、學校定之。」其文意不夠明確、直接，易被扭曲而斷章取義。此所謂之「學校」是否泛指校長出缺學校或僅指師資培育大學附設有實驗中、小學之大學。若指前者，則凡校長出缺之國民中、小學皆有組織校長遴選委員會的權力，可訂定校長遴選委員會之組織及運作方式。新竹市政府即曾於1999-2002年實施校級遴選委員會，分別由各出缺學校成立遴選委員會，其成員共9位，包含市府代表1人、出缺學校家長代表3人、出缺學校教師代表2人、新竹市教師會代表1人、學者專家或社會公正人士2人。只是實施4年後，以校級遴選制度易造成「校園遭受惡質選舉」……等影響為由，而於2003年起改由市級遴選委員會統籌辦理校長遴選（吳財順，2004：78-79）。至此，全國各縣市之國民中、小學校長遴選均為縣（市）級校長遴選委員會，一切委員會組織、各類委員人數、遴選方式、遴選結果之聘任方式，均由縣市政府主導，以致地方政府與學校社區之間，衍生出無數的爭議問題。

　　針對成立遴選委員會問題，楊勝坤（2000）即曾以「讓社區自主遴選校長」一文，呼籲臺北縣政府放棄以「縣級校長遴選委員會」遴選全縣國民中、小學校長的機制，改由地方社區自主遴選校長（取自吳財順，2004：2）。條文明確性的不足，造成了縣市政府與學校、社區間的爭議。

(二)遴選委員會成員組成之爭議

　　校長遴選能否勝出，最重要的在於在於遴選委員的投票趨向，因此，遴選委員是否涵蓋多元類別，各類別委員人數的配置是否合理，在在均影響著遴選結果。

　　就以委員類別的爭議性言，國民教育法第9條第5項雖規定「遴選委員會應有家長會代表參與，其比例不得少於五分之一。」但並未說明還應包含哪些類別的委員及人數比例，這給予握有訂定遴選辦法與運作權力的縣市政府極大的操作空間。分析全國22縣市的國中小校長遴選辦法，委員類別最多元的有縣市政府代表、學者專家、社會公正人

士、校長代表、家長代表及教師代表，如新竹市等7個縣市，其他縣市則各少了1-2類，甚至有的縣市除了家長及教師代表外，其他類別不明定出來（見表1），此給予訂定校長遴選辦法之縣市政府於選聘遴選委員時很大的運作機會。吳清山、張素偵（2001：6）即認為，各類別委員如何聘之無明確規定，是否有縣市長或縣市政府之特定人選，就難免令人會起疑竇。

　　類別中最常表達異議者為家長代表與教師代表。校長出缺學校之家長會及教師為關心新任校長對學校未來之經營方針，常爭取要求加入委員名單，但各縣市作法不同，多有不納入遴選委員名單者（即使有，浮動名額亦極少），與其他類別人數相較，實不成比例。此降低了多元參與的精神，更喪失了「校園民主」、「社區參與學校事務」的核心價值。宜蘭縣教師會即認為取消浮動委員的作法，讓有心人士更好操作，表面為填寫志願，實則私下操作（宜蘭縣教師會，2007）。

表1　各縣市國民中小學校長遴選辦法中遴選委員類別及人數一覽表

縣市別	遴選委員類別及人數						總人數
	縣市政府代表	學者專家代表	社會公正人士	校長代表	家長代表	教師代表	
基隆市	5	2	2	0	3	3	15
臺北市	3	1	0	3	3（浮1）	3（浮1）	13
新北市	4	2	0	3（現1退2）	3	3	15
桃園縣	3	3	0	3	3	3	15
新竹縣	◎	◎	◎	0	◎	0	9
新竹市	3	2	2	2（退2）	3	3（浮2）	15
苗栗縣	6	3	0	1	3（浮1）	2（浮1）	15
臺中市	5	3	0	2	3（浮1）	2（浮1）	15
彰化縣	辦法中未明定委員類別及人數						
南投縣	該縣市未訂定國民中小學校長遴選辦法並經電話確認						
雲林縣	4-5	0	1-5	0	3	1-2（教師會1）	9-15
嘉義縣	◎	◎	◎	0	◎	◎	9-13

（續）

縣市							委員總數
嘉義市	◎	◎	0	◎	◎	◎	15
臺南市	4	3	1	1	3	1	13
高雄市	3	2	0	4	4	4	17
屏東縣	◎	◎	◎	◎	◎	◎	13-15
臺東縣	3	2	2	2	3（浮1）	3（浮1）	15
花蓮縣	5	2	◎	◎	1	1	9
宜蘭縣	3	2	◎	2	3（浮2）	3（浮1）	13
澎湖縣	4	由學者專家、社會公正人士或縣府主管中選2名	0		3（浮3）	2	11
金門縣	除家長教師外，未說明其他類別及人數				◎	◎	9-11
連江縣	◎	◎	◎	◎	◎	◎	17

資料來源：整理自各縣市政府網站法規資料庫內之國民中小學校長遴選辦法。

註：1. 有◎者表示設有該類委員，惟委員人數未明定。

2. 校長代表欄內有（ ）者，表示設有退休或現任校長委員及人數；家長、教師代表欄內有（ ）者，表示該類設有浮動委員及人數。

(三)各類別遴選委員產生方式之爭議

各縣市校長遴選辦法雖依照《國民教育法》第9條第5項的規定，遴選委員會組織須列有家長會代表，其名額不得少於五分之一，但並未明定各類委員的產生方式，且要涵蓋哪些類別的委員，亦由各縣市政府決定。各類別委員的產生方式除少數縣市對家長、教師代表明文規定產生的方式（如新竹市、苗栗縣）外，其他類別的委員則未明定，全由縣市政府於遴選前選聘，校長出缺之學校及社區毫無置喙的餘地。遴選委員之產生，若由縣市政府教育局指派，容易被認為政府有意主導校長遴選過程，名為遴選，實則與派任無異（徐惠東，1999；取自曾永福，2003：75）。蓋除了由出缺學校產生之浮動委員，會基於對學校發展的關懷，其投票意向具自主性，不易受主導者干擾外，其餘由縣市政府所指派之委員，較易因利害關係（如縣市政府代表、校長代表）或私誼因素（如學者專家、社會公正人士）之影響，而配合縣市長之口袋

名單投票。依國內學者的研究指出，遴選委員的產生方式未能充分展現民主精神（王秀玲，1999：135），應公開化（李文章，2000：IV），遴選委員的產生方式宜由多元相關單位提供名單（如出缺學校、校長協會、教師會、家長會、師資培育機構等關心團體），由教育局長或縣市長遴聘（蔡懷萱，2000：II）。此外由縣市政府所指派之遴選委員總人數，亦影響著遴選結果。

國民教育法第9條第5項只規定遴選委員家長會成員不得少於五分之一，其他不提及，則縣市政府運作空間相當大（校長遴選研討，1999）。分析歸納各縣市遴選辦法，由縣市長指派之遴選委員（縣市政府代表、學者專家、社會公正人士及校長代表）總人數，比起家長及教師代表人數的總和至少多出一位（見表1）（其現象有如新竹市1999-2002年校級遴選委員會出缺學校教師、家長代表總人數比其他類別委員總人數多出3位一般），此種人數比例，若有心運作，會影響投票結果，顯示出縣市政府主導遴選的斧鑿痕跡。此即為遴選結果令多數人不滿意（校長遴選 教師會轟：假的，2008），而要求增加出缺學校代表人數之原因（宜蘭縣教師會，2007）。依李敦義（2000）的研究結果，國中小校長遴選制度面臨的問題即包含了「遴選委員代表性的不足」及「遴選委員組成比例規定不合理」（取自吳財順，2004：89）。

另有某縣市國民中小學校長遴選辦法第7條有所謂「……，方式以乙次面談，多校遴選為原則，乙次面談後再由遴選委員依擬遴選校長所填志願及面談結果綜合考慮，其決議以出席委員過半數之同意行之。」此可讓縣市首長就以遴選前即已內定之人選投票同意。且該遴選辦法未明確規定遴選委員有哪些，縣市長極易掌控出缺學校新任校長的安排。

依據曾永福（2003：184）針對全國北、中、南、東共8個縣市80個國民中小學做研究，受試者多認為校長遴選「由學校遴選委員會篩選數名人選，再由教育局遴選委員會作決定」的方式最民主，其次為「由學校遴選委員會遴選人選」，再次為「由縣市政府教育局遴選委員

會遴選」。由此可知，由縣市政府選聘遴選委員遴選校長最容易遭致疑慮。

(四)遴選結果後聘任方式之爭議

分析各縣市遴選辦法，發現遴選委員會遴選結果報請縣市長的聘任方式各有不同：1. 有「遴選委員會選出1人報請縣市長聘任者」，如基隆市等8個縣市；2. 有「遴選委員會選出1-3人，報請縣市長擇聘者」，如新竹縣等4個縣市；3. 有「遴選委員會選出2-3人，報請縣市長擇聘者」，如苗栗縣；4. 亦有「未於條文中敘明者」，如新竹市等8個縣市（依其遴選辦法通篇行文文意推斷，應是依遴選結果之最適任人選報請縣市長聘任）（見表2）。此四種方式易遭致爭議者當是2.和3.兩類。候選校長辦學理念之書面資料既已經由十數位遴選委員的評定，實地查訪候選校長過去服務表現，並到出缺學校瞭解現況與需求，且在遴選會場面談過，應有相當之瞭解，如全體委員一致投票通過之人選，不能被肯定，還需選1-3位或2-3位報請縣市長擇聘，那遴選委員之遴選就失去其意義。且若一所出缺學校僅1-3位報名，那豈不是由縣市長就這1-3名中直接指派1人即可。再者，縣市長擇定之校長未必就是遴選委員會遴選出之第一名，此種矛盾現象已失去公平、公正、公開、客觀之遴選精神，最後之操控權仍是握在縣市長手中，讓遴選前的內定名單假遴選的程序給予合法化，此即政治人物常辯稱之「過程一切合法」。此種現象時有所聞，難怪會被批評為「假遴選，真安排」（校長遴選教師會轟：假的，2008）。

表2 各縣市國民中小學校長遴選辦法中遴選委員會遴選結果之聘任方式一覽表

遴選結果的聘任方式	遴選委員會選出1人由縣市長聘任	遴選委員會選出1-3人由縣市長擇聘	遴選委員會選出2-3人由縣市長擇聘	無明文規定者
縣市別	基隆市、臺北市、桃園縣、新竹市、嘉義市、臺南市、高雄市、屏東縣	新竹縣、雲林縣、澎湖縣、金門縣	苗栗縣	新北市、臺中市、彰化縣、嘉義縣、臺東縣、花蓮縣、宜蘭縣、連江縣

資料來源：整理自各縣市政府網站法規資料庫內之國民中小學校長遴選辦法。

二 遴選委員會委員是否具專業素養之爭議

　　「人的問題」是校長遴選中最大的問題，尤其遴選委員是否具有專業素養，會影響遴選出之校長是否是最適宜的校長。依據曾永福（2003：283）的研究，受試者多同意校長遴選委員會的條件，應「具有良好的品德」、「對校長的職務有深切的認識」、「有豐富的行政經驗」、「具有教育行政、經營管理和公共關係等專業素養」和「心理學和教學經驗等專業素養」，如此才能遴選出最適宜的校長。各縣市遴選委員雖包含有縣市政府代表、學者專家、社會公正人士、校長代表、家長代表及教師代表中的4-6種類別，但遴選辦法中並未敘明遴選委員應該具備哪些專業素養，且類別名稱太空泛，其選聘之委員未必能符合前述條件。新竹市自校級遴選委員會改為市級遴選委員會後，校長遴選由市府主導，在教育學者專家類別之委員中，經常會出現市府官員或議員等爭議性較大之委員，而受到外界之質疑（高文芳，2010）。而社會公正人士部分更易如此。

　　所謂「社會公正人士」涵蓋面廣泛、多元，是否為合適之專業人士則有待檢驗，且易為政治人士或壓力團體要求安插名額，而成為投票部隊，其「公正」性則有待商榷。依據曾永福（2003：187、193）的研究，受試者多認為校長遴選「由學校遴選委員會篩選數名人選，再由教育局遴選委員會作決選」最具公信力，也由此方式對選出適任校長

助益最多，其次為「由學校遴選委員會遴選人選」，再次才為「由縣市政府教育局遴選委員會遴選」。由此可知，縣市政府選聘之遴選委員遴選校長最不具公信力，其是否具專業素養，或秉持專業良知發揮專業能力，亦最受爭議。

三 外力介入遴選欠缺公平公正的爭議

(一)政治力介入的爭議

校長遴選「人」的問題最受爭議。就以遴選委員而言，遴選委員應有專業素養，要經過審慎評估，但目前政治力介入遴選委員會的遴聘，其公正性受到質疑（蘇進源，2004：15）。依據曾永福（2003：190）的研究指出，就整體受試者言，多認為「由學校遴選委員會篩選數名人選，再由教育局遴選委員會做決定」的方式最不易受外力的介入，而最易受外力介入的是「由縣市政府教育局遴選委員會遴選」的方式。而吳財順（2004：245）的研究亦有相同的結果，即「政治力介入遴選」會造成負面的現象。

校長遴選最重要的是遴選委員的投票意向，無論是縣級遴選委員會或校級遴選委員會都有意圖爭奪委員的遴聘權，主導各類別委員的安排與員額配置。目前各縣市均由縣市政府組織遴選委員會，選聘各類委員，最易受到政治勢力或壓力團體的關說干擾。尤其「社會公正人士」的選聘，已成為政治角力的運作對象（校長遴選方式之爭議，2008）。因辦法中並未界定「社會公正人士」的意義與範圍，是最好操作的類別。由於政治力與壓力團體的介入，導致無法遴選出適任的校長（翁明國，2008：38）。當然部分參與遴選的校長亦善於運用此道，而請託關說。

校長遴選已失去遴選的精神，而變成「選舉」，大家以「勝選」來考量（鄭文嵐，2007）。校長遴選既要透過選票才能勝選，因此動用關係則難以避免。畢竟「人事關係」是校長任用的重要關鍵，因縣市政府握有完全的決定權（陳宗民，2009：14-15）。曾永福（2003：

240）曾對當前校長遴選制度是否產生關說請託現象做研究，調查結果，有61.6%的受試者同意「當前校長遴選制度產生了關說請託現象」，不同意者只有18.6%，而無意見者為19.8%。從理論探討言，校長遴選是市場經濟的體現，透過自由競爭，可能為求勝出而不擇手段。就「現況研究」言，散見於期刊雜誌上所發表的反對意見，多認為校長遴選會出現關說和派系的政治角力等（鍾華，1999；取自曾永福，2003：240）。而各縣市政府由於選舉關係，波及縣市內國小人事任免遷調，校長遴選往往取決於縣市長，因此各種鑽營請託和賄賂情勢層出不窮，受到相當的詬病（林武，1988：2）。吳清山張素偵（2001：5）的研究亦認為部分縣市有縣市長或民意代表介入的痕跡，從遴選委員的遴聘到實際作業的進行，都可能遇到一些關說請託事項，導致遴選委員會有名無實，徒具形事而已。此種現象國中校長遴選亦不例外。

(二)假遴選，真安排

遴選委員的遴聘，絕大多數縣市是由縣市首長決定人選，縣市首長若不保持公正、客觀立場，很容易左右遴選結果。尤其遴選委員會由縣市政府組成，縣市首長或教育局官員的發言對遴選有很大的影響力，造成遴選的結果是機關首長意志的體現，而非全體委員的共識（曾永福，2003：84）。吳清山（2002：13）即指出有些縣市政治介入甚深，遴選委員難以發揮道德勇氣，甘願為政治力屈服，為政治背書，大大損傷清新校園環境。林明地（2002：31）亦指出部分地區教育行政與政治力仍主導遴選，遴選委員會形同虛設，功能未如預期。

分析各縣市遴選委員會主任委員或召集人人選，大部分是縣市首長及局處長以上人員或是由縣市首長指派（見表3）。此行政層級的隸屬關係，在遴選過程中，自難避免要體察上意，貫徹縣市首長的意志，無論是在選聘遴選委員、遴選校長過程、遴選會議的主導及投票的運作，定當以縣市首長屬意之人選為圈選對象。這種「假遴選，真安排」的現象在報章媒體上常可看到批判的訊息（校長遴選教師會轟：假

的，2008），而研究者本身在參加校長遴選時亦深刻的體驗過。此種操控在少數人手中的遴選方式實有辱遴選制度的精神。高雄縣96年度國中校長遴選時，教師會即批評教育局不公，左右遴選過程，擬影響遴選結果，兩名教師會委員在進行遴選時隨即以離席方式表達抗議。（96年高雄縣國中校長遴選的相關新聞，2007）

表3　各縣市國民中小學校長遴選委員會主任委員（召集人）一覽表

主任委員（召集人）人選	縣市長兼任	副縣市長兼任	主任秘書兼任	教育局長兼任	縣市長指派	無明文規定
縣市別	新竹市、臺中市、嘉義縣、嘉義市、連江縣	基隆市、新北市、澎湖縣	金門縣	臺北市、桃園縣、臺南市、高雄市、花蓮縣	新竹縣、苗栗縣、雲林縣、屏東縣、臺東縣、宜蘭縣	彰化縣

資料來源：整理自各縣市政府網站法規資料庫內之國民中小學校長遴選辦法。

　　陳宗民（2009：24、25）綜合黃達（2006：99）、陳啟榮（2004：32）、秦夢群（2002：15）、湯志民（2002：20）及吳清山與張素偵（2001：2）的研究，發現校長遴選產生諸多問題，如：校長遴選委員專業性及公正性受到質疑，委員組成比例之爭議；惡質的政治選舉文化出現在校園內，嚴重影響教育的本質；校長遴選作業流程不夠具體周延，影響實施成效；政治勢力介入校長遴選工作，使得遴選過程充滿不確定性與不公平性。

　　人都有權力的慾望，但權力易使人腐化。握有遴選校長權力者，若未能依循「議會民主」的三大特色，開放參與，共享權力，集體討論，建立共識，並尊重結果，則不平之鳴必當永無止息。

肆 建議

制度的推行出現弊端，則當檢討修正。校長遴選的爭議層出不窮，滿意度不高（徐易男，2003：177），則相關單位及人員自當研究改進。本研究即針對前述之遴選爭議，提出幾點建議，以供改進之參考。

一 政府應周延立法，以維護遴選制度的目的與精神

(一)中央主管教育行政機關應修訂相關法令，以避免爭議的產生

1. 法令條文應具明確性

《國民教育法》第9條第5項「遴選委員之組織及運作方式分別由組織遴選委員會之機關、學校定之。」文意不明確，以致衍生出成立縣級遴選委員會還是校級遴選委員會之爭。縣市政府與出缺學校及社區都想爭取成立遴選委員會，選聘委員，遴選校長。因此，中央主管教育行政機關對於法令的制定應審慎嚴謹（徐易男，2003：179），文意清楚、直接，確定是由何單位成立遴選委員會，訂定運作方式，以減少爭議。並避免該單位主導一切，操縱遴選過程與結果。

2. 明訂遴選委員涵蓋的類別

各縣市遴選辦法中之委員類別各有不同，甚至有未明確列出者，以致常引起爭議，容易成為縣市政府聘請屬意委員，操控遴選的機會。鄭東瀛（2002：44）認為遴選委員之選聘，若未透過民主程序，又無具體的邀聘各界人士之設定，能否公正的為學校遴選校長，或又將成為縣市長安排校長人事的橡皮章，值得懷疑。《國民教育法》第9條第5項既規定遴選委員應有家長會代表參與，何不統一具體規定遴選委員會的委員類別。對非限於地區性之委員類別（如學者專家、社會公正人士），統一由中央主管教育行政機關設立資格標準，建置一定名額之校長遴選委員人才資料庫，供各縣市聘請，以免除疑慮。

至於各類別委員之員額比例亦須作規範。秦夢群（2002：17）即認為各遴選委員的比例，將涉及各利益團體版圖之大小，對於遴選結果的影響很大，值得注意。從前文對各類別委員名額的分配比例知，縣市政府所能掌控之各類委員總數比起投票自主性較高之教師、家長代表（尤其是浮動委員）總數皆至少超出1名以上，在票數上占盡優勢，若縣市首長企圖運作，必將影響遴選結果的客觀性與公平性。因此，有需要訂出條文，規定各類委員之名額比例，以求得平衡。

(二)地方縣市政府應保持公平、公正、公開、客觀的超然立場

1. 校長遴選辦法的訂定應多元參與

依據國民教育法規定，校長遴選辦法固然是由縣市政府訂定，但縣市政府觀點未必能完全照應到學校與社區的需求，因此，遴選辦法的訂定應多元參與。除縣市政府主管教育機關外，更應邀請學校代表、教師團體代表、家長團體代表、教改團體、師資培育機構及專業人士等，共同參與，公開討論，讓參與政策決定的對象具代表性與普遍性，以期訂定之遴選辦法能公正、無私、完滿。

2. 保持超然立場，選聘具專業能力之遴選委員

遴選委員之選聘，除部分類別委員選自中央主管教育行政機關建置之委員及出缺學校代表外，其餘應聘請具備專業能力，遵守專業倫理者。並尊重各獨立團體推薦之人選，避免以私情聘用，婉拒政治人士或壓力團體的介入，一切保持超然立場。

3. 縣市政府首長應尊重遴選委員會的遴選過程與結果

遴選貴在客觀、公正，選出最適宜之人選，一切的干預皆被視為是在破壞遴選制度，有辱遴選精神，因此，縣市政府首長應尊重遴選委員會的運作。會議主席並由遴選委員中互推1位公正、客觀，具超然立場之委員擔任，避免主任委員或召集人對遴選過程的操控，杜絕誘導委員投票意向。並尊重遴選結果，不需再呈報數名人選，轉陳縣市首長做最後的擇聘，以避除他人疑慮。如此才算是民主的決定，具備理性價值，符合公平、公正、公開、客觀的遴選精神。

二　遴選委員應公正、超然、自主，充分發揮專業精神

(一)遴選委員應秉持專業自主的信念

　　各類別委員所以被聘為遴選委員，是因其具有專業能力，對教育的經營有獨到的看法。因此，在遴選過程中應展現自主意識，發揮專業能力，拒絕外力干擾，以維護自主尊嚴與專業信念，並有承擔成敗完全責任的道德勇氣，真正為地方教育前景提供心力。

(二)遴選過程貴在公開、公正，立場超然

　　校長遴選最受爭議者，莫過於不夠公正、公開，卻還要辯駁一切過程皆合法，因此，常被譏為「黑箱作業」、「假遴選，真安排」。遴選委員身負重任，遴選結果關涉到出缺學校未來之經營與發展。因此，應本超然立場，讓遴選過程透明、公平、公正、公開，經得起社會檢驗，讓遴選出之校長能適才適所。

三　教師與家長應瞭解學校的需求與未來發展

(一)學校教師與社區家長應參與校務經營，瞭解學校需求

　　教師與家長都有權利參與校務，但也須共同承擔成敗責任。因此，對於學校願景、優劣勢條件均應瞭解，於擔任遴選委員時，才能依學校需求選出最佳人選。

(二)屏除個人偏見，代表全體教師、家長發聲

　　人雖各有己見，但擔任遴選委員之教師及家長代表則應替學校全體表達共同意見，說明學校特色、發展願景及對新校長能力的期待，以爭取學生學習、受教之最大福祉。

　　有缺失就要能改進，有弊端就要能革除。國民中小學校長遴選已實施十數年，期間的爭議，年年不斷，相關單位與人員應檢討改進，敞開

胸襟，調整心態，才能發揮校長遴選精神，實現校長遴選的目的。

伍 結語

　　人的問題一直是國民中小學校長任用的問題。早期由地方政府首長直接派任所產生的問題，是校長本身專業的問題受到質疑，而改為甄選、儲訓、派任的方式。此方式推行後，萬年校長問題又被提出討論，但此二者的爭議問題皆集中在校長本身。之後，隨著教育思潮發展趨勢的影響、政治改革風氣的驅策、教改運動革新求變的催逼，政府於1999年2月3日修訂公布《國民教育法》第9條，自此校長任用的問題開始複雜化，人的爭議已擴大到縣市政府、外圍力量、遴選委員、學校教師、家長之間的糾結問題。遴選制度的規劃，立意本為良善，期望經由民主客觀、多元參與、公平公正公開的檢驗，而選出最適於出缺學校的校長，提昇該校的辦學績效，並透過任期制的淘汰壓力，促使校長任內必須有所作為。但遴選期間，權力的讓人迷失，外力的介入，導致了遴選過程與結果的爭議問題。

　　國民中、小學校長遴選實施至今，遴選爭議從未間斷，令人感觸良多，極待政府主管教育機關徹底檢討改進：在法令條文增修上應周延明確，避免訂立遴選辦法及組織遴選委員會之機關或學校有濫權之嫌疑；委員類別、人數在選聘上能力求多元、合理；遴選過程公平、公正、公開，遴選結果可受公評；當然在遴選態度上，縣市政府應保持中立、客觀的立場，拒絕外力的介入；遴選委員應秉持專業良知，發揮專業能力，確實選出最適宜人選；學校教師、家長更應忠於全校師生的共識，選出學校最需要之新校長，以實現學校未來願景。

　　遴選出之校長適任與否，影響最大的是學生，學生能否獲得最佳的學習環境，關鍵在於校長的辦學能力。因此，掌握校長遴選權力的機關、學校及委員們，應秉著教育良知，為學生爭取最大受教福祉而努力。

參考文獻

王秀玲（2000）。**國民小學校長遴選制度實施之研究**。國立臺北師範學院國民教育研究所碩士論文，未出版，臺北市。

牛奶瓶報報（2007年6月27日）。**96年高雄縣國中校長遴選的相關報導**。取自www.kcta.org.tw/milkping/?view.asp?Id=1787

行政院教育改革審議委員會（1996）。**教育改革總諮議報告書**。臺北：行政院。

吳清山（1996）。全面品質管理在教育上的應用—專訪市立師院初等教育研究所吳清山教授【何文蒂採訪】。**教育研究雙月刊**，48，1-10。

吳清山、張素偵（2001）。當前國民小學校長遴選制度之檢討與改進。**臺灣教育**，605，2-9。

吳清山（2002）。當前校長遴選制度的迷思與省思。**教師天地**，118，7-14。

吳財順（2004）。**國民中小學校長遴選制度之研究——以臺北縣與新竹市為例**。國立臺北師範學院教育政策與管理研究所碩士論文，未出版，臺北市。

李慈純（2000）。**國民小學校長遴選制度之研究**。國立臺中師範學院國民教育研究所碩士論文，未出版，臺中市。

李文章（2000）。**苗栗縣國民中小學校長遴用制度之研究**。國立新竹師範學院國民教育研究所碩士論文，未出版，新竹市。

李敦義（2000）。**國民中小學校長遴選制度之研究**。國立政治大學教育學系碩士論文，未出版，臺北市。

宜蘭縣教師會（2007年3月6日）。**縣教師會陳請反對取消校長遴選唯一學校教師代表**。取自http://tw.myblog.yahoo.com/jw!PH2DzsCcABLC7yKOgjxDru8DHw。

林武（1998）。**我國國民中小學校長主任甄試制度之研究**。高雄：復文。

林明地（2002）。從組織研究的象徵架構分析校長遴選。**教師天地**，118，28-34。

翁明國（2008）。**金門縣國民中小學校長遴選問題及其爭議**。國立臺北教育大學教育行政在職進修專班碩士論文，未出版，臺北市。

校長遴選 教師會轟：假的（2008年6月1日）。**聯合新聞網提供**。取自http://tw.myblog.yahoo.com/jw!ga9p9iuTQE7N63sfElEW3C5ywg。

校長遴選方式之爭議（2008年10月23日）。取自blog.ilc.edu.tw/blog/blog/1822/post/?4720/38964

校長遴選研討（1999年5月3日）。**高雄縣國中小校長遴選研討會**。取自www.kcta.org.

tw/季刊/第七期/遴選研討.htm

高文芳（2010年11月24日）。**對新竹市校長遴選的建議**。取自http://tw.myblog.yahoo.com/jw!LAQmMSeaHxoJXwbChBNGBfc

徐惠東（1999）。國民中小學校長「遴選制」後之省思。**教育資料文摘**，43(6)，19-22。

徐易男（2003）。**國民中小學實施校長遴選制度相關意見及其影響之研究**。國立高雄師範大學教育學系碩士論文，未出版，高雄市。

秦夢群（2002）。中小學校長遴選制度的省思。**教師天地**，118，15-19。

陳舜芬（1994）。**大學校長遴選**。臺北：師大書院。

陳明德（2000）。**國民小學實施家長教育選擇權可行性之研究——以臺北縣為例**。國立臺北師範學院國民教育研究所碩士論文，未出版，臺北市。

陳明照（2001）。**企業精神之機制與設計**。國立政治大學公共行政研究所碩士論文，未出版，臺北市。

陳宗民（2009）。**國民中小學校長遴選制度之探討——以苗栗縣為例**。玄奘大學公共事務管理學系碩士在職專班論文，未出版，新竹市。

陳啟榮（2004）。檢視中小學校長遴選制度。**師友**，446，32-34。

教育部（1995）。**中華民國教育報告書——邁向二十一世紀的教育遠景**。臺北：教育部。

馮丰儀（2000）。**國民中小學校長遴用制度之研究**。暨南國際大學教育政策與行政研究所碩士論文，未出版，南投。

黃乃熒（1999）。國民中小學校長遴選制度的教育行政專業建構。**學校行政**，3，30-38。

黃達（2006）。我國校長遴選制度之問題與因應策略。**教育趨勢報導**，19，95-102。

曾永福（2003）。**我國國民中小學校長遴選相關問題之研究**。國立中山大學教育研究所碩士論文，未出版，高雄市。

湯志民（2002）。中小學校長遴選制度之評鑑。**教師天地**，118，20-27。

溫明麗（1997）。哈伯瑪斯論辯倫理學及其時代意義。載於中央研究院歐美研究所主編之**第二屆當代教育哲學教育**。臺北：中央研究院歐美研究所。

楊銘雄（2001）。**臺北市國民小學校長遴選制度實施之研究**。臺北市立師範學院國民教育研究所碩士論文，未出版，臺北市。

楊勝坤（2000）。讓社區自主遴選校長。**自由時報**，4月29日，15版。

詹佩芬（2004）。**臺北市國民小學校長遴選制度及其勝選關鍵成功因素之研究**。臺北

市立師範學院國民教育研究所碩士論文，未出版，臺北市。

鄭文嵐（2007年11月12日）。**對今年校長遴選的幾點省思**。取自blog.ilc.edu.tw/blog/blog/2103/post/?5776/24183

鄭東瀛（2002）。國民中小學校長遴選制度之探討。**教師天地**，118，35-48。

蔡懷萱（2000）。**國民小學校長遴選決策研究**。國立臺中師範學院教育測驗統計研究所碩士論文，未出版，臺中市。

謝義鄉（2001）。**苗栗縣國民中學實施學校本位管理之可行性研究**。國立政治大學教育學系學校行政碩士班論文，未出版，臺北市。

蕭鴻光（2009）。**我國家長教育權在國民中小學行政運作合理性之研究**。國立臺北教育大學教育政策與管理研究所博士論文，未出版，臺北市。

鍾華（1999）。珍惜人才培養，中小學校長看遴選。**師說**，133，26-27。

蘇進源（2004）。**高雄縣國民中小學實施校長遴選及其影響之研究**。國立高雄師範大學成人教育研究所組織發展與領導碩士在職專班碩士論文，未出版，高雄市。

問題與討論

一、你認為有哪些時空背景因素，促使國民中、小學校長之任用改為遴選制？

二、你認為實施國民中、小學校長遴選制度的目的與精神是什麼？

三、你認為實施國民中、小學校長遴選制度，就遴選委員會部分，容易產生哪些爭議性的問題？

四、針對上述爭議性之問題，你有哪些建議可供作改進的參考？

學校建築的蛻變：以精緻教育理念探究宜蘭縣國小的環境規劃

王滿馨

　　教育精緻化發展的取向是在追求一種更為美好的教育發展結果以精緻教育理念為圓心，以潛在課程為半徑，畫出人性化的教育同心圓。

~吳清基~

　　宜蘭縣學校建築被譽為「臺灣新精神代表」、「臺灣的新典範」，在歷任縣長整體規劃理念堅持下，將經費化零為整，宜蘭縣南澳鄉武塔國小為臺灣第一所進行整體規劃改建的學校。自1985年至今，宜蘭縣國中小學校的新建、改建計畫一直持續中。

　　但長期以來學校的建築一直存在的問題除了經費問題外，尚有學校建築知識問題與參與度不足問題，致學校建築空間設施對空間使用人而言，並不是那麼好用。為釐清學校建築問題，並獲得優質的教育功能。本研究運用精緻教育理念，深入學校現場訪談學校建築空間使用人的看法，並以焦點團體訪談法邀請學校建築相關成員，包括宜蘭縣教育處長、宜蘭大學專業學者及國小校長、主任與教師共同提出因應策

略。

　　據以製成問卷並對宜蘭縣30所學校校長、主任、教師進行調查分析，所得結論有：宜蘭縣國小學校建築問題仍以經費問題、空間設施問題、知識能力問題與參與度不足問題為主，且以1-13班的小校、鄉下及偏鄉的學校較為嚴重。為有效解決學校建築問題，以精緻教育理論作為文本引導，並經焦點團體訪談共獲得30項因應策略，後經統計分析共可預測34%的學校建築問題，此外，宜蘭縣某些國小學校建築具有相當的卓越性、績效性、科技性與創新性功能，其對學生的學習效益具有相當的啟發性。

壹　緒論

　　在學校環境規劃發展中，學校建築扮演重要角色。建築與環境規劃發生在學校，稱之為學校環境規劃。然學校環境規劃應不止於學校建築而已，它似乎是學生學習的空間場域。如果僅認定學校建築是建築師的事，那將忽略學校空間使用人及學生學習的權益。如何兼顧？那意義在於學校建築如何從既存的規範中開展出自我最優質的位置，此「最優質」尤指那精緻教育理念的實現。因此，「學校建築」的規劃與設計最終需指向空間使用人主動賦予生命意義的歷程，且唯有在探究此過程後，才能對學校建築內活動的生命個體產生深刻的影響。本研究從精緻教育理念觀點，深入宜蘭縣國小教育場域，探究學校建築空間使用人對學校建築的看法，以企圖建構二十一世紀學校建築環境規劃的優質理念要素，主要研究目的為：

　　1. 瞭解宜蘭縣國民小學學校建築規劃長久以來的困境與問題。
　　2. 以精緻教育理念引導並進行系統化分析，試圖建構宜蘭縣國小學校建築環境的規劃理念與條件。

貳 文獻探討

一 學校建築的演進

「學校建築」一詞是由英文"school architecture"、"school house"、"school plants"及"school buildings"等名詞直接翻譯而來，目前在英、美等國則以採用"school buildings"較為普遍。在一些教育行政和學校建築專書上常出現的同義字尚有"educational facilities"「教育設施」或"educational architecture"「教育建築」等。日本是學校建築研究標準化制度建立最完備的亞洲國家，「學校建築」（school buildings）已成為其學術研究上最普遍的專有名詞（薛方杰，1996）。學校建築一直是建築學研究的核心範疇，舉凡學校的新建、改建、修繕、營建與教學需求等皆為重要的研究命題。過往對於「學校建築」的探討傾向於學校領導者與建築師的權責，空間規劃特性依隨領導理論產生不同的規劃與設計形式。1900至1935年為科學管理理論時代，視人為機器的一部分，組織優於個人，強調管理目標達成。學校建築空間規劃特性，以領導者及行政為中心形成眾星拱月的建築設計形式，學校充滿象徵性霸權符號與階層設計的環境形式。1935至1950年為人群關係理論時代，重視人類行為、價值及非正式組織，強調組織發展與需求的滿足。學校建築空間規劃特性，尊重個人隱私，重視親和性設計，以減少環境對人造成的壓力。1950至1970年代屬權變情境理論時代，強調權力的調適，學校建築空間規劃特性，重視空間本身特質與彈性設計，領導者具有彈性運用空間的能力。1970年代為轉型領導理論時代，強調組織願景，提昇組織成員的潛能與表現，學校建築空間特性，在彰顯學校的願景，因此，鼓勵參與式的空間規劃設計，重視小組重組的環境設計，以鼓勵差異與第三空間的構築。二十世紀60年代形成的混沌理論，企圖整合各種內在關聯性，對於學校建築重新詮釋與活化，重要的觀念包括：1. 從心理、物理環境的覺察來活化校園建築；2. 從檢查溝

通系統來活化校園建築；3. 從鼓勵參與變革的計劃過程來活化校園；4. 從發展一個變革成功的案例來活化校園建築；5. 從尋找變革推動者的吸力系統來活化校園建築；6. 從有關變革的正反向力量來活化校園建築；7. 從解除目前的平衡狀態來活化校園建築（王滿馨，2011；陳木金及溫子欣，2008）。

　　早期的研究探討多侷限在建築專業者，1999年之前我國學校建築相關研究中，對於學校規劃設計理論及規範的研究著作較多，對於學校建築工程實務與教育理念結合的相關理論研究較少，其中又以學校建築之相關基礎研究及程序架構的研究更為稀少（蔡培村，1979；黃世孟，1989；林勤敏，1991；鄭文隆，1994；薛方杰，1996）。湯志民（2006）在《臺灣的學校建築》一書中提及臺灣自光復以後（1945年以後），臺灣學校的建築發展可分為四階段：1. 50年代的各級學校設備如校地配置、校舍建築、普通教室、運動場地、學校庭園及附屬設施等，有具體標準規定；2. 60年代國中校舍設計特色為波浪式屋頂及標準配置，及其後來九年國民教育實施後，需大量校舍，學校建築形成單一性；3. 70年代產生大量「危險教室」，校舍積極維修、改建、重建；4. 80年代各級新興學校產生，如廣設大學，許多新興中小學也迅速發展，宜蘭縣更首創全縣中小學校園更新，成為臺灣學校建築更新發展的新典範。5. 90年代因921大地震，教育部積極推展「新校園運動」，揭開學校建築的新面貌。近年來，由於教育改革、世界環境保護運動興起，更興起永續校園、綠色校園、健康促進校園、友善校園等各種校園環境改善運動（何昕家和張子超，2011）。據此，學校環境的規劃與設計，從行政中心轉為教學中心，從教師中心轉為學生中心，視學生學習成效為教育成效指標。湯志民（2009，2010）針對學校建築與規劃，指出臺灣學校建築在未來十年，優質校園規劃與營造的新方向，包括安全校園、健康校園、人文校園、藝術校園、自然校園、科技校園、學習校園與生活校園。

　　另就近年美國、英國與日本等先進國家學校建築政策發展進行瞭解，美國眾議院於2009年5月14日通過「二十一世紀綠色高節能公立學

校設施法」（21st Century Green High-Public School Facilities Act）法案，提供學校綠色教室建築經費，並從2011至2015年持續撥款，資助各州改善與維修校舍，使學校的環境能更健康與安全。並提供虛擬科技，進行電腦綠化行動，開設多個網路互通與連絡的公共使用區，以縮減不必要的學校建築和教室的建造。英國教育與技能部於2003年開始實施「為未來建設學校計劃」（Building Schools for Future, BSF），該計劃是英國近五十年來最為龐大的單一性教育投資計劃。並於2010年直接撥款至學校，學校可視實際需求直接改善教室、科學實驗室與體育室等，後英國遭受金融風暴襲擊，使得信貸緊縮、經濟衰退，許多建築承包商面臨極大的挑戰。日本近幾年不斷推展綠色學校、強化學校耐震補強措施，日本學校新型態的設計理念包括教學空間靈活設計、交流場所人本設計、生活場所溫馨設計與生態學校的持續設計，日本對學校建築營造，除考慮教學需求外，並欲求學校建築能成為師生間、學生間人際交流互動的場所，使學校建築能永續經營並能融入自然生態理念中（陳浩，2009；Committee on Education and Labor, 2009）。

二　相關理論與方法

　　學校建築的教育目的乃在探討學校內部空間使用人的感受，基本上是對學校空間進行教育意圖的探究。Durand或許是第一位企圖利用建築形態學的研究來發展一套嚴謹設計系統的理論家，研究結果重視時空的超越性，不涉及時間、地理、文化因素。Dickens在研究中更精確利用幾何圖型來定義建築類型，分析空間形式變化頻率，並藉由統計學來檢驗在每一個時期，所發生的平面形狀、大小和通道的類型，而這些檢驗將顯示不同時期空間之間的連結意義（劉貞貞和劉舜仁，2007；Steadman, 1983）。但在教育觀點上，不同時空、地理與文化對教育的影響卻非常深遠，以近年臺灣教育發展為例，在量的方面有顯著增長，但在教育品質的提昇仍不夠理想。因此，吳清基（1988，2006）提出精緻教育理念，並界定精緻教育的內涵規準是卓越性、績效性、科技性與創新性。在卓越性上不僅要求擁有，更要求美好；不僅要求量的

擴充，更要求質的提昇，讓大家都能有最大機會實現自我潛能。在績效性上，不僅重視教育內容的附加價值並重視提昇教育實施的過程績效。在科技性上，精緻教育的推展，結合尖端科技以改進教育實施的品質。在創新性上，精緻教育發展應具有永續性與創新性，以求教育的實施能配合時代之需求。優質學校經營指標在校園營造上，重視安全校園、人文校園、自然校園、科技校園、藝術校園與健康校園。優質學校的形成，始於領導並配合學校的行政管理、課程發展、教師教學、學生學習、專業發展、資源統整、校園營造及學校文化，以達成優質的校園學習環境。

　　精緻教育理論觀點包括經濟學理論、社會學理論、哲學理論與行政學理論。在經濟學理論主要的觀點是「成本－效益分析」、「生產力的投入－產出」、「教育機會成本」與「績效責任」。成本－效益分析包括三方面：1. 用成本作為分析教育經費與支出的依據，據以推計教育制度未來可能發展的趨勢。2. 發揮成本運用的經濟價值，使短絀的資源作最有效的支出，期使教育的質與量能作適當的配合發展。3. 再謀求成本負擔的公平原則，多方開闢教育財源，廣籌教育經費。其次，教育人員應如何提供良好的學習環境，裨利學生作最有效的學習，包括：1. 培育具有專業知能與敬業精神的教師；2. 提供最現代化的設備環境與具人性化的學習環境；3. 具有彈性的民主制度；4. 熟練有效的學習方法；5. 提供充裕的教育經費與合宜權變的行政措施等，皆是有助於學生提高認知、技能與情意的措施。在教育機會成本與績效責任上能深入瞭解課程標準的涵義，在教材教法上多用點心思，使學生學習成效能比預期的提昇。在教育目標追求上，除認知層面外，同時能兼顧技能層面學習與情意層面學習。在社會學理論的主要觀點是「教育機會均等」、「社會文化」與「潛在課程」，亦即：1. 要求投入更多之教育經費，改善教育環境設施，獲得高品質的教育結果，以實現教育均等的理想。2. 提供學生良好的學習文化刺激環境，從學生次級文化體系瞭解，從而提供滿足學生學習需要之知能活動，讓學生有較好的感受與心得。3. 透過潛在課程的重視，使教育活動更具深遠影響，使教育產出

的品質更為精緻有效。在哲學理論的主要觀點是「多元價值」、「止於至善」與「我-汝原則」，亦即從：1. 多元價值體系的建立，刺激人們對教育發展之期待改變，從重量趨於重質之理念的改變，正是導致精緻教育發展主要的原動力；2. 是止於至善理念的力行實踐，以鼓勵人們不斷鞭策對推動教育進步的決心；3. 我－汝原則的積極重視，視學生為一個人，隨時隨地以學生的權益為考慮，以學生的教育品質提昇為依歸。在行政學理論的主要觀點是「組織效能與個人效率」、「通權達變」與「目標管理」。精緻教育在導向學校組織目的方面，期望有「高效能」的教育結果，在導向個人目的方面，也期望有「高效率」的教育成果。提供良好進步的學習環境及增進學生卓越學習，應是精緻教育核心目標所在。其次，要能通權達變，賦予彈性自主機會，以配合時代社會潮流。再者，教育要求精緻化發展，自然應作有效的目標管理，一切教育活動應能達成學生在認知、技能與情意學習。在教材、教法、師資、環境、設備與法令調適上，都以有效培養高品質高能力的學生為目標（吳清基，1988，1990）。

在學校建築研究中，學校建築對學生的學習成效是目前研究發展趨勢，而精緻教育理念能清楚界定學生學習的展望及組織體制優質的運作模式。藉由精緻教育理念探究宜蘭縣優質學校建築與設施及其對學生學習的影響，將能再次使宜蘭縣國民小學學校的建築成為「臺灣新精神代表」。

參 研究方法

一 研究範圍和對象

本研究範圍以宜蘭縣國民小學為母群，係因宜蘭縣為全臺第一個以有計畫性實施校園規劃之縣市，代表臺灣校園的新典範。樣本的選取上依樣本的「代表性」與「重要性」原則來決定。質性訪談對象係以宜蘭

縣教育處長所挑選的25所國小為主，選取的標準包括：1.能代表宜蘭縣12個鄉鎮；2.學校建築與環境規劃符合精緻教育理念的運用原則；3.學習環境曾在全縣性或全國性受肯定與獲獎的學校。焦點團體訪談對象，係以25所學校的校長、主任與教師作為受邀請對象。此外，並挑選30所學校作為量化問卷施測對象，選取標準包括：1.學校建築環境能啟發學生的創新性、績效性、卓越性與科技性學習；2.學校建築正在新建、改建中，並具有整體規劃理念；3.能代表宜蘭縣12個鄉鎮的學校，以此標準作為問卷施測與分析對象。

二 研究方法

本研究將透過個別訪談、焦點團體訪談、用後評估，來瞭解學校空間使用人及建築與教育之專業人員對學校建築的需求與看法，具以形成學校建築的建構法則。針對此建構法則的適用性再進行普遍性的問卷施測與分析。在建築研究上，質性研究是關於建築的本質探討，是一種研究空間與學校建築問題的方法學，經由質性敘述，能瞭解與比較學校建築的特質。量化研究在使所歸納的特質與條件能接受普遍性的肯定與運用，研究的結果可作為宜蘭縣國小學校建築的參考指標。

三 分析內容與方法

以精緻教育理念探討學校建築需求，是一種從學生學習角度分析學校建築空間的深層意涵，而這種分析方法在探究學校建築空間使用人的想法，藉以找出潛藏在學校建築表象下的關係與問題，此種內在邏輯包括：1.有效達成學校教育目標、有利提昇學生學習品質；2.能建立多元價值並積極達成我—汝原則的力行哲學（以學生的權益作為考量）；3.增加教育經費以改善教育環境，經費不足則調整教育措施以利學生學習；4.提供良好文化刺激以滿足學生知能活動，透過潛在課程以影響學生的身心發展。

因此，在本研究中將以精緻教育的理念進行實地個別訪談，以探討

學校建築空間使用人對環境的用後評估與感受，進而邀請受訪者齊聚一堂進行焦點團體對話，以尋找共同的理念與想法，再將此原則提請專業人士進行內容修正。最後，對呈現出來的原則進行問卷調查，以瞭解所建構的原則在宜蘭縣各國民小學的適用性，並作為宜蘭縣國民小學學校建築的運用準則。相關的分析方法包括質性研究分析、量化研究分析與用後評估。

在質性研究分析上，以紮根理論進行資料編碼，訪談日期因係屬於西元同一年（2010年），省略年只以月日表示。資料蒐集對象包括職稱碼、性別碼。職稱碼以P、M、T、t表示，P代表校長、M代表主任、T代表老師、t代表學生。性別碼分為男性與女性，男性以m表示、女性以g表示。資料取得途徑包括訪談日期、鄉鎮碼、班級碼。鄉鎮碼從A至L，A代表宜蘭市、B代表羅東鎮、C代表頭城鎮、D代表礁溪鄉、E代表員山鄉、F代表壯圍鄉、G代表五結鄉、H代表冬山鄉、I代表三星鄉、J代表大同鄉、K代表蘇澳鎮、L代表南澳鄉。同一區鄉鎮有2所以上受訪學校，則在英文字母旁以下標小寫阿拉伯數字表示，如A1代表宜蘭市第一所學校、A2代表宜蘭市第二所學校。班級碼以Z表示，不同規模大小之學校類型，因國小有六個年級故以6為主進行班級規模編碼，並在英文字母旁以下標小寫阿拉伯數字表示，如1-12班的小型學校以Z1表示、14-36班的中型學校以Z2表示、37班以上的大型學校以Z3表示。學校位置碼以Y表示，都市學校以Y1表示、都市邊緣學校以Y2表示、鄉下學校以Y3表示及山地鄉學校以Y4表示。

在量化研究分析上，本研究問卷採Likert之5點量表判斷宜蘭縣國民小學學校建築問題發生情形，以「經常發生」者為5分，「較常發生」者得4分，「可能發生」者得3分，「較少發生」者得2分，「完全不發生」者得1分。在策略上以「完全同意」者得5分，「非常同意」者得4分，「大致同意」者得3分，「不太同意」者得2分，「完全不同意」者得1分。問卷回收後為保持問卷資料的可靠性，凡是資料殘缺（未完整作答）或胡亂作答（規則性作答或連續一致性反應），一律剔除；剔除廢卷後，依學校類別進行編碼，並使用SPSS/15版套裝軟體登

錄於電腦軟體上，隨後進行統計分析。

　　以用後評估分析學校建築空間使用人對空間與設施做各種有關功能方面的調查，以瞭解使用者對學校建築的使用感受，主要目的在及早檢視現有建築物的問題，讓建築師、管理單位與使用者本身瞭解設計構想與使用者的需要是否符合，並對日後宜蘭縣國民中小學之學校建築提出建議，亦可讓建築師瞭解社會的新需求（薛方杰，2003）。

肆 研究結果

　　本研究主要分析焦點有二項，其一是學校建築規劃長久以來的困境與問題；再者，是針對此困境與問題找出解決方針，並就優質化學習環境之規劃與設計進行理念的澄清與條件的探究，以提供未來學校建築環境規劃與設計者參考指針。

一 宜蘭縣國民小學學校建築規劃長久以來的困境與問題

　　學校建築一定會受校園規劃過程與經費使用的影響，宜蘭縣以有限的教育資源，要推動長遠的校園建築更新計畫，及具有前瞻性的教育理念，依本身的財源是無法負擔的。但宜蘭縣政府卻統整每年的經費預算，分年分期進行各國中小校園建築的更新，創造出適合蘭陽氣候的現代學校建築風格。除了政府公部門在公共工程與重大建設的永續堅持外，對於建築理念的考量也是關鍵因素（游春生和許添明，2003）。然而，直至今日，宜蘭縣國民小學建築有些問題仍存在，有待我們作進一步的探究。

(一)學校建築經費問題

　　宜蘭縣校園建築雖被譽為「臺灣新精神代表」與「臺灣的新典範」，在歷任縣長整體規劃理念堅持下，將經費化零為整，始得創出建築之美。然建築標準與經費使用存有時間壓力，往往規劃比不上變化，致影響教學使用效益。且建築有其使用年限，經一段時間後，問題

就會出現。建築也不只是美觀或整體規劃即可，許多規劃理念未考慮到地理、人文因素，容易造成後續維護問題。如宜蘭縣有許多臨海學校，不適宜以金屬作為建築設施，因為鐵的設計容易生鏽，將造成學習環境嚴重受損問題，遇此問題的學校並不少。此外，宜蘭縣城鄉差距大，城市學校以宜蘭市、羅東市為主要分布地點；而大多數國小均分布在鄉下與偏鄉，學習資源形成強烈對比。本項問題，訪談獲得三項重要看法：1.學校建築規劃維護經費不足，教學設施品質堪慮；2.學校空間規劃受限於建築標準與經費，影響教學使用效益；3.城鄉差距大，偏鄉資源與人力嚴重不足，學習環境規劃受限，重要的看法如下：

> 建築不只是美觀而已，後續維修費問題，才是學校頭痛的問題。就像我們學校有許多教室屋頂或屋簷是鐵的設計，非常容易生鏽，考漆版又只有一家廠商出產，常耽誤到維修時間。每次上課就形成水池……（訪524K2Z2Mm）

> 學校體育館問題是金屬與硬體材質太多，不僅是生鏽問題，內部的迴音也是一個問題（訪430D1Z2Pm）。

> 時間因素會使我們考慮先送計畫再說，把經費爭取過來再談細部設計問題，因預算存有時間壓力，往往無法與校內老師作討論，因此，無法提供優質的教學規劃設施（訪421A1Z3Mg）。

> 教育部會計單位是以執行率來決定明年的補助經費，錢沒有了，再好的規劃構想都沒有用。經費的核撥是依照教室數與樓地版面積去估算，當學校建築想建成不同樣式時，就很難申請到經費，比如說，我們新建大樓想依自然形狀蓋成五角型，這對學生的學習效果比較好，但似乎無法申請到經費（訪428B2Z3M2m）。

山地鄉家庭社經地位低，學校責任就更重了，但學校周圍學習環境不利，教育要成長，就更要關心偏鄉孩子的學習環境（訪514L1Z1Pm）。

偏鄉學校學生學習本身被限制，環境刺激少，又因父母離異，孩子放學回去，只能面對年邁的祖父母，對學子的學習產生很深的影響（訪514K2Z2Pm）。

(二)學校建築空間設施問題

宜蘭縣國中小學校建築空間設施問題不只是本身規劃設計問題，也受時代變遷所影響。宜蘭縣大多數學校以無圍牆設計校園，雖使學校與社區融為一體，但也造成校園安全維護不易、教學環境容易受損等問題。在九年一貫課程實施後，課程議題不斷增加，學校教學研究室、專科教室與圖書館的硬體與軟體設施不足，城市學校尤其嚴重。但近年少子化問題在宜蘭縣某些國小也產生許多校園閒置空間問題，且以鄉村與偏鄉學校較為嚴重。有關學校建築空間設施問題，訪談獲得五項重要看法：1. 校園開放使用，教學環境容易受損；2. 學校教學研究室、專科教室與圖書館設備不足；3. 課程議題不斷增加，教學環境仍是分科教學；4. 學校少子化情形逐漸嚴重，校園閒置空間增加；5. 學校空間規劃對教師教學沒有實質助益，重要的看法如下：

開放校園維護真的不易，因為有許多青少年及社區居民會來學校抽菸與吃檳榔，破壞學校設施，造成教學使用問題（訪524K2Z2Pm）。

學校屬於開放空間，社區居民下午3:00多就進來坐，成人在夏天會脫掉上衣，國中也會進來打架鬧事（訪513C2Z1Mm）。我們全校只有三間實驗教室，68班扣掉沒有自然課，中年

級和高年級加起來將近40班，我想做實驗不方便，變成要在教室做，可是教室的環境不適合作實驗，它有危險性（訪426B1Z4Tm）。

體育館教學場地比較不好，自然專科教室是從普通教室改成的，並沒有針對專科教室規劃，英語教室也是從普通教室改成（訪512G1Z2Mg）。

我們缺乏美勞教室，自然教室實驗的空間也不完整。沒有水槽，小朋友要使用水槽也不容易使用，原來規劃的音樂教室也不夠（訪503D2Z2Tg）。

我覺得有固定場館會比較好，可以做更好的教學佈置與設施固定。沒有固定的場館，就必須依課程做適時更換與調整（訪512G1Z2Tm）。

沒有溝通的平臺，我們教學單位不知道行政有什麼經費可以用；行政單位也不知道教學單位需要什麼教學設施，所以學校的藝術人文與自然科技教學環境不是很ok（訪503D2Z2Tg）。

九貫課程最大的困擾是課程議題不斷的增加，像海洋教育、國防教育，要老師自編教材也很難（訪428B2Z3Pm）。

議題太多，能不能由上頭直接統整課程，大家都覺得每個議題都重要，上面只要加一個字，下面就多很多頁，學校課程就放不下（訪524K2Z2Pm）。

(三)學校建築知識能力問題

　　學校建築的規劃與設計是相當專業化的工作，英美國家在各地方教育行政機構中，各置有學校建築的行政機構，或設置學校建築顧問（school building consultant），主持學校建築的計畫工作，並隨時連絡行政當局的諮詢，及擔任與建築師間的連絡工作。國內設計是由建築師一手策畫完成，然建築師不一定就懂得教學原理而創設出一座符合教學情境的建築物；學校負責監督建築施工的學校行政人員（校長、總務主任及有關人員等）也未曾受過學校建築的專業訓練。學校建築屢見弊端的主要癥結在於缺乏學校建築專業人才的參與，主事者又無計畫觀念與基本規劃素養（林勤敏，1991）。薛方杰（1996）在國民小學學校建築規劃與設計流程中提及大多數學校的興建工作完全是由校長（籌備處主任）負責，從校地徵收、規劃、設計、監造、溝通協調、驗收、經費、申請文書、請案……等大小事情都需一手包辦。在學校建築興建過程中牽涉了許多法令、規章、地政及建築、土木等領域的專業知識，要求一位專長是教育的校長，對於以上領域都能深入瞭解並加以掌握，實在是一件非常艱困與不合理的任務。因此，學校環境規劃領導者與行政人員專業能力與所學差異太多，無法監督是目前學校普遍存在的問題。本項問題，訪談獲得四項重要看法：1. 學校建築規劃未考慮事後管理，造成用後難以經營；2. 校長、教師兼辦總務行政工作，建築專業知識不足，亟需協助；3. 校園環境不重視藝術人文與自然科技的建築規劃與設計；4. 學校人力與知能不足，學校建築忽略教學環境的規劃與設計，重要的看法如下：

　　　　之前我是總務主任，學校的營建法規，營建相關事項，畢竟不是老師的專業，我是覺得學校環境在規劃之前就應該有整體構思，不然建好之後就無法處理（訪519H1Z1Tm）。
　　　　我來之後體育館已經規劃完畢，發現之前缺乏專業背景規劃，變成目前體育館規劃不適合學校整體使用。這種體育館夏天沒

有人敢進去，體育館在東邊，旁邊還有教室，風沒有辦法進去（訪429A3Z3Pm）。

學校建築專業部分我們不夠，但會提出需求和現況供建築師參考，蓋這棟建築物時，校長、總務主任都與建築師會溝通，但有些建築師的理念非常堅持（訪426B1Z4Mm）。

建築師的理念雖強，但我會站在學校的立場、老師的立場與學生的立場去和建築師談，我們會賦予每一棟建築物的教學生命，但我這方面建築知能不足，希望縣政府能提供更多相關資訊（訪524K2Z2Pm）。

(四)學校建築參與度不足問題

國民小學的教育設施規劃當中，規劃者常以最簡化的方式讓學校空間脫離使用者的「主體性」，學校的教育設施大多以「行政」和「標準化」為主作考量，很少考慮讓「師生參與」，自然無法滿足使用者師生的需求。若從服務的觀點來看，國民小學的教育設施規劃集中在少數人的手中，尤其是校長與總務主任具有主導權，未顧及學校教職員和學生的意見，忽略顧客至上的理念（陳志修，2004）。再者，空間規劃很少人會思考對師生的使用及影響，一般人想到空間規劃，只想到有多少錢能蓋東西，從來不會想到蓋一所學校，跟課程、教學，以及人在裡頭所有活動運用之間的關係（湯志民和吳佩君，2005）。本項問題，訪談獲得二項重要的看法：1. 學校提供教師參與教學環境規劃與設計的機會不多；2. 教學空間用後評估未受重視，教學環境改善有限，重要的看法如下：

一般學校教室的設計是以建築師理念為主，除非你遇見他，就像這棟教室要做櫃子，我剛好在這裡，我就會告訴他我想要的樣式，他就會去問校長然後再照我所說去做，大家空間使用上

就會比較方便（訪503D2Z2T）。

老師本身工作都很忙碌，要讓老師有機會參與，就要有一段的空閒機會留給老師做這方面投入。否則你要老師挪出空閒的時間並不容易。因為老師光改作業就做不完了，你要他去投入，不可能（訪426B1Z4Tm）。

當初規劃，老師的參與並不多，只有幾個行政者參與。其實，教室內的櫃子與教學空間的規劃應該聽聽老師的意見。比如我們想要一個怎樣的花圃，讓我們的孩子可以上生活課、上自然課。學校空間規劃老師應該去參與，才能建置出對孩子有利的學習環境（訪524K2Z2Tg）。

二 以精緻教育理念探究宜蘭縣國民小學建築問題

本研究以精緻教育理論觀點作為學校建築問題解決策略之文本，並以焦點團體訪談作為研究法，是一種藉由學校教育實務工作者彼此對話互相共構而成的深度訪談方法，能彙整個別訪談所得資料，再加以評估、檢證、補充與歸納。焦點團體訪談主持人之推選，係由吳清基教授敦請簡茂發教授擔任，因研究所需，另邀請宜蘭縣政府教育處陳處長登欽，及宜蘭大學薛教授方杰等學者專家與會指導。實施日期是2010年6月14日與6月15日，一共舉辦三場的訪談，受訪校長、主任與教師依時間分不同場次進行座談。

本研究參與焦點團體訪談的受訪者分別來自宜蘭縣12鄉鎮，包括12位校長、4位主任及4位教師。代表學校規模不限於同一性質，含括大校、中校、小校，有男性也有女性，背景資料擁有完整代表性，訪談內容非常具有貢獻性。因此，焦點團體訪談不僅對本研究相當重要，亦提供宜蘭縣國民小學與縣政府教育處之間有一完整對話機制。本研究就精緻教育理念觀點探討目前學校建築問題的應對策略，分項說明如

下：

(一)精緻教育理念對學校建築經費之看法

本研究以精緻教育經濟學理念觀點的「成本—效益分析」、「生產力的投入—產出」、「教育機會成本」與「績效責任」進行焦點團體訪談討論。本研究獲得八項共識：1. 行政應重視經費運用效率並能整合學習資源；2. 行政應積極爭取中央補助經費及專案計畫；3. 行政應對學校整體環境規劃有前瞻與策略；4. 學校經費運用應以學生學習需求為主並提供教學創意；5. 學校計畫申請與經費支用應落實學生基本能力學習；6. 縣政府應對偏鄉投入更多專業諮詢與人力、物力支援；7. 縣政府應編列學校環境規劃預算，推動學校與社區融合運動；8. 縣政府應對學校閒置空間與老舊校舍編列預算。此外，對經費的運用另有一些深入的看法：

> 我覺得計畫競爭法可以整合相關資源，我們教育部有很多的專案計畫，如科學專案計畫、永續校園計畫，這些計畫可以透過申請。其次，就是怎樣與學校所在社區作資源結合（焦614I1Z1Pm）。

> 有關宜蘭縣國民小學優質教育學校環境規劃，早期定有「校園整體規劃政策之執行」已告一段落。建議訂定「宜蘭縣校園整體規劃第二期中、長期發展計畫」，整體檢討與規劃全縣各學校環境規劃。縣府能編列學校環境規劃預算，對於全縣技能發展會有更好表現。並且在各社區、村、里「活動中心」、「圖書館」，建立「學校、社區融合化」政策，實踐「學校即社區、社區即學校」的理想（焦614D2Z3Pm）。

> 臺北市每個校長上任時，都有一筆經費申請（約200萬-400萬），宜蘭縣編了二千萬都是假的，因為教育處沒有錢。扣除

人事費，我一年花不到100萬（焦614J1Z1Pm）。

每一個學校運用經費或是消耗經費的模式都會不同。申請計劃時應與課程結合，這是教育部裡與教育處裡審核把關的關鍵，並且加以落實！是基於怎樣的立足點去申請這筆經費？必須有這筆經費去作改善。在硬體方面，在軟體方面提供課程需求。才能有效把每一分錢花在刀口上。但目前看到的現況是錢來了，就把它花了！買了就裝了吧！就找人驗收吧！（焦614A3Z3Tg）。

(二)精緻教育理念對學校建築空間設施之看法

本研究以精緻教育社會學理念觀點的「教育機會均等」、「社會文化」與「潛在課程」進行焦點團體訪談討論。本研究獲得八項共識：1. 學校環境規劃設計應配合學生身心發展與學習歷程；2. 學校環境規劃應具備隨時代調整之彈性；3. 學校課程配合當地文化與社區環境；4. 學校建築具有安全健康、自然科技與人文藝術特性；5. 學校建築具備節能減碳、省水資源之生態永續性；6. 建築空間應依社區風貌與學校願景，建立多元學習空間；7. 學校建築特色配合周邊環境文化特色，成為教學資源；8. 縣政府應輔導招生困難學校，規劃為特色學習環境。此外，對學校建築的運用另有一些深入的看法：

美國優質學校定義是激勵學習與創造社區意識，並提供成長與發展的環境。因此，應從安全校園、人文校園、自然校園、科技校園、藝術校園與健康校園著手（焦614J1Z1Pm）。

我們辦教育，應該想到孩子想要的是什麼？我們要思考的是好的環境建置應如何？我結合教育與金錢消費，讓孩子樂在其中進行多元學習。我的願景包括科技、人文、藝術及生活，有心

把學校融入校園生活中。再來，有幾個策略，就是用科技解決消費流程，讓教育與環境結合（焦614B1Z4Pm）。

目前校園教學空間規劃與思考方向，應從多元教學空間、教學研究空間、人性化空間、創意空間及社區共用的角度作規劃思考（焦614J1Z1Pm）。

學校老師有生態專長的興趣，就把它融入在自然領域的教學裡頭，後來我們把蝴蝶生態寫在課程計畫裡面並把教室佈告牆裝置為蝴蝶專科學習牆。作為三年級升四年級的特色課程。把這些寫在特色課程裡頭並作一個完整教學流程。這位老師熱誠分享他的教案與教材，並讓每位老師接到這個課程時都可以教，也可以活用學校教室的空間與環境，學生隨時可以觀察到蝴蝶的生態成長（焦615J1Z1Mm）。

我們學校的圖書館和特色課程結合在一起，以原住民的經費，作一些特色牆和一些學生作品展示櫃窗，有一些編織作品和藤編。因為學校教室不夠多，所以會活用各間教室的功能（焦615J1Z1Mm）。

少子化之後，普通教室會增多，普通教室變成專科教室其實需要經費去加強，例如音樂教室用普通教室會變成很吵雜，所以需要有吸音牆的設計，自然科教室需要一些操作用的桌子，所以要加強的是專科教室應有的設備（焦614H2Z2Tm）。

(三)精緻教育理念對學校建築知識能力之看法

本研究以精緻教育哲學理念觀點的「多元價值」、「止於至善」與「我—汝原則」進行焦點團體訪談討論。本研究獲得七項共識：

1. 優質學校團隊有助於學校成為優質學習環境；2. 學校行政重視事前預防，減低事後管理成本；3. 行政人員應廣納意見，規劃建置教學設施；4. 行政人員應積極推動專業團隊，重視愛與關懷文化；5. 行政人員應思考學校周邊環境文化以納入學校建築；6. 縣政府建置學校建築專業團隊，提供學校成員諮詢；7. 縣政府規劃適切性研習課程，提供學校建築需求用。此外，對學校建築知識不足的加強另有一些深入的看法：

> 學校是一個平臺和舞臺的概念，平臺包括學校組織的行政、教學、還有社區各方面。連結內外、上下以發揮這個平臺，讓親師生都有舞臺。使每一位在這個場域的人都被尊重及獲得資源，行政要提供資源，讓每一位師生都有平臺和舞臺，有資源和尊嚴（焦614B3Z3Pm）。

> 目前學校環境規劃模式是用集體討論方式，學校申請永續校園環境偈部改造計畫，學校會有永續小組，採集體領導概念，課程會和計畫結合。這個計劃就必須在課程裡先鋪陳架構，而且在教育部與教育處都會去審核這一關，不會隨便把經費撥下來（焦614C1Z2Tg）。

(四)精緻教育理念對學校建築參與度不足之看法

本研究以精緻教育行政學理念觀點的「組織效能與個人效率」、「通權達變」與「目標管理」進行焦點團體訪談討論。本研究獲得七項共識：1. 行政人員應廣納學校成員意見，規劃建置教學設施；2. 學校建築與教學環境規劃設計過程，應提供教師參與機會；3. 建置教學環境設施應由教學團隊與行政團隊共同決定；4. 教學空間規劃前，提供教師與建築師互動機會；5. 教學團隊積極推動愛、奉獻理念，提昇學校教師參與熱誠；6. 縣政府應整合縣內行政資源，促進學校建築團隊

間的支援；7. 縣政府建置教學資源網絡，提昇成員對學校建築的參與度。此外，對學校建築參與度的建議另有一些深入的看法：

> 優質教育學校環境規劃應著重在邀請相關人員參與，並且結合社區發展協會推動與社區有關的活動。重要的內容，如積極推動學校團隊組成、提供學校團隊各項資源、發展團隊知識分享機制、形塑校園團隊學習文化、建立獎勵機制（焦614J1Z1Pm）。

> 優質教育資源最重要的是高素質的教師，教師專業發展是重要的關鍵力量。培養每位教師都能反思並剖析自己的教育實踐，且不斷超越自己的教育境界，因此，提供教師參與教學環境規劃與建置的機制非常重要（焦614J1Z1Pm）。

> 讓教師具有教學熱誠，我個人認為有一些思考的面向，讓老師對學校核心價值忠誠。讓每一位忠誠的夥伴具有某一方面專業去引領其他夥伴，並能與人分享。再者，以忠誠、人脈和專業在組織上作思考。讓公平、正義建立組織基礎，提供教師參與機制（焦614B3Z3Pm）。

> 行政在開完會議之後，就決定事情了，根本來不及讓老師表達意見。比如說攜手計畫，我們給他們回饋，常說：人員呈報了、計畫也送了。我覺得通常是來不及反應，應在規劃之前讓教師參與（焦614A3Z3Tg）。

三　學校建築問題及精緻教育理念對學校建築問題預測之統計分析

本調查表分為三大部分：第一部分是基本資料，包括服務年資、

職務類別、學校規模與學校位置;第二部分是結構式問卷內容,包括「宜蘭縣國民小學學校建築環境規劃問題」、「宜蘭縣國民小學學校建築環境規劃應有之條件」。本問卷旨在瞭解宜蘭縣國民小學教育現場實務工作者之校長、主任與組長、級任教師與科任教師對所建構的細項內容之看法,計研擬出44題。做答方面採Likert的五點量表方式計分,優質學校建築條件以「完全同意」者得5分,「非常同意」者得4分,「大致同意」者得3分,「不太同意」者得2分,「完全不同意」者得1分。學校建築問題以「經常發生」者為5分,「較常發生」者得4分,「可能發生」者得3分,「較少發生」者得2分,「完全不發生」者得1分。本問卷擬題完成後,以宜蘭縣12鄉鎮各一所學校之校長、教務主任、總務主任與4位教學表現優異的教師進行預試填答,施測時間為2010年10月11日至25日,回收後並刪除無效問卷,共得有效問卷78份。預試後所得之有效問卷,經項目分析,以量表總分上下各27%作為高、低分組,分別求出各題目的臨界比(critical ratio, CR),作為篩選之依據。本研究以結果進行項目分析,分別求出,再將鑑別力較小,臨界比未達4.00之題目予以刪除。本問卷經過項目分析考驗後,各題臨界比均高於4,能充分反應宜蘭縣國民小學實務現場工作人員的需求。本問卷編製完成後,委請有關學者專家作內容效度(content validity)之評定,再針對問卷中的每一題之必要性與文字呈現之合適性作一詳細的評判,對於文字不恰當處給予修正,據以修正成正式問卷並進行施測,施測結果經統計分析如下:

(一)不同背景變項受試者對學校建築問題之看法

為瞭解不同背景變項對學校建築問題之看法,分別以學校建築經費問題、學校建築空間設施、學校建築知識能力與學校建築參與度不足等問題作為依變項,以服務年資、職務類別、學校規模與學校位置作為自變項進行統計分析。表1為不同背景變項對學校建築經費問題之看法,統計分析顯示不同服務年資對學校建築經費具有顯著差異,且以5-10年高於11至15年;而不同學校位置則具有非常顯著差異表現,且鄉村地

區與偏鄉地區的學校建築問題之嚴重性高於城市地區的學校。表2為不同背景變項對學校建築空間設施問題之看法，不同變項之服務年資、職務類別、學校規模與學校位置，均不具顯著性差異，代表目前宜蘭縣各國小在學校建築空間設施問題，彼此間差異性不大。表3為不同背景變項對學校建築知識能力問題的看法，在服務年資與職務類別不具有顯著差異，但在學校規模與學校位置則有顯著差異，在學校規模上以1至13班的小校問題高於14至36班的中校；在學校位置上則是鄉村學校的問題高於城市學校的問題。表4為不同背景變項對學校建築參與度不足的問題，服務年資與職務類別雖具有顯著性，經事後比較分析（Scheffe分析法）並不明顯，但在學校規模上，仍是以1至13班的小校問題高於14至36班的中校。

表1　不同背景變項對學校建築經費問題之分析摘要表

統計量數 變因	職務類別	N	M	SD	變異數分析摘要					事後比較
					變異來源	SS	df	MS	F值	
(一)服務年資										
	(1) 5年以下	17	10.76	2.61						
	(2) 5-10年	58	10.93	2.42						
	(3) 11-15年	39	9.28	2.58	組間	66.97	3	22.32	3.60*	(2)〉(3)
	(4) 15年以上	64	10.34	2.45	組內	1079.11	174	6.20		
	全體	178	10.34	2.54	總和	1146.09	177			
(二)職務類別										
	(1) 校長	24	10.70	2.07						
	(2) 主任與組長	89	9.96	2.44						
	(3) 級任教師	51	10.94	2.68	組間	36.48	3	12.16	1.907	
	(4) 科任教師	14	9.92	3.07	組內	1109.60	174	6.37		
	全體	178	10.34	2.54	總和	1146.09	177			

（續）

(三) 學校規模		N	M	SD	變異來源	SS	df	MS	F值	事後比較
	(1)1-13班	99	10.55	2.52						
	(2)14-36班	47	10.27	2.63	組間	14.77	2	7.38	1.143	
	(3)37班以上	32	9.78	2.47	組內	1131.31	175	6.46		
	全體	178	10.34	2.54	總和	1146.09	177			
(四) 學校位置										
	(1)城市地區	55	9.32	2.65						
	(2)鄉村地區	103	10.75	2.42	組間	83.05	2	41.52	6.83**	(2) ＞ (1)
	(3)偏遠地區	20	11.00	2.10	組內	1063.04	175	6.07		(3) ＞ (1)
	全體	178	10.34	2.54	總和	1146.09	177			

*p < .05　　**p < .01

表2　不同背景變項對學校建築空間設施問題之分析摘要表

統計量數　　變因	職務類別	N	M	SD	變異數分析摘要				事後比較
					變異來源	SS	df	MS	F值	

統計量數 變因	職務類別	N	M	SD	變異來源	SS	df	MS	F值	事後比較
(一)服務年資										
	(1) 5午以下	17	12.35	3.20						
	(2) 5-10年	58	13.81	2.64						
	(3) 11-15年	39	12.56	2.93	組間	49.44	3	16.48	2.10	
	(4) 15年以上	64	13.17	2.74	組內	1363.49	174	7.83		
	全體	178	13.16	2.82	總和	1412.94	177			
(二)職務類別										
	(1) 校長	24	13.16	2.51						
	(2) 主任與組長	89	13.05	2.71						
	(3) 級任教師	51	13.60	3.16	組間	21.87	3	7.29	0.91	
	(4) 科任教師	14	12.28	2.75	組內	1391.06	174	7.99		
	全體	178	13.16	2.82	總和	1412.94	177			
(三)學校規模										
	(1) 1-13班	99	13.03	2.82						
	(2) 14-36班	47	13.21	2.71	組間	6.19	2	3.09	0.38	
	(3) 37班以上	32	13.53	3.03	組內	1406.75	175	8.03		
	全體	178	13.16	2.82	總和	1412.94	177			

（續）

(四)學校位置									
(1) 城市地區	55	12.92	3.16						
(2) 鄉村地區	103	13.32	2.69	組間	5.85	2	2.92	0.36	
(3) 偏遠地區	20	13.05	2.56	組內	1407.08	175	8.04		
全體	178	13.16	2.82	總和	1412.94	177			

表3　不同背景變項對學校建築知識能力問題之分析摘要表

統計量數 變因　　職務類別	N	M	SD	變異數分析摘要					事後 比較
				變異 來源	SS	df	MS	F值	
(一)服務年資									
(1) 5年以下	17	16.41	3.67						
(2) 5-10年	58	17.43	3.98						
(3) 11-15年	39	15.64	4.31	組間	82.61	3	27.53	1.84	
(4) 15年以上	64	16.26	3.50	組內	2603.80	174	14.96		
全體	178	16.52	3.89	總和	2686.41	177			
(二)職務類別									
(1) 校長	24	16.45	3.20						
(2) 主任與組長	89	16.15	3.71						
(3) 級任教師	51	17.52	4.33	組間	85.09	3	28.36	1.89	
(4) 科任教師	14	15.28	4.02	組內	2601.31	174	14.95		
全體	178	16.52	3.89	總和					
(三)學校規模									
(1) 1-13班	99	17.12	3.86						
(2) 14-36班	47	15.42	4.04	組間	93.90	2	46.95	3.16*	
(3) 37班以上	32	16.28	3.48	組內	2592.50	175	14.81		(1)＞(2)
全體	178	16.52	3.89	總和	2686.41	177			
(四)學校位置									
(1) 城市地區	55	15.21	3.84						
(2) 鄉村地區	103	17.01	3.84	組間	140.11	2	70.05	4.81*	
(3) 偏遠地區	20	17.55	3.54	組內	2546.29	175	14.55		(2)＞(1)
全體	178	16.52	3.89	總和	2686.41	177			

*p < .05

表4　不同背景變項對學校建築參與度不足問題之分析摘要表

統計量數 變因	職務類別	N	M	SD	變異數分析摘要					事後比較
					變異來源	SS	df	MS	F值	
(一)服務年資										
	(1) 5年以下	17	5.94	1.81						
	(2) 5-10年	58	6.58	1.55						
	(3) 11-15年	39	5.87	1.62	組間	22.00	3	7.33	2.82*	
	(4) 15年以上	64	5.79	1.59	組內	451.72	174	2.59		N.S.
	全體	178	6.08	1.63	總和	473.73	177			
(二)職務類別										
	(1) 校長	24	5.79	1.41						
	(2) 主任與組長	89	5.93	1.59						
	(3) 級任教師	51	6.60	1.72	組間	20.81	3	6.93	2.66*	
	(4) 科任教師	14	5.64	1.64	組內	452.92	174	2.60		N.S.
	全體	178	6.08	1.63	總和	473.73	177			
(三)學校規模										
	(1) 1-13班	99	6.30	1.65						
	(2) 14-36班	47	5.53	1.57	組間	19.65	2	9.82	3.78*	
	(3) 37班以上	32	6.21	1.53	組內	454.08	175	2.59		(1) 〉 (2)
	全體	178	6.08	1.63	總和	473.73	177			
(四) 學校位置										
	(1) 城市地區	55	5.85	1.61						
	(2) 鄉村地區	103	6.10	1.66	組間	8.27	2	4.13	1.55	
	(3) 偏遠地區	20	6.60	1.50	組內	465.46	175	2.66		
	全體	178	6.08	1.63	總和	473.73	177			

*p < .05

(二)精緻教育理念條件對學校建築問題解決之預測解釋力

以精緻教育理念為文本，藉由焦點團體訪談進行學校建築問題解決策略之探討，共獲得三十項理念看法，分別是學校建築經費問題策略有

八項、學校建築空間設施問題策略有八項、學校建築知識能力策略有六項及學校建築參與度策略有六項。模式一，預測變數包括學校建築空間設施策略、學校建築經費策略；模式二，預測變數包括學校建築空間設施策略、學校建築經費策略、學校建築知識能力策略；模式三，預測變數包括學校建築空間設施策略、學校建築經費策略、學校建築知識能力策略與學校建築參與度策略，四項學校建築規劃策略共可解釋34%，如表5所示。

表5　學校建築問題策略之多元逐步迴歸分析摘要表

投入變項順序	多元相關係數R	決定係數R2	增加解釋量△R	F值	淨F值	B	Beta
截距						41.362	
模式一	.144	.21	.21	1.850	1.850	.378	.155
模式二	.173	.30	.30	1.797	1.677	.410	.155
模式三	.183	.34	.34	1.501	.624	.461	.155

R = 0.183　　R^2 = 0.34　　F值 = 1.501　　　　　　　　　標準變項：學校建築問題

伍　結果與討論

　　宜蘭縣國民中小學以「觀光立縣」、「環境保護」、「鄉土文化」、「美感取向」等規劃理念進行校園整體規劃，於規劃期間讓學校教師提供意見，更引進學生家長與地方人士共同參與。學校建築執行過程，特別以「結合專業加強訓練」、「整體規劃分期完成」、「加強溝通擴大參與」、「督建嚴格確保品質」、「公平合理分配資源」、「適時檢討解決問題」、「分析績效落實考核」與「經費集中重點投入」等方式執行（文超順，2006）。宜蘭縣第一所進行完整規劃與改建的學校，始於1985年改建的南澳鄉武塔國小，目前宜蘭縣內國中小校數有111所，每年都有學校在新建與改建中。宜蘭縣從第一所學校進行整體規劃改建開始，至今已邁入第26年，此時正是反思宜蘭縣當初

校園整體規劃理念與執行策略對學生學習成效的關鍵時刻？

有鑑於此，本研究從學生學習角度，訪談學校使用人對學校建築與環境的規劃感受與看法。因此，以「時間」為縱軸，以學校所處的「地區」為橫軸，從「學校建築」問題，徵詢空間使用人的看法。在此獲得學校建築問題四大共識，分別是「學校建築經費問題」、「學校建築空間設施問題」、「學校建築知識能力問題」與「學校建築參與度不足問題」。在學校建築經費問題上，受經費不足與預算限制，經費運用操縱學校的建築形式，無法反應學生學習需求。學者林勤敏（1991）與方偉達（1999）也指出學校建築受經費不足與預算限制很大，預算制度又受審計制度、會計制度約束，由於預算控管缺乏彈性，學校單位必須在年度結束前強行消化硬體工程補助經費，此一補助經費專款專用無法流用到教學項目之學習用途上。在學校建築空間設施上，發現學校建築空間設施仍有許多方面無法配合教學運用。文超順（2006）雖指出宜蘭縣國中、小學校建築空間是建築師、專業人士、教育行政機關與學校行政、教師、學生家長共同參與所規劃的空間，宜蘭縣國中小校園整體規劃之初，能從「行政」與「標準化」為主要考量中脫離，並提供師生參與機會。然為何師生反應出來的感受，卻是空間運用不甚理想，包括教學空間迴音太大、材質不適合地區特性，造成一下雨就有瀑布呈現或目前的教學環境不適合統整教學、合作學習？相關因素涉及學校建築的物理因素與時空環境變遷因素，且在九年一貫課程實施後，對學校教學環境也造成不少的衝擊。再者，當初使用者已退休，或使用者在學校建築知識能力不足，無法提供適切性的建議與想法，以致產生如此大的落差。事實上，學校建築空間設施不好用的原因，主要受限於學校經費問題、學校建築知識能力不足問題與學校建築參與度不足等問題所造成的結果。為期望另一個26年，宜蘭縣國中小學校建築能夠再成為臺灣建築的驕傲！本研究試圖以精緻教育理念觀點深入學校現場訪談學校成員對上述學校建築問題的看法與對策，並邀請宜蘭縣教育處長與國小受談者親臨宜蘭大學與宜蘭大學建築與永續規劃研究所的專家共同討論，共獲得三十項理論觀點，期望這些觀點對宜蘭縣國民小學未來學

校建築有更大的助益，以充分發揮硬體建築的使用效益。

上述所建構的學校建築優質理念觀點並不能保證是否能適用在宜蘭縣其他國民小學，因此，又提請專業人士作文字內容修正，始進行問卷施測。施測結果發現學校建築問題層面會因學校規模與學校位置而有差異，學校規模以1-13班的小校問題較嚴重，而學校位置則以鄉村地區與偏遠地區的學校問題較為嚴重。以宜蘭縣目前小校有99所，幾占宜蘭縣總校數半數以上；而鄉村地區學校103所與偏遠地區學校20所亦占總校數80%以上，以如此高的數字所呈現的問題，不能不加以重視！因此，本研究以精緻教育理念觀點預測學校建築問題以提供因應策略，雖僅提供34%的預測效益，主因學校建築問題涉及層面相當廣泛，包括中央、地方教育行政機關及建築師與專業人士等人的問題及油物料變動等物的問題所影響，但與教學相關層面的意見仍具有良好的適用性，可作為相關單位的參考依據。

為瞭解宜蘭縣國小學校建築的優質性，探究宜蘭縣12個鄉鎮之國民小學，發現優質的學習環境會影響學生的學習興趣，許多受訪國小在學校建築空間規劃上具有精緻教育的理念內涵，並呈現出學校建築的卓越性、科技性、績效性與創新性之特色。如有些學校會依學生學習特色分區規劃學校的學習園區與空間，並有效達成學校的教育目標，有利提昇學生學習品質以獲得學校建築的績效性，學校建築配合學生績效學習，這類學校近幾年在縣內與全國性學生學習成效上頗受好評，用心經營的理念值得肯定，茲摘要部分訪談內容：

> 學校設置許多學習館，以博物館化校園學習區去引導學生各方面的學習。像涵育樓是屬於藝術人文學習園區；平溪樓是屬於我們學校歷史人文學習園區；科學園區在我們學校設置有科學館，學校許多的科學團隊會在那裡作科學研究；健康促進學習園區，就是體育館與運動場。我們用團隊分區去整合學校的學習環境（訪506B_3Z_3Pm）。

創造力發展計畫是屬於教育部發展計畫，由有意願的學校寫企
畫書，這個計畫目的在爭取經費建置環境讓學生作不同的體驗
學習（訪$503D_2Z_3Pm$）。

相對的，這類學校在經費爭取上是非常積極，校園規劃與設計藍圖
早已經擬定好，正符應「機會是留給準備好的人」。

用心和人脈都很重要，這些硬體是我這幾年逐項完成，這幾年
從文建會拿兒童美術館，農委會拿森林故事館，體委會拿全新
的操場（訪$506B_3Z_3Pm$）。

腦海中要隨時想到學校缺乏什麼，雖然沒有錢，但是我已經
想好需求了。等到一有經費進來，就絕對不會把它亂用（訪
$430D_1Z_2Pm$）。

學習應是多元，同年級同階段學生學習情形，因智慧取向不同而有
個別差異，不同年級不同階段學生身心認知發展情形不同，學習方式也
會有所不同，學習環境可因應調整。其實，孩子一年級至五年級這個階
段是屬於探索階段，自然課程應提供探索性的學習環境促進學生的智力
發展，同時要關注孩子的語言能力、社會能力，促進孩子茁壯成長。

課程是拉著到處跑，教室雖然是教室，但為何我們會提
倡博物館化的學習，其實是希望到處是學習的資源（訪
$504C_1Z_2Tg$）。

學校強調整個科技人文、藝術生活，本校合作社非常特別，除
提供孩子消費、逛街，也是孩子心靈成長的地方，把外牆打
掉，作成孩子畫展與老師科展的展示空間，整合儲值卡、消費
卡進行科技消費（訪$426B_1Z_3Pm$）。

學校建築環境屬於潛在學習環境，無形中會影響學生的學習興趣，如天文設施、永續校園環境設施等都能激起學生學習興趣。黃萬居（1996）對國小學生自然科學興趣研究中發現，學生最喜歡的前三項為生物的觀察、天體運行、遺傳。教育部在2003年所制定的九年一貫課程綱要中，也明列出國小階段應學習太陽系與宇宙等內容（教育部，2003）。規劃優質學習環境以應學生學習需求，實有必要。因此，薛方杰與黃世孟（2009）從輔助教學觀點深入探討國民小學天文設施規劃，發現除天文設施規劃外，相關的「師資人力」、「課程教材」、「經營管理」等議題也必須納入考量，這些均會直接或間接影響設施使用與經營之成效。本研究以精緻教育理念從學生學習成效觀點探討學校建築問題並獲得三十項因應的理念條件，以此優質的因應策略投入學校建築執行中，將能引起師生教與學更大的興趣與共鳴。

陸 結論與建議

宜蘭縣國民小學學校建築在歷任縣長理念堅持下始能避免零零散散與老背少的建築形式產生，成為「臺灣新精神代表」與「臺灣的新典範」並展現臺灣學校建築之美。時至今日，在追思前人豐碩的成果外，也要省思宜蘭縣學校建築對教學成效的影響。本研究從學校建築空間使用人觀點進行相關分析後，謹提出以下之重要結論：

一 本研究結論

(一)本研究在質性研究上獲得學校建築問題四層面14項問題，包括學校建築經費問題、學校建築空間設施問題、學校建築知識能力問題與學校建築參與度不足問題，在學校建築經費來源問題有：1.學校建築規劃維護經費不足，教學設施品質堪慮；2.學校空間規劃受限於建築標準與經費，影響教學使用效益；3.城鄉差距大，偏鄉資源與人力嚴重不足，學習環境規劃受限。學校建築空間設施問題有：1.校園開放使用，教學環境容易受

損；2. 學校教學研究室、專科教室與圖書館設備不足；3. 課程議題不斷增加，教學環境仍是分科教學；4. 學校少子化情形逐漸嚴重，校園閒置空間增加；5. 學校空間規劃對教師教學沒有實質助益。學校建築知識能力問題有1. 學校建築規劃未考慮事後管理，造成用後難以經營；2. 校長、教師兼辦總務行政工作，建築專業知識不足，亟需協助；3. 校園環境不重視藝術人文與自然科技的建築規劃與設計；4. 學校人力與知能不足，學校建築忽略教學環境的規劃與設計。學校建築參與度不足問題有：1. 學校提供教師參與教學環境規劃與設計的機會不多；2. 教學空間用後評估未受重視，教學環境改善有限。

(二)本研究在質性研究上以精緻教育理念探究受訪者對學校建築問題的因應策略，共獲得三十項看法，包括：1. 行政應重視經費運用效率並能整合學習資源；2. 行政應積極爭取中央補助經費及專案計畫；3. 行政應對學校整體環境規劃有前瞻與策略；4. 學校經費運用應以學生學習需求為主並提供教學創意；5. 學校計畫申請與經費支用應落實學生基本能力學習；6. 縣政府應對偏鄉投入更多專業諮詢與人力、物力支援；7. 縣政府應編列學校環境規劃預算，推動學校與社區融合運動；8. 縣政府應對學校閒置空間與老舊校舍編列預算……等（參見本研究之結果與討論）。

(三)本研究在量化統計分析上，發現學校建築知識能力問題與參與度不足問題以1-13班的小校較嚴重；在經費問題與知識能力不足問題則以鄉村與偏鄉情形較嚴重。針對四項問題，精緻教育理念所提供的因應策略可預測34%的有效力。

　　1. 在宜蘭縣現有國小學校建築問題經統計分析後，發現在學校規模上，以1至13班的小校在學校建築之知識能力與參與度不足等問題上高於14至36班的中校。在學校位置上，以鄉村學校與偏遠地區學校在學校建築之經費與知識能力不足問題較城市地區學校嚴重。

2. 本研究針對學校建築問題三十項因應策略，進行統計分析，發現學校建築空間設施策略、學校建築經費策略、學校建築知識能力策略與學校建築參與度策略，四項學校建築規劃策略共可解釋34%

(四)本研究以精緻教育理念觀點引導學校空間使用人針對學校建築問題提出用後評估觀點，並從焦點團體討論中獲得利害關係人的共識。亦即藉由精緻教育理論之經濟學理論、哲學理論、社會學理論與行政學理論進行焦點團體訪談，並整合教育行政機關、專業人士與學校建築空間使用人共識所得的條件，具有優質的因應性。

(五)本研究發現宜蘭縣學校建築雖在某些教學效益有待改進外，對學校整體規劃持肯定態度

針對宜蘭縣國民小學之學校建築問題進行訪談與研究，所歸納的四項學校建築問題，除學校建築空間設施問題外，其他三項均屬於學校建築相關的事務性問題。除了目前空間設施存有部分設施材質不理想、空間迴音及教學使用效果不彰外，整體而言，宜蘭縣學校建築空間使用人對宜蘭縣校園整體規劃構想均持肯定態度。

二 本研究建議

本研究針對上述研究結果提出相關建議，裨益未來宜蘭縣國民中小學校之建築能再次成為臺灣學校建築的驕傲。相關建議如下：

(一)對宜蘭縣政府的建議

本研究以理論觀點做啟發，並進入實地現場訪談，所得細項係得自於學校建築空間使用人共識。然而，落實理念需要實質的協助與幫忙。因此，建議宜蘭縣政府在國民中小學新建、改建中能納入參考。此外，能針對小校及鄉村地區、偏遠地區學校能給予更多的支援與協助。並成立學校建築專業團體提供宜蘭縣國民中小學相關人員進修、研習與諮詢之用。

(二)對縣內國中小之學校成員的建議

本研究所發展出的優質條件，係得自於宜蘭縣25所優質學校之校長、主任、教師與學生的看法，並經焦點團體訪談取得共識，共識內容能提供不少優質的因應對策條件，值得宜蘭縣國民中小學現職人員參考。因此，建議宜蘭縣目前優質的教學與建築案例除對本校所具有的功能外，若能提供他校教學觀摩，更能發揮宜蘭縣大學區的教學特色。

(三)對未來研究之建議

本研究發現優質的學校建築能促進學生學習效益與興趣，唯必須結合優質的教學策略、師資人力與經營管理，因此，後續研究希望能結合教育學者、學校建築專業學者共同致力於學校建築設施對學生學習效益及對教師教學運用策略之研究。

參考文獻

中文部分

文超順（2006）。宜蘭縣教育發展的趨勢：在地觀點與行動策略。**現代教育論壇**，14，82-91。

方偉達（1999）。探討校園的建築形式與永續性。**環境科學技術教育專刊**，16，43-50。

王滿馨（2011）。宜蘭縣國民小學優質教育學校環境規劃圖像之研究，國立臺灣師範大學教育學系博士論文，未出版，臺北市。

何昕家、張子超（2011）。初探學校建築規劃設計原則脈絡。2012年2月12日，取自 http://mentorprincipal.org/sbra/?p=4631。

吳清基（1988）。精緻教育的模式。**國教學報**，1，1-23。

吳清基（1990）。精緻教育理念。臺北：師大書苑。

吳清基（2006）。以優質學校指標追求卓越、優質、精緻、創新之教育願景。文教新

潮，11(1)，1-11。

林勤敏（1991）。學校建築的省思與期望。**臺灣教育月刊**，491，1-13。

陳木金、溫子欣（2008）。活化校園建築創造空間領導。**教育研究月刊**，174，60-73。

陳志修（2004）。從TQM的管理哲學看國民小學的教育設施規劃。**臺北市立師範學院初等教育學刊**，18，129-156。

陳浩（2009）。先進國家學校建築理念與啟示載於2009學校建築研究：校園建築優質化（頁276-285）。臺北市：中華民國建築研究學會。

游春生、許添明（2003）。宜蘭縣校園建築更新規劃與經費使用原則，教育研究月刊，108，79-90。

湯志民（2006）。臺灣學校建築的發展（第二版）。臺北：五南。

湯志民（2009）。優質校園營造──2010年新趨勢載於2009學校建築研究：校園建築優質化，頁4-49，臺北：中華民國建築研究學會。

湯志民（2010）。學校建築與規劃：臺灣未來十年的新方向載於學校建築研究：學校建築生態工法，頁9-48。臺北市：中華民國建築研究學會主編。

湯志民和吳佩君（2005）。人權與教育空間的規劃兼談政大附中的踐行──專訪政治大學教育學系湯志民教授。**教育研究月刊**，136，10-18。

黃世孟（1989）。從建築物用後評估探討學校建築之規劃與設計。**中華民國建築師雜誌**，72-76。

黃萬居（1996）。培育能教導國小學生具有解決問題之能力與提高對科學興趣之教師研究（Ⅰ）。臺北：臺北市立教育大學自然科學系。

劉貞貞、劉舜仁（2007）。臺灣國民小學建築空間形態演變之探討。**建築學報**，61，175-195。

蔡培村（1979）。當前我國學校建築應努力的方向。**臺灣教育月刊**，346，17-21。

鄭文隆（1994）。從教育理念談中小學校園規劃設計。**造園季刊**，15，64-68。

薛方杰（1996）。國民小學學校建築規劃與設計流程銜續之研究，國立臺灣大學建築與城鄉所碩士論文，未出版，臺北市。

薛方杰（2003）。國民小學班群教室多彈性規劃與評估研究，國立臺灣大學土木工程學研究所博士論文，未出版，臺北市。

薛方杰、黃世孟（2009）。從輔助教學觀點探討國民小學天有設施規劃之研究。**建築學報**，69，63-85。

英文部分

Committee on Education and Labor (2009).H.R.2187-21st Century Green High-Performing Public School Facilities Act, Retrieved Septemper, 30, 2010, from http://www.gop.gov/bill/111/1/hr2187.

Steadman, J. P. (1983) Plan morphology of architectural history, Architectural Morphology:209-246, London, Pion.

問題與討論

一、現代主義將建築重新定義為：機能優先，形隨機能。本研究從精緻教育理念作進一步機能調整，其在學生學習的效益為何？

二、宜蘭縣國民小學優質的環境規劃對學生學習影響已發揮實質效益，試就其環境規劃與學生學習關係作進一步討論並提出具體規劃建議？

PART

3

輔導與特教

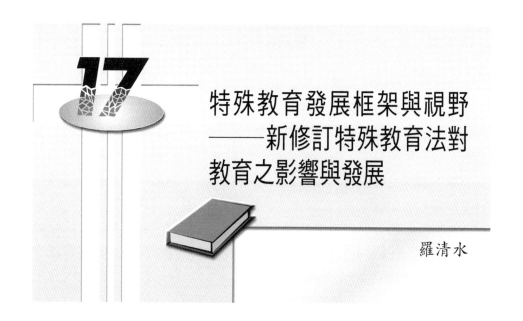

特殊教育發展框架與視野──新修訂特殊教育法對教育之影響與發展

羅清水

　　特殊教育是國家教育進步的重要指標，也是普通教育精緻化的具體實踐；其從生命教育出發，適性教育中安置，無障礙環境中學習，轉銜輔導中發展，以落實個別化教育，實踐教育機會均等。

　　1984年我國的第一部特殊教育法誕生後，特殊教育的實施正式有法令依據，使我國各項特殊教育工作得以依法行政，奠定了特殊教育的法制基礎。2009年我國《特殊教育法》修訂公布，其目的在實現充分就學，適性揚才，使我國特殊教育更能實踐保障特殊教育學生（身心障礙及資賦優異學生）受教權益，提昇其受教品質與學習競爭力。本文對特殊教育政策發展影響因素、特殊教育政策法制化歷程與實景及特殊教育發展框架與視野，作一發展性的脈絡陳述與分析探討，於文末並提出整體性檢討意見，以做為政府制定子法及未來推動政策之參考。

壹 序言

特殊教育是國家教育進步之重要指標，亦是普通教育精緻化之具體實踐，更是落實適性教育與實現教育機會均等之重要憑藉。回顧特殊教育的發展，隨著特殊教育思潮的演進而更迭。特殊教育思潮由悲憫與關懷的人道思想而形成，繼為減少社會問題與經濟的需要而發展，再因民主人權思潮而受到重視，並訂定法律以為保障，進而增進身心障礙學生的教育與生活權益。

為使身心障礙與資賦優異學生均能「充分就學、適性發展」，早於1984年12月17日制定公布特殊教育法，使臺灣特殊教育的實施有法令依據。隨著臺灣特教環境與時空的變化，73年特殊教育法條文內容已不敷使用。為增進身心障礙學生的教育與生活權益，回應當時社會民意修法倡議，終在1997年5月14日修正公布「特殊教育法」。引領臺灣特殊教育走上健全發展之途，並接續在2001年及2004年小幅增訂修正發布部分條文，以符需求。有鑑於社會環境與時空變遷快速，特殊教育法修定雖引領臺灣特殊教育步上健全發展之途，惟法條內容執行已面臨諸多問題且實施成效漸緩。為能持續提昇我國特殊教育服務數量與品質、保障特殊教育學生受教權益、因應社會變遷發展、順應特殊教育精緻化潮流及配合「身心障礙者權益保障法」相關規定等，教育部自民國2007年起即積極進行特殊教育法修法程序（教育部，2009a），總統並於2009年11月18日公布修正「特殊教育法」全文51條，以保障特殊教育學生（身心障礙及資賦優異學生）受教權益，提昇其受教品質與學習競爭力，具體實踐充分就學與適性發展。

特殊教育法修正目的，乃在於確保特殊教育政策之具體實踐；透過法制化程序能拘束教育行政機關、各級學校能依法行政，建構完善的特殊教育服務機制，規範教師能提供特殊教育學生專業化、適性化之教學服務，並保障家長參與相關特殊教育活動及學生受教權益。是以，新修的特殊教育法對於特殊教育政策發展、特殊教育行政作為、特殊教育教學活動與家長團體參與特殊教育產生直接與間接的效果與影響。特殊教

育法修正法制歷程中,有其修法之背景,法制化中亦有其影響因素,法制化後亦有其政策效果與影響。今就其政策發展影響因素、特殊教育法修法之法制化歷程與實景、特殊教育法修法法制化後特殊教育發展框架與視野,分以闡述。

貳 特殊教育政策發展影響因素

　　特殊教育既是教育體系中重要的一環,在教育的發展與改革中,自不可以置於教育體系之外;雖特殊教育具有濃厚的個別性與差異性,但特殊教育的革新性與變異性均較普通教育來的深遠與廣泛。因此,特殊教育政策的影響自比普通教育複雜。又特殊教育政策與社會福利政策息息相關,因在各項身心障礙者的權益促進與保障當中,教育權益促進與保障是極重要的一環;而且教育權益攸關著身心障礙者向上流動與家庭與個人轉型重要的憑藉。探究特殊教育政策發展的影響因素有,特殊教育思潮發展、國際特殊教育足跡、教育現場經驗、家長團體自覺倡議與主政者施政構念。

(一)特殊教育思潮發展

　　特殊教育的思潮引領著特殊教育的發展,而臺灣特殊教育的發展受著特殊教育思潮影響更深;1975年聯合國提出的「殘障者權利宣言」,揭示殘障者「機會均等且全面參與」、「回歸主流社會的權利」;在教育上,主要針對安置於特殊班的輕度障礙學生,要求將他們與普通兒童一起安置於相同的教育環境。美國在1975年頒布「全體殘障兒童教育法案」(Education for All Handicapped Children Act),又稱94-142公法,法案中聲明保護身心障礙者在「零拒絕」、「最少限制環境」下,接受免費而適性的公立學校教育,並設計個別化教育計畫,採用非歧視性的評量,保證鑑定安置過程遵守法定程序,提供家長申訴管道等,此舉更是將回歸主流運動推至高峰,臺灣亦受到此種教育思潮的影響,而推動回歸主流融合教育的特殊教育方式。

(二)國際特殊教育足跡

臺灣的特殊教育政策的發展常循國際間的特殊教育足跡而前進，影響最大者屬美國的特殊教育的發展。臺灣身心障礙教育制度的發展從美國的特殊教育發展即可一窺臺灣特殊教育的走向。

美國在1850至1920年間的特教育發展開始將身心障礙兒童交由教養機構收容；1920至1930年間立法在一般教育機構中設立特殊班，接受身心障礙兒童於公共教育體系之中；1950至1970年間，美國及世界其他先進國家的特殊教育發展極快，各科自足式特殊班與獨立的特殊學校普遍設立。從1920年開始一直實施的特殊教育是屬於隔離教育。而至1950年代美國民權運動與1970年代初期教育機會均等運動的興起，和歐洲「正常化原則」的引進，才逐漸打破隔離教育的藩籬，而教育界也興起要求改革的聲浪，回歸主流運動就此展開；而為身心障礙學生接受教育的權利奠定社會基礎（李慶良，1995；林貴美，2001；Schulz & Carpenter, 1995）。1990年公布101-476公法，更名為IDEA（Individuals with disabilities education act），政策上強調轉銜服務的重要，且擴大服務對象（Chasty & Friel, 1993; Miller & Stayton, 1998）。

1997年IDEA再次修正為105-17公法，有關「讓障礙兒童家長更有發言權與參與機會」、「設計各種障礙兒童學校服務方案」、「教學與輔助科技的介入」等特殊教育政策，皆是落實障礙兒童受教權益的重要措施（Wehmeyer, Lance, & Bashinki, 2002）。此項的發展足跡，恰如臺灣的特殊教育發展軌跡。

近者，2004年美國IDEA修正案中（Individual with Disabilities Education Improvement Act of 2004）強調身心障礙兒童在普通班級的普通課程適應與學習，發揮其最大的潛能並為獨立的未來生活作準備，也強調透過支持系統的提昇確保教育人員及父母有必要的方式，以促進身心障礙孩子的教育成果；重視適當的研究、人員的培育、專業協助、宣導、輔具發展及教學媒體服務等來協助學生。而臺灣近年的特殊教育的發展正以此方向為政策規劃目標。也印證臺灣特殊教育政策的發展受國

際特殊教育發展的影響。

(三)教育研究與現場經驗

臺灣特殊教育的發展規劃與執行與學術領域界有密不可分的關係。在特殊教育政策規劃的現場中，政策的形成過程常須以特殊教育理論的研究與教學現場的實驗，而形成政策的雛型，並經過循環的辯證與討論而形成政策草案，再循法制程序完成政策計畫，期間經過無數次與政策關係人的溝通說明。在此過程中須與特殊教育研究者、現場教學工作者共同研討說明或修正政策主軸、議題、策略與計畫。以期特殊教育政策執行時能減少負面干擾因素。

(四)家長團體自覺倡議

在教育的現場中另一影響的重要因素是身心障礙家長團體或社福團體。這些團體是特殊教育政策重要或直接的政策關係人，在特殊教育政策的制定、執行、評估過程中，依據特殊教育法或其他法規的規定，均依法邀請相關特殊教育組織的成員出席或列席相關組織的各項會議。因此，其在特殊教育政策的規劃、執行、或評估過程中與家長團體自覺倡議有極大的影響。

(五)主政者施政構念

教育事務是社會公共事務的一環，特殊教育也是無可脫離的社會公共事務的範疇。在民主多元的環境中，特殊教育政策的規劃與發展亦須與教育整體發展相配合，更要在公共事務政策的規劃發展過中加以思考。近年臺灣民主發展中，教育的規劃發展常成為執政者公共政策的有效政策工具，而特殊教育政策也成為公共事務的行政計畫，而公共政策要與主政者的施政目標及公共事務計畫相結合，始能建立完整施政藍圖。因此，特殊教育政策的規劃或執行即與主政者的施政構念相結合。

在特殊教育法制化歷程中，繫乎特殊教育政策發展的影響因素，特

殊教育思潮發展、國際特殊教育足跡、教育現場經驗、家長團體自覺倡議與主政者施政構念等，在法制化歷程中常成為法制決策之關鍵。

參　特殊教育政策法制化歷程與實景

一　特殊教育法修法緣起

特殊教育法自民國86年大幅修法後，隨著社會變遷、教育環境與整體資源需求之大幅改變，特殊教育法必須重新思考其法條結構、行政組織、支持體系及服務品質等多元需求內涵，以使特殊教育學生（身心障礙及資賦優異學生）均能享受教育機會均等之精神，具體表現「充分就學、適性揚才」之特質，提昇其受教品質、學習競爭力，並全力保障其受教權益。又配合內政部「身心障礙者權益保障法」修正與「特殊教育發展規劃報告書」、「特殊教育發展五年計畫」及「資優教育白皮書」之規劃；且鑑於臺灣社會環境與時空變遷快速，特殊教育法雖引領臺灣特殊教育步上健全發展之途，惟法條內容執行已面臨諸多問題且實施成效漸緩。為能持續提昇我國特殊教育服務數量與品質、保障特殊教育學生受教權益、因應社會變遷發展、順應特殊教育精緻化潮流；並符應民間團體對於特殊教育發展之殷殷期望，宜進一步規劃調整身心障礙及資賦優異教育未來發展之方向及修訂相關法案，以提昇教育品質、保障特殊教育學生受教權益，將此次修法之基本理念歸納如下（教育部，2009b）：

(一)建構特殊教育完整體系，向下延伸至3歲兒童，向上擴展至高等及成人教育。

(二)強化特殊教育支持系統，統整教育支援性網絡，專業化鑑定安置及評鑑效能。

(三)增進特殊教育服務品質，充實優質化專業人力，實踐個別化教育及多元評量。

(四)提昇家長特殊教育知能，參與特教事務與輔導，激發親師關懷

弱勢生之願力。

(五)符應特殊教育發展趨勢，建構無障礙教學環境，滿足多元安置
　　與適性化服務。

二　特殊教育法修法歷程

特殊教育法修法歷程概可分成：研究草擬法案階段、行政部門修法
階段、立法部門修法階段三期。

(一)研究草擬法案階段

特殊教育法修正草案提出，肇始於民國93年委託彰化師範大學周
臺傑教授進行「特殊教育規劃報告」研究，並草擬特殊教育法修法草
案，並於96年3月完成最初法案之草擬。期間為利於修法草案之研提，
組成專案小組研究。草擬時參酌「特殊教育發展規劃報告書」、「資優
教育白皮書」規劃，並經文獻蒐集、意見訪查、歷經8次專案小組會議
及5次公聽會；廣納各界意見作為研擬修法方向，增加特殊教育法落實
之達成性。

草擬階段修正特殊教育法之原則：1.擴展特殊教育階段。2.建立特
殊教育行政與教學支援體系。3.提昇特殊教育服務品質。4.落實行政組
織制度化。5.符合特殊教育發展趨勢。6.調整條次與條文內容，使其合
理化。此階段之特殊教育法草案共計38條，其中「未修正」（維持現
行條文或僅條次變更）者計8條；「修正」者計24條，其中原法中第12
條依實際需要，分訂定為2條條文，而第11條與第18條合併為1條；另
新增條文四條。

(二)行政部門修法階段

草擬階段修正完成之特殊教育法草案，於2007年5月16日教育部
第587次部務會議提出報告，確定修正方向與行政進程。復於2007年
6月28日邀請學者專家、民間團體、縣市政府及相關單位，研商特殊
教育法（草案）修法會議。其間立法委員王榮璋等54位委員，以院總

第1259號委員提案第7539號之「特殊教育法修正草案總說明」關係文書，為回應立法委員提案修法於2007年10月2日向教育部部長簡報說明本部特殊教育法立法方向以為因應並成為業務單位修法程序。

完成業務主管修法程序後，於2007年11月14日及20日分別提法規委員會第1297次會議及1300次會議討論，經決議依身心障礙者教育與資賦優異教育分行立法之方向研議。為加速修法之進行，教育部特教小組特組成研修小組進行法案，完成分別立法方向條文草案擬議，並提2007年12月17日教育部召開特殊教育諮詢委員會討論，惟決議為考量特殊教育學理內涵之完整性及兼顧身心障礙及資優學生之受教權，研修特殊教育法時應將資賦優異教育及身心障礙教育「合併立法分章陳述」方向進行修法。為將資賦優異教育及身心障礙教育「合併立法分章陳述」事宜；教育部特教小組邀學者專家及相關單位研議確定修法條文內容。其擬具內容共分為4章56條條文，分別為總則、特殊教育之實施（又分三節：通則、身心障礙教育、資賦優異教育）、特殊教育支持系統及附則等四章，使其法規架構更趨完備。

2008年3月26日法規委員會第1329次會議，經審查特殊教育法草案1至18條條文，其中原擬修正條文第19條第1項規定就讀特殊教育學校（班）設置之規定，爰請特教小組研擬具體條文，其餘條文依決議內容修正。特殊教育法修正草案經教育部法規委員會第1329次、1330次、1360次、1365次、1367次、1369次會議討論確認。並經97年9月18日教育部615次部務會議通過，於2008年9月31日函報行政院審議。行政院於2008年10月31日3次審議會議後，於2009年1月15日經行政院院會第3128次會議通過。於98年1月22日核轉立法院審議。

行政部門階段修正特殊教育法草案共計50條，其修正理念（教育部，2009b）：1. 法規體系架構採分章節呈現：(1) 第一章總則（1-9條）。(2) 第二章特殊教育之實施，細分「通則（10-21條）；身心障礙教育（22-40條）；資賦優異教育（35-41條）」。(3) 第三章特殊教育支持系統（42-47條）。(4) 第四章附則（48-50條）；2. 專責單位回歸地方政府自主權限；3. 檢討補足特教學生鑑定安置之標準化程序；

4. 明定特殊教育相關專業人員之資格、優先進用、培訓進修及人力資源；5. 明定特殊教育實施方式、釐清資賦優異教育之具體做法及獎勵措施；6. 明定身心障礙學生個別化教育計畫、資賦優異學生個別輔導計畫及身心障礙學生轉銜服務措施；7. 邁向多元普及化之特殊教育發展趨勢、獎勵民間參與特殊教育活動；8. 建立全方位特殊教育支持系統網絡、改進研究途徑及評鑑考核機制；9. 明定提供家長特殊教育諮詢輔導及親職教育，並參與特殊教育相關事務；10. 明確規範特殊教育之評鑑機制及學生申訴程序，保障學生之學習權益。

特殊教育法修法歷程研究草擬階段與行政修法階段，包含研究草擬階段8次專案小組會議及5次公聽會。行政部門修法階段本部法規委員會9次討論、部務會議2次會議、特殊教育諮詢委員會3次會議、研修小組18次會議及行政院跨部會法案審查會議3次，並獲行政院院會通過，始完成修法草案。

(三)立法部門修法階段

立法院審議特殊教育法修正草案，經2009年4月8日第7屆第3會期教育及文化委員會第12次全體委員會；2009年5月21日第7屆第3會期教育及文化委員會第25次全體委員會兩次審議。為朝野立法委員對法案部分條文未能達成共識，爰於2009年6月9日召開立法院朝野黨團協商共同討論，除第5、6條中「教師（或教師組織代表）」與第10條中加入「社會福利機構」未能達成共識而送全院審查外，其餘各條均經朝野協商達成共識。立法院於2009年10月23日召開第7屆第4會期第6次會議，順利三讀通過特殊教育法修正草案。立法院所三讀通過的特殊教育法，其條文增加至全數51條。本文將立法院三讀通過，並經總統公布的2009年《特殊教育法》條文修正內容，依「總則」、「特殊教育之實施」、「特殊教育支持系統」、「附則」等章節順序，分別略述如下：

（甲）「第一章總則」條文修正部分：

1. 修正所稱「身心障礙」、「資賦優異」之定義如下：

(1)身心障礙指因生理或心理之障礙，經專業評估及鑑定具學習特殊需求，須特殊教育及相關服務措施之協助者（第3條），增列及強調專業評估及鑑定具學習特殊需求的重要性；其次，障礙分類將原「嚴重情緒障礙」改稱為「情緒行為障礙」，以符合屬此障別的注意力缺陷過動症（多屬輕度障礙），不須在所屬障別出現「嚴重」二字。

(2)資賦優異指有卓越潛能或傑出表現，經專業評估及鑑定具學習特殊需求，須特殊教育及相關服務措施之協助者（第4條），亦增列及強調專業評估及鑑定具學習特殊需求的重要性。

2. 修正各級主管機關均應遴聘相關人員，設立及辦理「特殊教育諮詢會」與「特殊教育學生鑑定及就學輔導會」（第5條、第6條）。

(1)兩會遴聘學者專家、教育行政人員、學校行政人員、同級教師組織代表、家長代表、特殊教育相關專業人員、相關機關（構）及團體代表等。

(2)兩會成員中，教育行政人員及學校行政人員代表人數合計不得超過半數，單一性別人數不得少於三分之一。

3. 各級政府應從寬編列特殊教育預算，在中央政府原不得低於當年度教育主管預算3%，修正為提高至4.5%（第9條）；在地方政府仍維持不得低於當年度教育主管預算5%不變。

(乙)「第二章特殊教育之實施—第一節通則」條文修正部分：

1. 修正特殊教育之實施階段，分為學前教育階段、國民教育階段、高級中等教育階段、高等教育及成人教育階段（第10條）。特殊教育之實施階段，增列高等教育及成人教育階段，係在專科以上學校或其他成人教育機構辦理之，強調特殊教育學生大專教育與終身教育的重要，為其生涯發展奠下基礎。

2. 增訂高級中等以下各教育階段特殊教育學生如未安置於特殊教育班（含集中式特殊教育班、分散式資源班、巡迴輔導班），

學校得擬具特殊教育方案向各主管機關申請（第11條）。

3. 增訂高級中等以下學校為辦理特殊教育應設置專責單位，遴聘及進用特殊教育教師及相關人員（第14條）。

4. 增訂各級主管機關為實施特殊教育，應依鑑定基準辦理身心障礙學生及資賦優異學生之鑑定。有關鑑定基準、程序、期程、教育需求評估、重新評估程序及其他應遵行事項之辦法，由中央主管機關定之（第16條）。

5. 增訂監護人不同意進行鑑定安置程序時，高級中等以下學校應通報主管機關，主管機關為保障身心障礙學生權益，必要時得要求監護人配合鑑定後安置及特殊教育相關服務（第17條）。

6. 增訂為充分發揮特殊教育學生潛能，各級學校對於特殊教育之教學應結合相關資源，並得聘任具特殊專才者協助教學（第20條）。

7. 增訂學生或其監護人、法定代理人得向主管機關、學校提出申訴之規定（第21條）：

   (1)對學生鑑定、安置及輔導如有爭議，得向主管機關提起申訴。

   (2)學生學習、輔導、支持服務及其他學習權益事項受損時，得向學校提出申訴。

（丙）「第二章特殊教育之實施—第二節身心障礙教育」條文修正部分：

1. 修正各級學校及試務單位不得以身心障礙為由，拒絕學生入學或應試（第22條）。

2. 為推展身心障礙兒童之早期療育，其特殊教育之實施，應自三歲開始（第23條）。

3. 增訂特殊教育學校設立主體、程序、變更、停辦之規定，各直轄市、縣（市）應至少設有一所特殊教育學校（分校或班），每校並得設置多個校區。啟聰學校以招收聽覺障礙學生為主；啟明學校以招收視覺障礙學生為主（第25條）。

4. 高級中等以下各教育階段學校，應以團隊合作方式對身心障礙學生訂定個別化教育計畫，訂定時應邀請身心障礙學生家長參與，必要時家長得邀請相關人員陪同參與（第28條）。

5. 高等教育階段之身心障礙教育，應符合學生需求，以特殊教育方案實施，協助學生學習及發展。政府應實施身心障礙成人教育，並鼓勵身心障礙者參與終身學習活動（第30條）。

6. 修正各級主管機關對於身心障礙學生或幼兒減免學費、獎補助費之規定，及提供交通工具或補助交通費之義務（第32條及第33條）。

7. 應依身心障礙學生在校（園、所）學習及生活需求，提供必要之教育輔助器材及相關支持服務（第33條）。

（丁）「第二章特殊教育之實施—第三節資賦優異教育」條文修正部分：

1. 增訂學前教育階段資賦優異教育之實施，採特殊教育方案辦理；國民教育階段資賦優異教育之實施，採分散式資源班、巡迴輔導班、特殊教育方案辦理（第35條）。

2. 高等教育階段資賦優異教育之實施，應考量資賦優異學生之性向及優勢能力，得以特殊教育方案辦理（第37條）。

3. 高級中等以下各教育階段主管機關，應補助學校辦理多元資優教育方案，並對辦理成效優良者予以獎勵。資賦優異學生具特殊表現者，各級主管機關應給予獎助（第40條）。

4. 增訂各級主管機關及學校對於身心障礙及社經文化地位不利之資賦優異學生，應加強鑑定與輔導，並視需要調整評量工具及程序（第41條）。

（戊）「第三章特殊教育支持系統」條文修正部分：

1. 鼓勵設有特殊教育系、所之大學校院設置特殊教育中心，協助特殊教育學生之鑑定、教學及輔導工作，增訂中央主管機關應編列經費補助之規定（第43條）。

2. 增訂各級主管機關應建立特殊教育行政支持網絡（第四十四

條）。

3. 增訂高級中等以下各教育階段學校辦理特殊教育之成效，主管機關應至少每三年辦理一次評鑑。直轄市及縣（市）主管機關辦理特殊教育之績效，中央主管機關應至少每三年辦理一次評鑑。前二項之評鑑項目及結果應予公布，並對評鑑成績優良者予以獎勵，未達標準者應予追蹤輔導（第47條）。

（己）「第四章附則」條文修正部分：

1. 公立特殊教育學校所獲之收入及其支出，應設置專帳以代收代付方式執行，其賸餘款並得滾存作為改善學校基本設施或充實教學設備之用（第48條）。

2. 本法授權各級主管機關訂定之法規，應邀請同級教師組織及家長團體參與訂定之（第49條）。

四 特殊教育法修正特色與重點

特殊教育法新修正重點，勢將逐步形成我國特殊教育新政策，影響我國可預見的未來十數年特殊教育發展，特色與重點分述如下：

(一)特殊教育法修正重點

1. 特殊教育學生鑑定評量「專業化」、鑑定程序「標準化」

(1)身心障礙及資賦優異學生鑑定評量，皆需經專業評估及鑑定具學習特殊需求，須特殊教育及相關服務措施之協助者（第3、4條）。

(2)為實施特殊教育，應依鑑定基準辦理鑑定工作；有關鑑定基準、程序、期程、教育需求評估、重新評估程序及其他應遵行事項之辦法，由中央主管機關定之（第16條）。

(3) 監護人不同意進行鑑定安置程序時，學校應通報主管機關，主管機關必要時得要求監護人配合鑑定後安置及特殊教育相關服務（第17條）。

2. **特殊教育諮詢會「決策化」、鑑輔會功能「專業化」**

(1)各級特殊教育諮詢會及鑑輔會之運作與功能，亦均應遴聘相關人員，包括：學者專家、教育行政人員、學校行政人員、同級教師組織代表、家長代表、特殊教育相關專業人員、相關機關（構）及團體代表等（第5條、第6條）。

(2)兩會成員中，教育行政及學校行政人員代表合計不得超過半數，單一性別人數不得少於三分之一（第5條、第6條）。

3. **持續保障並寬籌中央特殊教育預算與經費**

(1)各級政府應從寬編列特殊教育預算，中央政府不得低於當年度教育主管預算4.5%，地方政府仍不得低於5%（第9條）。

(2)中央政府為均衡地方身心障礙教育之發展，應補助地方辦理身心障礙教育之人事及業務經費；其補助辦法，由中央主管機關會商直轄市、縣（市）主管機關後定之（第9條）。

4. **特殊教育階段「完整化」、擴展至高等教育及成人教育階段**

修正特殊教育之實施階段，分為學前教育階段、國民教育階段、高級中等教育階段、高等教育及成人教育階段（第10條）。

5. **重視高中以下學校辦理特殊教育「專責化與專業化」**

增訂高級中等以下學校為辦理特殊教育應設置專責單位，遴聘及進用特殊教育教師及相關人員（第14條）。

6. **特殊教育學生申訴管道「明確化」以保障權益**

(1)對學生鑑定、安置及輔導如有爭議，得向主管機關提起申訴。

(2)學生學習、輔導、支持服務及其他學習權益事項受損時，得向學校提出申訴（第21條）。

7. **增加專業團隊成員提供支持服務**

各級學校對於身心障礙學生之評量、教學及輔導工作，應以專業團隊合作進行為原則，並視需要結合衛生醫療、教育、社會工作、獨立生活、職業重建相關等專業人員，提供學習、生活、心理、復健訓練、職業輔導評量及轉銜輔導與服務等協助（第24條）。

8. **各縣市至少設有一所特殊教育學校（分校或班）**

(1)增訂各直轄市、縣（市）應至少設有一所特殊教育學校（分校或班），每校並得設置多個校區（第25條）。

(2)啟聰學校以招收聽覺障礙學生為主；啟明學校以招收視覺障礙學生為主（第26條）。

9. **重視身心障礙學生服務需求提供生涯轉銜服務**

為使各教育階段身心障礙學生服務需求得以銜接，各級學校應提供整體性與持續性轉銜輔導及服務（第31條）

10. **明定資賦優異教育之辦理方式與實施**

(1)增訂學前教育階段資賦優異教育之實施，採特殊教育方案辦理（第35條）。

(2)國民教育階段資賦優異教育之實施，採分散式資源班、巡迴輔導班、特殊教育方案辦理（第35條）。

(3)高等教育階段資賦優異教育之實施，得以特殊教育方案辦理（第37條）。

(4)增訂對於身心障礙及社經文化地位不利之資賦優異學生，應加強鑑定與輔導，並視需要調整評量工具及程序（第41條）。

11. **建立各級特殊教育行政支持網絡與定期評鑑**

(1)增訂各級主管機關應建立特殊教育行政支持網絡（第44條）。

(2)增訂高中以下各校特殊教育之成效，主管機關應至少每三年辦理一次評鑑。縣市辦理特殊教育之績效，中央主管機關應至少每三年辦理一次評鑑（第47條）。

12. **教師組織及家長團體參與特殊教育「法制化」**

(1)各級主管機關訂定之特殊教育法規，應邀請同級教師組織及家長團體參與訂定之（第49條）。

(2)特殊教育諮詢會與特殊教育學生鑑定及就學輔導會遴聘⋯同級教師組織代表、家長代表⋯⋯參與諮詢、規劃及推動特殊

教育相關事宜及辦理特殊教育學生鑑定、安置、重新安置、輔導等事宜（第5、6條）。

(二)特殊教育法修正特色

1997年修正之《特殊教育法》，乃針對當時公布之「中華民國身心障礙教育報告書」與「教育改革總諮議報告書」作具體回應，其內容特色有：優障兼容，但以障礙為重。擴大服務對象：如增加自閉症、發展遲緩等。特殊教育行政專責化。特殊教育工作人員專業化、廣義化：組織與專業人員有增多之勢。保障特殊教育經費預算：中央不得低於當年度預算3%，地方則不得低於5%。免費身心障礙教育向下延伸至三歲。家長參與權法制化。個別化教育計畫法制化。強調相關服務的提供：含教育補助、交通補助、考試服務、輔助器材及相關服務等。強調專業團隊的服務方式。加強學制、課程與教學的彈性。規劃普通班特教方案，朝向融合理想。照顧弱勢資優：包括身心障礙、文化殊異及少數民族資優等。就學保障與終身學習：重視殘障國民的終身教育。重視研究發展與資訊服務（吳武典，1998，2009）。

而此次特殊教育法修正後，由原33條增加為51條，除原法條之精神特色外，可綜合歸納修正特殊教育法之特色有下列諸端：

1. 章節分明，規範明確

全法51條計分四章，分別為總則、特殊教育之實施（又分三節：通則、身心障礙教育、資賦優異教育）、特殊教育支持系統及附則等四章，其章節分明，使特殊教育法規結構更加清晰，而架構更趨完備。過去特殊教育法對於特殊教育法之實施多以宣示性居多，且彈性較大，而新法則以實質辦理為重，母法不明確者，則以授權命令補充之，一半條文中須訂授權法規，以期特殊教育之實施能具體落實。

2. 中央為重，地方為輔

全文51條中須訂定授權法規者共計25條，其中教育部須訂定者共計37個子法，而地方須訂定者共計12個。於修訂過程中，民間團體代表與教師代表對於授權法規訂定職權，對中央政府之期待較地方政府為

高。就以特殊教育諸多係以國民教育為重者，權限係屬地方政府，然為期特殊教育之全國齊一落實，行政規則仍由中央主管機關定之。是以，修訂之特殊教育法具中央為重，地方為輔之特色。

3. 專業為先，學生為重

在法條中無論各級主管機關之諮詢會、鑑輔會都將學者專家、特殊教育相關專業人員、教師組織代表皆明列為委員，且規範教育行政人員及學校行政人員代表人數合計不得超過半數，以利特教專業之建立；又各級學校，其承辦特殊教育業務人員及特殊教育學校之主管人員，應進用具特殊教育相關專業者。而對於特殊教育學生，應提供支持服務，而監護人或法定代理人不同意進行鑑定安置程序時，學校應通報主管機關，而主管機關為保障身心障礙學生權益，可要求監護人或法定代理人配合鑑定後安置及特殊教育相關服務，以保障學生受教權益。

4. 標準鑑定，多元安置

各級主管機關為實施特殊教育，應依鑑定基準辦理身心障礙學生及資賦優異學生鑑定。而其鑑定基準、程序、期程、教育需求評估、重新評估程序及其他應遵行事項應由教育部明定，以為齊一標準。而安置方式除特殊教育學校外，辦理方式亦有集中式特殊教育班、分散式資源班、巡迴輔導班及特殊教育方案等多元方式安置。

5. 障優並陳，以障為重

條文中身心障礙教育與資賦優異教育同時辦理時則以特殊教育一詞通稱，如需要分別說明時，則分以陳述。是以全文法條中，身障教育與資優教分以並陳。然於政府編列預算時，應優先辦理身心障礙教育（第9條）。且中央政府為均衡地方身心障礙教育之發展，應補助地方辦理身心障礙教育之人事及業務經費；由是卻以身心障礙教育為優先。

6. 保障身障，規範資優

第二章第二節專論身心障礙教育者共計13條，且各條文中皆多以保障身心障礙學生學習等權益事宜為主，規範主管行政機關或學校應辦理或提供之事項。而第二章第三節資賦優異教育7條中並未如身心障礙

教育辦理方式之開放，規範資賦優異教育辦理方式而鼓勵學校辦理多元資優教育方案。此乃受資賦優異教育常易與升學掛鉤所致，是以法條中多規範資優教育之實施措施。

7. 階段擴充，終身學習

特殊教育之實施分四階段：學前教育階段、國民教育階段、高級中等教育階段、高等教育及成人教育階段，而較修法前多高等教育及成人教育階段，以保障特殊教育需求學生之終身學習權益。

8. 重視融合，保留隔離

法條中規定特殊教育與相關服務措施之提供及設施之設置，應符合適性化、個別化、社區化、無障礙及融合之精神，又全法中多重視一般學校中專責單位、專責人員設置。而對於學生評量、教學及輔導工作，應以專業團隊合作，並給予適當教學及輔導。各教育階段學校，應以團隊合作方式對身心障礙學生訂定個別化教育計畫……等均以一般學校為實施重點。惟對於各級主管機關或私人為辦理身心障礙學生教育，得設立特殊教育學校。是以此修正法條乃有重視融合，保留隔離之特色。

9. 多元參與，權益保障

各級主管機關訂定之特殊教育法規，應邀請同級教師組織及家長團體參與訂定之；又特殊教育諮詢會與特殊教育學生鑑定及就學輔導會遴聘學者專家、教育行政人員、學校行政人員、同級教師組織代表、家長代表、專業人員、相關機關（構）及團體代表參與。又辦理身心障礙學生鑑定及安置工作召開會議時，應通知有關之學生家長列席，並得邀請相關專業人員列席，又修訂相關授權法規時，應邀請家長團體代表及教師組織代表參與共同訂定。是以特殊教育之辦理乃多元參與，以保障學生受教權益。

10. 服務全面，規範齊一

學校、幼稚園、托兒所及社會福利機構應依身心障礙學生在校（園、所）學習及生活需求，提供必要之教育輔助器材及相關支持服務。過去教育輔助器材及相關支持服務多以國民教育階段以上學生為

主，並無涉及幼稚園、托兒所及社會福利機構；新法規範須全面提供相關學習輔具及支持服務。又對於身心障礙學生提供服務之規範除特殊教育法之外，身心障礙者權益保障法教育權益章，亦有所明定，為齊一兩法規範此次修法時則呼應規範避免競合，如學雜費補助規定、上下學交通工具提供與交通費之補助等事項。

肆 特殊教育發展框架與視野

一個國家教育政策之形成，乃依據法律、學理、共識及歷史文化傳統或慣例，其中又以法律為主要依據（吳武典，2009）。特殊教育法條文之修正，將會據以調整並發展為我國特殊教育之重要政策。此次特殊教育法最新修正十大特色：章節分明，規範明確；中央為重，地方為輔；專業為先，學生為重；標準鑑定，多元安置；障優並陳，以障為重；保障身障，規範資優；階段擴充，終身學習；重視融合，保留隔離；多元參與，權益保障；服務全面，規範齊一。而其修正重點（教育部，2009b）：特殊教育法規體系架構，採分章節系統呈現。中央特殊教育預算占年度教育預算，由3%提高至4.5%。明確規範各級主管機關特殊教育諮詢會及鑑輔會之組成。各直轄市、縣（市）應至少設一所特殊教育學校（分校或班）。專章說明資賦優異教育之辦理方式、具體做法及獎勵措施。有效建立特殊教育支持系統及行政網絡。授權修訂子法計有49項之多，期能使特殊教育達「質」、「量」並進。

新修正特殊教育法重點勢將逐步形成我國特殊教育重要政策，諸如：寬籌中央特殊教育預算與經費、強化各級特殊教育諮詢會及鑑輔會運作與功能、各縣市至少設一所特殊教育學校、落實資賦優異教育之辦理與推展、有效建置特殊教育支持系統及行政網絡、修訂子法期使特殊教育質與量並進等。由特殊教育法修正而形成之我國特殊教育重要政策，則需再透過中央到地方縣市特殊教育實務的有效推展與落實，自然對於我國特殊教育現狀產生服務數量與施教品質的影響與變化。此等影響與變化又與特殊教育學生的受教權益息息相關，兩者存在有互為因果

的關連（林坤燦，2004）。今就修法後對特殊教育產生之影響與發展分析如次，惟發展中亦諸多框架與視野可為省思探討之議題。

一 特殊教育組織功能化

各級政府之鑑輔會、諮詢會之組織成員法制中，規範組織成員包含學者專家、教育行政人員、學校行政人員、同級教師組織代表、家長代表、專業人員、相關機關（構）及團體代表且成員中教育行政人員及學校行政人員代表人數合計不得超過半數，以確保各項組織之功能得以發揮。學校層級，為處理學校校內之特殊教育學生之學習輔導等事宜，應成立特殊教育推行委員會，並應有身心障礙學生家長代表，以明確規範特推會之組織功能。

組織成員明確規定，其各組織功能要能發揮其運作方式及相關規定必須明確；又縣市政府層級及學校層級之組織，舊法或授權法規雖有規範，然成員組成卻無明定，致扭曲組織功能而無法發揮其功效。又中央層級未有鑑輔會設置，致身心障礙學生權益常無法保障，修定特教法以完整明確規範，如何能將組織功能發揮，則有待相關授權法規明確規範，組織成員之專業亦有待提昇。

二 特殊教育人員專業化

高級中等以下各教育階段學校為辦理特殊教育應設置專責單位，且依實際需要遴聘及進用特殊教育教師、特殊教育相關專業人員及助理人員（第14條）；而特殊教育學校及設有特殊教育班之各級學校，其承辦特殊教育業務人員及特殊教育學校之主管人員，應進用具特殊教育相關專業者，在在重視特殊教育人員專業知能；又規定特殊教育學校置校長應具備特殊教育之專業知能；且為提昇特殊教育及相關服務措施之服務品質，各級主管機關應加強辦理特殊教育教師及相關人員之培訓及在職進修，以期特殊教育人員專業知能之提昇，保障特殊教育人員專業，促進特教品質之提昇。

然何謂「特殊教育相關專業者」，在修訂新法中法明文規定，承辦特殊教育業務人員及特殊教育學校之主管人員，具特殊教育相關專業，而特殊教育相關專業指修習特殊教育學分三學分以上者（第7條）。但對於特殊教育學校校長之專業知能之定義卻未規範。如以特殊教育學分三學分為意，則對特殊教育人員專業化之提昇助益有限，原因特殊教育學分三學分乃為極低之門檻。是以，對於後續之培訓及在職進修應加強辦理，並於授權法規中應予明確規範進修時數、進修方式，以促進專業化之保證。

三　鑑定作業程序標準化

　　身心障礙及資賦優異學生鑑定評量，皆需經專業評估及鑑定具學習特殊需求，須特殊教育及相關服務措施之協助者；且為實施特殊教育，應依鑑定基準辦理鑑定工作；有關鑑定基準、程序、期程、教育需求評估、重新評估程序及其他應遵行事項之辦法，由中央主管機關定之。長期以來，特殊教育學生鑑定程序、期程、教育需求評估、重新評估程序均由各主管機關自行決定，致各縣市學生鑑定程序期程差異性極大，致引起家長與民間團體之質疑。尤其資賦優異學生之鑑定，每年辦理時均引起陳情情事層出不窮。今對特殊學生鑑定作業程序與期程明確規範以求齊一標準。

　　然各縣市鑑輔會作業時之其實施方法、程序、期程、相關資源配置與運作方式之辦法及自治法規，由各級主管機關定之（第6條）；又在身心障礙學生及資賦優異學生之鑑定基準、程序、期程、教育需求評估、重新評估程序及其他應遵行事項之辦法，卻又由中央主管機關定之（第16條）。此者，鑑輔會之運作方式之鑑定程序、期程，與特殊教育學生鑑定基準之鑑定程序、期程，應給予明確區隔規範，以免產生法規競合情事。

四　特殊教育經費保障化

　　各級政府應從寬編列特殊教育預算，在中央政府原不得低於當年度教育主管預算3%，修正為提高至4.5%；在地方政府仍維持不得低於當年度教育主管預算5%，特教經費依據法令與予規範保障。且各級主管機關對於身心障礙學生或幼兒減免學費、獎補助費，及提供交通工具或補助交通費之規定；對於學校辦理各項特殊教育教育階段主管機關，應補助學校辦理多元資優教育方案，並對辦理成效優良者予以獎勵。資賦優異學生具特殊表現者，各級主管機關應給予獎助。對於特殊教育之辦理，無論身心障礙教育或資賦優異教育經費皆依法規範保障。

　　在中央經費由3%提高至4.5%，帳面經費增加50%，然實務中每年教育部特教經費卻無法增50%；以98年度為例，特教經費為72.45億元約占教育部總經費之4.31%，提高至4.5%時約年增加3.2億元。惟在統計特教育經費科目時有檢討空間，又增加各項支持服務與相關經費時，預算之分配項目是否能與增加，需進一步分析。縣市政府在教育經費拮据下，是否能有所增加比例，及預算經費支應補助各校辦理資優教育方案，有待觀察。

五　特教專業成員擴充化

　　為充分發揮特殊教育學生潛能，各級學校對於特殊教育之教學應結合相關資源，可聘任具特殊專才者協助教學（第20條）。且各級學校對於身心障礙學生之評量、教學及輔導工作，應以專業團隊合作進行為原則，並得視需要結合衛生醫療、教育、社會工作、獨立生活、職業重建相關等專業人員，共同提供學習、生活、心理、復健訓練、職業輔導評量及轉銜輔導與服務等協助（第24條）。較修法前增加特殊專長者協助身心障礙教學；又在專業團隊成員中，較修法前增加獨立生活、職業重建相關等專業人員，擴充專業團隊成員，有助於協助身心障礙學生之各項服務。

　　在擴充專業團隊成員，增加特殊專長者協助身心障礙教學後，對

於特殊教育人才培育應有直接之影響，亦即相關專業人員如：獨立生活、職業重建人員之培育應予計畫培育；而特殊專長者之範圍為何，應加以明確規範，否則對於特殊教育師資與相關人力培育是一大挑戰。

六　特教支持系統整體化

　　身心障礙教育之實施，各級主管機關應依專業評估之結果，結合醫療相關資源，對身心障礙學生進行有關復健、訓練治療（第23條），為協助特殊教育學生之鑑定、教學及輔導工作，大學特殊教育系、所可設置特殊教育中心。為有效統整支持系統以協助教學、輔導、鑑定與諮詢，主管機關應建立特殊教育行政支持網絡，以有效推動特殊教育、整合相關資源、協助各級學校特殊教育之執行及提供諮詢、輔導與服務。而其支持網絡之辦法及自治法規，由各級主管機關訂定。

　　主管機關於建立特殊教育行政支持網絡時應考量特教資源、特教經費、特教人力配置，妥善規劃。然修法前授權法規定訂各縣市政府可設置特教資源中心，修法後因回歸地方制度法之精神，特教資源中心之組織則以特殊教育行政支持網絡之建置以取代之。此應對地方之特殊教育發展，尤其特殊教育學生相關支持服務之提供影響為甚，在中央督導縣市執行特殊教育行政時應審慎為之不可輕忽。

七　學生支持服務精緻化

　　新修訂之特殊教育法，尤重視特殊教育學生之支持服務，在身心障礙教育之實施，各級主管機關應依專業評估之結果，結合醫療相關資源，對每一位身心障礙學生進行有關復健、訓練治療；而各級學校對於身心障礙學生之評量、教學及輔導工作，應以專業團隊合作進行，並得視需要結合衛生醫療、教育、社會工作、獨立生活、職業重建相關等專業人員，共同提供學習、生活、心理、復健訓練、職業輔導評量及轉銜輔導與服務等協助；對於就讀普通班之身心障礙學生，應予適當教學及輔導。並考量身心障礙學生之優勢能力、性向、特殊教育需求及生涯規

劃，提供適當之升學輔導。除對身心障礙學生應以團隊合作方式訂定個別化教育計畫外；對資賦優異學生亦應以協同教學方式，考量資其性向、優勢能力、學習特質及特殊教育需求，訂定個別輔導計畫，以期每位特殊教育學生支持服務能精製化、個別化。

長久以來，在特殊教育現場對於身心障礙學生之個別化教育計畫與各項支持服務措施，常有特殊教育學校較集中式教特教班落實，集中式特教班較分散式資源班落實，普通班級之身心障礙學生之支持服務或個別化教育計畫常聊備一格。因此如何落實尤待努力。而資賦優異學生之個別輔導計畫，修法後明文於法中，並需各學校需加強落實，尤其對個別輔導計畫如何擬定，教師個別輔導專業知能之提昇有待主管機關規劃推動。

八　家長參與特教法制化

家長參與學校層級，家長團體參與各級教育主管機關之相關會議及組織之規範法制化，確立家長與學校、教育行政機關共同經營推展特殊教育。其中明定家長參與個別化教育計畫，特殊教育工作委員會及各項親職教育等活動；且學校應提供特殊教育學生家庭諮詢、輔導、親職教育及轉介等支援服務；又各級政府之鑑輔會、諮詢會、及各項法規之制定過程中均需家長團體之參與。其意義在於實踐以學生為主的教育權，維護學生受教權的被重視；展現學生教育權利之保護，以確保特殊教育需求的被滿足；建立有效行政的支持體系，協助學校校務的推動；落實個別化教育計畫，協助教師成功教學的發展；家長成長與諮詢協助功能，協助個人支持與問題解決。

然家長參與特殊教育事務中，家長知能之提昇，及特教問題之瞭解，需學校與各主管機關加以協助。尤其學校層級家長，尤賴學校與各家長團體之協助，學校專業與資源是否足夠提供，係值得深思規劃。而縣市層級之家長團體，有須多障礙類別之家長團體並未成立，或成立運作之正常與否，均有極大之地域性與專業性之差異。是以，家長團體專業之成長與運作之協助是各級主管機關責無旁貸之責。

九 身心障礙教育終身化

　　長久以來身心障礙者之成人教育最為人所忽略，僅以被動補助經費鼓勵參加成人教育，今修法後明定政府應實施身心障礙成人教育，並鼓勵身心障礙者參與終身學習活動。現行法規中對高等教育並未詳列規範，今新法明確規等教育階段之身心障礙教育，應符合學生需求，以特殊教育方案實施，協助學生學習及發展。是以，身心障礙教育已從舊法之三階段擴充為成人教育，並明確宣示建構身心障礙教育終身化。

　　在身心障礙教育終身化中規劃實施目標、方式，辦理過程與措施等，應妥善規劃。否則易失去立法之美意，形成空中閣樓。是以，身心障礙終身教育師資、課程規劃、實施場所於授權法規中應明確安排與規範。

十 資優教育發展正常化

　　長久以來資優教育在國民教育階段中被嚴重扭曲，常被認為資優教育是升學主義之附庸，資優學生鑑定與入學考試畫上等號，學生安置被視為分發，資優教育被誤以為就是績優教育，資優學生補習鑑定時有所聞，嚴重扭曲資優教育之真意。修法後將辦理階段、辦理方式、輔導措施入法明文規定。亦規定資賦優異學生之入學、升學，應依各該教育階段法規所定入學、升學方式辦理；高級中等以上教育階段學校，並得參採資賦優異學生在學表現及潛在優勢能力，以多元入學方式辦理。而對身心障礙及社經文化地位不利之資賦優異學生，應加強鑑定與輔導，並視需要調整評量工具及程序，以發掘資賦優異學生。新法將資優教育實施階段、辦理方式、輔導措施、升學方式等明確規範，以期資賦優異教育正常發展。

　　然資優教育推動是否能達到預期之目標，則有待建構社會大眾與家長、教育人員正確之資優教育理念；資優教育正常發展之路，仍為漫長，需各級政府與各級學校能持續堅持正確資優教育理念，並鼓勵推動多元化資優教育、個別化資優教育，落實資優個別輔導計畫，以期資優

教育能真正能為發掘資賦優異潛能、培育資優人才，充分發揮潛能。

伍 聚—末語

　　特殊教育法條文修正內容，雖已相當周全完備，所引領並形成的我國特殊教育政策亦頗為具體明確，對我國特殊教育優質發展影響深遠；惟受限於社會環境、教育體制、人力與物力資源等未臻完善之故，推動並落實我國特殊教育整體及新政策，仍不免存在諸多亟待解決問題，尤賴各級政府主管機關、各級學校行政工作同仁與教師、學者專家、民間團體與家長共同策力規劃推動。然在本文進行探究並將所獲結果做為末語。

　　各級政府應從寬編列特殊教育預算，在中央政府不得低於當年度教育主管預算提高至4.5%，惟地方政府仍維持不得低於當年度教育主管預算5%不變。縣市地方政府為特殊教育實施之主體，是否應適度提高特教經費比率，以強化縣市特殊教育實施之量與質。又特殊教育法仍採身心障礙分為12障礙類別，與身心障礙者權益保障法採功能取向明顯不同，未來特殊教育及身心障礙福利的界定、鑑定標準、實施與銜接等，如何執行可能需較長時間的討論與磨合。近年來我國特殊教育之實施，雖趨於推展融合教育，惟新修定特殊教育法仍顯現多元適性安置為主流，且規範各縣市應至少設有一所特殊教育學校（分校或班）、特殊教育班設立應力求普及等。如何兼顧「融合」與「隔離」仍待深入探討。而特殊教育法增訂高等教育階段之身心障礙與資賦優異教育，以「特殊教育方案」實施。高等教育階段特殊教育方案的實施內涵與實施方式尚未明確，有待探究與規劃。又第35條規定，國民教育階段資賦優異教育之實施，採分散式資源班、巡迴輔導班及特殊教育方案辦理。另對於國中小具藝術專長及興趣性向之學生，仍得採藝術教育法相關規定辦理「藝術才能班」，以集中成班模式接受藝術教育。未來如何落實學生可結合分散式與集中式課程特色及學生需求，更加深加廣學習，提供學生多元適性選擇，以發展其藝術潛能，諸端種種規畫發展值

得進一步探究。

　　新修定特殊教育法公布後，需與49個修增訂授權子法規定搭配，始能更直接與確實規範特殊教育之推動措施，爰有賴特殊教育社群與工作同仁，群策群力共同具體落實相關法規，以打造談灣優質、卓越、精緻的特殊教育。

參考文獻

中文部分

吳武典（1998）。特殊教育行政問題與對策。**特殊教育季刊**，68期，1-12。

吳武典（2009）。特殊教育。**載於中華民國97年教育年報**，第九章。臺北市，國立教育資料館。

李慶良（1995）：美國保障身心障礙學生教育權利的法律基礎。**初等教育研究集刊**，3。臺中：國立臺中師範學院。

林坤燦（2004）。特殊教育法之修訂：修法保障、實務推展、與特殊教育品質的提昇。**中華民國特殊教育學會93年度年刊：特殊教育的績效與評鑑**，317-334。

教育部（2009b）。**「特殊教育法修正草案」專案報告**。臺北市，教育部。

教育部（2009a）。**特殊教育法修正新聞稿**。臺北市，教育部。

林貴美（2001）：融合教育與學校再造。載於國立嘉義大學特殊教育中心編印：**融合教育論文集**。1-20。嘉義：國立嘉義大學特教中心。

英文部分

Chasty, H., & Friel, J. (1993). *Children with special needs: assessment, law, and practice-caught in the act. (2 nd ed.)*. London: Jessica Kingsley Publishers.

Schulz, J. B., & Carpenter, C. D. (1995). *Mainstreaming exceptional students*. Needham Heights, MA: Allyn and Bacon.

Wehmeyer, M. L., Lance, G. D., & Bashinski, S. (2002). Promoting access to the general curriculum for students with mental retardation: a multi-level Model. *Education and*

Training in Mental Retardation and Developmental Disabilities, 37(3), 223-234.

問題與討論

一、特殊教育法攸關特殊需求學生教育權益的促進與保障,也關係著身心障礙者向上流動與家庭及個人轉型的重要憑藉,試分析特殊教育法在特殊特殊教育發展上的積極意義。

二、新修定特殊教育法分章按節陳述,說明特殊教育的意義與教育推展之重要方向,試分析特殊教育法各章節意義與教育重點。

三、特殊教育之實施階段,除學前教育階段、國民教育階段與完成國民教育三個階段,延伸至高級中等教育、高等教育及成人教育等四階段,請分析延伸特殊教育階段在教育發展上的意義。

四、特殊教育修法中隱約有保障身心障礙教育,限制資賦優異教育之規範,請說明意義並探討對資賦優異教育發展之影響。

五、特殊教育法修訂對我國特殊教育優質發展影響深遠,然打造優質、卓越、精緻的特殊教育仍需不斷檢討法規的合宜性,以適應教育發展需要。請分析未來如再修訂特殊教育法時,其修訂之可行方向與內涵。

　（本文係完成於102年1月23日特殊教育法修正公布前。）

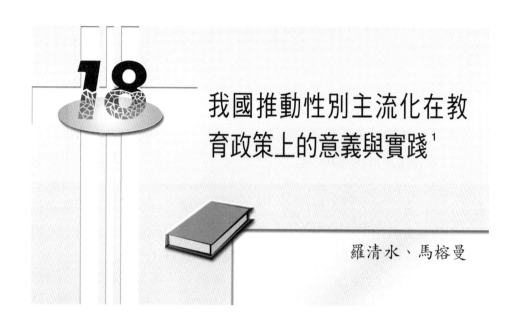

我國推動性別主流化在教育政策上的意義與實踐[1]

羅清水、馬榕曼

性別主流化是實現施政以人為本的有效途徑。

～性別平等政策綱領～

　　1995年聯合國世界婦女大會發表「北京宣言行動綱領」以來，「性別主流化」已蔚為國際思潮及各國施政重點，近年來我國亦以之作為政府重要施政方針。本文從性別主流化之發展切入，說明我國近年來積極推動性別主流化係與國際接軌之重要作為。接著，在簡介性別主流化之六大工具後，探討我國推行性別主流化之相關機制，以對國內推動現況做一瞭解。最後，析論性別主流化在我國教育現場推動之意義、概況、困境與限制，並提出未來可行策進作為，以期共同建構性別有善教育環境。

1　本文係於中臺科技大學2011年12月3日舉辦之「2011建國百年教育百尺竿頭」學術研討會發表之文章，並於會後參酌該研討會與會學者提出之建議與回應再加修改而成。

壹 前言

近年來，隨著科技及經濟的發展，如全球化、國際化、市場化、氣候變遷、少子女化、人口高齡化、網路化、教育M型化及本土化等現象，都對臺灣當前的教育產生衝擊性影響。而自2006年開始，性別主流化（Gender Mainstreaming）已逐漸成為我國公部門施政之一項重要新興議題，行政院除要求各部會就組織業務範圍提出性別主流化實施計畫外，各部會並需於每年年底前，提報當年度成果計畫，以逐步落實推動各部會在分析問題、制定法令、政策、方案計畫及資源分配時，能將性別觀點納入（行政院婦女權益促進委員會，2010）。

性別主流化除成為公部門重要施政議題外，馬英九總統於100年9月2日發表我國性別平等政策新願景時，即提出「性別平等是保障社會公平正義的核心價值」、「婦女權益的提昇是促進性別平等的首要任務」及「性別主流化是實現施政以人為本的有效途徑」的核心理念（內政部，2011），再度揭示性別主流化對於政府施政的重要性。鑑於具性別意識的教育政策係為建構性別平等社會的磐石，因此本文將探討何謂性別主流化，以及性別主流化對教育政策具有什麼樣的意義與影響，並且未來黃金十年教育發展應如何積極落實性別主流化，進以達到我國「精緻、創新、公義、永續」的教育目標。

貳 性別主流化之發展

以下擬就「性別主流化」之源起與定義作一摘述，以說明此一重要議題之發展脈絡。

一 性別主流化之源起

性別主流化的概念源起於聯合國，在1945年成立的同時即成立了婦女地位委員會（Commission on Status of Women, CSW），但並未發揮功能，直到1970年代西方婦女運動展開也拓至世界各地時，聯合國才因為受到壓力而開始重視之，特別訂定1975年為國際婦女年，並在墨西哥召開第一屆婦女大會，而民間婦女團體也積極協助，擬定全球行動計畫（Plan of Action）來實踐國際婦女年的目標。惟推行結果卻發現行動計畫不足，各地政府並不十分明瞭婦女議題的重要性，且一年之內無法完成所有工作，因此民間婦女團體向聯合國要求以十年的時間推動婦女相關議題，而有1976-1985「婦女十年」（Decade of Women）的推行（陳芬苓，2011）。在聯合國「婦女十年」計畫執行之後，各會員國紛紛成立婦女專責機構或設立婦女部，並且訂立特殊計畫及修訂相關立法，以達到提昇婦女地位的目標。

到了1995年第四次全球婦女大會時卻發現僅有策略是不夠的，乃提出「北京宣言暨行動綱領」（Beijing Declaration and Platform for Action），該會議中更指出「將性別觀念融入主流政策」的新工作方針，希望未來在各會員國所有政府部門及決策過程中，皆能有女性參與，即所有的政策制定都需具備性別概念；換言之，性別議題不應只以特別的計畫進行，更重要的是要融入所有主流政策的決策過程中（陳芬苓，2011）

二 性別主流化之定義

聯合國經濟暨社會理事會（Economic and Social Council, ECO-SOC）於1997年對性別主流化進行一致性的定義：「在各個領域與層次之任何行動中，包括各類立法、政策與方案等，都要評估這些行動對女性與男性帶來影響之過程。」（引自Charlesworth, 2005）亦即可知，性別主流化係一種達成社會性別平等的策略，政府在制定公共政策時，要從性別的角度出發，檢視政治、經濟與社會的法律、政策和制度

是否有性別不平等的狀況，應該全盤地從性別的觀點去思考，任何公共政策與計畫要具有性別觀點，無論在政策規劃、決策、執行或是評估的過程，都必須將性別的觀點納入，尤其是在進行政策決策前，必須對政策和計畫進行性別影響評估分析研究，建構出符合性別平等的法律、政策與制度。（王如玄、李晏榕，2007；林依依，2008；孫本初、劉奕宏，2010）。換言之，性別主流化本身並不是一種目標，而是實現社會性別平等與性別正義的重要策略。

參 性別主流化之六大工具

推動性別主流化政策，政治、理念與組織等條件都必須要相互配合才能落實（Schmidt, 2005）。而除了前揭幾項條件的配合，也需要合適的政策工具，以系統性推動性別主流化工作。在實務上，落實性別主流化必須分別協同運用六大工具，茲將六大工具說明如下（行政院性別平等會，2012；行政院研究發展考核委員會，2009；吳佩璇，2011；財團法人婦女權益促進發展基金會，2008，2009a，2009b；許永議、詹姸珺，2011；鄭瑞成，2009）：

一 性別統計

推動性別主流化首要須建立可靠完整的統計資料，作為推動基礎。性別統計之目的主要係藉由統計數據，充分反映所有政府範疇中不同性別的情況或瞭解不同性別的政治、經濟、社會、文化及環境等方面的處境及現象，以對性別差異及性別議題進行有系統的研究，進而作為政府及各機關制定法令、政策、計畫或方案等之參考，同時作為執行後相關效益評估之分析。換言之，性別統計不單是區分男、女性別之統計，且是指統計數據背後所代表的兩性社會處境，亦即能藉由統計數據來觀察性別議題的社會現象或能彰顯性別議題的統計。此外，性別統計之統計項目除須具有「性別」複分類外，亦應與其他重要複分類，如年齡、教育程度、居住縣市、年收入等進行交叉統計，且其統計結果，亦須能方

便進行長期趨勢分析、區域分析及國際比較，方能有效運用。

　　為綜觀各國整體性別平權進展，許多國際機構陸續編制與性別平權有關之綜合指數，以提供具邏輯性的指標分析及績效評估；如聯合國開發計畫署（The United Nations Development Programme, UNDP）自1995年所發布之「性別發展指數」（Gender-related Development Index, GDI）、「性別權力測度」（Gender Empowerment Measure, GEM）與於2010年編製了「性別不平等指數」（Gender Inequality Index, GII），另世界經濟論壇（World Economic Forum, WEF）於2005年創編了「性別落差指數」（Gender Gap Index, GGI），以及經濟合作暨發展組織（Organization for Economic Cooperation and Development, OECD）於2009年提出了「社會習俗性別指數」（Social Institutions and Gender Index, SIGI）。我國各部會亦依1999年行政院婦女權益促進委員會第5次委員會議決議：「建立我國以性別為基礎之國家相關統計分析資料」，系統啟動全面性別統計資料之蒐集。目前各部會已完成性別統計專屬網頁的建置並與行政院主計處網頁相互連結，公布之性別統計資料已逾千項。

二　性別分析

　　性別分析，又稱為性別統計分析，係針對性別統計資料及相關研究報告資料，從具有性別意識之觀點來分析或研究兩性在現存的政治、經濟、社會、文化及環境等脈絡之不同處境及現象，並分析造成性別不平等之背後因素及不同性別使用與支配資源的情況。

三　性別預算

　　性別預算是將性別主流化落實於預算編製的過程，其是一個動態的過程，將性別觀點融入與整合到歲入、支出及執行預算程序中。性別預算內涵包括「性別預算分析」及「性別回應預算」兩項核心元素。「性別預算分析」之發展重點在於評估政府政策與計畫對不同性別（含括不同收入、年齡、族群等因子）的影響，建構具性別觀點的資源

分配模型；而「性別回應預算」之統計則希望透過性別影響評估之數字化成果，來瞭解政府施政對於性別平等的落實程度，並在政策與預算安排上回應性別差異，據以妥適分配公共資源。

四 性別影響評估

「性別影響評估」為落實性別主流化的工具之一，評估過程除運用性別統計及性別分析方法檢視日常生活中現存的性別刻板印象及因不平等對待所造成的性別差異外，亦透過徵詢各機關性別平等專案小組民間委員、性別平等專家學者或婦女團體意見之參與過程，將性別觀點融入政策規劃與決策過程，期能詳實評估政府計畫及法律案之實施結果，對不同性別者的正、負面影響及受益程度，促使政府資源配置有助不同性別、性傾向或性別認同者獲取平等享有參與社會、公共事務及資源取得之機會。亦即，在性別影響評估過程中，政策規劃者應不斷檢視與反思「這個現況是否存在著性別不平等或潛藏的不平等」及「如何能夠改變這個性別差異現象」等兩個問題，藉以擬定更具性別平等與權益保障的國家政策，並藉由政策的預期結果，比較和評估現況與趨勢。

由此可知，性別影響評估係政策規劃與研訂之輔助線，其協助既有計畫的改善與資源分配的妥適。我國行政院研究發展考核委員會為能提供各機關辦理性別影響評估作業時有所遵循，發展了中長程個案計畫及法律案之性別影響評估架構與步驟、作業流程與檢視表，以供各機關在國家法律案與中長程個案計畫之規劃、研擬與執行過程中，均能進行性別影響評估檢視，以逐步落實性別主流化政策。

五 性別意識培力

性別意識培力，主要係透過簡介性別主流概念、工具或舉辦相關性別議題之研習、訓練課程等，以培養或增加公務人員性別敏感度及性別意識，俾其在工作場域中能更瞭解不同性別之觀點與處境，從而運用性別主流化觀念，落實性別平等政策。

六　性別平等機制

　　性別平等機制，主要係在政府或機關內部設置一推動性別平等的專責機關（構），或成立一跨機關或跨機關內部單位間之臨時任務編組，以負責辦理相關性別平等之橫向聯繫及監督工作者。例如行政院為更有效制定和推動性別平等政策，在其下成立跨部會之「婦女權益促進委員會」，於2012年1月1日因應組織再造，擴大為「性別平等會」；行政院並要求各部會成立性別聯絡人、性別平等專案小組或性別主流化支援小組，同時規定各機關臨時任務編組的成員須符合任一性別比例不得少於三分之一等，即屬建構性別平等機制的做法。而為強化我國推動性別平等工作之措施，並呼應國際重視性別平等議題之潮流，行政院特於院內成立「性別平等處」，以擔任「性別平等會」幕僚工作，期盼未來能以更高的格局及更遠的視野，以共謀兩性和諧共治的社會。

　　由上述探討可知，性別主流化六大工具結合運用之實施流程係一持續滾動修正與系統性發展的歷程。首先普遍強化行政人員之性別意識，並透過性別統計、性別分析來確認所研擬之政策或計畫目標是否有性別差異問題：再於各項政策或計畫研擬時辦理性別影響評估作業，檢視施政或計畫是否具備性別敏感度，及決定是否須針對性別差異問題採取不同實施策略。藉由相關工具之執行，可確保各項政策或計畫具備性別觀點之考量，其執行結果亦將引導性別平等，且持續確保資源有效配置。

肆　我國推行性別主流化之機制

　　為逐步推動性別主流化，行政院於2004年訂定「各機關學校公務人員性別主流化訓練計畫」、2005年通過「行政院各部會推動性別主流化實施計畫」、2009年要求各部會將性別影響評估作業納入「各機關報院之中長程個案計畫及法律案提報與審議程序」，並在2010年通過了「行政院各部會推動性別主流化實施計畫（99-102年）」（行政院

婦女權益促進委員會，2011）。而為落實前述各項重要工作，我國發展了多項機制以協助推動辦理工作。茲將各項推行機制介紹如下（孫本初、劉奕宏，2010；曾中明，2008；魏美娟，2010）：

一　行政院婦女權益促進委員會性別主流化支援小組

2007年行政院婦女權益促進委員會（以下簡稱行政院婦權會）第27次委員會決議通過成立跨部會之性別主流化支援小組，以協助各部會進行性別主流化，實踐性別主流化政策與流程。行政院婦權會性別主流化支援小組的工作對象為行政院各部會，對各單位進行性別主流化六大工具的教育訓練、研究發展、諮詢輔導、成果宣傳和績效評估，達到落實性別主流化之目標。

二　各部會性別平等專案小組

行政院婦權會於2005年第23次委員會決議通過，各部會要成立性別平等委員會，以落實性別平等的目標。至2006年底為止，行政院所屬之37部會都已設立性別平等專案小組，協助部會推動性別平等業務及性別主流化工作，並指導部會性別主流化實施計畫及成果。

三　各部會性別聯絡人

行政院各部會設有性別聯絡人，其目的為促進跨部會性別主流化工作的協調，並且加強組織內部推動性別主流化工作的分工與整合，擔任各項性別業務推動的媒介與協調窗口。各單位性別聯絡人必須要參與行政院婦權會舉行的會議，於會議上代表該部會發言，協調整合內部單位性別工作的分工，成為內部推行性別主流化的種子。

四　各縣市政府與縣市婦權會

行政院婦權會為負責規劃與決議性別主流化與婦女權益政策之中央部會。除中央政府單位具有性別主流化推動機制，在地方上各縣市政府

亦設有各縣市婦權會處理性別政策的規劃與決策，為地方上落實性別主流化政策的機制。其功能為協助各地方政府單位進行性別主流化，實踐性別主流化政策與流程。

五　財團法人婦女權益促進發展基金會

除政府部門的推動機制，我國非營利組織（non-profit organizations）也是性別主流化推動的重要機制。財團法人婦女權益促進發展基金會（以下簡稱婦權基金會）為我國推行性別主流化最重要的非營利組織，主要扮演智庫、民間推行政策、政府與民間溝通窗口之功能角色，建構出一個婦女資訊與資源的交流中心。婦權基金會亦扮演與其他婦女團體與性別平等工作者聯絡平臺，讓彼此互相連結、溝通與分享經驗，提供女性討論政策的空間，亦與政府協力推動主流化政策，辦理婦女權益與性別意識培力相關活動，協助政府落實性別主流化。

六　國際參與機制

除國內機制外，我國亦藉由國際參與機制落實性別主流化政策。我國婦女團體代表透過參加聯合國「婦女地位委員會」（Commission on the Status of Women, CSW）、亞太經合會的「婦女領導人網絡」（Women Leaders' Network, WLN）、「性別聯絡人網絡」（Gender Focal Point Network, GFPN）等國際推動性別主流化機制，藉由參與國際性別主流化事務，使我國性別主流化的發展能符合國際趨勢。

此外，行政院為鼓勵各機關（構）推動性別主流化，現已訂定「行政院與所屬機關及地方行政機關推動性別主流化績效優良獎勵計畫」，將針對推動性別主流化績效優良之機關（構），由行政院頒給金馨獎，予以獎勵（行政院人事行政局，2011）；此計畫不僅可鼓勵各機關運用各項性別主流化工具，進而能深化落實性別主流化政策。

伍 性別主流化在教育政策上之意義

性別並不是單一存在的社會議題，其往往會與種族、族群、階級、年齡、國籍與宗教等其他範疇交錯，構成複雜的社會景象與性別關係，而性別經驗也會因為階級、族群與年齡等背景而有所不同（謝明珊譯，2011）。以下將從多元文化、教育機會、弱勢教育與人力資源等分析性別主流化對教育政策上之意義。

一 建立尊重多元文化

隨著時代的變遷，我國在民主與尊重等理念漸漸崛起，加上專家學者的研究與傳播媒體的深入報導，使得女性意識、人權探討、種族意識等多元文化議題受到大眾的重視。探究多元文化的本質，其應是一種文化包容；但經檢視，我們的教育體制卻常用一種「單一文化」來宰制學生。在主流價值與文化霸權的支配下，教育行政人員更應看到不同性別、性傾向、性別認同及性別特質之差異需求，也應考量族群、年齡、地域或社經地位等交錯面向，並藉由理論的建構、政策的形塑與實務的推展，以作為教育政策制定的基礎。

二 實踐教育機會均等

「教育機會均等」一直是社會所追求的目標，它象徵著社會的公平與正義之實踐。性別主流化協助教育工作者在分析問題和制定政策選擇時，需考慮性別差異和不平等的問題；不論是在各教育階段別之入學機會均等性的問題檢視，或是家庭教育投注、課程教材設計及教師教學關注等教育歷程均等性的問題檢視，甚至學習領域隔離、教育成就與職業取得差異之教育結果與效益的問題檢視，都有助於教育機會均等的實現。

三　保障弱勢學生學習

《教育基本法》第4條即明訂，人民無分性別、年齡、能力、地域、族群、宗教信仰、政治理念、社經地位及其他條件，接受教育之機會一律平等。此外，該條文對於原住民、身心障礙者及其他弱勢族群之教育，也強調應考慮其自主性及特殊性，依法令予以特別保障，並扶助其發展。顯見教育的根本大法，除重視學生「受教機會均等」的維護外，也特別強調各弱勢族群「個別發展權利」的保障。以2000年發生的葉永鋕事件為例，一個性別弱勢的男學生在國中校園受到欺凌無法安心上廁所，甚至喪命於校園的廁所之中，便是性別歧視使其學習權受損的一個例證（游美惠，2006）。而性別主流化強調任何計畫或活動都要以性別平等目的為核心，其對於教育主管機關及學校積極提供性別弱勢學生協助並改善其處境有正面上的意義。

四　健全人力資源發展

在充滿競爭與挑戰的二十一世紀，人才培育與知識的不斷學習與創新，已愈形重要，目前世界各國均已將人力資源視為知識經濟最主要的基礎，而欲將知識不斷創新、累積、擴散及應用，則有賴於人力資源的充分發揮。可知，為了順應知識經濟時代的發展趨勢，人力資源之開發和運用必須超越傳統性別刻板的界限（黃煥榮、方凱弘、蔡志恒，2011）。性別主流化有助於排除性別障礙，使不同性別享有均等教育機會，且在政治、社會及決策過程中有更大程度的參與，同時將女性納入知識經濟領域，並提昇女性參與知識與科技發展之貢獻，以對社會、經濟轉型有更積極的行動。

陸　性別主流化在教育中的實踐

於教育中推動性別主流化之目的，是希望將各種交錯的族群、階級、年齡、教育程度、城鄉等影響因素納入考量，更深入適切地探討並

改善性別不平等的問題。而性別平等教育在我國的推展經驗，正是呼應「性別主流化」的世界潮流（游美惠，2006）。以下將說明我國性別平等教育推動現況，並分析性別主流化在教育行政機關目前推動的困境與限制，及未來可行的策略與方向。

一 推動現況概覽

(一)性別平等教育法制定與實施

我國在2004年立法通過且開始施行的《性別平等教育法》，可視為推動性別主流化的初步成果。性別平等教育法第1條即明定：「為促進性別地位之實質平等，消除性別歧視，維護人格尊嚴，厚植並建立性別平等之教育資源與環境，特制定本法。」可知，性別平等教育法的立法與施行，正是希冀透過制度設計來加強性別平等教育的政策落實與推動。

(二)性別平等教育機制設置與運作

依據《性別平等教育法》規定，中央主管機關、直轄市及縣（市）主管機關、學校等三個層級應設性別平等教育委員會，其任務並涵蓋性別平等教育計畫規劃與執行、課程教材及教學活動推廣與研發、校園性侵害或性騷擾事件防治與處理、有關性別平等之家庭教育及社會教育推動與辦理。此外，性別平等教育委員會之主任委員係由這三個層級之教育部部長、直轄市及縣（市）首長、學校校長擔任，希冀藉由委員會運作，促使性別平等教育能獲得首長重視並強化組織資源橫向協調與整合。可知，在營造具性別平等觀點的組織文化上，各級性別平等教育委員會扮演了重要的角色，其亦是重要的性別機制。

(三)性別平等教育課程融入與發展

性別平等教育成為國民中小學正式課程，起始於1998年，教育部在九年一貫課程暫行綱要中，將「兩性教育」列為重大議題，明訂融入

各學習領域發展課程，並於2001年訂定課程綱要，正式實施，期使性別平等教育理念透過課程實踐，得以落實扎根（教育部，2008）。

2004年立法通過《性別平等教育法》，以反應現代社會性別多元現象，至此「兩性平等教育」正式更名為「性別平等教育」，並確立校園性別平等教育推動更具法源依據與強制性。包括：國民中小學應將性別平等教育融入課程外，每學期應實施性別平等教育相關課程或活動至少四小時。各級學校所設性別平等教育委員會應擬定與落實校園性別平等教育計畫，研發與推廣性別平等教育課程、教學與評量等內容。

性別平等教育課程的實施，則在教導學生認知個人的成長發展，期使個人透過與不同性別者的互動，進行性別角色的學習與突破，從而接納自我性別特質與性別認同，以培養自尊自信的生活態度，同時教導學生探究多元文化社會中的性別議題，學習瞭解並尊重自己與他人的獨特性；而將性別平等教育融入課程，亦有助於性別意識從小扎根。

(四)性別平等教育白皮書研訂與推動

《性別平等教育法》於2004年6月23日公布實施，教育部作為該法之中央主管機關，特依據法定相關規範，並參照其立法精神，於2010年3月8日公布「性別平等教育白皮書」（以下簡稱性平白皮書），藉由擬定推動國內性別平等教育之短、中、長程計畫，以協助各級政府與學校及其他教育相關機構，進行具前瞻性、統整性、及系統性之性別平等教育，進一步具體落實該法之規定與精神（教育部，2010）。

性平白皮書之規劃，主要依據《性別平等教育法》立法宗旨「促進性別地位之實質平等，消除性別歧視，維護人格尊嚴，厚植並建立性別平等之教育資源與環境」；並參照《憲法》第7條、《憲法增修條文》第10條、《教育基本法》、《婦女政策綱領》及《婦女教育政策白皮書》等法令政策規劃之。其架構依組織與制度、資源與空間、課程與教學、教育人員、校園性別事件防治及家庭教育與社會教育等6個面向分析檢視性別平等教育之現況及困境，並據以建議未來改善方法及策略推動時程表，為中央與地方政府及各級學校規劃推動性別平等教育工作之

重要參據；期盼各級政府及學校應在健全組織之運作下，提供充沛資源與人力，協助達成性別平等教育法所揭示之目標。

(五)學校層級性別主流化試辦與發展

100年3月31日所發布之「中華民國教育報告書」，即將「落實性別平等教育白皮書，促進性別地位之實質平等」列為「強化公民實踐促進校園友善方案」的目標之一，並將「逐步於高中職及大專校院推動性別主流化政策」作為推動具體措施（教育部，2011），以逐步提昇教育行政人員與教師性別主流化之知能，希冀透過性別意識培力，讓學校瞭解性別影響評估、性別統計、性別分析、性別預算等概念，漸進指導學校於研訂相關教育方案或計畫、校內相關規定及經費、資源分配時，能納入性別主流化之觀點，以落實建置友善無歧視之校園。而教育部為能逐步擴展推動學校層級性別主流化工作，將透過有意願之學校先行試辦計畫，以期能建構適合大專校院及高中職適用的性別主流化推動策略。

二　推動之困境與限制

性別主流化的推行對象主要是機關與學校之內部人員，期望內部人員接受性別主流化的推動，在政策規劃與決策上，能符合性別平等的原則，使教育政策與計畫落實建構性別平等的社會目標。因此，性別主流化在組織內部推動，將受到官僚結構及組織文化的影響，並產生推行上的困境與阻礙。由相關文獻探討，將性別主流化在組織內部推動會遇到的困境，分述如下（林依依，2008；林書賢，2009；孫本初、劉奕宏，2010；黃淑玲，2008；彭渰雯，2008；魏美娟，2010）：

(一)本位主義

由於專業分工、依法行政與層級節制是官僚組織運作的基本原則，進而導致政府官僚組織產生本位主義的情況。本位主義係指官僚組織人員僅願意處理法令職權範圍內的工作，對於其他非權責範圍內的工

作,官僚人員會儘量避免。也就是說,政府官僚組織人員對性別主流化議題易產生排斥,因為性別主流化屬於新興議題,多數政府官僚以往鮮少接觸性別相關議題,因此,官僚本位主義的問題會導致性別主流化推動受阻。

(二)技術官僚化

由於性別主流化的核心概念過於模糊,導致性別主流化政策在政府部門推行不易,行政人員也難以瞭解性別主流化的意涵,導致技術官僚化的問題。亦即,在進行性別主流化時,將各種性別主流化工具的操作視為主流化的目標,反而忽略性別主流化是處理性別不平等的問題,導致性別主流化淪為操作工具的運作,而非針對性別平等的願景、策略與目標進行討論與落實,產生目標錯置的情況。

(三)分工困難且缺乏課責機制

由於性別主流化係較為新興的議題,加上政府官僚組織本位主義的影響,行政人員對這個陌生業務的執行容易產生互相推諉的情況,也缺少課責機制,加上各機關擔任性別主流化工作單位不同,導致政策推行分工不易。

(四)行政人員與專家理念差異

在新公共管理與政府再造的風潮下,政府的核心價值除行政中立、依法行政與公共利益維護等傳統價值外,政府要開始追求效率與效能等價值。因此,行政人員在處理性別主流化時,較著重效率與效能等工具導向的價值,也就是造成技術官僚的原因,只要依循6大工具做出結果,是否有實質達成兩性平等並非關注的重點。然而,行政院性平會、縣市婦權會等成員多為外界聘請的專家,認為性別主流化的價值是性別的代表性,政策是實質達到性別平等的目標。因為兩者對性別主流化的理念差異,導致在進行別主流化出現阻力。

(五)行政人員性別平等意識有待提昇

依據《性別平等教育法施行細則》第8條規定，性別平等意識係指個人認同性別平等之價值，瞭解性別不平等之現象及其成因，並具有協助改善現況之意願。因行政人員已習慣在固有框架下思考與行事，並往往認為性別不平等的問題並不存在，或是認為這些問題的存在是理所當然，沒有必要改變，而導致行政部門推行性別主流化遭受很大的阻力。

三 展望未來努力方向

由上述探討可知，性別主流化的工具可用以協助教育行政人員進行教育政策規劃時有更縝密的思考，但只將性別主流化淪為操作工具的運作，將使性別主流化的推動遭受困境與限制。在未來，如何將增能的概念和性別關懷置於教育政策制訂過程中，並將性別平等的基本價值轉化為教育行政工作的具體行動，以積極朝向性別平等社會的目標，更是重要發展工作。茲從性別主流化工具引申我國教育工作可投入的資源與方向，以供教育行政人員參考運用。

(一)提昇教育人員的性別意識

若是政策執行者不瞭解政策的意涵，政策落實的成效必大打折扣。因此，必須運用政策行銷的方式，將性別主流化政策的定義、概念、觀念、操作方式與目標確切行銷至所有的教育人員，使教育人員完全瞭解性別主流化的意涵，使其於政策規畫與決策過程中能落實性別主流化的精神，而非僅為工具技術性的運用。

(二)建立教育政策歷程多元參與機制

實務上，不平等的性別待遇時常包裹著「性別中立」的外衣，深藏在制度、結構或文化中，很難被察覺。因此，如何讓性別關懷成為一個主要的核心價值，從政策研擬到效益評估的整體過程中，密切地邀集性

別平等專家學者、婦女團體與相關利益當事人進行諮詢使其參與決策過程，是性別主流化的重要關鍵。亦即，在教育立法、政策擬定、計畫規劃、方案設計、資源分配、人才培育以及組織建構的過程中，希望能把不同性別的觀點與經驗反映在政策與方案的設計、執行、監督與評估中，讓每個人都可均等受惠，並由此推動深層的組織變革，進而打造一個符合性別正義的教育環境。

(三)強化與教育政策結合的性別統計與分析

教育行政單位可就現有統計資料中，分列各教育階段別及教育重要議題等不同領域性別比例的執行統計，以反映政策實況及距目標值的差幅，並透過持續擴充性別統計的廣度，精緻化性別統計深度，以提昇性別統計指標的可用性及比較性。亦即，藉由建構完整之性別統計技術與分析工作，並確保「性別分析」成為教育政策制定過程中的固有部分，且從具有性別意識之觀點來分析性別處境及現象，以作為修正現有政策不足並發展未來教育政策之基礎。

(四)落實教育計畫及教育法規之性別影響評估

透過「性別影響評估」，將教育重大中長程計畫與法律案修訂納入性別觀點，並使教育資源做最有效且公平的配置。首先，透過性別統計與性別分析來建立性別意識，確認所研擬之計畫或法規的目標是否有性別差異問題；再來是辦理性別影響評估作業，並決定是否須針對性別差異問題採取不同實施策略。藉由性別影響評估之執行，可確保教育資源分配結果具備性別觀點之考量，並從中瞭解性別落差之情況是否獲得改善，據以評估調整政策執行內容，俾確保資源有效配置。

(五)建構具性別觀點的教育評鑑

教育評鑑係應用方法蒐集與分析教育客體資料，並評估其功績與價值，以提供相關資訊予決策參考的歷程。由此可知，評鑑在教育中扮演著「管理的角色」、「導引的角色」及「工具與跨學科的角色」（郭昭

佑，2007）。因為除了導引教育過程中的改進以符應教育目標外，評鑑還扮演導引未來教育發展與改革的角色，所以具備性別觀點的教育評鑑是為導引發展性別平等之教育政策重要工具。而具備性別觀點的教育評鑑，除了將性別平等教育推動成效納入評鑑指標項目外，教育評鑑人員亦應具備性別意識與性別敏感度，期透過教育評鑑，以導引建立性別平等教育環境與校園學習空間。

柒 結語

性別主流化是全球性的趨勢，並非臺灣特立獨行的工作方向，因此臺灣當然不應置於性別主流化的全球脈動之外。未來如何與全球各國同步推動性別主流化，而又能建立我國特色，並建構讓國內各級學校與機關之教育工作者能夠接受的性別主流化工作之工具，此為未來重要的方向。性別主流化不應只是一種口號，而是要從教育政策規劃、決策、執行及評估的過程將各種可能影響因素或問題予以全面考量、設計並執行，以研訂更具性別平等與權益保障的教育政策與計畫，並藉由政策的預期結果，比較和評估現況與趨勢，才能真正達到性別平等的教育政策。

參考文獻

中文部分

王如玄、李晏榕（2007）。性別主流化─邁向性別平等之路。**研習論壇，76**，18-26。

內政部（2011）。**馬總統公布我國性別平等政策新願景，期待兩性攜手開創共治、共享、共贏的永續社會**。2011年10月15日，取自http://www.moi.gov.tw/chi/chi_news/news_detail.aspx?type_code=02&sn=5493

行政院人事行政局（2011）。**行政院與所屬機關及地方行政機關推動性別主流化績效優良獎勵計畫**。2011年10月15日，取自http://www.cpa.gov.tw/mp.asp

行政院性別平等會（2012）。成立緣起。2012年8月20日，取自http://www.gec.ey.gov.tw/cp.aspx?n=EA49F59ED5EDCFE9

行政院研究發展考核委員會、財團法人婦女權益促進發展基金會（2009）。**性別影響評估操作指南**。2011年10月15日，取自http://www.rdec.gov.tw/ct.asp?xItem=4151788&ctNode=12976&mp=100

行政院婦女權益促進委員會（2010）。**行政院各部會推動性別主流化實施計畫（95-98年）**。2011年10月15日，取自http://cwrp.moi.gov.tw/site.aspx?site_sn=38

行政院婦女權益促進委員會（2011）。**婦女權益與兩性平等大事紀**。2011年10月15日，取自http://cwrp.moi.gov.tw/history.aspx?site_sn=15

性別平等教育法（2004）。

吳佩璇（2011）。我國性別統計發展——兼述國際性別平等綜合指數。**主計月刊**，**669**，12-17。

林依依（2008）。**行政院「性別主流化」種籽師資培訓班之政策行銷分析**。國立東華大學公共行政研究所碩士論文，未出版，花蓮縣。

林書賢（2009）。公部門推動性別主流化策略之研究——以各部會性別平等專案小組為例。**人事月刊**，**48**(1)，19-32。

孫本初、劉奕宏（2010）。**我國推行性別主流化之芻議——公共管理技術與觀念上的運用**。研習論壇，**120**，24-33。

財團法人婦女權益促進發展基金會（2008）。**性別主流化系列叢書——性別分析**。臺北市：作者。

財團法人婦女權益促進發展基金會（2009a）。**性別主流化系列叢書——性別統計**。臺北市：作者。

財團法人婦女權益促進發展基金會（2009b）。**性別主流化系列叢書——性別預算**。臺北市：作者。

許永議、詹媄珺（2011）。中央政府性別預算辦理情形。**主計月刊**，**670**，33-38。

教育部（2008）。**國民中小學九年一貫課程綱要重大議題（性別平等教育）修訂說明**。2011年10月15日，取自http://www.edu.tw/eje/content.aspx?site_content_sn=15326

教育部（2010）。**性別平等教育白皮書**。2011年10月15日，取自http://www.edu.tw/files/site_content/B0039/99.03性別平等教育白皮書.pdf

教育部（2011）。**中華民國教育報告書**。2011年10月15日，取自http://140.111.34.34/main/common/index.php?z=583&zzz=583

教育基本法（1999）。

陳芬苓（2011）。性別主流化──趨勢與實踐。**主計月刊，669**，6-11。

郭昭佑（2007）。**教育評鑑研究：原罪與解放**。臺北市：五南。

曾中明（2008）。我國性別主流化推動計畫與機制。**研考雙月刊，32**(4)，13-21。

游美惠（2006）。性別主流化。**性別平等教育季刊，34**，108-111。

黃淑玲（2008）。性別主流化──臺灣經驗與國際的對話。**研考雙月刊，32**(4)，3-12。

黃煥榮、方凱弘、蔡志恒（2011）。公務人力資源管理之性別議題與對策：組織建築模式之分析。**文官制度季刊，3**(2)，49-80。

彭渰雯（2008）。當官僚遇上婦運：臺灣推動性別主流化的經驗初探。**東吳政治學報，26**(4)，1-59。

鄭瑞成（2009）。淺談性別主流化與性別統計及性別預算。**主計月刊，642**，73-79。

謝明珊（譯）（2011）。M.Holmes著。**性別社會學導讀**（What is Gender? Sociological Approaches）。新北市：韋伯文化。

魏美娟（2010）。性別已經主流化嗎？從參與式民主觀點初探我國性別主流化的發展。**建國科大學報，29**(4)，17-34。

英文部分

Charlesworth, H. (2005). Not Waving but Drowning: Gender Mainstreaming and Human Rights in the United Nations. *Harvard Human Rights Journal, 18*, 1-18.

Schmidt V. (2005). *Gender Mainstreaming-an innovation in Europe? The Institutionalisation of Gender Mainstreaming in the European Commission*. Opladen: Barbara Budrich Publishers.

問題與討論

一、性別主流化如何在教育政策與學校場域中實踐？

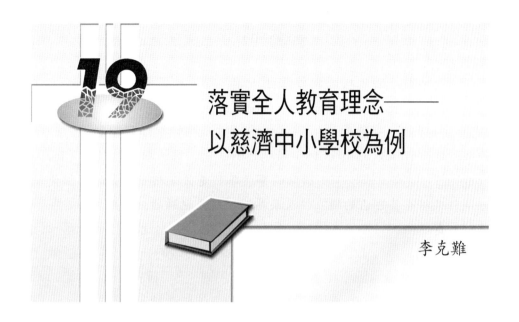

落實全人教育理念──
以慈濟中小學校為例

李克難

父母的希望在子女，孩子的希望在教育，

國家社會的希望在人才，而人才的希望也在教育。

未來的社會要祥和穩定，就要辦好現在的教育。

教育就是希望，是人類的希望，

教育工程就是希望工程，是人性的建造工程。

~證嚴法師~

　　教育的本質在於培養「全人」，本文以四所慈濟中小學為研究對象，採用文獻探討、深度訪談及焦點團體座談等研究法，經由詮釋一、慈濟校訓、教育目標與學校願景；二、實施品德教育；三、營造「感恩、尊重、愛」的學校等面向，探究學校教育理念之落實。研究結論為：實踐「全人教育」理念，才能奠定中小學基礎教育的磐石，培養出有教養、有智慧及有承擔力的兒童及青少年，教育下一代成為清流人才，共創祥和社會與美好世界。

壹　前言

　　研究者在中等學校服務屆滿四十年，前三十四年，均任職於公立學校，經由日積月累的認知、作為與經驗，同僚們形成了習以為常的固定工作模式，多數學生似乎將通過考試及測驗當作學習目的。許多學校就如同Weick（1983: 18）所認定的，是一種「聯結鬆散」（loose coupling）組織，學校中「聯結的事件雖然是彼此相互感應的，但是每一事件又保有其自己的獨立性及某些物理的或邏輯的分離性。」許多學校的教育理念與目標日漸模糊，學校願景變成口號；教學成效低落，行政人員流動率高；教師專業發展緩慢，沒有明確的技術；教師組織定位不明，以政治意圖干擾教育行政；學生缺乏學習動機，自律能力不足；家長過度保護子女，致使下一代懶散依賴；功利主義高張，人人自保權益；親師相互責難，教育倫理破損；師生離心離德，校園的疏離現象日漸顯明。研究者自2006年8月起，應聘擔任慈濟大學附屬高級中學第三任校長，進入佛教慈濟基金會的教育志業體服務，並於2010年8月經董事會續聘。這六年中，親身感受到不同於許多學校的組織文化，師生展現出較強烈的群體意識與凝聚力，對於學校的認同也相對地高出許多。

　　佛教慈濟基金會創辦人—證嚴法師以印順法師為導師，接受「為佛教、為眾生」的教誨。證嚴法師於1966年創辦「克難慈濟功德會」，由「慈善」志業開始，再逐一開創了「醫療」、「教育」及「人文」等四大志業，致力於將佛法推廣於社會，以大愛關照眾生。證嚴法師有感於家庭教育及學校教育在社會混濁的亂流中逐漸偏離了正軌，因而創辦了各層級慈濟學校，以人文教育為學校教育的基礎，更堅持教育應掌握道德目的，並將佛教的基本精神「慈悲喜捨」定為海內外慈濟大、中、小學的共同校訓，期望將學校營造為「感恩、尊重、愛」的園地。慈濟教育志業體中、小學的師生們都謹守「內修誠正信實；外顯慈悲喜捨」的準則，以關照天下蒼生為己任，努力導正社會偏差價值。慈

濟中、小學校的教育氛圍是和諧的、純美的、善良的、精緻的與積極的。學校的教師、職工、學生、家長與志工對學校的認同度相當高，人人用心實踐大家長證嚴法師的期許：「知足、感恩、善解、包容」與「合心、合氣、互愛、協力」。慈濟的中、小學校教育能發揮高昂的團隊精神，使學校成為全體成員的生命共同體，師親生與志工一起生活、一起學習、一起發展。

本文的研究法包括文獻探討、參與觀察、深度訪談21位師親生與志工，並舉行二場焦點團體座談（教職8人、學生4人），研究對象為四所慈濟中、小學校─慈濟大學附屬高級中學、臺南市私立慈濟高級中學、慈濟大學實驗國民小學及臺南市私立慈濟國民小學。本文係從一、慈濟中小學校校訓、教育目標與學校願景；二、實施品德教育；三、營造「感恩、尊重、愛」的學校等面向，探究在臺灣的四所慈濟中、小學校成員如何落實全人教育理念。

自1966年證嚴法師成立慈濟克難功德會，至2012年「慈濟」已屆滿46年，慈濟慈善基金會副總執行長王端正提出「慈濟」的本質為：

> 慈濟是「民間的」團體，在群體領域中認識個體責任；
> 慈濟是「宗教的」團體，在信仰領域中找到心靈依歸；
> 慈濟是「慈善的」團體，在助人領域中肯定人生價值；
> 慈濟是「修行的」團體，在精進領域中觸動人格昇華；
> 慈濟是「教化的」團體，在度化領域中落實慈悲宏願；
> 慈濟是「力行的」團體，在實踐領域中體現心即是佛。（釋德傳，2007）

依據慈濟本質，以佛教精神為主軸，學校創辦人證嚴法師將慈濟中、小學的校訓訂定為「慈、悲、喜、捨」，並積極推展品德教育。

貳 慈濟校訓、教育目標與學校願景

「慈」為「無緣大慈」，是清淨無染、怨親平等的大愛。

「悲」為「同體大悲」，是人傷我痛、人苦我悲的憐憫。

「喜」為「以持正法起喜心」，是得正知、持正念、走正道的輕安。

「捨」為「以攝智慧起捨心」，是無尤的付出、無怨的服務。

（慈大附中、慈大實小，2000；臺南慈中、臺南慈小，2007）

四所慈濟中小學校的教育目標均為：

啟發良知良能、正知正見的「全人教育」；

奠定己立立人、才德兼備的「全程教育」；

秉持愛為管理、戒為制度的「生活教育」；

落實慈悲喜捨、誠正信實的「人文教育」；

永續淨化人心、祥和社會的「宏觀教育」

（慈大附中、慈大實小，2000；臺南慈中、臺南慈小，2007）

四所慈濟中小學校的願景是「大愛、關懷、感恩、健康、快樂、希望」，詮釋如下：

大愛—無緣大慈，是清淨無染、怨親平等。

關懷—同體大悲，是人傷我痛、人苦我悲。

感恩—知福惜福，是見苦造福、付出無求。

健康—心寬念純，是心境清朗、勇猛精進。

快樂—清平致富，是甘願實踐、歡喜承擔。

希望—永續發展，是勤勉學習、薪火傳承。（慈大附中，2011）

慈濟中、小學校師長秉持創辦人證嚴法師「全人教育」理念，立志培養有教養、有智慧與有承擔力的下一代證嚴法師見到社會的亂象叢生，學校教育偏離正軌，有感於期望他人辦好教育不如慈濟自己辦教育，因而在2000年又創辦慈濟中小學及2001年開辦幼稚園，以慈濟的正信宗教觀盡力扶正當前臺灣社會的偏差教育，希望教育能自小扎根，從幼教開始而小學、中學、大學，以至研究所的碩士、博士班，以「完全化」的整體教育，培育能為社會付出良能的學生。

在本研究焦點團體座談中，慈大附中學生表示：

我們知道師公上人希望培育我們成為「菩提種子」，成為社會上的好人才，品行和形象都要好，衣服洗乾淨、穿整齊，不可以邋遢、不修邊幅，不可以隨性、草率，學校老師及校長都穿制服，我們也願意穿得整整齊齊，行為舉止有禮貌，盡力做一個品學兼優的學生。

當然也有同學比較不能完全遵守服儀規定，晚自習或假日穿便服的時候，不太符合「慈濟人文」的標準，不過，比起其他學校的學生，慈中的同學們應該是中規中矩的。

學校的人文課程、服務學習課程和經常舉辦的活動都讓我們學習到行孝、行善，我們會主動關懷家人與受苦受難的人。同學們會願意少買零食或一些流行的東西，把零用錢捐出來幫助窮困的人或災民。

老師真心關懷學生，在教學與帶班各方面都很認真，可以作為學生的模範。爸爸媽媽很放心我們住在學校宿舍，接受老師的教導，每次「孝親日」回家，家人都覺得我進步了，很體貼、很勤快，我會主動做家事，因為在學校也都習慣打掃清理環境的。（2011.04.19焦點團體座談紀錄）

慈濟中、小學校辦學理念是以品德為首的「全人教育」，重視全程教育、生活教育、人文教育、宏觀教育，營造學校為友善合諧的園地，教導學生「見苦、知福、惜福、再造福」，培育「種子學生」，並且兼負起「淨化人心、祥和社會」的責任。

焦點團體座談中，慈濟中、小學教職分享全校師親生如何理解並實踐校訓與邁向學校教育目標：

> 我們都盡力以慈悲喜捨校訓及全人教育目標為做人做事的原則，上人託付給我們這份任重道遠的教育使命，是必須從生活教育做起，才能為端正的人格打好基石。上人一再指導大家，「學校教育不是常識的灌輸，更在培養學生懂得如何生活，知道人生的目標。成功並不意味就是一個成就圓滿的人生，臺灣現在倫理、道德低落，與知識的過度強調不成平衡，所以導致社會亂象頻生。澈底解決之道，唯有從宗教觀念的加強，才能扶正當今偏差的現象。」（2011.05.03焦點團體座談紀錄）

慈濟中小學教職員工從學校設立初始，就遵循證嚴上人的全人教育理念，明確以「人生宗旨，生活教育」來定義「宗教」，在學校不傳教，不要求師生信奉佛教，但是積極幫助學校成員找到「人生宗旨」，並加強品德教育與生活教育。

參加焦點團體座談教職員代表很有自信地表示：

> 上人告訴我們，慈濟所培育的學生應該都是社會需要的人才，每個人都能受到社會大眾的尊敬。良好品性的涵養，就是需要借重生活教育來完成。我們在日常生活當中，從衣、食、住、行、育、樂各方面力求端莊、簡單、整齊清潔、安全、負責及正當，盡力陶鑄出文質彬彬的學生。
>
> 我們在中學或小學工作，要教導學生如何做人、如何生活，建立莊嚴有禮的形象，是為學生的未來著想，也是對家長交代，

甚至是對全球慈濟人負責。因為家長和全球慈濟人將教育孩子
的責任託付給我們了。（2011.05.03焦點團體座談紀錄）

焦點團體座談教師（編號TF005）說出自己認同慈濟學校教育理
念，對自己的教育工作忠誠，對慈濟學校不離不棄：

在這十一年當中，我非常認同上人的品德為先的全人教育理
念，也奉行「慈悲喜捨」校訓，喜歡學校的教育環境，絕對不
會中途離開學校。因為自己的藝術專業，其他學校多次前來遊
說、挖角，我不曾回答：「讓我考慮幾天。」每次都是立即婉
拒了。（2011.05.03焦點團體座談紀錄）

慈濟中小學校師親生如何做決定選擇慈濟學校？進入學校前已理解
慈濟品德為首的全人教育理念嗎？亦或進入學校後才經由師生共同生
活、課程、活動或特殊事件而理解慈濟教育理念？如何實踐校訓？如何
為人群造福？接續討論慈濟中、小學校如何實施品德教育。

參 實施品德教育

學生（編號S001）因為是「胎裡素」長大的青少年，二十五年
前，父母曾參與花蓮慈濟醫院建院工作，S001國中畢業後與父母一同
尋找一所提供素食的高中就學，因而決定進入慈大附中。認為學校裡有
真正關心學生的教師群，表示在慈中自己有機會「成長」，教師並非
以填鴨方式教學生，而是「帶領」著學生學習發展。將近三年的日子
中，他結交了一些志同道合「好友」，特別是每天晚間收看大愛電視臺
「人間菩提」節目及週六清早參加「志工早會」的感受很深：

師公上人（證嚴法師）不再只是一位聖人，我們可以親近她，
她也是一位活生生的人，由她的開示，知道師公帶領的慈濟人

最近做了些什麼事，世界上又發生了哪些災難，慈濟師姑師伯都遵照師公的理念做一些慈善工作，讓我也願意學習他們，更付出、更感恩、更能悲天憫人。（2011.03.22訪談紀錄）

　　證嚴法師創辦慈濟中、小學校，特別重視品德教育，一般而言，「道德」、「倫理」、「品德」、「品格」與「品行」不做嚴格區分，可以「品德」概括。道德是維繫人際間的綱常，在我國的學術思想裡，道德原指「宇宙自然的法則」。Durkheim認為，「道德就是尊敬規則，同時，也是對社會群眾的利他情感。」認知發展理論學者則認為，「道德是人類普遍具有一種趨於擬情或角色取替的傾向，趨向能為別人設身處地思考的自然結果。道德也是人類在與他人關係中普遍關心正義，關心互惠與平等的結果。」（黃文三，2007：3-6）綜合而論，人類的習俗規範規定了人們的社會行為，道德規範成為一種思想與行為的標準，引導整各社會的行為，道德規範的實現則有賴人們的承諾與實踐。因而，培養好「品德」，則是學校道德教育首要的目標。

　　從道德論及宗教，Locke認為一般大眾的信仰可分為三類，即「合理的信仰」、「悖理的信仰」與「超理的信仰」（歐陽教，1995），質言之，合理的信仰係指所信仰的原理原則適合於科學與常理，理智的信仰是可以作公共的研討與核證；悖理的信仰是指反理智的，成為獨斷與妄信；超理的信仰則指神秘虛幻的玄思狂信。若以Locke的形式架構來論述宗教信仰與道德的關係，也可將信仰分為「合道德的信仰」、「反道德的信仰」及「超道德的信仰」。宗教教義必須合理地道德化，敬神又愛人，積極行道救世，才是有根的宗教，信仰者能有合道德的信仰，才是社會的福氣。

　　慈濟中、小學校落實品德教育，也可探究Kant的「道德法則」與「道德情感」。Kant認為在道德中，呈現「真」的能力是知識，而感受「善」的能力是情感。「道德情感」包含兩組意識內容：1.對道德法則或義務的敬畏；2.與德行意識相聯結的愉快或滿足之情，以及與罪惡意識相聯結的不快或痛苦之情。道德情感成為「善的實踐原則」（李明

輝，2008）。慈濟的品德教育以證嚴法師的「拉長情、擴大愛」為實踐的價值，與Kant的「善的實踐」道德情感是可以相互輝映的。

慈大附中與慈大實小的教職焦點團體座談，與會成員提及證嚴法師對當今社會亂象的憂心：

> 上人認為現今的孩子出生在這個時代，經濟富裕，有很好的教育環境，真是天之驕子，實在很幸福；不幸的是，現今的社會是非不分，甚至顛倒是非，使得年輕人分不清是與非了。
> 上人也很憂慮社會上男女之間情操觀念淡薄，兩性關係好像變成一種遊戲動作，人性最寶貴的情操已被抹煞了，男女之間把最寶貴的感情當作扮家家酒一樣，歡喜時結合，不歡喜時就分離，家庭組織不健全，製造眾多單親孩子。在學校裡，許多學生的情緒問題和學習落後問題常來自於家庭不和諧、父母離異，或孩子的恐懼不安，使得老師在輔導上遭遇困難，因為老師也無法幫助孩子解決家庭破裂的問題。（2011.05.03焦點團體座談紀錄）

學生家長（編號P001）為貿易商，因為孩子參加慈濟兒童精進班課程，而與慈濟接觸。之後，自己罹癌需要做化療，兒子體貼媽媽，決定選擇進入住宿型學校——慈大附中就讀，以減輕媽媽的負擔。之後，家長P001即決定在花蓮購屋定居，陪伴孩子學習成長，並進入慈大附中家長會擔任志工。P001家長說明：

> 慈中是上人辦的學校，是十方大德愛心捐款建立的學校，我認同慈濟全人教育理念，從孩子的轉變我更加認同慈中教育。孩子剛進學校高中部時，因為他從小在慈濟兒童精進班待過，熟悉慈濟教育的運作方式，會鑽校規的漏洞，十分頑皮……漸漸地，我看見他成熟了。例如，當同學因為犯錯而想要轉學時，他會主動寫信給同學：「這是最好的、最寬容的學校，你需要

學會面對問題、面對自己的過錯，而不是用轉學來逃避它！」兒子表示最愛慈中的校歌，特別是最後一句歌詞「這是認識自己的好地方」。他現在已在自己覺得很理想的大學就讀，我做媽媽的人，真的很感恩慈中的教育。

女兒在慈中五年了，去年她到美國紐約做交換學生，homepa與homema都很稱讚她，誇她是一個體貼、乖巧、勤快的女孩子，這都是學校人文教育的成果。最近，日本發生大地震，女兒在學校得知災難訊息後，立即打電話回家，要我幫她將壓歲錢捐出3000元到重災區賑災。她在慈中學習，培養了慈悲心，本來計畫要購買一些喜愛物品的壓歲錢，毫不猶豫地就捐出去了，她學會更能關懷別人。

我認同慈中的品德教育及人文教育，在家長會裡我一邊將它當作是「修行」的地方，磨練自己；一邊盡力付出，「愛老師」，讓老師更認同學校，才能把學生教好，當其他家長有強烈不滿或意見時，我主動協助說明學校的政策與做法，讓他們能有正知正見，以正確的方法教孩子，減輕學校校長或行政人員的壓力。我盡力幫助學校裡的人「合心」，我們學校辦理的許多人文活動都符合上人的品德教育及全人教育理念，對孩子們幫助很大。（2011.03.17訪談紀錄）

接受深度訪談的慈大附中高一女生（編號S004），在五年前因為罹患無法自行造血疾病，因為慈濟骨髓中心協助配對，接受骨髓移植手術，身體完全恢復健康，被推薦進入慈大附中國中部就學，並繼續升入高中部。她表示：

我的健康漸漸恢復以後，就到我們學校的國中部一年級上學，前兩年重病的過程中，因為我是生病的孩子，大家凡事都順著我。剛到學校住宿、上學的時候，同學們都是國一學生，每個人都有自己的想法和自己的習慣，並不會凡事都讓我、順我的

心意，我常常心情低落。

可是同學相處久了，大家學會「知足、感恩、善解、包容」，我交到一位好朋友，同班又住同寢室，對我的影響最大。她的想法與作法幫助我去除自我中心及自私的念頭，改善了人際關係，彌補了因為生病而落後的學業，老師的教導和同學的協助，讓我現在更成熟、更能為他人著想了。（2011.05.08深度訪談紀錄）

臺南慈中學生（編號S005與S006）表示自己選讀慈中是父母的建議，父母認同慈濟全人教育理念，自己也接受建議，願意選讀慈濟中學；學生（編號S007）表示自己是接觸過慈濟志業的相關資訊與慈濟人，也認同慈濟教育理念而選擇就讀慈濟學校。對於慈濟中學的整體感受，S005、S006、S007三位學生分別表示：

學校環境單純不複雜（包括男女交往），能讓學生專注於學習，學校重視人文教育，與升學是並重的，而不強調升學主義，老師們在集會時常提醒學生生活上的禮儀，而不是一直強調分數。（2011.04.06訪談紀錄）

我們的學校真的與其他學校不同，建築很有特色，不像大家印象中的一般學校。其他學校（特別是私立學校）就只重視升學，慈中的人文很充足，培養學生的品行和氣質。（2011.04.06訪談紀錄）

我們在學校負有一種特別的責任，因為慈濟是一個有光環的團體，我們慈中學生要維護慈濟的光環，要表現特別好，和其他學校學生接觸，他們認為我們很奇怪。（2011.04.06訪談紀錄）

　　本文前兩段討論慈濟中小學校成員實踐校訓，邁向學校教育目標與願景，實施品德教育，下一段討論學校成員如何營造「感恩、尊重、愛」的學校。

肆 營造「感恩、尊重、愛」的學校

　　慈濟中小學落實以品德為首的全人教育理念，從學校師親生努力營造出「感恩、尊重、愛」的學校，即可見到一些成果。

一 型塑「感恩」的學校文化

　　慈濟中、小學校教育積極培養師親生感恩心，感謝父母恩、感謝師長恩，感謝天下眾生恩，落實在日常生活當中，成為共享的信念與價值。

(一)感謝父母恩

　　慈濟宗門證嚴法師平日教導社會大眾，行善行孝不能等，重視家庭倫理，研究者訪談慈濟中小學師生，對於相關的靜思語均能朗朗上口，認同子女應盡孝道，感恩父母養育恩情：

> 大孝之心，即是大愛之心。
> 愛惜、培育子女是責任；孝順、供養父母是本分。
> 報答父母恩，莫過於發揮良能，為人群付出，即是大孝。
> 家庭的幸福，從「孝」開始。
> 以善以愛傳家，是無上至寶。
> 家庭是永久的學校，父母是終身的老師。
> 孝敬父母，不僅物質奉養，還要服從、尊重，才是既「孝」且「順」。
> 孝道走得通，善道才能毫釐不差。
> 真正的孝順，是立身而行道。

讓父母歡喜、安心，就是孝順。

（釋證嚴，2008：94、95、96、97、98、99）

　　慈濟中、小學校實施人文教育教導師親生行孝，感謝父母恩，慈濟基金會將全球「母親節」（五月的第二個星期日）及國定「佛誕日」亦訂為「慈濟日」，在全球有慈濟人的城市及社區舉行浴佛大典。

　　參加焦點團體座談慈大附中學生表示：

全校師生每年一起參加浴佛大典，感念父母恩。母親節前，同學製作母親卡，親筆寫下對母親的感恩；父親節時，亦製作賀卡感謝父恩；平日對父母恭敬有禮，在家主動做家事，為父母分憂解勞；聲色也要柔和，關懷體貼；在學校用心學習，爭取榮譽，回報父母養育的辛勞與恩惠，生活簡樸一些，節省金錢，自愛自重，讓父母寬心。

我們在每個月的「慈懿日」都和慈誠爸爸、懿德媽媽「家聚」，大家在校園中也享受天倫之樂；假期中，慈懿爸媽也陪伴我們的導師到家裡家庭訪問。平日如果輪到我們的慈懿爸媽到學校值班，他們會陪同生病的同學到醫院看醫生；我們也會在下課或午休時去和他們談心，他們也會幫忙協助我們解決生活中的難題。慈誠爸爸和懿德媽媽的儀表很莊嚴，他們真心愛我們，任勞任怨，付出無所求。（2011.04.19焦點團體座談紀錄）

(二)感謝師長恩

　　慈濟中小學校倡導「尊師重道」，教導學子應追隨師長學習做人做事的道理及方法。證嚴法師曾感慨道出社會的問題根源：

德喪起於不能尊師，心亂發於不能重道，喪心敗德，皆因師道

之衰微，求學者應當學習自我守德，更要利益群生。

千里之路，始於初步，不論多高深的學識，也要從尊師做起。師長是迷途的明導、暗示的慧燈、啟蒙學子的智慧。唯有「終身奉道，以報師恩」，才是真正尊師重道的要法。

古聖先賢皆曾經為人弟子，他們能謙虛誠懇、尊重師長，所以能修身立德，成為後世的楷模。（慈濟大學秘書室，2009：125）

深度訪談臺南慈中家長（編號P003）表示：

我知道學校經由不同的課程與活動，引導學生尊敬師長，行走正道；我的孩子在平日生活中，都記得遵循老師教導的儀軌；不但在課堂中，跟隨師長修習專業知識；和長輩說話時，願意聆聽大人的分析及說理；用餐的時候，先為父母盛飯；乘車時，將大座禮讓長輩；在各處遇見長輩，都會打招呼、問候；在家裡會奉茶給長輩喝；畢業以後，還常常感恩老師，回學校去探望師長。（2011.04.06深度訪談紀錄）

慈濟中、小學校中的「尊師重道」融入生活教育與人文教育，更強調教師與父母的身教，遵照證嚴法師的開示，教育學生尊師重道：

家庭教育、學校教育、社會教育，都應該著重於啟發愛心。倘若期待社會祥和，就要先有健康的家庭；家庭的健康、幸福，端視每一個成員的觀念是否正確。而這一切，都要由人心的教育開始。若家庭有好的模範教育，長輩以身教來教養孩子，子弟們就不容易叛逆、在外成群結黨；教育團體，能以愛心教育學子，就能引導他們正確的人生方向。（慈濟大學秘書室，2009：22-23）

慈大實小接受深度訪談家長（編號P002）說道：

我們都是慈濟的家長，更知道教育孩子「尊師敬師」，特別是
在教師節前夕，每年為老師們辦一場「謝師茶會」，家長、學
生恭敬地向老師賀節，也準備一些小禮物，感恩老師們一年來
的辛勞。（2011.03.28深度訪談紀錄）

慈濟中、小學校的「家長會」與「慈懿會」（志工組織）帶領學生
實踐「尊師重道」，父母與學生一起尊敬師長，在正道上昂首前行。
「一日為師，終身為父」，學生能終身如父母般地感謝師恩，必定能在
正軌上發展生涯，成德達才，人人將所學貢獻人群，而能合作建構祥和
社會。

慈濟中、小學的畢業典禮都展現感恩教育特色，臺南慈中2011年6
月12日的校園日誌記錄著：

在蟬兒鳴叫、鳳凰花開的時節，和風捎來了別離的信息。充滿
歡笑與淚水的三年即將劃下完美的休止符，同學們將勇敢跨出
人生第一步，追尋屬於自己的夢想。臺南慈濟高中於6月11日
上午，在靜思精舍德悅師父、德倍師父、德宇師父及德根師父
的溫馨陪伴下，假臺南靜思堂舉行第二屆畢業典禮。典禮過程
強調感恩有禮，展現慈濟教育特有的人文風範。
在曾耀松校長與師長們的引領下，畢業生穿過綴滿鮮花的拱門
進入會場。三百九十六名畢業生，以最虔誠恭敬的心向師長、
父母及慈誠懿德爸爸媽媽行九十度的最敬禮，感恩他們三年來
的諄諄教導與無私陪伴。
師生們透過影片勾勒起過去一千多個日子裡，在校園成長的點
點滴滴。在充滿歡笑與淚水中細細回味每個鏡頭、每個畫面，
彷彿走進時光隧道回到了最初。
師長們以手語「叮嚀」及「答案」，殷殷叮嚀孩子們在展翅高

飛追逐理想的同時，以慈悲喜捨為方向，並謹守誠正信實，自
愛愛人將善與愛的種子灑向更遼闊的遠方。

音樂手語劇展現學子優雅穩重的人文氣息。學弟、學妹們以手
語劇「父母恩重難報經」中的「序曲」、「子過」祝福畢業學
長、學姊們，提醒他們勿忘父母師長的教養恩情。

畢業生一一上臺自師長手中接過畢業證書，也接受了無限祝
福！日前得到保德信志工菁英獎的蔡珊笛與范庭瑜同學，此次
也以幫助他人、無私奉獻的精神獲得師公上人獎殊榮。蔡珊笛
說，學校給我參與志工活動的機會，因而擁有不同的生活經驗
並熱衷於志工活動。范庭瑜表示，「志工活動會這麼吸引人，
是因為看到那些人得到幫助後開心的笑容，自己不知不覺也會
跟著開心起來。」

證嚴上人開示，教育是希望工程，讓人人知書達禮，社會才能
詳和、國家才能富強。同學們在慈濟人文教育孕育下，不僅學
行兼優，尊敬師長友愛同學，也學習到讓愛無限延伸，為守
護地球膚慰苦難眾生付出一份心力。（臺南慈中校園日誌，
2011）

(三)感謝天下眾生恩

　　慈濟中、小學校教育的價值在於啟發悲心、回歸清淨、發揮善心。
世間芸芸眾生的生命都離不開生、老、病、死，慈濟學校的師生都有機
會擔任賑災志工，可親身參與關懷及協助災民的工作。慈大附中家長會
長何日生（2008上：166）對賑災現場如此描述：

　　慈濟賑災現場，志工們穿著整齊的制服，行進走路必須整齊地
　　分兩列排好隊伍，領隊通常拿著旗子，依序進入發放現場。發
　　放一開始，志工們會先以手語和歌曲與村民同樂。讓這賑災場
　　景不只是物資的領取，還有情感的互動與交流。發放過程井然

有序，物資前一兩天已經在發放地點清點分類完畢。地方政府
的幹部、或是在地的學生、或部分村民，也會跟著穿上慈濟志
工背心，一起加入發放行列。每一個村民或災民拿到物資之
際，志工都會深深地向他們一鞠躬並且說感恩。志工向接受幫
助的人說感恩，這是證嚴上人的理念「付出還要感恩，這才是
無所求的付出。」

這些描述幫助慈濟中、小學校的師親生體會，災難現場的災民受到
苦難仍能展現堅韌的生命力與樂觀的思維，災民是慈濟師生的生命教
師，讓師生體悟人生無常，並學習如何面對無常，因而要向他們致謝感
恩。

慈濟中小學校的師生在每日用餐前，皆雙手合十，一起恭敬唱誦感
恩歌，接受深度訪談的中學生（編號S001）表示：

現在快畢業了，以後不太可能再有同學一起唱感恩個的機會，
我很喜歡在飯前用心唱著：「粒米杯湯盤中蔬，得來不易歷艱
辛，細嚼慢品用心嚐，感謝天下眾生恩。」我會時時感恩，在
飢餓時有食物可以飽餐，感恩農夫耕種、感恩米糧蔬果的運
送、感恩餐廳工作人員位我們烹煮飯菜、感恩餐具的製造、感
恩父母為我付學雜費，提供我一切生活所需。當然也會感恩師
長的教導、感恩同學天天一起友愛互助、切磋學習，餐餐感
恩，感謝天下眾生恩。（2011.03.22深度訪談紀錄）

慈大附中的總務主任唐自常老師在慈濟教育志業策劃推動委員會中
分享教導學生愛物惜物的經驗：

佛教慈濟金會辦理的學校是由全球慈濟人捐款建造的，要心存
感恩，感恩十方大德護持學校。我經常叮嚀學生，學校的物品
不只是公物，更是「佛物」，需要好好使用與保管，一絲一毫

都不能破壞或浪費。現在，颱風季節已經到了，我們在中、小學的防颱工作也不鬆懈，依照基金會防颱工作準則辦理，教育部也很關心學校的防颱工作及防災教育，我們都會盡心盡力，敬請上人放心。（李克難2011.06.30田野箚記）

研究者曾於2008年12月下旬，與慈濟中小學教職同仁赴中國大陸四川地震災區，參與冬令發放，慰問與關懷汶川「512大地震」災民。

氣溫是攝氏0至2度，觀察到團隊志工與災民的雙手都凍裂了，大家將預先備妥的潤膚藥膏取出，握住災民粗糙的手，輕輕在裂縫上塗抹，除了滋潤雙手，更溫潤了災民的心；生活困難、無力修建房舍的鄉親，住在竹棚中，訴說生活苦楚，慈濟教育志工聆聽他們的泣訴，安慰他們苦難終將過去。一幕幕場景，令人感動不已，感恩災區民眾示現苦難，讓我們學習到人生無常、災難隨時降臨的課題。（李克難2009.12.26田野箚記）

本段討論慈濟中小學的「感恩」教育，下一段討論「尊重」教育，師親生一起型塑學校的「尊重」文化。

二　型塑「尊重」的學校文化

Bruner（1996: 4）研究教育文化指出：

文化本身是人造的，但它卻也形成人類心靈工作方式。以此而觀之，學習與思考永遠都是置身在文化情境裡，並且永遠都需依賴文化資源的使用。

個體詮釋意義是仰賴著全體意義的假設，個體認知及後設認知因而也受文化情境脈絡的影響。慈濟學校的人際互動強調「尊重」，期

望藉由尊重，互相瞭解彼此的心靈，並幫助成員建立一個自尊的自我概念，更進一步提昇為相互尊重。也因為慈濟學校文化強調平等、誠心、正直、信任與踏實，鼓勵個人檢視自己的意識、經常反思，人與人之間多對話及商議，因而團體中的長者在慈濟學校文化中尋得一套尊重的認同，也促使團體的新進成員浸潤在「尊重」的文化中，學習「尊重」。慈濟中、小學校的「尊重」教育由下列自尊自重、相互尊重與敬畏天地依序探討。

(一)自尊自重

慈濟宗門證嚴法師苦口婆心，殷殷叮嚀慈濟學校師生應過端莊的生活，自我尊重而後才能受人尊重：

> 良能智慧的啟發，有賴生活教育的落實，日常生活的衣食住行，要有一定的規範與要求，以養成學生的人格和品行。
> 學校教育，必須注重生活禮儀，教孩子們儀態優雅，久而久之，這種習慣就會銘記在心，有助於涵養高尚的品格。（慈濟大學秘書室，2009：100）

的確，學生能涵養出高尚品格，從整齊清潔的儀表中，傳達出內在的修養，師生集合起來就能塑造優良校風，學校師生穿著制服，更能認同教育工作者與學生的身分，約束自己的行為，專心教與學。為人守規矩，生活有規律，自尊自重，「相由心生」，品貌必然端莊。

中華文化五千多年，搏大而精深，是人類的瑰寶。在臺灣，過度崇尚西方文明，致使「仁義禮智信」日漸淡薄了。參加焦點團體座談的慈濟中小學教師表示：

> 上人希望我們不要輕視自己，應該「尊重自己」，盡一己之力，恢復中華固有的美好文化。慈濟教育以「仁義禮智信」來陶冶孩子的品行，首重人格的化導，這就是「完人教育」，也

就是完全人格的教育。（2011.05.03焦點團體座談紀錄）

接受深度訪談的學生（編號S004）表示：

> 我到慈大附中已經快四年了，慈濟的學校就是很重視禮儀，我
> 也願意接受校規和老師們的教導，我不認為校規太多或很令人
> 厭煩，這四年中我不曾因為違規而受到警告或記過處分。其
> 實，只要不去違反團體規定，生活都很平靜、也很順利，把心
> 放在學習上，讓自己的成績與品德修養都進步，是我在慈中最
> 大的收穫。（2011.05.08深度訪談紀錄）

學生在生活中處處能自尊自重，以同理心理解他人，適時地給予回
應，能辨識他人的情緒及情感上的需求，付出關懷與協助，成為品格
高尚的兒童與青年。這都印證Donaldson（1978）的研究，兒童與青年
能在生命的每一階段有所進展，端賴個體對生活的脈絡情境能作實踐
的推理與掌握：如果在某 階段對某 範圍可以有直覺性與實踐性的
掌握，當他在這範圍內碰到挑戰性的新問題時，就可以引導他的下一階
段思考發展得更好、更快、更深入。慈濟中小學的「尊重」教育也服膺
Bruner（1996）的研究，學校教師不能坐等一切就緒的狀態，而是需要
用心催化或支撐適合的狀態，提供學生學習與體驗。慈濟學校提供尊重
的學習環境，學生學習自我尊重，並感受到個人的尊嚴需要由自己維
護，更進一步學習相互尊重與相互扶持。

(二)相互尊重

教育能使校園中學子的人格達致圓滿無缺，而至佛的境界。「心、
佛、眾生三無差別」，每個人都有似佛的清淨本性，本性極為無染的
愛、清水之愛，是透明見底，對人尊重，一律平等，無分別心，也無執
著。慈濟學校的師生通過學校文化，將心靈的特質留下來，學校教育場
域有許多符號象徵，並不斷地再現，這些符號構成慈濟學校的文化，

「相互尊重」是慈濟一種深植人心的共享與價值，它成為慈濟師生心靈中的意義，因而人人相互尊重，在慈濟學校中，「尊重」幫助成員們一起營造溫馨的、開放的、付出的、不計較的學校文化，師生們將「尊重」保存，加以琢磨，並在每一學年開學時，傳遞給更年輕的新教師及新生，因此「相互尊重」就成為慈濟校園中一種理所當然的文化。

慈大附中參加焦點團體座談的教師表示：

> 我們在開學典禮及歲末祝福的儀式中，師生人人手持一盞心燈，當校長叮嚀學生們須把握分秒、主動學習、相互切磋、孝順親長、尊師重道、友愛同學、關懷人群與敬天愛地以後，校長將燈火傳遞給主任，主任將燈火傳給導師，導師會將手中的燈火傳給每一位學生（目前為實踐環保已改用電池燈），相互點燃彼此的心燈，能象徵無染的心是光明溫暖的，並且能維護人人心中的光與熱，讓世界亮起來。（2011.05.03焦點團體座談紀錄）

「相互尊重」讓學校師生心無雜念，在團體中看待每一個人為獨立且有價值的個體，相互尊重並用心呵護彼此的善性，人人都有成長發展的權利，教師與學生相互尊重，因而，師生都有良好的自我概念，找到人生努力的方向與前行的道路。

證嚴法師以「一切世界，過恆沙佛，自性功德，重重無盡，名無盡功德藏回向。」（2009: 148）指導弟子們，從自己的自性下功夫，學習掏空內心的一切執著，不但能自然顯現清淨的自性，更能包容天下的眾生，即為「自性功德」。能對人人起尊敬心，能和人人融會，自己的這一分德能庇蔭無量無數的眾生心，即為「重重無盡」。自身的功德又能再去感化很多人，自己的心能去應合眾生心，自己的身能夠度化眾生身，身心相應無量眾生，即為「無盡功德藏」。自己的心回向在此，因為己心向佛，自身則感化很多眾生。因為有無量無數恆沙佛，因此有無量無數眾生。當我們的心屬於諸佛，身行自然就普遍在諸眾生，即為

「無盡功德藏回向」。

　　慈濟中小學校師生在對人人起尊敬心的學校文化脈絡中，學習到自尊自重，學習相互尊重，慈濟國際賑災中許多活生生的例子，教導師生們更加學會尊重：在2004年12月發生南亞海嘯之後，震災期間，慈濟學校的校長及教師隨同醫師及企業家志工到達斯里蘭卡的漢斑托塔災區賑災，見到一位失去親人的災民，絕望痛苦，整整一週都無法進食，慈濟志工擁抱他、陪伴在身邊並引導他說話，再給他一碗玉米濃湯，勸他喝下，災民放聲大哭，壓抑的痛苦情緒終於釋放出來。第二天慈濟人為他穿上志工背心，請他參與物資發放的工作，讓他逐漸減輕痛苦與哀傷並生出一些希望與勇氣（經典雜誌，2005）。

　　學生焦點團體座談中，四位學生談論起學生尊重校規的問題，兩位學生表示：

> 我在進入學校前就瞭解慈濟與慈中，對校規的接受度很高，但是有些同學可能內心未完全瞭解慈濟人文，所以在同學私下討論中，會聽到一些小小的報怨或不滿，但是，在行為上大家還是不會違規的。
>
> 我是來自佛教家庭，原本就吃素，所以與學校的生活是很融合的。尊重生命，不殺生，「葷食不進校園」的作法我很接受，做起來一點兒都不困難。參加「浴佛」大典或「歲末祝福」宗教人文儀典，也一點兒不陌生、不排斥，很歡喜地參加。可是如果家庭教育或生活習慣和慈濟儀軌完全不合，同學在學校就會覺得格格不入，比較容易違規。不過，我認為已經成為慈中的學生，就要尊重慈中的「規矩」。在慈中，我覺得不只是吸收書本上的知識，也有很多機會學習做人的尊重。
>
> （2011.04.19焦點團體座談紀錄）

　　尊重、關懷與陪伴是慈濟學校師生學習到的自助及助人良方，不但能幫助自我適應環境，超越生活挫折，更能建立人與人之間的互助網

絡,幫助學校組織中的成員安身立命於天地之間。

(三)敬畏天地

慈濟人積極保護環境,不忍地球受毀傷,不同意「人定勝天」的說法與作法,主張「敬畏天地」。數十年來,戰爭對環境造成傷害,如越戰期間,美軍轟炸越南與使用落葉劑,劇毒嚴重污染大地、水源與空氣,致使許多民眾傷亡,婦女產下畸形兒;波斯灣戰爭,大量原油流入海洋,造成海洋生態浩劫;伊拉克戰爭,造成油田日以繼夜地燃燒,二氧化碳增加溫室效應等。人類不當的衣食住行育樂活動也讓地球遭到大肆破壞,例如,為了提供肉類,飼養牲畜,大量砍伐熱帶雨林,種植牧草;為了生產蔬果與經濟作物,砍伐林木,破壞水土保持功能,致使土石流埋沒村莊與農田;為了漁獲,過度捕撈魚蝦海產,破壞海洋生態平衡;為了生產奢侈用品,大量發展工業,排放過量二氧化碳,造成地球暖化,導致極端氣候,產生風災、水災、旱災與火災,危及民眾生命與財物等。

慈濟中小學校從根本上敬天愛地,採用「綠建築」,慈大附中的總務處唐自常主任向來訪的大陸四川省貴賓介紹:

> 慈濟每一所學校的建材都使用天然的砂石,洗石子的牆壁、磨石子的地面,完全不使用浪費能源窯燒的壁磚與地磚;校園中鋪設透水性連鎖磚,讓地表能夠「透水」與「呼吸」;房舍採用高窗設計、雙面走廊、少用空調設備,利用自然光線與自然通風,節約能源;裝設太陽能電板、省電燈具、省水水龍頭、回收雨水再利用、熱泵沐浴設備、桌燈取代頭頂燈等,生活中師生一起節約水電和任何資源。(2011.06.16田野箚記)

慈濟中小學校推動「敬畏天地」新思維,接受並實踐證嚴上人的教導(2008:96):

全球暖化現象日趨嚴重，地球如同發高燒；世界各地澇旱失調，天蓋之下，地載之上，大家都是生命共同體。我們生存於天地之間，必須仰賴四大調和，才能平順無災，倘若其中一大不調，就會引發災難，無人能置身事外，所以要敬畏天地與大自然。

研究者參與觀察四所慈濟中小學校的日常生活：

師親生力行生活儉約，減購不需要的物品；餐餐享用健康素食，不殺生，不葷食，減少肉品銷耗；餐桌使用公筷母匙，菜餚保持衛生，可匯集起來再食用，不產生廚餘；使用環保碗筷杯，禁用拋棄式餐具，減少浪費物資；攜帶手帕，擦汗擦手，少用面紙；回收一切可用物資，包括塑膠、紙類、金屬、玻璃、電池等；重複使用衣物、教科書等；提倡步行、騎乘自行車或搭乘大眾交通工具，減少汽油用量；少用塑膠製品，免除永留地球不能化解的垃圾，破壞地表與海洋；少搭電梯、少用空調、利用自然光線、少開電燈、少用自來水、生活用水重複使用（洗臉水及沐浴水用以洗衣、拖地、沖馬桶）等，人人節約水電；慈濟成立大愛感恩科技公司，將回收寶特瓶研發製成毛毯、圍巾、衣褲、提袋、圍裙等，師生響應購買，永續循環使用資源等，以生活中環保的實踐行動，展現愛護地球的決心。（2010.12.29田野箚記）

對於國土大地，慈濟中小學校推展環境教育，教導師親生保護山林自然，反對過度開發，廣泛植樹，在平地與山脈中，任何水土均應用心保持。水是大地的血脈，也是人類生活的命脈，大環境缺水時，發生乾旱，土地便逐漸沙化，糧作因而歉收，造成飢荒。飲用水不足時，一切動植物將面臨生存危機。

接受深度訪談的臺南慈中學生（編號S007）說明閱讀證嚴上人開

示的心得：

> 師公告訴我們：
> 天地孕育萬物，眾生依賴著大地，即使型態各不相同，同樣都
> 是生命，就是群類共生息。我們與天地萬物之間，及人與人之
> 間，存在著密不可分的關係，要有生命共同體的觀念。
> 我們要維護人世間的祥和安寧，無論是對天地萬物或人類，都
> 應打開心門、啟發愛心。若眾人皆有生命共同體的觀念，內心
> 就會如泉湧般不斷湧現愛，以溫柔的心對待每個人乃至天地萬
> 物，如此，世間才會祥和。（2011.04.06深度訪談紀錄）

慈大附中師親生力行節能減碳，教師辦公室、班級教室與學生宿舍
均未裝置空調設備，學生與家長願意接受與配合，氣溫升高時，僅使
用電風扇。校長辦公室裡原來即裝置冷氣機，僅在夏季貴賓來訪時開
啟，六年來，校長個人均不使用冷氣機。學生家長到校長室討論問題或
邀請校長參加相關活動時，好奇詢問：

> 天氣很熱，校長為什麼不打開冷氣？
> 因為老師們和學生們都不使用冷氣，我與他們同甘共苦，也習慣
> 不用冷氣。接觸自然的空氣，身體流一些汗，其實對健康是好
> 的。校園裡有許多樹木，心靜自然涼。而且，學校旁邊的中
> 央山脈就是最大噸位的「中央空調」了！（2010.07.30田野簡
> 記）

目前，社會上許多財團一心只想快速獲得財富，不擇手段，大肆破
壞自然生態，以「天不怕、地不怕」的心態，恣意作為；一般市井小民
亦缺乏愛物惜物的觀念與作為，任意使用、破壞與丟棄物品，致使街
道、溝渠、河川與海洋充斥著無法分解的垃圾，嚴重毀壞地球生態。慈
濟教育志業體師生以「敬畏天地」之心，盡地球公民之責，持續在生活

中實踐環境保護，與地球共生息。

以上由自尊自重、相互尊重及敬畏天地討論慈濟中小學型塑「尊重」的學校文化，接續討論慈濟中小學師親生一起型塑「愛」的學校文化。

三　型塑「愛」的學校文化

慈濟學校師生在慈悲喜捨的校園中學習尊師重道、感恩父母、友愛兄弟，都能打開心胸，視天下人為共生同住的家人。因此，慈濟的師生能將愛擴展開來，達於普天之下所有眾生，將小愛擴大，在人群中體會「心包太虛，量周沙界」。福祿貝爾的名言：「教育之道無他，愛與榜樣而已。」在慈濟中小學校裡流轉不歇。任何一所中小學校也讓「愛」滿校園，學生偏差行為必將逐日減少，回復校園的和平與寧靜。本段由自愛、行善愛人及長情大愛討論「愛」的學校文化。

(一)自愛

慈濟學校師生如同全球慈濟人，遵行十戒：1.不殺生；2.不偷盜；3.不邪淫；4.不妄語；5.不飲酒；6.不抽菸、不吸毒、不嚼檳榔；7.不投機取巧；8.孝順父母；9.遵守交通規則；10.不參與政治活動、不示威遊行。慈濟師生磨練自我，不需要他人管束，而能自愛自重，遵守慈濟學校規範及生活公約。自愛即照顧好個人的身心，生活有規律，行為不脫軌，充實個人知能，有原則，能夠誠正信實，不製造問題。

靜思語教導慈濟師生如何「自愛」，師生們都願意順行不悖，接受深度訪談的慈大附中學生（編號S002）表示：

> 現在有很多青少年不太自愛，而且是過分「自戀」了，看不到
> 自己的缺點，總是「自我感覺良好」，我記住一些靜思語，努
> 力去實踐，幫助自己在各方面更加自愛：
> 凡夫難免有缺點，若能勇於改過，必得完美的人生。
> 改除息氣，不與人計較聲色，要和自己計較是否精進。

以天地為教室，每個人、每件事，都是教科書與學習的對象。

多一個好習慣，就少一個壞習慣。

盡本分，得本事。（2011.03.21深度訪談紀錄）

臺南慈中高三學生（編號S007）接受深度訪談時強調：

學生知道自愛，就能避免許多不必要的問題，我在第三輯的
「靜思語」中找到我喜歡的句子，讓我能夠多思考：

心中有清流，行中有和風。

常保自我警惕心，懂得如何做對的事，人生就不會後悔。

齋是素食，戒是規矩；珍惜自我生命，更要尊重萬物生靈。

真正的美在於身形端莊、氣質優雅。（2011.04.06深度訪談紀
錄）

慈濟中、小學校師親生學習「自愛」，理解「自愛是報恩，付出
是感恩」。在人人自愛的環境中，堅守崗位，向前精進，努力爭取成
功。以心誠、行正，而受人肯定信任；以端正的心，培養出無窮的毅
力。持戒，善盡自我本分；布施，毫不保留地付出力量。慈濟師生以愛
自我管理，用愛關懷他人。再由「自愛」，更進一步行善愛人。

參加焦點團體座談的學生表示：

學校有許多老師，不但是老師，也是慈濟委員或慈誠，他們都
能關心學生、幫助學生，都能「以身作則」，我的導師就是我
們的楷模，用師公上人的教育理念來教導我們。班上同學大多
數都住校，老師不但言教，更是能夠「身教」，慈中的環境
裡，有很好的自然景物，也有很善良、很自愛的師生，慈濟的
人文環境影響我很大。職志合一的老師人文素養很好，能夠用
心推動慈濟的政策，對慈中的幫助很大。（2011.04.19焦點團
體座談紀錄）

(二)行善愛人

　　每個人都有一念善心，慈濟師生相互啟發善心，點燃愛的心燈。在學校的課程教學活動中，提供機會給予師生發揮心中的愛，一起凝聚善的福業，形成善的循環，體會關心別人就是關心自己，救助別人就是救助自己。在行善中體會到快樂，自然就消弱為爭名奪利而起的煩惱。

　　慈濟師生被教誨「行善是本分，付出無所求，不執著『善有善報』，自然輕安自在。」「多做一件善事，就放下一個煩惱。」因而，善用愛心照顧好自心─對內，不起煩惱；對外，建立好形象。在社會上的各個角落，有許多生活在困頓中的民眾，因而，健康的慈濟師親生能勇於照顧病患；富足的慈濟師生願意幫助窮苦者。

　　慈大實小與慈大附中參加焦點團體座談的教職員挑選出自己常常運用的靜思語，鼓勵自己和學生一起行善助人：

　　上人的靜思語勉勵我們不只愛自己，更要關懷其他的人：
　　社會需要愛，人人需要愛；愛是人生最大的幸福。
　　心有滿滿的愛，能化解仇恨與敵對。
　　人生有愛，同心同力就不孤單。
　　有愛，就沒有距離；用愛調和，能消除社會亂象。
　　真誠的愛，是天下和平、亮麗的力量。
　　天下一家親，平安時要互愛，災難來臨時要互助。
　　（2011.05.03焦點團體座談紀錄）

　　當然，學生對於慈濟的慈善工作也會有一些疑問，焦點團體座談學生討論：

　　目前各個慈善團體服務的對象不同，如果大家都只捐款給慈濟，其他慈善團體的經費不足，不能照顧到特殊的個案，工作就會受到影響。

有些社會人士會批評慈濟占用太多的慈善資源，但是我們學校的同學和老師也參加其他基金會的志工服務，例如，幫助世界展望會、家扶中心、黎民教養院、東區老人之家、畢士大教養院等，並不是只偏愛慈濟的。

慈濟的善款是完全公開透明的，所以得到大眾的信任，慈濟也儘量節省行政費用，例如，老師們及慈濟師姑師伯參加國際志工服務活動，去斯里蘭卡、去大陸、去緬甸或是「311東日本大地震」災區關懷，以及參加大陸冬令發放，旅費和生活費都是自理，慈濟募來的善款都用在災民身上。

學校的經營費用大約一半是基金會支持的，都是全球慈濟人的捐款，事實上，我們在學校使用的經費是超過每個月自己的捐款或竹筒存款，所以，更要感恩和節約了。（2011.04.19焦點團體座談紀錄）

慈濟中、小學校教育以行善愛人的行動，幫助師生找到自我認同與定位，親身體悟：付出的愛有多寬，得到的愛就有多廣，愛人讓自己內心感受富足，是致富的妙方。慈濟師生參與各項慈善工作，愛心不分遠近，慈悲沒有敵對和親愛，人人一起發心，集合愛心與人力，因而體悟團隊的集體力量，更能堅定道心，與同儕合心、和氣、互愛、協力，良知被啟發出來，團隊的良能完全發揮，亦展現生命的價值。慈濟中小學校師生以智慧發揮勇猛的大愛。

(三)長情大愛

慈濟中、小學校師親生得知佛陀覺悟萬物真諦，因不忍眾生苦，入人間救度眾生，主要想救心；佛教教育弟子淨化自心，進而啟發出人人的愛心，共同發揮覺悟的愛，集合眾人的力量，及時去幫助苦難人。慈濟教育師生，不只是自愛、獨善其身，更應兼善天下，培養大愛，普遍關愛大地萬物生命，不僅愛人類，更希望眾生都能自在生存及生活於宇宙間，輕安自在。

　　證嚴法師進一步詮釋「大愛」，大愛即是「無緣大慈，同體大悲」（2008: 63-64）：

> 「無緣大慈」是給人快樂，人人的快樂正是自己的快樂；「同
> 體大悲」即是他人受苦難，如同自己受苦難。生活在人間，大
> 家都是生命共同體，沒有人能單獨生存，既是群居生活，就要
> 彼此和氣互愛才能幸福。

　　慈濟中、小學校師生以慈濟志工為學習楷模，將一時激情轉為永久的長情，化私人小愛為全宇宙大愛。以「尊重生命」為基礎，發揮人人所本具的愛心，普愛一切生命，更能擴展而愛惜物命，慈濟師生一起投入疼惜生命的行列，與全球慈濟人為伍，疼惜眾生、萬物與大地。

　　在慈濟團體中，長期秉持「不忍眾生受苦難」心念，陪伴膚慰民眾，都是出自真誠的愛；更進一步做到「不忍大地受毀傷」，以愛人的心膚慰大地，期望以愛灑淨人間。不論國內、國外，任何地點，任何時間發生災難，都會及時伸出雙手擁抱苦難人。慈濟中、小學師親生以慈濟人長情大愛的實踐行動為學習教材，在課餘時間，師生結伴至社區照顧貧病民眾，為其淨身、剪髮、打掃住所；代銷照顧戶自製水餃，幫助其自立更生；師生結伴至教養院，與中重度智能不足或多重障礙院童互動，協助他們學習社會技巧，又一對一陪伴院童參加戶外教學活動，舒活筋骨，與外界環境接觸；師生組隊為社區原住民小學生實施課業輔導，增進學習動機，建立信心，提昇學業成績；師生至醫院擔任醫療志工，在藥局包藥，協助收拾病床，以歌聲樂曲安慰重病患者，為他們送餐、按摩，與他們談心、話家常；師生參加山區義診，隨同醫師、護理人員至偏遠社區免費為病患醫治疾病或外傷等。師生經由助人的實踐行動，開發個人善與愛的潛能，培養付出無所求的大愛精神（慈大附中、臺南慈濟中學、慈大實小、臺南慈濟小學，2009）。

　　在世界發生重大災難時，慈濟中、小學的師親生們響應長情大愛行動：土耳其大地震、臺灣九二一大地震、南亞海嘯、緬甸氣旋風災、中

國四川大地震、臺灣莫拉克颱風侵襲等災難發生，對各地區造成重大災情，傷亡無數，財物損失不得計數，慈濟中小學師親生立即行動，為災民祈禱、自動捐款、辦理慈善義演及義賣、並積極上街頭募款，願意為災區民眾奉獻金錢、時間與體力，展現同胞的長情大愛。臺灣社會學學會即肯定「88災難發生，志工團體與非營利組織積極投入，深度參與，貢獻深遠。」（陳東升，2009：37）國立臺灣大學社會學系並因此開始規畫開設「災難與社會」課程，期望開拓關懷層面，討論接連不斷的自然與人為災難（陳東升，2009：37）：

> 「透過自治與對話擴大社群連帶，個別公民之間的責任與信任逐步建立，公共利益取代私人利益，公民社會成為改變災難議題的最重要主體……」

慈濟慈善、醫療、教育、人文四大志業體團隊與志工團隊參與救災與助人行動不遺餘力，事實上，慈濟基金會自1991年中國大陸華中地區發生大水災起，已開始在臺灣海峽兩岸建立「愛的平臺」，除了協助興建「希望工程」學校、大愛屋與敬老院外，每年定期至中國大陸貧窮地區舉辦冬令發放，慈濟學校教職工獲得機會見苦知福，而能進一步積極造福：學校教職工自付旅費，結伴赴貴州省、廣東省、福建省、江蘇省、河北省、四川省境內最窮困鄉里與重災區贈送冬季禦寒衣物與生活物資（米、油、乾糧、藥品等）。在寒冷的冬季，抵達氣溫攝氏2度至零下15度不等的地區，能夠為窮苦的民眾送暖衣與糧食，才能體會自己衣食無缺的幸福；對於個人有能力助人，才真正體悟生命的意義不在於自己的豐衣足食，而在於能伸出援手，幫助需要救援的人。

慈濟中小學校教職員參加焦點團體座談成員表示：

> 師生都很有愛心，每一次辦理的志工服務學習課程與活動，自願報名的人數很多，大家一起關懷弱勢老人或身心障礙的孩子，發揮長情大愛，真的令我感動。不過，師生的時間還是有

限，所以下學年的志工服務學習活動需要再做整合，出隊的時間平衡一些，讓大家可以兼顧志業、家業和課業。學校已經有制度了，即使是新進的導師，很自然地隨隊做志工、指導學生，好像已經是「資深慈濟人了」。

學校同仁報名參加教師或行政人員甄選的時候，其實都用心瞭解慈濟和學校運作的現況，在報名時已做好準備，有機會到學校工作，就認定自己是「慈濟人」了。「慈濟人」不都是這樣熱忱、付出愛心的嗎？當然，有些同仁剛進學校時不太習慣慈濟的儀軌，時間久一點兒，就是相當標準的慈濟人，「付出無所求」，在教學和行政工作上不會斤斤計較。（2011.05.03焦點團體座談紀錄）

研究者深度訪談臺南慈小家長（編號P004），這位母親表示：

透過參與福田志工及配膳志工的學習，我和幾位志同道合的家長成立一組讀書會，在每週的聚會中，我們聽上人的法，觀看大愛電視臺「人間菩提」或「草根菩提」節目，或相約去做環保志工、製作福慧紅包……等。

父母與老師的身教大於言教，我們做志工，也支持孩子做志工，一個人要懂得知福、惜福，將來有能力更要成為一個能「造福」的人。

孩子就讀臺南慈小三年中，為了要陪伴他，我由職業婦女轉換成全職媽媽，我不只需要轉換心情，更要重新安排自己的生活步調與方式。後來，在擔任福田志工及配膳志工的學習中，我漸漸收斂起以前不自覺的傲慢心，在與每位家長互動中，我更體會到廣結善緣帶給心靈多麼大的收穫。三年來，生活中的點點滴滴，都充滿無以言喻的歡喜與美好。我的家庭只付了孩子一個人的學費，受益的，卻是我們一家人和周圍的朋友。（2011.04.07深度訪談紀錄）

這位媽媽原本是職業婦女，放棄自己的事業，陪伴孩子成長，在學校做志工，精進學習，收穫良多。慈濟中小學校的學生與家長一起付出愛心，一起學習成長，父母參與學校教育，支持學校教育，親師合作教導子女成為社會的棟樑。

伍　結語

　　慈濟基金會長期在世界各國賑災，並為學童及青少年興建學校，慈濟教育志業體教師與慈濟教師聯誼會教師遠赴南非布里斯本、印尼雅加達、斯里蘭卡漢班脫塔、中國大陸安徽全椒、河南固始、四川汶川、泰國清邁等地區的援建學校，辦理人文教育交流活動，將慈濟全人教育理念推展至全球各地。在各個不同宗教信仰的國度裡，捐助有形的學校建築與設備之外，更將愛的教育注入人心，讓災民與窮困者獲得身心最終的安穩。慈濟中、小學校師生，都能發心立願，服膺「信己無私，信人人有愛」信念，將慈濟人文與大愛綿延至世界的每一角落。

　　2012年7月5至13日，慈濟中、小學教師7人、學生21人及慈濟志工68人，遠赴大陸四川省地震災區慈濟援建學校辦理「教育愛，智慧行」人文交流活動，慈大附中蘇主任捎來訊息：

> 出團至今進入第11天，學生們身體狀況很好，雖然行程緊湊，卻完全不喊累，表現真得可圈可點。營隊活動過程中，學生除了承擔小隊輔導員，也協助活動組隨時補位，特別是他們演出校歌和手語劇「父母恩重難報經」時，表現出來的道氣和情感，令參加營隊活動的師生和當地志工都感動不已。
>
> 每一梯次的營隊，也因為有了這群學生志工的加入帶動而更添活力與光彩。昨天在朝陽中學舉辦的教師營中，一位老師分享，在參加過無數的研習中，這次最受到撼動，因為看見孩子不單在臺上表演時落落大方，在一旁準備或休息時，也充分展現慈濟人文，可說是最佳的「行動學校」代表。

慈大附中與臺南慈中的老師們把孩子們教得真好，不僅自動自發承擔工作，還能處處感恩。特別是自編自導的「父母恩重難報經」，從期末考結束即抓緊時間練習，來到四川，也隨時積極演練，希望能有最好的呈現。兩所學校的學生相處融洽，合心、和氣、互愛、協力，展現出最好的人文教育成果。

此行中，臺灣慈濟中小學校的學生帶給大家的感動及展現的人文風範也為未來的校際人文交流奠下良好的基礎。今日來訪的四川綿陽市國臺辦主任表示，希望安排大陸四川的孩子們到臺灣，與慈濟學校師生交流互訪。（2012.07.11田野劄記）

慈濟中、小學校成員秉持「慈悲喜捨」校訓，以「全程教育」、「生活教育」、「人文教育」及「宏觀教育」落實「全人教育」，推動品德教育，共同營建「感恩、尊重、愛」的學校，培養出有教養、有智慧及有承擔力的兒童及青少年，教育下一代成為清流人才，共創祥和社會。

參考文獻

中文部分

臺南慈小（2007）。**學校簡介**。臺南市：臺南慈小。

臺南慈小（2009）。**校園日誌**。臺南市：臺南慈小。

臺南慈中（2007）。**學校簡介**。臺南市：臺南慈中。

臺南慈中（2009）。**校園日誌**。臺南市：臺南慈中。

臺南慈中（2011）。**校園日誌**。臺南市：臺南慈中。

何日生（2008）。慈濟實踐美學（上）。新北市：立緒文化。

李克難（2009-2012）。**田野劄記**。未出版。

李明輝（2008）。**四端與七情：關於道德情感的比較哲學探討**。臺北市：臺灣大學出

版中心。

黃文三編著（2007）。**道德教育**。新北市：啟英文化。

陳東升（2009）。「災難與社會」課程架構與介紹。載於**臺灣社會學通訊，67，**37。

經典雜誌編著（2005）。大海嘯─南亞浩劫浮生。臺北市：經典雜誌。

慈大附中（2000）。學校簡介。花蓮市：慈大附中。

慈大附中（2009）。校園日誌。花蓮市：慈大附中。

慈大附中（2011）。**慈大附中100-103學年度校務發展計劃**。花蓮市：慈大附中。

慈大實小（2000）。學校簡介。花蓮市：慈大實小。

慈大實小（2009）。校園日誌。花蓮市：慈大實小。

慈濟大學秘書室編著（2009）。**良師之道**。臺北市：靜思人文。

歐陽教（1995）。**德育原理**。臺北市：文景。

釋德傅（2007）。導讀「真實之路」。載於證嚴法師著**真實之路─慈濟年輪與宗門**。
臺北市：天下遠見。

釋證嚴（2008）。**靜思語第三輯**。臺北市：靜思文化。

釋證嚴（2008）。**真實之路**。臺北市：靜思文化。

釋證嚴（2009）。**凡人可成佛**。臺北市：靜思文化。

英文部分

Bruner, J. (1996). *The culture of education*. Cambridge, MA : Harvard University Press.

Donaldson, M. (1978). *Children's mind*. New York : Norton.

Weick, K. E. (1983). Education organization as lossely coupled system. In Baldridge, J. Victor & Deal, Terrence (eds). *The dynamics of organizational change in education*. pp.15-37.

問題與討論

一、103學年度即將實施「十二年國民基本教育」，中小學校應如何回歸教育本質，確認教育理念，培育二十一世紀人才？

二、中小學校如何實踐品德教育核心價值？

三、「感恩、尊重、愛」的校園能否培育出有智慧、有教養、有承擔力的清流人才？

四、現今國民中小學教育的困境為何？應如何突破？

五、慈濟中小學落實「全人教育」理念的作法，是否值得借鏡？

20 芬蘭──全民均等教育造就世界第一的奇蹟

鄭杏玲

　　不為孩子排名，也沒有人人都想進入的第一志願，老師學校也不會被升學率高低所牽引，沒有這些注定要扭曲學習心態的目標存在，芬蘭教育一心想的，是盡力幫助每個孩子找到自己人生最適當的位置，讓行行都能出狀元。為什麼芬蘭做得到？對於過度強調競爭、課業壓力繁重的臺灣教育體制，芬蘭教育值得我們深思與借鏡。

~陳之華~

　　芬蘭是一個北歐小國，人口只有530萬人，相當於臺灣的四分之一，芬蘭國土有四分之一在北極圈內，年平均溫度只有攝氏5.3度，在一年之中有73天永晝，51天永夜。這樣一個地理環境艱鉅的國家，卻在近十年內，多次被評為世界第一，不只在國家競爭力連續四年獲得世界經濟論壇（World Economic Forum, WEF）評為世界第一，且在經濟發展組織（Organization for Economic Cooperation and Development, OECD）所舉辦的國際學生評量方案（Programme for International Student Assessment, PISA）多次獲得閱讀、數學及科學評比的世界第一。芬蘭世界第一的奇蹟令人驚豔，也掀起世界各國競相對芬蘭進行研究的風潮。

芬蘭最讓人嘖嘖稱奇的，是其實施全民均等教育，沒有能力分班，沒有校際及班際排名，並且投入更多教育資源協助學習落後學生。此一教育情境與東方國家菁英教育情境大相逕庭，不只平等且毫無歧視的對待所有的學生，而且對學習落後的學生投入更多資源。此情境隱含協助的意涵，與菁英教育所隱含的競爭意涵不同，教育更著重在協助學生，而非競爭，不排序，不比較，讓每個學生都能獲得成功的學習。而這樣沒有競爭壓力的情境中，反而造就了世界第一的奇蹟，此一成功經驗無疑是獨特的，尤其對於處處講求競爭的東方國家，提供了另類思考方式：競爭似乎並不是提昇國力的唯一成功之道。

壹 芬蘭世界第一的紀錄

芬蘭在近十年內，多次被評為世界第一：世界經濟論壇（World Economic Forum, WEF）《國家總體競爭力報告》中，芬蘭在2002-2005連續四年獲得全球第一；美國耶魯大學和哥倫比亞大學共同發表的《2005年環境永續發展指數報告》，芬蘭居各國之首；2005年芬蘭的Nokia手機全球市占率34%；網際網路接入比例和人均手機持有量世界第一（蕭富元等，2008）。

芬蘭的優異表現在教育上就可以看出端倪，芬蘭教育在過去數年內，三次被評為世界第一，2000年國際學生評量方案（Programme for International Student Assessment, PISA），芬蘭15歲學生閱讀能力名列OECD國家第一；2003年除閱讀能力維持第一外，數理、科學的評比同樣獲得第一。最近一次於2006年所進行的評比中，科學評比維持第一，閱讀、數學則排名第二。

芬蘭學生的高低學習差異及校際間的差異也被評為所有國家中最低（OECD, 2001; 2004; 2005），OECD的報告中說明：「芬蘭學生的

成績表現，證明成功的教育制度不但可以提高教育水準，也可以拉近學生之間的成績差距。」芬蘭中小學的上課時數是OECD評比國家中相當少的，當義大利、荷蘭兩國學生一年平均上8,000小時的課時，芬蘭學生卻只有上5,400個小時，但成果顯示，芬蘭中學生平均表現並不比亞洲國家差（陳之華，2008）。其他，如父母的社經地位與學生測量之學業成就的關係，也是所有國家中最小的一個（Valijarvi and Malin, 2003）。

貳 芬蘭全民均等教育作法

在OECD的評比中，南韓及香港的學校間差異明顯比芬蘭多很多，這可能是因為東方國家慣走菁英教育的路線，把學校分級，原本發展較慢的小孩反而得不到照顧，本來就素質較好的學生卻得到更多資源，這樣的不平等教育，無法全面提昇國民素質，也容易導致一些社會問題，甚至資優生也會受害。芬蘭的作法正好相反，學習落後的學生反而得到較多的資源和照顧，讓每個小孩都能得到相同的資優教育（高正忠，2009）。芬蘭無歧視均等教育表現在多個面向，以下分別說明。

一 實施「以人為本」的教育

芬蘭的教育價值觀認為不應該把不必要的分類、競爭與評比施加在孩子們幼小的身心上，希望能多給予孩子們自由成長的時間，讓孩子們能有更公平與適才適性的「時間」，以充分並完整的瞭解自我，這是一種對人基本尊重的理念。因此，芬蘭以公平正義的對待，讓各級學校健康的發展，而不塑造明星學校，也不刻意製造校際排名，這樣的作法，讓大多數學生都能在師長平等的關注與教導下，成為國家整體競爭力的基礎（陳之華，2008）。

二 實施補救教學

　　走菁英教育路線的國家，習慣把學校分級，將教育資源投注在學習能力較強的學生，使得原本發展較慢無法獲得較多的照顧，造成教育的不公平。在芬蘭，所有學童皆有尋求補救教學（remedialeducation）的權利，對於身心障礙、生病、成長遲組、情緒失調或其他類似原因的小孩則給予免費的特別或補救教育。在學生學習各科有困難時，可尋求一定時數的特別輔導，補救教學與正常課程進度相輔相成，有效提供特定科目上能力較學生的補救措施，可分為第一線教師輔助、學校助理輔助、支援教育教師輔助，以及跨學門小組的輔助（涂翠珊，民2005；張家倩，2007；魏曼伊，2008）。

三 實施低年級課前與課後活動

　　2004年開始實施課前與課後活動（Before-and after-school activities），也提供各年級有特殊教育需求學生進行加強。這項改革雖非強迫規定地方政府必須實施，但是施行的地方當局將可以得到各方的協助與服務（魏曼伊，2008），學童也可以自願參加，一學年提供570小時的課程，活動安排在早上七點至下午五點之間，也可以在假期如秋季、聖誕節或滑雪假期中實施，參加學童必須繳納合理費用。

四 實施教育指導制度

　　每一位學生在一年之中至少可以在班級接受72小時的教育指導（Education Guidance），這類輔導通常在7-9年級實施，輔導內容包含：學習技能、未來入學學校、自我知識、未來教育的可能性、專業及職業領域、工作生涯等方面。如果學生有需要，還可以得到個別的輔導或小團體輔導（魏曼伊，2008）。教育指導依每一個小孩的學習過程、起點行為及成長目標進行指導，學生有權利要求任何教育相關的指導，這是一個自己和自己比的教育，很少人是不成長的，自己與自己比，必然會看到自己的成長，成功率很高，學習變得很快樂（高正

忠，2009）。

五、授予教師充分教學自主權

國內經常強迫教師用同一教法教學，芬蘭的作法則是先確保教師品質，除了幼教教師要求大學畢業生以外，所有教師至少碩士學位，而後則訂定評估學生的國家標準，國家只管學生品質，而不會管老師如何教學，老師可自由選擇教法。由於老師要儘可能讓每位學生都能一起成長，因此教學方法自然會以學生為主，因此教學更為多元且活潑（高正忠，2009）。

參 芬蘭教育對我國教育的啟示

當今我國十二年國民教育正如火如荼推動著，從九年國民教育邁向十二年國民教育，代表著全民素質的提昇，也代表著國家競爭力的提昇。然而，九年國民教育所一直為人垢病的問題，即是在國中階段長久以來一直存在著強大的升學壓力，造成國中教育無法正常化推動，國中學生被迫過度學習的困境，在推動十二年國民教育之此時，國中教育的升學壓力可望解除，國中正常教學的契機展現，然而，各方意見仍然紛紛擾擾，尤其對於菁英教育之兼顧與解除升學壓力之兩難困境中，仍然有著莫衷一是的爭論。而對照著芬蘭教育的成功經驗，芬蘭並不特別著重於菁英教育，卻絲毫不會抵減國力的提昇，反而屢獲世界第一的殊榮，芬蘭將教育資源挹注在落後學生身上，亦似乎更能體現社會公平正義的價值信念，沒有競爭壓力的教育情境，反而創造芬蘭世界第一的奇蹟，因此，以下謹提出芬蘭教育對我國的啟示。

一 走出菁英教育迷思

菁英教育思惟建立在競爭的本質之中，藉由競爭激勵學生潛能，鼓勵學生上進，以使強者愈強，達到提昇國家競爭力的目標。固然，在

我國整體發展中，菁英教育一直扮演重要的角色，有其不可抹滅的貢獻，然而，菁英教育所衍生的諸多問題，糾結於教育脈絡之中，已形成難以解決的現象，變成教育的沈重負擔。因此，我們不應再以線性思考來看待菁英教育，菁英的培育不必然要在教育中著重菁英來達成，芬蘭即是顯著的例子，芬蘭能夠獲得多項世界第一的殊榮，其國家競爭力、國民素質均居於世界中前導之地位，並不是著重菁英教育而達成，相反的，芬蘭更重視學習落後學生的扶助，其結果，菁英的能力並未因此降低，反而是所有學生的素質一起提昇，其世界第一的豐富紀錄即為明證。因此，芬蘭教育啟發我們，應該走出菁英教育的迷思，跳脫過往的成功經驗，重新思考教育的整體價值及推動方式，開啟十二年國民教育的新契機。

二　建立公平正義價值

　　社會成員的組成本來就是異質化的結合，學校教育最終必須落實至社會中去實踐，而學校所提倡、重視的價值，在潛移默化中自然感染學生，而成為學生所重視的價值，因此，成人世界所重視的價值觀非常重要，我們形塑教育體制本質的價值觀非常重要，因為，這些價值觀終將轉移給學生，而成為其日後影響社會的主要因素。在強調競爭的價值觀中，扶助弱勢的價值逐漸被削弱了，互相合作的價值觀一點一滴被剝奪了，即便我們再如何額外強調扶助弱勢的重要，再如何強調互相合作的重要，都已經為時已晚，因為這些抵觸於主體結構價值觀的價值，已無法說服學生，也不能感動學生，學生從整個根深蒂固的體系中，無形中所感染的已經足以形塑其基本價值信念，如同這個體系之難以撼動般堅定。

　　讓我們看看芬蘭的教育，他們的老師不會批評或責備學生，因為批評或責備只會讓學生心生拒絕，心生排斥，因此，老師只會協助他，引導他，鼓勵他，讓他發展自己的潛能。其次，芬蘭教育不放棄任何一位學生，他們的信念是：在少子化的時代，我們承受不起放棄任何一位學生。再者，芬蘭教育重視學習落後的學生，他們的目標是協助所有學生

都趕上學習進度。這些著重公平正義，照顧所有學生，協助大家一起齊頭並進的價值觀，無疑將成為推動芬蘭進步的重要力量。

因此，檢視我們教育本質的價值觀，在推動十二年國教之關鍵時間，正是以公平正義重新形塑新的價值體系的重要時刻，我們期待怎樣的社會，便應該在教育中深植這樣的價值，讓這些信念連我們都深信不疑，相信教育的成效就會自然產生。

三 提昇全民教育素質

觀諸我國教育，教師經常受限於既有教材、教學進度的壓力，而必須犧牲趕不上學習進度的學生，繼續往下一階段邁進，這樣的作法，在整個教育進程中，學生的學習挫折不斷累積，對學生潛能發展形成阻力，因此，最後只有少數菁英能夠突破萬難，而獲得較完整的學習。因此，教育結果很難提昇全民素質，最多只提昇了少數菁英的素質，這與教育目標無疑大相逕庭。

芬蘭教育則不然，芬蘭重視學習落後學生的提昇，提供了各種支持及協助體系，幫助學生趕上進度，讓每一個學生都獲得完整學習。同時，芬蘭的教師不受限於教材及進度，可以自由安排教材，以協助每一個達到教學目標。因此，在芬蘭的教育過程中，無疑提了全部學生的素質，幫助所有學生將能力發揮到極致，而達到提昇全民素質的目標。

我國十二年國民教育的推動令人期待，在提高國民教育年限之時，全民教育的素質必然同時獲得提昇，若能有效檢視以往課程推動的盲點，重新建立支持體系，協助學習落後學生，則全民素質的提昇必將更有成效，更符合社會期待。

肆 結語

芬蘭重教育著重公平與均等，每一個學生都可以獲得老師相同的關注與愛心，享受優質的教育內涵，因此，沒有任何一個學生在學習過程

中被放棄，每一個學生都得到充分發展潛能的機會，確實做到了「帶好每一個學生」的教育目標。反觀國內教育仍深受升學壓力的影響，學生過度學習情形仍普遍存在，在十二年國民教育推動之際，尤為發人深省，期待十二年國民教育的推動，逐步解除升學壓力，讓學生獲得多元自主的發展空間。

參考文獻

中文部分

高正忠（2009）。芬蘭的教育。瀏覽自http://tw.myblog.yahoo.com/jw!c1SPjOuRGB44hGxfsZFSc22iD00-/article?mid=525&sc=1

陳之華（2008）。芬蘭教改的成功之路。教育資料集刊，**40**，227-238。

陳之華（2008）。**沒有資優班——珍視每個孩子的芬蘭教育**。臺北：木馬文化。

陳之華（2009）。**每個孩子都是第一名——芬蘭教育給臺灣父母的45堂必修課**。臺北：天下文化。

張家債（2006）。芬蘭教育改革的歷史及其現況。教育資料集刊，**32**，201-216。

溫明麗（2010）。芬蘭教育成就的啟示——找回臺灣教育的主體性。**臺灣國際研究季刊**，6(4)，139-175。

蕭富元等（2008）。芬蘭世界第一的秘密。臺北：天下雜誌。

魏曼伊（2008）。理解芬蘭——從國民教育、國家核心課程到PISA測驗成果。中等教育（**59, 2**），52-69。

英文部分

OECD (2001). *Knowledge and skills for life: First results from PISA 2000*. Paris: Author.

OECD (2002). *Learning for tomorrow's world-first result from PISA 2003*. Paris: Author.

OECD (2003). *Education at a glance*. Paris: Author.

OECD (2004). *Learning for tomorrow's world. First results from PISA 2003*. Paris: Author.

OECD (2005). *Education at a glance. OECD indicators 2005*. Paris: OECD.

OECD (2007). *PISA 2006: Science Competencies form Tomorrow's World, Volume 1: Analy-sis*. Paris: OECD.

Valijarvi, J. and Malin, A (2003). The two-level effect of socio-economic background, In S. Lie, P. Linnakyla, and A. Roe (Eds.), Northern lights on PISA: Unity and diversity in Nordic countries in PISA 2000. Oslo:University of Oslo, Department of Teacher.

問題與討論

一、追求公平與正義的芬蘭教育，非但不強調同儕間的競爭，反而更加重視學習落後學生的輔導，這樣的教育哲學下，如何創造出世界第一的奇蹟？

二、芬蘭學生高低學習差異為世界各國中最小的，芬蘭用了什麼方法提昇落後學生的學習，而能追上其他學生？

三、芬蘭的校際間差異也是世界各國中最小的，芬蘭為什麼不重視明星學校，甚至也沒有所謂明星學校的產生，難道她們不必發展菁英教育嗎？

四、芬蘭授予教師充分的教學自主權，而教師則確確實實的將每一個孩子帶上來，這樣的教育氛圍是基於怎樣的教育哲學？

五、芬蘭無競爭的學習環境卻屢獲世界第一，對於我們高度競爭的東方教育有什麼啟示？

國家圖書館出版品預行編目資料

教育政策與學校行政／吳清基等著. — 初
版. — 臺北市：五南，2013.03
　　面；　　公分. --

ISBN 978-957-11-7023-7（平裝）

1.教育行政

526　　　　　　　　　102002933

1IXK

教育政策與學校行政

主　　編 — 吳清基(64)

作　　者 — 吳清基　張國保　白雲霞　楊淑妃　饒邦安
　　　　　　倪靜貴　郭清榮　謝念慈　林逸青　曹學仁
　　　　　　梁金盛　黃棋楓　劉秀汶　許泰益　蕭鴻光
　　　　　　王滿馨　羅清水　馬榕曼　李克難　鄭杏玲

發 行 人 — 楊榮川

總 編 輯 — 王翠華

主　　編 — 陳念祖

責任編輯 — 李敏華

封面設計 — 陳卿瑋

出 版 者 — 五南圖書出版股份有限公司

地　　址：106台北市大安區和平東路二段339號4樓

電　　話：(02)2705-5066　　傳　真：(02)2706-6100

網　　址：http://www.wunan.com.tw

電子郵件：wunan@wunan.com.tw

劃撥帳號：01068953

戶　　名：五南圖書出版股份有限公司

台中市駐區辦公室/台中市中區中山路6號

電　　話：(04)2223-0891　　傳　真：(04)2223-3549

高雄市駐區辦公室/高雄市新興區中山一路290號

電　　話：(07)2358-702　　　傳　真：(07)2350-236

法律顧問　元貞聯合法律事務所　張澤平律師

出版日期　2013年3月初版一刷

定　　價　新臺幣550元